U0565257

主　　编　徐以骅　张庆熊

《基督教学术》学术委员会名单（按姓氏笔画为序）

Christian Scholarship

基督教学术

（第二十三辑）

徐以骅　张庆熊　主编

上海三联书店

《基督教学术》为 CSSCI 来源集刊

第二十三辑序言

《基督教学术》(半年刊)第二十三辑共收录论文20篇,包括专稿、圣经与神/哲学研究、中外基督教史、历史文献综述四个栏目。本刊每年出版两辑,其中一辑偏重基督教神学/哲学,另一辑则偏重中外基督教史;本辑大多数作者为外校专家学者,尤其是青年学者,这些都已成为本刊的特点。

本辑的出版和一些相关议题的研究,除所刊论文有专门说明外,还得到上海高校智库复旦大学宗教与中国国家安全研究中心和国际科技教育服务机构(Professional & Educational Services International)的资助,近期还获评"复旦大学哲学学院源恺优秀著作奖",并得到上海易顺公益基金会的部分资助。上海高校智库复旦大学宗教与中国国家安全研究中心办公室主任刘倩洁,博士研究生楼天雄以及博士后研究生马明月、蒋海然参与了本辑的编辑和通讯联络工作。本刊编辑、上海三联书店的邱红女士和陈泠珅先生为本辑的编辑和出版付出了大量辛劳。

本刊学术委员会一如既往地给予我们大力支持。对上述单位、项目资助方、所有作者、编辑工作参与者以及本辑责任编辑,我们在此表示衷心的感谢。

复旦大学基督教研究中心

徐以骅　张庆熊

2020年3月3日

目　　录

专稿

圣经与神/哲学研究

中外基督教史

历史文献综述

CONTENTS

Feature

Bible and Theological/Philosophical Studies

History of Christianity

Literature Review

百年变迁：基督教青年会与中国基督教三自爱国运动

徐以骅

【本文说明】 本文在2012年原为纪念中华基督教青年会全国协会成立100周年所撰。2019年11月11日，广州基督教青年会举办成立110周年纪念大会暨"基督教中国化进程中的基督教青年会"研讨会［详情可参见笔者所撰"珍视历史、继往开来——祝贺《中国基督教青年会史料汇编》"（第一辑），载《中国宗教》2019年第11辑］，笔者在会上正式报告了该文的修改稿。

我在《中国基督教青年史料汇编》的序言中论及研究中国基督教三自爱国运动发端时，曾归纳出圣公会建制、青年会干部和燕京神学（以燕京大学宗教学院为代表的神学思想）三位一体的分析框架，并且称"中国基督教青年会在上世纪头50年对基督教中国化的贡献，不亚于或者更准确地说超过了任何单一的基督教宗派团体和跨宗派机构"，但未充分展开。[①] 借本次研讨会的机会，我再就基督教青年会、美国（中华）

① 广州基督教青年会编：《中国基督教青年会史料汇编》（第一辑），北京：宗教文化出版社，2019年，序三。圣公会与中国新旧民主主义革命的关系，参见徐以骅：《美国圣公会与中国》，载徐以骅、张庆熊主编：《基督教学术》（第十一辑），上海：上海三联书店，2014年，第123－139页；Yihua Xu, "'Patriotic' Protestants: The Making of an Official （转下页）

圣公会所属圣约翰大学与基督教三自爱国运动的关系,作进一步的说明。

中华基督教青年会(简称青年会)1844年起源于英国,1885年传入中国,1912年中华基督教青年会全国协会(时称中华基督教青年会全国协会组合)正式成立,迄今已有一百多年的历史。上海圣约翰大学成立于1879年,是全国闻名的基督教教会大学,1952年在全国高等院校调整中被撤销。圣约翰大学由美国圣公会(大美圣公会)所建。1912年,也就是中华基督教青年会全国协会正式成立的同年,在华英、美、加三国圣公会共同组成中华圣公会,圣约翰大学便归中华圣公会江苏教区管辖。与当时许多高等学府一样,圣约翰大学与基督教青年会也有不少交集。但如果中国基督教事业有哪个领域最令世人联想起圣约翰大学,那无疑非基督教青年会运动莫属了。

一、青年会领袖余日章和顾子仁

上海圣约翰大学与基督教青年会运动有着不解之缘,在历史上曾为基督教青年会输送过许多领袖人才。作为中国最早成立的城市青年会之一的上海青年会,便是由一些圣约翰校友如颜惠庆、黄佐庭和曹雪赓等在1900年创立的,并由黄任会长、曹任书记兼执行干事。[②] 圣约翰大学校长卜舫济(F. L. Hawks Pott)的妻舅黄佐庭从1907年起还出任青年会全国协会会长,成为担任此职的第一位华人。圣约翰校友中担任此职的还有朱成章(第五任)和张嘉甫(第六任),两人均为上海工商界的名流。1946年,担任圣约翰大学校长的涂羽卿博士曾先后出任中华基督教青年会全国协会的副总干事和总干事,是该协会任期最长的总干事

(接上页)Church," in Jason Kindopp and Carol Lee Hamrin, eds., *God and Caesar in China: Policy Implications of Church-State Tension* (Washington, D.C.: Brookings Institution Press, 2004), pp. 107-121.

② 路义思:《曹雪赓先生生平之回忆》,载中国基督教青年会全国协会编:《青年会50周年纪念册》(1885-1935),第175-178页。

(1947－1966)。[③]

圣约翰大学为基督教青年会贡献了两位最著名的领袖——余日章和顾子仁。[④] 余日章(1882－1936)原籍湖北,生于武昌,其父余文卿为圣公会牧师。1905年,余日章从圣约翰毕业后,回武昌文华书院任教,曾积极参与当地的反清革命活动。1908年,余日章得圣公会武昌教区吴德施(Logan Herbert Roots)主教之助,赴美入哈佛大学研究院。1910年获教育学硕士学位,年底返国担任文华中学校长。

1912年,经好友王正廷介绍,余日章加入中华基督教青年会全国协会,任讲演部干事。1917年,余日章接替王正廷担任全国协会总干事,并连任该职达17年之久。在他任职期间,青年会在全国范围有较大的发展,增设城市青年会四十余处,学校青年会二百余处。他还提出以基督教来改善人心、富强国家的"人格救国"口号,并倡导具体的公民教育运动,使之在相当一段时间里成为青年会的工作重点。

与同时代青年会的不少领袖不同,余日章一向强调青年会是教会的辅助机构,应与教会保持密切关系。他以中华圣公会教友和义工领袖的身份,积极参与教会的各种活动,曾先后被推选为中国基督教会的两大联合机构——中华基督教续行委办会和其后继中华全国基督教协进会的副会长和会长,成为中国基督教界的头面人物。余日章还以教会领袖和民间人士的姿态频繁出访外国,参与国民外交活动。1932年,余日章受中国政府之请,赴美呼吁美国政府出面遏制日本侵华,在国务院与美国国务卿史汀生会晤时中风跌倒,从此一病不起,四年后在上海去世。用现在的话来说,余日章就是当时我国"公共外交的一位殉道者"。

比余日章小五岁,出生于上海嘉定的顾子仁(1887－1971)也是牧师之子,其父顾春林是圣约翰神科的早期学生。顾子仁于1907年2月1日毕业于圣约翰神学院,是该校历史上第一位接受文学士学位的神科学

---

③ 参见李宜华:《献身祖国教育事业的前上海圣约翰大学校长涂羽卿博士》,载《炎黄春秋》,1996年第9期。

④ 余日章和顾子仁的生平事迹,参见袁访莱:《余日章传》,上海:上海青年协会书局,1948年;谢扶雅:《顾子仁与学运》,香港:香港基督教文艺出版社,1973年;徐以骅:《教育与宗教:作为传教媒介的圣约翰大学》,珠海:珠海出版社,1999年,第270－273页。

生。毕业后,顾子仁一度在学校和铁路部门工作,后应比他高两级的校友余日章之邀加盟青年会,并很快崭露头角,成为青年会中仅次于余日章的第二号人物。顾子仁英文演说才华出众,曾多次代表我国青年会参加国际会议。当 1921 年世界基督教学生同盟执行部年会决议次年的同盟大会在北京举行时,顾子仁被推选为筹委会总干事。这次会议是在中国首次召开的国际性基督教会议,但也因此触发了长达数年之久的非基运动。

1926 年,顾子仁因主张青年会学生工作的独立性而与余日章等分道扬镳,转任世界基督教学生同盟干事,开始将其活动重点移至海外。1928 年顾子仁由世界基督教学生同盟会长穆德推荐,出任该同盟副会长。1932 年任期结束后,顾子仁改就同盟特派员,直至 1948 年。总计顾子仁在学生同盟任职期间,至少环游世界四次,在各地所作演讲不计其数。顾子仁精通音乐,尤善长萧,每次演讲前,均先从袖中取出长萧,即席吹奏中国音乐,令国外听众大为倾倒,成为早期的“中国基督教走出去”实践以及当前已蔚然成风的由原来第三世界所谓“后进教会”向发达国家“先进教会”进行“逆向宣教”的先驱和代表性人物。⑤

二、丁光训与上海青年会干事培训班

笔者在论及基督宗教中国化的历程时曾指出,抗日战争为基督宗教与中国人民和社会进步事业的“全面和整体性结合”,创造了条件。⑥ 中国基督教的杰出领袖和著名社会活动家丁光训主教早年在圣约翰大学的求学经历,就说明了这一点。

丁光训(1915 - 2012)出生于上海的一个基督教家庭,其外祖父是圣公会牧师。1931 年丁光训考入圣约翰中学,三年后转升圣约翰大学本

---

⑤ 关于全球基督教人口重心由北半部向南半部的转移,参见达纳 · L. 罗伯特(Dana L. Robert):《向南移动:1945 年以来的全球基督教》,徐以骅译,载徐以骅、张庆熊主编:《基督教学术》(第七辑),上海:上海古籍出版社,2009 年,第 201 - 228 页。

⑥ 徐以骅:《从“正定天主堂惨案”谈基督教宗教的中国化》,载徐以骅、张庆熊主编:《基督教学术》(第十三辑),上海:上海三联书店,2015 年,第 1 - 9 页。

科，先在土木工程系就读，一年后在圣公会圣彼得堂俞恩嗣牧师等的支持和鼓励下改读英文和神学。丁光训在圣约翰大学读书的后期，正值日本全面发动侵华战争的前夕，与许多同龄青年学子一样，他也经历了某种民族、社会和政治意识的“觉醒”。在此之前，青年丁光训在学校以“超世自居”，大有“看破红尘”之意；另一方面则对国民党当局的不抵抗主义十分不满。在聆听青年会干事吴耀宗关于基督教的社会责任和民族解放使命的一次演讲后，幡然醒悟，乃不顾教会当局的指责，在毕业时拒受按立，而去担任上海基督教青年会学生部干事。多年后，丁主教在回忆当时的情景时这样说：

> 即便是恭听吴先生演讲的时候，我的一只口袋里装着希腊文生字本，另一只口袋里装的是几个世纪前英国国教会《三十九条》的系统神学教材。我当时所受的教育导致我沉浸在基督的神性、人性和他在救赎奇功中的地位和作用等等的问题。像吴先生这样把耶稣放回当时的历史和当前现实中去的基督观，对我十分清新，在基督教信仰上为我打开了一个我过去还不知其存在，更没有进入过，而现在正在向我招手的领域……看到吴先生能把对基督的热爱和对祖国的热爱如此紧密地结合在一起，看到他由于忠于基督教而成为一个对真理、对理想、对人民具有如此巨大热情的人，我作为一个有所追求的青年，感到喜悦，感到这里是我追求的方向。⑦

青年丁光训加盟上海青年会后，具体负责上海基督教青年联合会（简称上海联会）的工作，1939 年出任上海学生救济委员会（简称“学济会”）执行干事，帮助因抗战全面爆发后生活陷入困境的学生。1942 年获圣约翰神学士学位并被按立为圣公会牧师后，丁光训受时任上海国际礼拜堂牧师的顾子仁的邀请，兼任该堂牧师，并主持该堂的学生礼拜堂和基督教团契活动。

---

⑦ 丁光训：《先进的吴耀宗》，载中国基督教三自爱国运动委员会编：《回忆吴耀宗先生》，上海：中国基督教三自爱国运动委员会，1982 年，第 87－102 页。

1943年,上海基督教青年会开始举办男女青年干事培训班。丁光训时任该会德育部主任,深受上海青年会总干事陆干臣器重,[8]参与了培训班前期的组织工作。到1949年,该青年干事培训班一共办了6届,受训学员前后共69人,分别为1943年第1届4人;1944年第2届5人;1945年第3届6人;1946年第4届17人(其中3人未完成培训课程便离开);1947年第5届23人;1949年第6届14人。[9] 此66位青年会干事在接受培训后,绝大多数被派遣至上海、北京、天津、青岛、南京、杭州、武汉、成都、重庆、广州的10个城市的青年会,成为当地青年会以及其他基督教机构的骨干。

此66人中,圣约翰大学学生或校友占了较高的比例,其中如罗冠中、郑建业、沈德溶、韩文藻、赵复三等,后均成为中国基督教会的领袖人物,有的还成为各级政府以及宗教管理部门的负责干部。究其原因,一是由于圣约翰大学长期未向国民政府立案,在抗战全面爆发后凭着自己中立国学校的身份未随大部分高校内迁,成为"孤岛上海"少数继续开办的完整大学,故学生人数大增,并且为限在大学生基督徒中招收学员的青年干事训练班提供了生源;二是在上海沦陷后,沪上学生民族意识高涨,积极投身抗日救亡和爱国民主运动,圣约翰大学甚至成为中共在上海教育系统内最大的据点之一。由上海基督教青年会等宗教色彩不太浓厚的"教内进步组织"举办的培训活动自然受到圣约翰大学学生的青睐;三是青年丁光训是该培训班的主要发起人和早期组织者之一,有在圣约翰大学从事基督教学生工作的经历,在熟悉的母校校园和校友中发展学员是自然而然的事。

20世纪50年代和60年代初是基督教三自爱国运动的发起、筹备和建立时期。这一时期也是基督教青年会与中国基督教会关系最为密切的时期。当时基督教三自爱国会全国协会"核心小组"的7名成员,清一色为青年会干事出身。不少青年会干事还成为各地三自会的负责人。

---

⑧ 关于丁光训与上海青年会青年干事培训班的关系以及其他相关情况,采自笔者1999至2001年间对沈德溶先生的多次访谈记录。

⑨ 1955年基督教青年会还举办了一届短期干事培训班(1955年2月至5月),共招收学员17人。

由于青年干事培训班的关系，有圣约翰大学及其主办教会中华圣公会背景的人士因此也在全国和各地基督教三自爱国会领导机构中占有较高的比例，并且为具有时代性和世界性意义的中国基督教三自爱国运动做出了贡献。

在中国基督教三自爱国运动发端之时，中华圣公会尤其是教会高层对之曾有抵触，因此圣公会（加上中华基督教会、中华浸信会、中华卫理公会共四大宗派教会）与全国基督教三自机构较密切的人事关系，在一定程度上是出于偶然；而基督教青年会一向前卫，20 世纪 40 年代后更是大幅度左转，并且作了具有前瞻性的布局，使其自然而然地成为基督教三自爱国运动最主要的发动机构。

三、青年会的社会贡献

青年会与著名教会大学圣约翰大学的关系，在某种程度上也折射出青年会在当时中国社会中的地位。国际化、高端、前卫，都是可用来形容当时青年会的形容词，当然这些也是圣约翰大学等教会高校的标签。在我国的基督教运动中，青年会无疑是最致力于社会改造和神学倾向最为自由的组织之一。

就国际化而言，中华基督教青年会是世界性基督教青年会和基督教学生运动的一部分，早年中韩青年会甚至还同属一个区域性组织（中韩港基督教青年会总委办），自然有着广泛的国际联系。与同样具有国际背景的许多宗派教会相比，青年会作为跨宗派、跨种族、跨地区的组织，更能代表基督教国际主义，即呈现、表述和展望基督教在各个文化中的本土化理念和实践，因此成为某些学者所称的在两次世界大战期间基于基督教传教运动的“第一次全球化”[10]的主要驱动力量。

我国基督教青年会的国际化，是以走高端、城市和学校路线为基础

⑩ 关于基督教传教运动与“第一次全球化”，参见达纳·L. 罗伯特：《第一次全球化：两次世界大战期间基督新教传教运动的国际化》，秦倩译、徐以骅校，载徐以骅主编：《宗教与美国社会——宗教与变化中的美国和世界》（第八辑），北京：时事出版社，2013 年，第 408－458 页。

的。无论是倡导社会改革、社会服务、移风易俗、体育运动、科学普及、平民和公民教育;还是主张人格救国,积极开展抗日救亡、民主爱国、反对内战等活动,青年会在许多方面都是开风气之先、与时代同行的,具体实践了其“非以役人,乃役于人”的会训,以及“服务社会,造福人群”的宗旨。青年会的工作重点是城市和学校,被称为“城市中国的社会改革者”,[11]活动方式灵活多样,对有进步思想的青年尤其是青年学子,具有广泛的吸引力,当时甚至一些共产党干部和领袖都曾有参加青年会活动或通过青年会开展革命活动的经历。美国汉学研究的一代宗师费正清在论及基督教与中国社会改造的关系时就指出,对中国的西式教育最具有影响力的机构,就是中华基督教青年会。[12]

基督教青年会在改革中国基督教原有管理体制方面,也具有引领和示范作用。青年会是我国基督教运动中最早和最全面实现中西职员同工同酬,以及领导层本土化的机构,成为中国基督教会实现自治的表率和坐标。如前所述,青年会在管理体制上的本土化、社会福音的神学理念,以及与时俱进的社会改革实践,使其成为建国初期基督教三自爱国运动的组织领导者。

但中华基督教青年会在其一百多年的历史中,也存在着一些根本性缺陷。首先,青年会的改良主义政治和折衷主张,在当时中国严酷的政治、经济和社会环境面前显得相当苍白无力,而且其本身就是所谓“中外新教合作建制”的一部分,并不能为中国提供民族救亡和社会重建的确实可行的方案,因此对许多不断寻求民族解放道路的志士仁人,往往只能起“中途客栈”的作用;其次,走高端和城市路线,且受社会福音思想浸润的青年会,在当时由保守派及基要派教会和信徒占主导地位的国内教会圈子里,并不受欢迎,形象常常被扭曲,一些教会和信徒甚至避之唯恐不及。尽管一些青年会干事和领袖活跃于国际舞台,在海外颇受推崇,但在国内基层教会尤其是广大乡村教会中却少有人知,曲高和寡,成

---

⑪ 参见 Shirley S. Garrett, *Social Reformers in Urban China: the Chinese Y. M. C. A., 1895 – 1926* (Boston, Massachusetts: Harvard University Press, 1970)。

⑫ 转引自赵晓阳:《基督教青年会在中国》,北京:社会科学文献出版社,2008 年,第 38 页。

为“没有士兵的将军”，影响力大打折扣；再次，经过二次大战的冲击，西方新正统主义神学兴起，社会福音思潮呈现颓势，青年会在西方基督教界的自由派盟军，也处境不妙。[13] 只有在中国，基督教青年会对时代大潮及中国人民的进步事业作出了积极回应并及时对标，才摆脱了被完全边缘化的命运。

四、结　语

今天，尽管“服务社会，造福人群”的宗旨未变，但青年会在我国的社会地位、活动规模、服务对象、国际背景、与教会的关系等都发生了巨变，当年使青年会在社会上占据显著地位的诸多因素，已不复存在；而青年会的一些传统服务项目，尤其在学校领域，不是已被取代就是已无事工空间。不过，青年会目前的许多社区化事工或社区服务管理中心的工作，在某种程度上比过去更深入基层；它通常在一些由政府主导和资助的社会服务项目中扮演了“倡导者”“承办者”“合作者”“咨询者”“试水者”“辅助者”等不同角色；它通过专业化的公益服务、工作团队和服务评估体系，对我国非营利和志愿者团体的培育和发展，进行了有益探索并提供了宝贵经验；青年会还凭借其积累百年的广泛国际联系和资源，在我国的对外交流和公共外交中发挥着积极的作用。因此，在新的历史条件下促进和坚持基督教中国化，基督教青年会不仅能够找到发挥自身才干的合适舞台，而且仍有创新推进的实践空间。

开拓永无止境，青年会仍需努力。

---

⑬ 参见 Nathan D. Showwalter, *The End of A Crusade: The Student Volunteer Movement for Foreign Missions and the Great War* (Lanham, Maryland: Scarecrow Press, Inc., 1998)。

当代马克思主义新约文学批评概述*

侯林梅　侯春林

【内容提要】 新约是圣经文本的有机组成部分,对它予以马克思主义文学批评,已构成当代学术领域的一道别样景观。当代[①]马克思主义新约文学批评大致发端于20世纪70－80年代的解放神学运动和政治及唯物主义解经思潮。90年代以来,聚焦于新约的马克思主义文学批评主要采取两条进路:一是运用马克思主义方法对新约文本进行背景重构,二是从事新约人物研究,主要聚焦于耶稣和保罗的形象。与此同时,长期处于边缘地位的女性学者,以及非裔黑人、其他有色人种的圣经研究者也逐步崭露头角,他们的研究视角和成果令人瞩目。考察和剖析上述批评实践,对于全面评价针对圣经的马克思主义文学批评具有显见的理论意义。

【关键词】 马克思主义文学批评　新约　文本背景重构　人物研究

马克思主义圣经文学批评既指运用经典马克思主义的基本原理、核心概念和批评方法,对作为文学的圣经展开批评,也指运用20世纪国际

* 本论文系河南省高等学校哲学社会科学研究优秀学者资助项目(项目编号: 2018－YXXZ－08)、河南师范大学校级青年科学基金项目(项目编号: 2019QK18)的阶段性成果。

① 本论文中的"当代"具体指20世纪90年代至今,而非通常意义所指的"当代"。

六大主要文学理论和批评思潮之一的马克思主义文学批评理论，来对圣经文本进行研究。由此观之，针对新约的马克思主义批评可谓源远流长。恩格斯多次对圣经元素进行评论，其中包括对《启示录》的具体分析。早在20世纪初，卡尔·考茨基（Karl Kautsky）就出版专著《基督教的基础》（*The Foundation of Christianity*, 1908），提出共产主义植根于使徒时期的基督教。以往几十年，马克思主义对新约批评发生了深远影响，尽管一些研究者不愿公开承认其本人正在从事马克思主义理论指导下的圣经研究。[②] 相对于旧约圣经的马克思主义文学批评，针对新约的马克思主义文学批评起步较早，但研究成果较为零散，大部分成果都属于历史唯物主义论述，而非文学审美批评。然而，近几年女性主义和空间批评成果渐次涌现，取得令人欣喜的成就。在此领域耕耘收获的大多数人是欧美白人男性学者，女性、其他族裔、其他国家或地区的研究者依旧处于边缘地位。

一、20世纪90年代之前的马克思主义新约文学批评概况

20世纪70－80年代，针对新约的历史唯物主义批评倾向于将圣经文本视为观察社会现实之窗，尤其关注上帝对穷人的优先选择、天国/上帝之国的政治特征、耶稣运动的革命性，以及耶稣本人的革命者品质，而较少思考新约文本的修辞手段及其文学性质。[③]

文学性较强的研究著作当属费南多·贝娄（Fernando Belo）的《〈马可福音〉的唯物主义解读》。受罗兰·巴特在《S/Z》中解读巴尔扎克作品的启发，贝娄对《马可福音》进行了结构主义符号学解读，详细分析了其中的一系列符码（行动、分析、王室、历史、神话、社会、策略性、象征和风土）和行动元（反对者、众人、门徒和耶稣）。此外，贝娄对马克思、阿尔都塞、克里斯蒂娃、巴塔耶、德里达、弗洛伊德等理论家的思想也有所借

② Beth M. Sheppard, *The Craft of History and the Study of the New Testament* (Atlanta: Society of Biblical Literature, 2012), p. 141.

③ Jorunn Økland and Roland Boer, eds., *Marxist Feminist Criticism of the Bible* (Sheffield: Sheffield Phoenix Press, 2008), p. 28.

重。在运用历史和社会学方法对公元1世纪的巴勒斯坦社会进行历史重构时,他从马克思的亚细亚生产方式概念出发,参考了乔治斯·多夸(Georges Dhoquois)[④]的观点,将彼时巴勒斯坦的生产方式定义为次亚细亚生产方式(Sub-Asiatic Modes of Production),即一种以奴隶和农民劳动为基础的自给自足的农业经济。其经济行为以村庄为中心,通过一种由大地主、商人和都市政治阶层掌控的国家机器来实行统治和剥削。贝娄还提出,公元1世纪巴勒斯坦的意识形态空间涉及"两种明确存在于旧约律法文本中的制度:传染制度(Pollution System)和债务制度(Debt System),前者在祭司派文本中居于主导地位,见于P底本,后者则分属于E底本和D底本……这两种制度施行于次亚细亚君主制的特定阶段,并与交织着阶级斗争的话语联系在一起"。[⑤] 在贝娄看来,正是与后者相关的君主制在农业社会的实施,构成《马可福音》写作年代的社会和经济冲突,以及《马可福音》中颠覆性叙事的运行空间。[⑥] 尽管贝娄的《马可福音》研究不乏瑕疵,但是作为马克思主义新约文学批评的开山之作,其研究方法、历史意识、理论框架等均有着非凡的意义和贡献。

贝娄之后,马克思主义新约文学批评沿着两个方向发展:一是运用马克思主义理论范畴重构文本的背景,二是聚焦于革命者耶稣的形象。米歇尔·克莱维诺(Michel Clevenot)的《阅读圣经的物质主义方法论》[⑦]被尊为前一方向的代表作。该书详尽分析了《马可福音》的成书背景——公元70年耶路撒冷第二圣殿被毁后尼禄的迫害。他认为该书是公元70年耶路撒冷圣殿被毁后写于罗马的次经,含有颠覆性力量。耶稣的行为——废除社会不公而建立一个博爱的社会——颠覆了犹太社

---

④ Georges Dhoquois, *Pour l'histoire: Essai d'histoire matérialiste comparative* (Paris: Anthropos, 1971). 多夸将前资本主义经济形态分为亚细亚(Asiatic)、次亚细亚(Sub-Asiatic)、副亚细亚(Para-asiatic)、亚细亚封建主义(Asiatic Feudalist)、奴隶(slavery)和欧洲封建主义生产方式(European Feudalist modes of production)。

⑤ Fernando Belo, *A Materialist Reading of the Gospel of Mark*, trans. Matthew J. O'Connell (Maryknoll: Orbis, 1981), p. 38.

⑥ Ibid., p. 56.

⑦ Michel Clevenot, *Materialist Approaches to the Bible*, trans. William J. Nottingham (Maryknoll: Orbis, 1985).

会形态的组织建构,所以遭到法利赛人和希律党人的极力反对。洽德·迈尔斯(Ched Myers)在其《捆绑壮士:对〈马可福音〉中耶稣故事的政治解读》[8]中则聚焦于革命者耶稣。迈尔斯自称采用了社会-文学解经法,对该书文本的整体结构和各个部分,包括重复、象征、寓言等修辞手段进行了极为细致的详尽的文学分析。同时,他注重参考公元前后的古代近东历史资料,来论证马可笔下的耶稣形象。在他看来,《马可福音》创作于公元70年前后的巴勒斯坦北部,其作者马可代表着一支由被压迫者组成的基督教少数派,提出对抗罗马权势的真正方法,即对耶稣极端忠诚,采取积极的非暴力抵抗行为,因为耶稣倡导以非暴力方式直面并抵抗罗马统治势力,并提出一种构建于正义、平等、谅解与和平基础上的社会新秩序。耶稣的一生就是当代印度政治家甘地奉行的非暴力抵抗的真实范例,《马可福音》则是对耶稣行为及其信念的经典阐释。迈尔斯对《马可福音》中耶稣故事的马克思主义文学解读,充分展现了一位批评者所具备的政治敏感性以及对内外文本的阐释能力。

综上所述,20世纪90年代之前的马克思主义新约文学批评实践主要以《马可福音》为文本依据,同时结合历史和社会学研究方法及资料来构建文本背景和革命者耶稣。他们的研究具有开创性意义,为90年代之后的马克思主义新约文学批评打下了坚实基础,提供了有益借鉴。

二、当代马克思主义新约文学批评概述

受到90年代之前马克思主义新约文学研究的启发和影响,当代学者在研究范围、方法、视角等方面较前均有显著拓展:就研究问题而言,他们继续对新约文本的社会历史背景进行重构,并对耶稣、保罗等形象予以复原;就研究资料来说,他们基于文本依据,进一步参照考古学、社会学、人类学等相关学科提供的知识,对新约展开综合性探究和分析;观其研究方法和视角,他们除了沿用马克思主义文学批评的基本路径,还

---

⑧ Ched Myers, *Binding the Strong Man: A Political Reading of Mark's Story of Jesus* (Maryknoll: Orbis, 1988).

借助了多种文学理论,如空间理论、马克思女性主义以及社会科学方法等展开研究。尤其值得一提的是,近年来女性学者、非裔黑人以及其他有色人种的圣经研究者逐步摆脱了边缘地位,挑战长期以来称霸学术界的欧美白人男性。简言之,当代马克思主义新约文学批评主要聚焦于新约文本背景的重构、历史人物的探究、对新约的女性主义解读和种族解放研究。

1. 新约文本背景的重构

就重构新约文本的社会历史背景而言,哥特瓦尔德(Gottwald)和理查德·霍斯利(Richard Horsley)的成就最为显著。这类研究的争论焦点是亚细亚生产方式对希腊化和奴隶制生产方式的抗拒。[9] 哥特瓦尔德认为,罗马统治巴勒斯坦时,纳贡制生产方式的残余依旧存在,此乃罗马及本土精英阶层剥削农民和雇佣工的基本手段;而且权势阶级对下层人民的剥削压榨,由于罗马奴隶生产方式的影响而不断加重。撒都该派大祭司及其同伙通过"圣殿经济"为自己和罗马人征收各种税赋,残酷剥夺人民的剩余劳动产品。耶稣领导巴勒斯坦饱受税赋和债务负担之苦的农民发起一场运动,直接挑战了圣殿经济,进而动摇了本土纳贡生产方式的核心。耶稣教义的主要内容,连同其反对犹太权威的斗争策略,均表明耶稣与其追随者乃是公有制社会的倡导者。耶稣运动从短期来看,威胁到本土纳贡生产方式的运作,从长远来看,还威胁到罗马奴隶生产方式的延续和发展。[10]

霍斯利则综合借用社会学、历史学、人类学、考古学等学科的最新发现,对福音书——尤其《马可福音》——和耶稣言行录 Q 展开了具体细致的文本分析,以求重构新约时代的社会历史图景。在他看来,罗马当局对当年的巴勒斯坦实行了暴力统治。政治上,罗马皇帝通过选立希律王一类的犹太管理者,代替罗马帝国实行间接统治;希律王对犹太人推

---

⑨ Roland Boer, "Twenty-Five Years of Marxist Biblical Criticism," in *Currents in Biblical Research*, vol. 5, no. 3(2007), pp. 298 - 321.

⑩ 诺曼·哥特瓦尔德:《古代以色列社会学研究》,厉盼盼译,载《圣经文学研究》,2016 年第 12 辑,第 19 - 44 页。

行铁血政治，不遗余力地盘剥民众财富，献给好大喜功的凯撒。经济上，由于希律王豢养了祭司贵族阶层，以致加利利农民必须承受三重经济压迫：向罗马皇帝缴纳贡赋、向希律王纳税，并向圣殿缴纳什一奉献。无力维生的农民不得不向官员或贵族借取高利贷并支付高额利息；那种利息既成为统治阶级收入的来源，又反过来加剧了农民自身的贫困。不难发现，当时犹太社会的根本矛盾发生于两个对立的群体之间：一方面是由罗马权势者和犹太教的祭司贵族阶层所代表的统治阶级，另一方面是以广大农民为主体的被剥削阶级。军事上，罗马政府为了强化对犹太人的控制，每逢重要节日就派兵监管犹太人，这进一步加剧了统治者与被统治者之间的矛盾，致使在耶稣传教年代，农民起义接连不断。[11] 在罗马帝国的暴力统治下，巴勒斯坦的乡村经济几近解体，耶稣借助其言论和教义倡导复兴摩西圣约——那圣约即以色列传统的核心，既渗透了以色列基本民族精神，也是其社会经济关系和政治生活得以规范的基本原则。[12] 耶稣之所以不遗余力地复兴圣约，根本目的就在于复兴持守圣约的社群，复兴其传统生活方式，并最终复兴以色列民族。

关于保罗书信的背景，以霍斯利和尼尔·艾略特(Neil Elliot)为代表的研究者认为，在罗马帝国统治下的希腊和小亚细亚，帝王崇拜(Imperial Cult)与恩主制相互结合，共同构成罗马帝国的权力关系，也构成保罗传教的主要社会背景。[13] 以帝王崇拜和居民奉献为特色的宗教制度与以恩主制为特征的社会经济制度结合起来，支配了罗马社会的所有层面和各个角落。[14] 恩主制所形成的纵向的、不平等的保护人-受护人关系，与传统家族和村社所形成的横向的、平等联合和互助的关系截

⑪ Richard A. Horsley, *Jesus and the Politics of Roman Palestine* (Columbia: University of South Carolina Press, 2014), p. 39.

⑫ Richard A. Horsley, *The Prophet Jesus and the Renewal of Israel* (Grand Rapids: William B. Eerdmans Publishing Company, 2012), p. 122.

⑬ Richard A. Horsley, ed., *Paul and Empire: Religion and Power in Roman Imperial Society* (Philadelphia: Trinity Press International, 1997), p. 13.

⑭ Ibid., p. 95.

然相反。那种保护人-受护人关系既瓦解了当地农民村社的团结,也破坏了都市穷人的团结,而保罗传教恰恰要在地中海东部发动一场民众团结的运动。⑮

纵览上述学者对新约文本社会历史背景的重构,可以发现,霍斯利尽管从未像哥特瓦尔德一样,使用诸如生产方式、纳贡制、公有制一类政治经济术学语,他的分析结论与哥特瓦尔德的观点却极为类似——他对巴勒斯坦农民所受三重压迫的分析对应于哥特瓦尔德论述的纳贡制生产方式,他对耶稣倡导摩西圣约的理解与哥特瓦尔德有关公有制生产方式的见解可谓异曲同工。正如他对旧约圣经文本背后生产方式的分析一样,哥特瓦尔德始终强调公有制生产方式的存在及其旺盛的生命力。对比哥特瓦尔德的公有制生产方式概念和霍斯利的摩西圣约——或其研究 Q 文本时提倡的"上帝之国"思想,可以发现,两者均含有明显的原始共产主义遗风和理想主义色彩。而学者们在保罗传教背景中所发现的帝王崇拜及恩主制,在旧约圣经研究中也能看到类似的对应物,那就是耶和华崇拜和相应的恩主制,只是新约研究者尚未视后者为一种生产方式。

2. 新约人物形象研究

(1) 耶稣形象研究

戴歌德(Gerd Theissen)、霍斯利、哈尔瓦·莫克斯尼斯(Halvor Moxnes)可谓耶稣研究的代表学者,其观察视角及探索发现各不相同。析言之,德国海德堡大学教授戴歌德主张从社会科学视角辨析早期耶稣运动,认为那场运动由巡游布道的神恩宗教团体成员及其当地拥护者组成,成功之处在于化解了一系列矛盾和冲突:社会经济巨变语境中富人与穷人之间不断加深的阶级矛盾、都市与乡村之间的社会生态矛盾、爱仇敌与爱上帝论争所涉及的社会政治矛盾,以及希腊文化渗透与犹太身份维护之间的民族文化矛盾。⑯ 戴歌德提出,理解耶稣的行为须臾离不开政治维度:耶稣那些带有象征意义的行为可理解为象征性的政治表

⑮ Ibid., p. 90.

⑯ Roland Boer, "Twenty-Five Years of Marxist Biblical Criticism," pp. 298 - 321.

达——他对十二门徒的任命是对现存统治形式的批判，他荣入圣城耶路撒冷讽刺了罗马总督的进城仪式，他那些宣扬博爱的言论和教义体现了以色列传统文化中弘扬人道、企盼温和的生存理念。[17]

美国学者霍斯利显然质疑戴歌德有关耶稣乃是一个"巡游灵恩领袖"之说，而主张将耶稣置于巴勒斯坦和加利利地区农民与罗马帝国及其代理统治者之间的紧张关系中解读。由于罗马帝国滥施屠杀、征服和名目繁多的税赋，巴勒斯坦地区的资源几乎消耗殆尽，农民沦为税赋和债务的牺牲品。举目可见的农民贫困和统治者肆意压榨现象，导致了古朴民风的失落和邻里关系的恶化，以致霍斯利认为，福音书中耶稣的形象主要是"村庄而非个人的夫子和治愈者"。[18] 福音书中那些残障人士在某种程度上是当时犹大和加利利社会"病入膏肓"的隐喻。耶稣主要在村庄、会堂和田间地头向农民布道，劝告他们赦免邻居的债务，彼此之间建立互帮互助的家庭式社群(可 3：31－35)。同时，耶稣也借助寓言、故事、双关、先知性预言等"隐秘记述"的形式，巧妙地表达农民对罗马暴力和犹太代理统治者的怨恨，以及对其残酷剥削的谴责。除了上述较为隐秘的反抗方式，耶稣也运用"向当权者说出真相"的极端冒险方式，来表达其公开的反抗。正是这种异乎寻常的冒犯和亵渎行为，不仅成就了耶稣作为新型先知的地位，也将他送上了罗马人的十字架。耶稣的行为既是对罗马暴政的反抗，也是对摩西圣约的复兴。与多数研究者观点相左，霍斯利认为耶稣被钉十字架是其复兴计划的高峰，"耶稣勇敢直面统治者及其被钉上十字架，都成为推动耶稣运动的突破点，极大地促进了人民复兴以色列的进程"。[19] 一言以蔽之，霍斯利认定耶稣是村庄中的夫子、治愈者、先知，既是犹太传统的守护者，又是一个新国度的建

---

⑰ 瞿旭彤：《〈新约圣经〉的复调性和研究进路的多样性：戴歌德的〈新约〉研究》，载《圣经文学研究》，2015 年第 10 辑，第 29－60 页；Gerd Theissen, "The Political Dimension of Jesus' Activities," in Bruce J. Malina etal. eds., *The Social Setting of Jesus and Gospels* (Minneapolis: Fortress Press, 2005), pp. 225－250。

⑱ Richard A. Horsley, *Jesus and the Politics of Roman Palestine* (Columbia: University of South Carolina Press, 2014), p. 44.

⑲ Ibid., p. 167.

造者。

香港中文大学教授黄根春指出,福音书虽然从信仰角度,以“属灵弥赛亚”(Spiritual Messiah)的形象来描述耶稣的生平事迹,读者依然能从其行为和教义中解读出隐含的政治成分。[20] 其实早在1778年,德国学者赫尔曼·莱玛鲁斯(Hermann Reimarus)就从福音书中发现了隐蔽的“君王弥赛亚”——耶稣被塑造成政治和军事领袖,相信他必定于“再临”(*parousia*)时彰显;届时他不仅解放信徒,使之摆脱压迫和苦难,还会让他们与其共同做王,统治全世界。由此,则福音书中耶稣君王式进入耶路撒冷的行为、耶稣被钉十字架以及关于天国教训的章节均具有政治含义。何竟如此?因为在当时的社会政治和宗教背景下,犹太人一直期待着上帝能介入历史,将他们从异族统治中解放和拯救出来,以致从地上(对应于宗教层面的“天上”或“未来世界”)的政治视角观看“上帝的国”,则其一再表明的宗教向度难以掩盖政治含义。[21]

霍斯利指出,耶稣的先知性复兴行动处处强调村社及其基本构成单位——家庭——的复兴,因为村社和家庭是以色列传统社会的基础。[22] 哈尔瓦·莫克斯尼斯也对耶稣与家庭的关系做出解读,但其研究视角和结论却与霍斯利的大相径庭。与霍斯利注重关系和背景的研究方法不同,哈尔瓦·莫克斯尼斯主要是从空间视角出发的。在他看来,《马太福音》和《路加福音》中有关婴孩耶稣的叙事是“企图将耶稣描述为属于一个理想家庭的标准行为”。[23] 耶稣离家投入巡回传教的行为割断了个人“位置”与家庭之间的联系,也破除了将其同时代人捆绑在某个固定空间的束缚。他摆脱了由亲属及本地权威做出决定的本土期望,而陷于

---

⑳ 黄根春:《天国概念的演变:从耶稣到保罗》,载《圣经文学研究》,2010年第4辑,第200-216页。

㉑ Ibid.

㉒ Richard A. Horsley, *The Prophet Jesus and the Renewal of Israel* (Grand Rapids: William B. Eerdmans Publishing Company, 2012), p. 128.

㉓ Halvor Moxnes, *Putting Jesus in His Place: A Radical Vision of Household and Kingdom* (Louisville: Westminster John Knox, 2003), p. 38.

“无位置”(no-place)状态,以致失去明确的身份,不属于农村社群的成员。为了构建一个新的社群,耶稣召唤其门徒离开家庭——那是权力较为集中的传统经济和政治机构——而跟随自己。“上帝之国”作为耶稣创造的一种“想象性空间”,乃是世俗空间的变形,亦即一个家庭、性别、政治和经济模式均已发生变异的新型空间。

纵观上述多位研究者的观点,能发现他们均构建了各自版本的历史人物耶稣。研究者所依据的文本主要是福音书,但其成果却极易成为自己的福音书,即便戴歌德和霍斯利也不例外,他们均描述了一位生存于现世、可资效仿的耶稣。[24] 戴歌德、霍斯利和黄根春较为注重耶稣的政治性,赋予其语录、行为和思想以一种政治维度;霍斯利尤为注重弥补前人研究中对经济和政治元素关注的缺失。在涉及耶稣与家庭关系的研究中,霍斯利认为,耶稣更强调家庭纽带及亲情关系的支撑作用,更看重传统的父权制家庭;莫氏则认为,耶稣的言行凸显了上述价值的消解和解构。他更强调从人际关系方面展开研究,注重探索追随耶稣造成了何种社会影响,及其行为如何有意识地打破了家庭成员行为之间的一般规范和通常准则。但两位学者的研究之间亦存在诸多共同点,首先,二者都主张将耶稣置于公元1世纪的巴勒斯坦,尤其加利利的政治和经济背景中,而反对过分强调耶稣个人的特殊性;其次,二者都探讨了家庭生活与耶稣运动的关系,及其在耶稣研究中的重要性,尽管其结论相去甚远;此外,二者都注意到了耶稣本人及其运动的边缘性特征。[25] 总之,两位学者的著作都值得细细品读,莫氏的观点略显新颖。他们发出了两种和而不同的声音,各具特色,共同丰富了马克思主义理论指导下的耶稣研究。

(2) 保罗形象研究

以霍斯利和艾略特为代表的研究者不仅塑造出一个政治化的耶稣,

---

[24] Roland Boer, “Twenty-Five Years of Marxist Biblical Criticism,” pp. 298 - 321.

[25] Clive Marsh, “Book Review of Halvor MOXNES, *Putting Jesus in his Place: A Radical Vision of Household and Kingdom* & Richard A. Horsley, *Jesus and Empire: The Kingdom of God and the New World Disorder*,” in *Journal for the Study of the New Testament*, vol. 27, no. 2(2004), pp. 245 - 247.

也塑造出一个政治化的保罗。他们通过综合分析罗马帝国的政治、经济、社会、历史、意识形态,以及保罗书信中的信息资料,颠覆了先前保罗研究所呈现的保罗形象:社会保守主义者、罗马统治秩序的维护者、奴隶制的支持者等等,塑造出一个运用自身话语对抗罗马帝国统治,并努力构建一个新型社会的保罗。[26]

在这些学者看来,保罗是一位反抗罗马统治的斗士。首先,他借用罗马的政治神学术语——"福音"(*euangelion*)、"信实"(*pistis*)、"(公)义"(*dikaiosyne*)、"和平"(*eirene*)等——构建出一套阐述自身见解和反抗策略的话语(即所谓的"保罗福音")。保罗故意使用与帝国宗教关系密切的语言,以便用自己的福音与凯撒的福音相竞争。[27] 其次,保罗福音中最明目张胆的反罗马帝王特色,体现在他对被钉上十字架的基督的强调。保罗认为,十字架一方面显示出身为救世主的耶稣的顺从:他谦卑地接受极端耻辱的、通常用以处决卑贱奴隶的极刑;另一方面也反映出罗马统治者的残暴及其行将灭亡的命运——耶稣之死直接导致了公元66-73年的犹太地区大暴乱,拉开了上帝最终进行"解放之战"的序幕。[28] 最后,保罗通过提倡和尝试构建一个替代性的社会或社群,即*ekklesia*,来实施其抵抗和解放计划。该社群与罗马主流社会水火不容,显示出保罗对其所预测的基督再临后"上帝之国"的展望和规划。上述各方面无不表现出保罗反罗马帝国的个性特征。[29]

---

[26] Richard A. Horsley, ed., *Paul and Empire: Religion and Power in Roman Imperial Society* (Philadelphia: Trinity Press International, 1997); Richard A. Horsley, ed., *Paul and Politics: Ekklesia, Israel, Imperium, Interpretation* (Harrisburg: Trinity Press International, 2000); Richard A. Horsley, "Paul and slavery: A Critical Alternative to Recent Readings," in *Semeia*, no. 83-84(1998), pp. 153-200; Neil Elliott, *Liberating Paul: The Justice of God and the Politics of the Apostle* (Sheffield: Sheffield Academic Press, 1995); Neil Elliott, *The Arrogance of Nations: Reading Romans in the Shadow of Empire* (Minneapolis: Fortress Press, 2008).

[27] Richard A. Horsley, ed., *Paul and Empire: Religion and Power in Roman Imperial Society*, p. 140.

[28] Ibid., pp. 167-183.

[29] Richard A. Horsley, ed., *Paul and Politics: Ekklesia, Israel, Imperium, Interpretation*, pp. 216-223.

传统解经家认为保罗支持奴隶制，霍斯利则提出了完全不同的看法。[30] 他认为，保罗作为一名希腊化时期便雅悯支派的流散后裔，来自一个被征服的社会，其态度和语言受到犹太文士阶层决定性的影响。保罗一再自称为“基督的仆人”，这应当是古代近东及以色列模式——即以色列人被视为上帝仆人的圣经传统——的延续，同时也指明了他——即特定门徒——与基督的关系。结合文本具体的社会、政治、经济语境，对“奴役/奴隶”一词出现的主要篇章（加 3－5 及罗 6－8）精研细读之后，霍斯利坚称，保罗在此对奴役/劳役意象的使用并非指代家庭中主人与奴隶之间的关系，而是指更广泛的罗马帝国征服、镇压及其对待其他民族的奴役状态。此外，“奴役”还特指人们被诸如罪和死亡、律法、“小学”（加 4：9）一类基督之前的超人力量所束缚，而基督事件则赋予信徒以“自由”。研究者认为，如果将“保罗后书”从真正的保罗书信里分离出来，则有关保罗对奴隶制的看法仅仅集中于两个核心文本，即《哥林多前书》7：21 和《腓利门书》。重新解读这两个文本，已有越来越多的研究者将保罗重构为一个奴隶自由的大力提倡者。

与霍斯利、艾略特塑造的政治化保罗形象相左，黄根春认为，保罗传教时曾致力于消弭耶稣教义和言论的政治意味。首先，保罗尽量减少使用“国度”一类与国家、政权关系密切的词语，以求淡化某些政治敏感术语的政治含义；他还刻意降低官方惯用词汇“来临”的官方意味，而用日常用语“来去”替代此词，致使“主再来”一语的政治意味大打折扣。其次，保罗通过多种方式改变“国度”的内容，以淡化其政治含义——如将其神圣化（林前 15：20－28）、属灵化（林前 15：50）、个人化（林前 4：8，19：20），以及传统伦理化（林前 6：9－10）。黄根春指出，恰恰由于保罗对耶稣福音书，及其他涉及天国的概念和内容实行了去政治化，才致使“信仰耶稣的宗教被执政者或政府成功地接纳为社会的一员”，“基督宗

[30] Richard A. Horsley, “Paul and Slavery: A Critical Alternative to Recent Readings,” pp. 153－200.

教最终发展成一个世界性宗教”。[31]

表面上看,以霍斯利为代表的学者与黄根春的观点好像彼此相左:前者重构了一位政治化的保罗,后者则将其去政治化。实际上,双方均围绕着保罗与政治的关系展开论述,只不过前者所挖掘的是保罗书信的显性政治含义,后者为隐性政治含义,双方的关系犹如同一枚硬币的两面,相互依存,紧密联系。

三、新约的女性主义解读

针对新约的当代马克思女性主义批评异军突起,打破了白人男性学术传统垄断圣经研究的局面,为解读那部古老的文学经典提供了新的视角和洞见。女性主义批评者聚焦于新约文本与性别尤其女性解放的关系,运用女性主义概念、性别话语、空间批评等理论,多方面探讨了耶稣、保罗、《启示录》与女性运动的关联性。

哥特瓦尔德较早对女性在古代以色列的社会地位进行了研究。他认为,圣经中女性受到典型男权社会的束缚和排斥,但是在以色列公有社会发展最好的时期,即部落制和耶稣运动时期,女性与男性一样,也能自由参与并从事公共事务。考察同观福音书中耶稣的言论和教义,能发现致力于消除两性之间社会和文化壁垒的思想倾向。[32] 香港学者黄慧贞细读《马太福音》中妇女的故事后指出,如果从经济角度对耶稣传道的过程进行物质主义解读,就能洞见女信徒在其间的重要地位和作用:正是她们为耶稣事工提供了充足的物质保障。[33] 在今天,经济已成为分析任何问题都无法回避的关键因素,对女性与耶稣事工之间关系的物质性分析意义重大。

一些批评家走得更远,甚至刻意探讨基督身体与性别的关系。塔玛

[31] 黄根春:《天国概念的演变:从耶稣到保罗》,载《圣经文学研究》,2010 年第 4 辑,第 200 -216 页。

[32] 诺曼·哥特瓦尔德:《古代以色列社会学研究》,第 19 - 44 页。

[33] 黄慧贞:《耶稣事工的“物质性”:一个女性主义角度的阅读》,载《圣经文学研究》,2010 年第 4 辑,第 217 - 235 页。

拉·普罗赞克(Tamara Prosic)剖析了基督神话与性别的关联性：首先，上帝天父与凡人女性马利亚相结合，意味着早在人类参与神性和永生之前，女性在原则上已获得解放，通向永生的大门就经由女性的子宫而开启，性成为潜在的解放力量；其次，耶稣治愈女信徒，其行为一方面提升了女性的社会地位，另一方面也显示出耶稣行为的性欲本质，表明那些主动寻求治愈的女性拥有合法且主动的性欲；最后，耶稣受难乃是从"他"转变为"她"的高潮，他身上的伤口其实象征着女性的阴道口。于是，十字架上的上帝之子经由死亡变成了上帝之女。复活的耶稣不再具有性别差异，这证明那种差异不该成为不平等和剥削赖以存在的基础。[34] 由此，自柏拉图以降就被一分为二的雌雄同体之人，终返其原初的圆满和完整状态。

与此类似，克瑞斯蒂娜·佩特森(Christina Patterson)关注的也是基督的集体性身体，表现为摩拉维亚弟兄会诗班演讲与《哥林多前书》中基督集体性身体概念之间的区别。她指出，社会经济背景的差异造成了二者理解上述概念的差异。[35] 在前者的领袖亲岑多夫的诗班演讲中，个体与集体之间呈现出辩证关系，因为基督的身体同时具有两性的性器官——阳具和侧伤，他的性别被扩大化，同时包含雌雄两性。诗班演讲调和了18世纪德国个体与社群的关系，体现的是一种个体思维。《哥林多前书》则主张个体与基督身体之间的本体性参与关系，这种集体思维方式流行于公元1世纪的罗马帝国，强调的是集体的绝对位置。区别于亲岑多夫的双性基督，保罗观念中的基督显然是男性的。他秉持了传统的性别概念，主张男女之间的性别差异本属常识，无需言说。

上述观察也暗示了新约女性主义研究的另一个主题：保罗对于女性的态度。多数研究者认为，保罗书信对女性的态度是矛盾的，一方面，保罗和一些女性同工甚或女性教会首领一同传道，且相当尊重她们，给

---

[34] Jorunn Økland and Roland Boer, eds., *Marxist Feminist Criticism of the Bible*, pp. 47–69.

[35] 克瑞斯蒂娜·佩特森：《想象基督的身体》，张雅斐译，载《圣经文学研究》，2016年第13辑，第162–183页。

予她们很高的评价;另一方面,保罗又表现为一个男权主义者,对女性在教会的行为、仪式上的服饰等做出规定和限制,甚至提出“妇女在会中应闭口不言”(林前 14: 44)。保罗的男权主义立场集中体现于《哥林多前书》第 11 - 14 章,不同学者针对那些文本做出各不相同的解读。威尔(Antoinette Clark Wire)认为,那些文本揭示出女性领导权被控制的事实,表明保罗意识到自己的男性特权在罗马社会逐渐被削弱,试图通过上述规定,来轻视哥林多那些独立且有领导能力的女性。[36] 奥克兰则运用马克思主义空间批评、女性主义、礼仪研究及话语分析等工具,对相关文本进行重新解读,提出保罗受到经典性别哲学观和“菲勒斯中心主义”等级制世界观的影响,将“集会”(*ekklesia*)构建成一个迥异于家庭的神圣空间,一个男性化的空间——欲以之代表基督的男性身体。“集会”不仅与性别结构相关,而且与宇宙等级划分关系密切:它反对混乱、无秩序和有限性(阴性),而倾向于统一、秩序、理性(阳性)。在此性别化空间结构和话语体系中,男性更接近神性,女性则被整合至共有空间,必须通过差异来维持其界限。具体说来,即对女性在礼拜仪式上的着装和言语行为提出专门要求,禁止越界发生。所以《哥林多前书》11 - 14 章揭示的“父权制”的保罗一方面维护以男性为标准的传统性别空间和等级制度,另一方面又将女性无声地囊括在男性的范畴内。[37] 鉴此,奥克兰进而指出,《哥林多前书》表明保罗的“性别话语”之间存在着广泛的一致性。

此外,研究者还揭示了新约文本中普遍存在的父权思想。缇娜·皮品(Tina Pippin)对《启示录》予以女性主义解读后指出,那部文本对忠诚于上帝者进行了消解殖民化,同时却又重新殖民了女性人物和读者。[38] 她指出,其中的女性形象,无论好坏,无论母亲和新娘,抑或耶洗别和巴

---

[36] Antoinette Clark Wire, *The Corinthian Women Prophets: A Reconstruction Through Paul's Rhetoric* (Michigan: Fortress Press, 1990), pp. 155 - 156.

[37] Jorunn Økland, *Women in Their Place: Paul and the Corinthian Discourse of Gender and Sanctuary Space* (London, New York: T & T Clark International, 2004), p. 222.

[38] Tina Pippin, *Death and Desire: The Rhetoric of Gender in the Apocalypse of John* (Louisville: Westminster/John Knox, 1992).

比伦大淫妇,都是男性宣泄其欲望的对象;即便女性缺席,也能体现出男性的性别歧视和压迫,如被拯救的144000名童男子被定义为"未曾沾染妇女"的人,因而他们是"没有瑕疵的"(启14:4)。总之,女性无论在场还是缺席,都难逃被男性客体化、被掌控且贬损的厄运。

另一些评论家擅长将女性主义理论与马克思主义结合起来解读新约文本,批判其中的男权思想,揭露其通过家庭对女性施加的压迫。艾伦·卡德瓦拉德(Alan Cadwallader)借用朱丽叶·米歇尔(Juliet Mitchell)的马克思女性主义理论对《马可福音》10:1-31进行解读,批判了其间的父权制意识形态,认为那段经文与经济元素相结合,共同借助家庭结构、婚姻、道德训诫、子女教养等议题,实施对女性的压迫和剥削。[39] 与此类似,詹妮弗·伯德(Jennifer Bird)借用马克思女性主义批评家罗兹玛丽·亨尼斯(Rosemary Hennessy)对《彼得前书》中家庭规则(Haustafel)的解读,指出男性始终享受特权,而女性身份的被界定,首先与受难相关,其次与婚姻和生育紧密相连。[40]

四、新约解读与种族解放

在马克思主义新约文学批评领域,一批以非裔美国学者为代表的有色人种学者,结合各自社会语境所做的研究引起学术界的特别关注。来自南非的批评家及非裔美国黑人学者较为关注新约文本与种族解放的关系,他们质疑过往的论调,抵制以欧美白人为中心的"帝国主义"解读及其释经传统,致力于构建黑人尤其是黑人女性的新约文本解读模式。

非裔美国学者最重要的任务是消解白人圣经学者的种族歧视,最终为黑人的解放而奋斗。他们尤为关注新约中与奴隶制相关的文本,并对其做出完全有别于白人学者的解读。劳埃德·刘易斯(Lloyd A. Lewis)结合《加拉太书》3:1至4:7中的保罗话语,重释了《腓利门书》中三个主

---

[39] Jorunn Økland and Roland Boer, eds., *Marxist Feminist Criticism of the Bible*, pp. 151-181.

[40] Ibid., pp. 229-243.

要人物——腓利门、保罗和阿尼西姆——之间的关系。[41] 他提出保罗采用“家庭语言”，将上述三人描述成“家庭”关系，同时将教会塑造为“家庭”，表明在教会和社群中，三种人——信徒、奴隶主、奴隶——之间是平等和睦的，彼此的身份可以互换。保罗选择术语的策略流露出他的真实意图：一方面主张腓利门必须释放阿尼西姆；另一方面，模糊自己对于奴隶制的立场，进而避免自身的社会角色被经典化。保罗的行为对于黑人解放及其圣经阐释具有显见的意义。

同样聚焦于家庭规则，前述詹妮弗·伯德只关注性别压迫，黑人学者克拉丽丝·马丁(Clarice J. Martin)还揭露了黑人男性圣经学者分析保罗家庭规则时的不彻底性：他们只反对其中与奴隶制、主仆关系相关的内容，而忽视或默许了其间的性别压迫。[42] 黑人圣经学者早在美国内战之前就借用新约文本来反对奴隶制，从中解读出有关人类解放和自由的信息，以激励黑人的解放斗争。他们主张联系具体的社会历史背景解析家庭规则中的主仆关系，反对只对那种关系作表面化理解，却不反对从字面意义上理解夫妻或男女关系。即是说，他们在对奴隶予以消解殖民的同时，又重新殖民了黑人女性。可以说，黑人解经家和持欧洲中心论的西方新教解经家在性别歧视方面存在着共谋关系。

五、结　语

聚焦于新约的当代马克思主义文学批评主要采取了两条进路：一是运用马克思主义的分析方法，重构耶稣运动和保罗书信写作时期的阶级、权力、经济、性别及种族斗争。二是将马克思主义理论与解放神学思潮结合起来。从批评视角和内容来看，以哥特瓦尔德和霍斯利为代表的来自第一世界的研究者较为关注新约文本与罗马帝国的统治之间在阶级、权力、经济等方面的复杂关系和运作。而女性主义批评者

---

[41] Cain Hope Felder, ed., *Stony the Road We Trod: African American Biblical Interpretation* (Minneapolis: Fortress Press, 1991), pp. 232 - 246.

[42] Ibid., pp. 206 - 231.

则集中于新约文本与性别尤其与女性解放的关系，运用女性主义概念、性别话语、空间意念等理论探讨耶稣、保罗、《启示录》与女性运动的关联性。一些来自南非的批评家或非裔美国黑人研究者则较为关注新约文本与种族解放的关系，他们质疑过往的结论，抵制以欧美白人为中心的“帝国主义”解读及其释经传统，致力于构建黑人的新约文本及其解读方式。

纵观当代马克思主义新约文学批评实践，可以发现：首先，新约的马克思主义文学批评显得较为单薄。其研究所关注的问题在范围、深度和全面性方面均存在可拓展的空间，如对新约文本背景的重构，包括对其生产方式问题的讨论；即便其研究亦涉及经济压迫和斗争、意识形态掌控、下层阶级对（异族）统治阶级的反抗等，但它们散布于对新约核心人物——耶稣和保罗——的讨论中，而非对相关问题展开直接、明确的批评和探讨；其次，只注意压迫者和被压迫者的二分法稍显简单，有可能掩盖那两个群体内部的差异，因其各自又包含诸多在物质利益、文化传统和意识形态等方面千差万别的亚群体，有必要对其进行具体分析。[43]

再次，那种批评最突出的优点是运用了美学批评——尤以女性主义和空间批评为代表——与历史批评相结合的方法。虽然如此，但它却缺乏与马克思主义文学批评理论的全面而深入的结合；即是说，运用其他马克思主义美学思想的新约文本批评实践还很少看到。

最后，马克思主义新约文学批评显得颇为含蓄，即研究者运用了诸多源自马克思主义批评的分析范畴，“当前研究新约文本和帝国关系的著作主要关注的问题包括权力和权威、统治者和被统治者之间不平等的资源分配，以及两个群体之间的斗争和冲突，所有这些都是马克思主义的经典问题”，但他们“并不愿意承认自己所从事的是马克思主义式的研究”。[44] 哥特瓦尔德和博尔也认为，圣经研究中存在很大程

---

[43] Beth M. Sheppard, *The Craft of History and the Study of the New Testament* (Atlanta: Society of Biblical Literature, 2012), p. 143.

[44] Ibid., p. 141.

度的“含蓄马克思主义”。[45] 上述研究者的不情愿再次揭露了马克思主义新约文学批评的边缘地位。由此可见,振兴马克思主义新约文学批评任重而道远。

[45] Roland Boer, “Twenty-Five Years of Marxist Biblical Criticism,” pp. 298 – 321.

克莱门特理性辩护主义思想探析*

穆　澜

【内容提要】　在基督教思想史上,以克莱门特为代表的理性辩护主义思想常常遭到敬虔主义的质疑和批判。敬虔主义立场认为启示本身已经足够,将启示与希腊哲学融合会侵蚀启示信息,并潜在隐藏着导致异端的危险。本文通过启示与哲学、罪与理性、进步或叛离三个层面回应虔敬主义批判,从而论证克莱门特理性辩护主义思想的合理性。首先,克莱门特认为希腊哲学不仅为基督宗教作了预备,而且可以辨别、推翻和摧毁错误观点,为建立正确信念辩护,发掘圣经经文背后隐藏的含义。其次,克莱门特肯定了理性作为上帝创造的积极层面。在救赎的积极意义上,人因着与上帝合一,堕落的理性已得到治愈。因此,理性对于理解信仰必不可少。最后,在希腊哲学概念与基督宗教启示信息不一致时,克莱门特已转变希腊哲学概念来承载基督宗教信息。因此,他虽然运用希腊哲学阐述基督宗教信仰,却并未改变基督宗教的信仰实质。

【关键词】　希腊哲学　克莱门特　理性　启示

公元2－3世纪,基督宗教在罗马帝国内开始迅速发展,但同时也遭到公共层面占据话语主导权的希腊知识分子的强烈质疑。他们普遍认

---

* 本文为“中央高校基本科研业务费专项资金资助”(项目编号:2015102010201)的阶段研究成果。

为,基督宗教的死人复活等教义荒谬而不合理性。在这样的挑战下,基督宗教涌现出一批早期思想家,他们最先承担起向希腊世界介绍基督宗教信仰的责任,试图消除外界对基督宗教的误解和批判。在当时,基督宗教思想家对待希腊哲学的态度主要有两种不同倾向:一种是以德尔图良为代表的敬虔主义立场,这种立场排斥哲学思辨,坚持唯独信仰,认为雅典和耶路撒冷没有关系;另一种是以克莱门特为代表的理性辩护主义立场。这一派认为,基督宗教可以与希腊哲学融合,希腊哲学可以成为基督宗教理性化的工具。本文以敬虔主义立场对克莱门特理性辩护主义的批判为出发点,通过回应德尔图良、马丁·路德和哈纳克的批判来探析克莱门特理性辩护主义思想的合理性。

一、对理性辩护主义的批判

亚历山大的克莱门特(Clement of Alexandria,约 150 -约 215 年)是亚历山大学派的开创者,他在皈依基督宗教之前就已辗转各种哲学流派学习,接受了良好的希腊教育。[①] 克莱门特对希腊哲学有着天然好感,他认为,以柏拉图为代表的希腊哲学与基督宗教的启示信息并不矛盾,这是他自由运用希腊哲学阐述基督宗教信仰的基础。在克莱门特看来,只要启示真理的首要地位得到维护,哲学与启示就可以结合,最好的希腊哲学如同摩西律法,是通往真理的道路之一。克莱门特通过运用希腊哲学的概念和方法向世人证明,基督宗教是一种基于理性的信仰,不仅在政治上无害,而且在道德和文化上优于其他宗教。

相比克莱门特对希腊哲学的肯定,同时代的德尔图良(Tertullian,约 160 -约 240 年)则强调基督宗教的启示与希腊哲学的根本对立,提出"雅典和耶路撒冷有何相干?"德尔图良认为,希腊哲学是异端思想来源,运用希腊哲学阐释信仰会产生混乱与危险。希腊哲学是"人与魔鬼

---

① Clement, *The Miscellanies* (*The Stromata*), L. L. Nicene and Ante-Nicene Fathers (NPNF), vol. 2, edited by Alexander Roberts, D. D. & James Doaldson (LL. D. Hendricson Publishers, Inc., 1999).

的教义”和“世上智慧的材料”,“异端是由哲学发起的”。[②] 如诺斯替学派的瓦伦提诺属于柏拉图学派,马西昂出身于斯多亚学派……异端分子与哲学家对“恶的来源”“恶为何而存在”等问题上观点一致。德尔图良认为希腊哲学家都是诡辩派,亚里士多德的辩证法并不能推论出确定知识,反而“含糊闪避、推测牵强附会、论点毛糙、滋生争辩”,事实上并不能解决问题。[③] 故此,德尔图良严禁基督徒使用希腊哲学概念理论阐述基督宗教。在他看来,成熟的基督徒是“对教会教导和信仰之外的事物没有好奇心的人,只有这些人对异端才是免疫的”。[④] 唯一的真理来自于上帝和圣经启示,启示本身已经足够。如同一个人有了太阳的光明,蜡烛还有什么用?德尔图良并不反对追求上帝的知识,只是这种寻找要在一定的限度和信仰范围之内。如圣经中丢失银币的老妇人,她只是在自己房间内寻找,并且在找到银币后就停止了寻找(路 15:8-10),如此“才能使寻找不成为损害信仰法则的探寻对象”。[⑤]

16 世纪改教家马丁·路德继承了德尔图良的敬虔主义立场,他认为,启示本身作为一种独立的认识方式,并不需要理性支持。“亚里士多德的整体哲学之于神学,等于影子之于光线。”[⑥]路德将超自然启示与自然理性分离,提出关于上帝的知识只能依靠上帝的自我启示:“任何人,若在作为神之道的耶稣基督以外,寻找神,他所找到的乃是魔鬼,而不是神。”[⑦]在路德看来,人里面的上帝形象由于罪性破坏,已经消失殆尽,如同摔得粉碎的镜子。理性与人类的任何天赋才能一样,带有堕落标记,不可能对上帝有任何真正的知识。因此,以路德为代表的新教思想家提出唯独圣经的原则,他们普遍认为,早期教父对福音的解读已经过度希

---

② 德尔图良:《德尔图良著作三种》,刘英凯、刘路易译,上海三联书店,2013 年,第 10 页。

③ 同上,第 10-11 页。

④ 奥尔森:《基督教神学思想史》,吴瑞诚、徐成德译,北京大学出版社,2003 年,第 86 页。

⑤ 同上,第 18 页。

⑥ Heiko Oberman, *Luther: Man between God and the Devil*, trans. Eileen Walliser-Scharzbart (New York: Doubleday, 1992), p. 160.

⑦ Althaus, *The Theology of Martin Luther*, p. 23,转引自奥尔森:《基督教神学思想史》,第 396 页。

腊化,基督教的信仰本质已经偏离了使徒教导。

近代以来,对理性辩护主义中的希腊化是进步还是叛离这一问题,再一次构成神学争论与哲学思考主题。[8] 历史神学家哈纳克(Adolf von Harnack, 1851-1930)批判克莱门特将"教会传统完全转变为历史基础上的希腊宗教哲学"。[9] 他认为克莱门特试图"赋予基督宗教一种哲学的形式,使基督宗教与当时的时代精神相协调"。[10] 然而,要达到这个目的,只有损害教会传统才可以实现。哈纳克宣称,克莱门特"除了教会教导,对教会传统的集体或细节都是陌生的;尽管克莱门特尊重教会权威,但他只能将教会传统以一种科学和哲学方式进行理智化处理"。[11] 这种处理方式使基督宗教急剧转变为"逻各斯的创造、训练和救赎人类的教义,其工作在完全的智慧人中达到高潮"。[12] 在哈纳克看来,克莱门特将基督宗教与希腊哲学结合,已使福音本质受到侵蚀。这种进程将原初的纯粹福音转变为僵硬死板的教理系统。每当基督教神学家从希腊哲学家借用概念时,单纯的福音信息便转变为"思辨哲学、神秘主义和二元论的禁欲主义"系统。如果诺斯替主义者代表基督宗教剧烈的希腊化扭曲,那么正统教会立场展现了同样的扭曲,只是更为缓慢。[13]

综上所述,对克莱门特理性辩护主义立场的批判可以归结为以下三点:首先,希腊哲学是人与魔鬼的学说,使用希腊哲学阐述信仰潜在隐藏着导致异端的危险。其次,人类自然理性已遭罪性破坏,唯一启示来自圣经。启示本身已经足够,不需要希腊哲学的理性支持。最后,理性辩护主义立场将纯粹福音转变为希腊思辨哲学,对信仰造成了损害。我们在下文中将分别从这三个方面提出驳斥,论证克莱门特理性辩护主义立场的合理性。

---

⑧ 帕利坎:《基督教与古典文化》,石敏敏译,北京:中国社会科学出版社,2012年,第20页。

⑨ Adolph von Harnack, *History of Dogma*, trans. Neil Buchanan (New York: Dover, 1961), 2: 330.

⑩ Ibid., 2: 321.

⑪ Ibid., 2: 324.

⑫ Ibid., 2: 326.

⑬ Adolph von Harnack, *Outlines of the History of Dogma* (New York: Dover, 1961), pp. 66-67.

二、启示与哲学——德尔图良的批判和回应

德尔图良之所以对希腊哲学持否定态度,主要基于清除异端是早期基督宗教面临的主要任务。在希腊哲学和诗歌作品中,充斥着大量异教思想。如果将希腊哲学引入信仰体系时,不加以辨别并剔除这些作品中的异教思维,对身处希腊化世界的早期基督宗教将构成被同化的威胁。德尔图良的敬虔主义立场可以使基督徒从他所处的文化中脱离出来,单独组成一个群体,从而杜绝将希腊哲学引入基督宗教后,信仰为希腊哲学等异教文化所同化。

但与此同时,德尔图良的敬虔主义立场却并不利于基督宗教在现世的传播与发展。首先,在基督宗教向希腊人传播的过程中,基督徒对希腊哲学和艺术等世俗文化保持完全无知,在现实处境中是不可能的。德尔图良在建构自身理论体系时也不自觉地受到斯多亚学派思想影响,认为"灵"只是一种精炼过的物质。而且,德尔图良在反对异教文化的同时,不可能只依赖于信仰而不依赖于文化。如他为了反对异端帕克西亚教导的"圣父受苦说",也会使用哲学术语来建构"三位一体"教义。[14]

那么,希腊哲学在基督宗教信仰中应居于何种地位?德尔图良基于希腊哲学与异端在某些观点上具有相似之处,就贬低哲学的价值,轻易断定希腊哲学是导致异端的根源,未免武断。回到克莱门特的理性辩护主义立场,我们可以发现,克莱门特认为基督宗教并不是唯一显明真理的文化,希腊哲学已经发现了某些学说,同时达到对真理某种程度的认识。柏拉图是"用雅典派希腊语说话的摩西",[15]是希腊文化和希伯来文化沟通的天然桥梁。在《杂文集》的开端,克莱门特就提到自己会"毫不犹豫地利用希腊哲学和文化中最好的东西来为科学(智慧)作准备,从而用希腊的好水灌溉听众,使他们有能力接受灵性的种子,并

---

⑭ 奥尔森:《基督教神学思想史》,第87页。

⑮ Clement, *The Miscellanies* (*The Stromata*), 1.22.

使之成长”。[16]

克莱门特延续塔提安关于“野蛮人哲学”的观点,提出希腊哲学的部分真理源自于“野蛮人哲学”。这里的“野蛮人”指远古时代的犹太人、巴比伦人、埃及人和印度人。克莱门特认为,这些民族的历史典籍表明,人类知识有着共同起源,即上帝的启示,这些民族的知识和智慧可以称之为“野蛮人哲学”。哲学首先“在古代野蛮人中繁荣,发出它的光芒照耀众民族,然后到达希腊人那里”。[17] 在《斐多篇》中,柏拉图夸赞异邦人比希腊人更聪明,克莱门特由此得出结论:柏拉图曾受教于野蛮人,柏拉图对上帝的信仰源自于希伯来人。[18] 希腊哲学家相比基督宗教而言“仅仅是部分击中了真理”。[19] 克莱门特指出,希腊哲学各个学派的智慧缺乏统一,如同酒神女祭司巴克坎斯特将潘特厄斯的身体撕成碎片,每个哲学派别持有的立场都只是片段的真理,但如果将希腊哲学各个派别的片段真理聚集在一起,就可以反映并展现来自永生的逻各斯。[20] 在克莱门特看来,“哲学虽然只有如同普罗米修斯窃取的火种那样微弱的光明,但也能够燃成大火,显现上帝的智慧和力量”。[21]

首先,克莱门特认为希腊哲学之于希腊人,如同摩西律法之于以色列人,为希腊人接受真理做了预备。“哲学对希腊人而言,是引他们到基督那里的训蒙师傅,正如律法对希伯来人一样。”[22]希腊哲学如同摩西律法,是上帝特别赐予希腊人的约。虽然哲学并非真理理解中唯一或起支

---

⑯ Ibid., vol. 2.

⑰ Clement, *The Miscellanies* (*The Stromata*), 1.15.

⑱ 原文如下:“‘柏拉图,你是从什么地方发现真理的? 这一大篇就像神谕一样宣扬敬畏上帝的言论是从哪里来的呢?’他回答:‘异邦人比希腊人更聪明。’(Plato,《菲多》,78A)就算你不告诉我,我也知道你的老师是谁。埃及人教会了你几何学,巴比伦人教会了你天文学,色雷人也向你传授了医疗咒语,亚述人也教会了你许多;但是说到你的律法(就其是正确的而言)和你对上帝的信仰,你还是受益于希伯来人本身。”转引自克莱门特:《劝勉希腊人》,北京:生活·读书·新知三联书店,2002年,第86页。

⑲ Clement, *The Miscellanies* (*The Stromata*), 6.7.

⑳ Ibid., 1.13.

㉑ Ibid., 1.17.

㉒ Ibid., 1.5.

撑作用的原因,而只是一种辅助和共同起作用的原因,但这种辅助原因也会对真理探究起到推动作用。“哲学有助于虔诚,对那些要经实证而相信的人是一种预备训练。”㉓因此,在到达基督的旅途中,希腊人借助哲学的方式,行进了一部分旅程。

其次,基督宗教信仰需要希腊哲学辨别、推翻和摧毁错误观点,并为建立正确的信念辩护。克莱门特认为,异端的出现并非由于哲学,而是由于无知和心智混乱,这导致他们以一种肤浅的方式理解圣经。㉔ 他批评惧怕使用哲学的立场“如同一个小孩带着面具,害怕被哲学引导到错误的方向。但如果他们的信仰是能够被任何论证所动摇的,那么动摇和放弃这样的信仰要更好……如果一个人不能辨别真币和假币,他怎可能是一个好的货币兑换商呢?㉕ 耶稣对门徒提到要区分稗子和麦子(太13:24-30),因此基督徒也需要从赝品中区分真品。哲学的功能在于训练思维,检验和辨别真伪,从而“净化灵魂的感觉印象,唤醒灵魂的激情,以至于有一天灵魂可以洞悉真理”。㉖ 那些广泛学习并从希腊人和野蛮人中汲取知识的人,如同经验丰富的猎人,跟从真理的脚步。这样的人如同一块试金石,可以区分黄金和赝品,从哲学中辨别出诡辩者。㉗克莱门特据此称希腊哲学是“葡萄园的篱笆和围墙”。㉘ 他认为,那些拒绝希腊哲学和辩证法、将之视为魔鬼工作的人是愚蠢的。耶稣在受到诱惑时,通过使用模棱两可的话语和辩证法战胜魔鬼。智慧人也“知道如何从几何、语法和哲学中找到每件有用的事物来维护信仰免于攻击”。㉙

最后,克莱门特认为,希腊哲学的辩证法可以帮助人透过圣经字面含义,通向上帝的至高本质。在他看来,圣经文本并非简单直白,反而隐藏并保留了上帝无限的丰富与智慧,其奥秘在于上帝俯就自身进入人

㉓ Ibid., 1.5.

㉔ Ibid., 7.16.

㉕ Ibid., 6.9.

㉖ Ibid., 1.6.

㉗ Ibid., 1.9.

㉘ Ibid., 1.20.

㉙ Ibid., 1.9.

类。克莱门特将上帝的领域等同于柏拉图的理念世界,他认为先知和使徒通过信心直接获得圣灵对他们默示的话语,因此,他们并不晓得逻辑学和哲学的抽象规则。但先知和使徒书写的圣经对于其他人而言并非可以轻易理解,他们需要借助理性帮助来理解圣经的内在奥秘。[30]“上帝的领域是人很难到达的;柏拉图称之为理念的领域……如果一个人不尝试使用感官,而是通过运用理性,就有可能到达上帝的神圣。”[31]克莱门特指出,辩证法是一种致力于解释发现事物的科学。希腊人在逻辑上有辨别天赋,他们能够获知到那些初看之下不明显的事物。“智慧人获得辩证法,并非为了诡辩,而是出于爱上帝的缘故。真正的辩证法,作为混合了真理的哲学,可以辨别特殊事物,察验,然后上升到最高本质,到达宇宙的上帝那里。辩证法表明的不是道德事物知识,而是神圣与属天事物知识。”[32]从中可见,克莱门特认为当辩证法服务于信仰时,可以获得关于上帝的神圣知识。

三、罪与理性——路德的批判与回应

马丁·路德反对运用希腊哲学阐述基督宗教信仰的原因在于,他认为人类的自然理性已遭罪性破坏,这一点可以追溯到使徒保罗:“犹太人是要神迹,希腊人是求智慧;我们却是传钉十字架的基督。在犹太人为绊脚石,在外邦人为愚拙,但在那蒙召的,无论是犹太人、希腊人,基督总为上帝的能力、上帝的智慧。因为上帝的愚拙总比人智慧,上帝的软弱总比人强壮。”(林前1:22-25)在这处经文中,保罗提到两种智慧,一种是希腊人追求的哲学智慧,这种智慧是人的理性探索;另一种智慧是基督的救恩,这种智慧出自上帝的启示。

我们可以看到,保罗谴责希腊人自以为智慧,将基督的救恩看作愚拙。虽然如此,保罗却并未谴责理性。在《罗马书》中,保罗提出外邦人

---

[30] Ibid., 1.9.

[31] Ibid., 5.11.

[32] Ibid., 1.28.

虽无律法，但他们通过上帝赐予他们的自然理性掌握了某些真理，自然理性就成为上帝评判他们的标准。保罗在这里肯定人类本性道德律的存在，承认上帝的永能和神性可以从受造物中获知，其中隐含肯定人类以自然理性认识上帝的可能性，同时也奠定了一切自然神学之基础。

克莱门特继承了使徒保罗将自然理性作为上帝创造的积极方面。他认为上帝"照着自己的形象和样式"(创 1: 26 - 27)造人，这里的"形象和样式"即逻各斯，也就是理性。[33] 自然理性作为上帝的形象，出自上帝的创造。虽然哲学家和先知相比，并非直接从上帝那里获得特殊启示，但通过自然理性的光照，上帝引导哲学家通向真理。因此，希腊人虽然不认识上帝，却有"未识之神"的概念。在克莱门特看来，上帝的救恩对象包含所有敬畏行义的人。[34] "哲学家凭本性发现的真理，必定是上帝恩赐给希腊人的。"[35]上帝为了拯救犹太人，因此将先知赐给他们；照样上帝也要拯救希腊人，因而将希腊人中最优秀的知识分子分别出来。[36]否认哲学家知晓真理，就是否认上帝关心历史上的重大事件。

由于克莱门特认为上帝的形象是人类理性，因此他提出人的职责就是服从理性，即逻各斯。"凡与正确理性相反的事都是罪。贪欲是不服从理性的欲望；恐惧是不服从理性的嫌恶；享乐是不服从理性的任性；悲哀是不服从理性的心情压抑。"[37]在他看来，对罪的治疗是逻各斯的救恩，"逻各斯之所以被称为救主，是因为他将得到领悟和救恩的方法给了人，也因为在适当的机会他改正邪恶，诊断情欲病源，拔出无理贪欲之根，警告我们应躲避什么，用一切救恩方法治疗病人。"[38]克莱门特将逻各斯称为导师，之所以称呼逻各斯为导师(instructor)而非老师(teacher)，是因为老师只是启蒙思想，而作为导师则通过教导人正确生活来完善整

[33] Ibid., 2.9.

[34] Ibid., 6.8.

[35] Ibid., 1.9.

[36] Ibid., 6.5.

[37] Clement, *The Instructor* (*Paedagogus*) 1.13. Nicene and Ante-Nicene Fathers (NPNF), vol. 2.

[38] Ibid., 1.12.

个灵魂:

> 我们的导师是上帝之子,他像他的父亲一样没有罪,无可指摘,具有一颗没有情欲的心灵;他是具有人外貌的上帝,毫无瑕疵,是天父旨意的施行者,是逻各斯(即上帝),他在天父之中,在天父的右手边,是有上帝形体的上帝。对于我们,他是一尘不染的形象。我们大家都要竭尽全力把我们的灵魂与他同化。㊴

从这段话中,我们可以发现,克莱门特认为导师就是耶稣,即逻各斯,他是上帝的儿子,同时也是上帝,人类的目的是竭尽全力与上帝同化。克莱门特认为道成肉身,即上帝化身为人,是为了使人成为上帝。在这里可以看到,克莱门特认为基督是完美的教育者(παιδαγωγός)或教师(διδάσκαλοs),他教化的目的是为了"效法上帝"(likeness to God)。㊵耶稣作为上帝的形象和逻各斯,道成肉身教导人类按照理性生活,从而为人类重新恢复上帝形象铺平道路,达到上帝创造人类的最终目标,即与上帝同化:

> 首先是像律法的奴隶一般行事,做律法已经确定的事情,因为这是律法期望的,然后作为仆人,在信赖和敬畏的原则中朝向上帝。最后,向上更进一步,当我们披上爱的外衣,与那些已经被上帝收养的人一起时,我们将成为儿子中的一员。㊶

我们从这段话中可以发现,人之于上帝的身份从作为上帝的奴隶到仆人,再成为上帝收养的儿子,神人关系是层层加深的。一个人逐渐意识到人生的最终目的是以上帝为皈依。克莱门特并未将罪性看作人性

㊴ Ibid., 1.2.

㊵ Judith L. Kovacs, "Divine Pedagogy and the Gnostic Teacher according to Clement of Alexandria," in *Journal of Early Christian Studies*, vol. 9, no. 1 (Spring 2001), p. 11.

㊶ Clement, *The Miscellanies* (*The Stromata*), 1.27.

的完全堕落,他认为人性可以慢慢提升,恢复到人作为上帝形象本该具有的荣耀,从而达到人的神化。

东西方教会对罪与理性问题有着不同的理解。东方教会相较罪性更强调人的理性,他们认为要恢复人类作为上帝的形象,需要人性脱离情欲等肉体束缚,通过修行逐步得到提升,最终人也可以神化。相较理性,西方教会更强调人的罪性,天主教和新教普遍强调原罪导致上帝与人类之间的巨大鸿沟。克莱门特作为早期东方教会教父,认为在救赎的积极意义上,人因着与上帝合一,堕落的理性已得到治愈。因此,理性对于信仰的理解是必不可少的。从克莱门特这里,我们可以看到东正教早期的神人合一思想,即上帝化身为人,以致人可以成为上帝。上帝可以与人相会,甚至合一。因此,克莱门特对于理性作为上帝的形象持有积极评价,较少谈及理性受到罪性影响。

四、进步或叛离——哈纳克的批判与回应

针对哈纳克批判克莱门特将福音转变为希腊思辨哲学,损害了正统信仰,我们参照克莱门特运用希腊哲学阐述信仰的原则,可以看出他对希腊哲学的认同,更多是对其表达方式的认同,而非思想内容的认同。克莱门特认为希腊哲学代表人类自然理性的最高成就,能够辨别和抵御异端,探索圣经经文的背后深意。因此,希腊哲学理应被冠以"神学的婢女"这一称号。克莱门特借鉴斐洛的类比,将亚伯拉罕的妻子"撒拉"比作"智慧",使女"夏甲"比作"世俗文化",以此阐述如何运用世俗知识为基督宗教的智慧做预备。首先,撒拉不孕是指"智慧与义人(亚伯拉罕被上帝算为相信和公义之人)住在一起,在那世代不孕无子,没有为亚伯拉罕孕育那与美德相联的儿子。其次,撒拉使亚伯拉罕与夏甲同房,意为智慧思想义人如今正是处于进步的时候,理当先与世俗文化结合,然后照着神的安排与智慧亲近,而生以撒。第三,当撒拉因夏甲得宠而心怀嫉妒之时,亚伯拉罕对撒拉说:"使女在你手下,你可以随意待她"(创16:6),意为亚伯拉罕只选择世俗文化中有益的部分,"我把世俗文化怀

抱为年轻使女;但把你尊重为真实的妻子而与你同房”。[42] 第四,撒拉苦待夏甲,意为智慧可以纠正指斥世俗文化。

这段经文释经背后折射出克莱门特运用希腊哲学阐述信仰的原则。一方面,克莱门特主张理性要进入信仰,成为信仰的一部分。他肯定希腊哲学的特性是探讨真理和事物的本性,是智慧的预备训练。另一方面,克莱门特也为希腊哲学划定了界限,真理只能选择希腊哲学中有益的部分。信仰可以纠正哲学,哲学要接受信仰引导。当希腊哲学的表达术语与基督宗教的启示不一致时,克莱门特常常转化希腊哲学语言,使这些术语成为承载基督宗教信息的新工具。

通过探究克莱门特运用“效法上帝”(likeness to God)这一希腊哲学概念来阐发基督宗教的人生目的时,我们可以具体发现他如何运用希腊哲学阐述基督宗教信仰的原则。柏拉图在《法律篇》中曾提出:“按照古人传统,上帝的一切存在之物的本根、目的及核心……因为有了上帝,才可以找到正义……而且每个人才会乐意忠于正义。”[43]公元 2 世纪哲学家阿尔奇诺根据柏拉图的思路,认为这段话探讨了人生目的(telos),即效法上帝:“若我们被赋予了一种适宜的禀赋,那我们就可以达到效法上帝的境界,若我们的习惯、教育方式与法律相吻合,而且最重要的是,假如我们运用理性,而且研读哲学传统中的教导”。[44]

克莱门特认同阿尔奇诺的看法,即人生的目的是效法上帝。但与此同时,他也转变了希腊哲学中的上帝观念,“效法上帝”在克莱门特这里意为“像基督的”,上帝不再是一种哲学观念,而是落在一种实际的人,即耶稣基督身上。[45] 希腊哲学理性的上帝变成可见、可知、具体而又富有人性的上帝。克莱门特认为从创造的开端,人类就是按照上帝的形象

---

[42] Ibid., 1.5.

[43] 这段话在柏拉图的背景中是指“柏拉图本人从以前的传统中继承下来的东西,与法律在这个城市的生活中扮演的角色及其神圣的权威,还有对神及对他人的责任息息相关”。Robert Louis Wilken, *The Spirit of Early Christin Thought*: *Seeking the Face of God* (New Haven, Connecticut: Yale University Press, 2003), p.58.

[44] Ibid.

[45] Ibid., p.61.

和样式被造。“上帝的形象”是人被创造时从上帝那里承接而来、又在人类堕落后失去。耶稣作为上帝的形象,道成肉身教导人类按照理性生活,从而为人类重新恢复上帝的形象铺平道路,达到上帝创造人类的最终目标,即与上帝同化。因而,上帝的形象是人应该追求的目的。人的生命来自上帝,人的归宿也以上帝为皈依。使徒保罗曾说:“但现今你们既从罪里得了释放,做了上帝的奴仆,就有成圣的果子,那结局就是永生。”(罗 6: 22)在这里“结局”为 telos,即永生,与柏拉图在《法律篇》中使用的“目的”是同一个词语。克莱门特遵从保罗,认为达到永生,首先是得到上帝更新,脱离罪恶,而非阿尔奇诺所谓的“教育或习惯方式”。我们可以发现,克莱门特对“上帝的形象”与“目的”所做的解释在柏拉图等希腊哲学家的思想中难以找到。克莱门特在运用希腊哲学概念阐述基督宗教信仰时,已经赋予了希腊哲学新的基督宗教内涵。因此其理性辩护主义立场并未改变基督宗教的信仰实质。

此外,哈纳克批判克莱门特理性辩护主义思想相比诺斯替主义剧烈的希腊化而言,只是缓慢的希腊化观点也是不能成立的。例如,诺斯替主义者并不相信耶稣道成肉身,他们认为耶稣只是一个人的形状而已,他没有真人的躯体、激情和痛苦。如瓦伦提诺指出,耶稣并非真实地生于女人。[46] 他由马利亚所生如同流水经过水管一样,只是走走过程而已。耶稣可以施行神迹是由于基督降临到他身上,因此耶稣本人并不明白原因。可见诺斯替主义者对耶稣的认识明显带有幻影论色彩。而克莱门特则肯定耶稣的人性,他提出耶稣自身并不需要吃喝,他吃喝正是为了阻止幻影论的传播:“若假定他的身体需要必须的辅助以求存活,乃是可笑的。因为他吃,并不是为身体的缘故,这身体是被一种圣洁的力量维持;他吃,是为求使那些与他同在的人不至把他错看,正如后来有些人假想他是幻影出现了一样。”[47]可见,克莱门特否认幻影论,承认耶稣的人性。诺斯替主义的希腊化是通过对希腊哲学毫无保留的接受来臆

---

[46] Pheme Perkins, “*Gnosticism*” *in The New Dictionary of Theology*, ed. Joseph A. Komonchack (Collegeville, Minnesota: The Liturgical Press, 1987), p. 422,转引自申合修:《基督论:从圣经、历史和神学三个层面对耶稣的研究》,北京:宗教文化出版社,2014 年,第 151 页。

[47] Clement, *The Miscellanies* (*The Stromata*), 6. 9.

造自己的理论体系,[48]而克莱门特的基督教哲学思想内核完全是基督宗教信仰给予的,哲学只是帮助他理解信仰的工具。因此,哈纳克将克莱门特的理性辩护主义思想在本质上等同于诺斯替主义是不能成立的。

五、结　语

克莱门特理性辩护主义思想的重要性不在于其作品中随处可见的哲学观念,而在于他对希腊哲学和基督宗教启示之间的关系,作出了深入而非凡的阐明。克莱门特认为哲学是基督宗教的盟友,柏拉图的思想是为真理所做的预备。希腊哲学不仅有助于清楚表达真理,为启示提供理性架构以致于启示性真理可以被系统化,而且还可以辨别、推翻和摧毁错误观点,并为建立正确的信念辩护。克莱门特通过使用柏拉图等希腊哲学家的哲学概念,将信仰知识转变为理性知识,从而向希腊哲学家表明,基督宗教信仰并非赞同启示而抛弃理性。这不仅有利于在现实生活中回应希腊哲学家的质疑,对基督宗教自身知识的合理性作出回应,而且满足了智力水平较高之人对信仰寻求理解的理性需求。克莱门特认为,自然理性作为上帝的形象,在救赎之后,堕落的理性已经得到治愈。因此,理性对于理解信仰是不可或缺的。在运用希腊哲学阐述基督宗教信仰时,克莱门特对希腊哲学与基督宗教不一致的地方提出反驳,将希腊哲学与基督宗教不符的部分加以改造并使之与信仰相调和。因此,他对基督宗教和希腊哲学的综合虽然借用了希腊哲学概念,却并未改变基督宗教的信仰实质。

---

[48] 赵敦华:《基督教哲学1500年》,北京:人民出版社,1994年,第118页。

论塞姆勒的宗教观与科学观的统一性

李文英

【内容提要】 塞姆勒认为外在的物质表现并不能囊括作为整体的实体理念，在这种外在表现的物质之上还存在更完美的、更具精神性的实体理念，与之相对应，常规或科学的化学和炼金术分别研究前者和后者。塞姆勒的科学观为理解其如下激进的宗教观提供了帮助：(1)他在公共宗教与私人宗教之间，形式与精神之间，以及神学与宗教之间作了明确的区分；(2)他认为基督教的历史展现了对基督教的真实本质不断增长的认识；(3)他把无限性看作他对宗教历史解释的中心概念；(4)他采用了他在炼金术著作中相同的谦逊的认识论，以便把一切官方的神学教导相对化；(5)他认为对基督教本质的完美认识只有通过对宗教的私人的、个体的、自由的、无限制的投入才能达成。

【关键词】 塞姆勒　炼金术　宗教　科学观

自从近代自然科学兴起以来，科学与宗教的关系就成为学界关注的热点。一种流行的偏见认为科学与宗教之间必然是冲突的，宗教总是阻碍科学的发展。[①] 本文将通过阐述约翰·萨洛蒙·塞姆勒(Johann Salomo Semler, 1725–1791)的思想来表明，这种冲突至少对于塞姆勒是

---

① 这种偏见的典型代表是 Andrew D. White, *A History of the Warfare of Science with Theology* (New York: Appleton, 1929)。

不成立的。[②]

塞姆勒虽然在汉语学界中极少为人所知,但事实上他是18世纪德国启蒙运动中非常重要的神学家。他被普遍认为是“现代圣经学术的开创者和神学中历史批判的建立者”。[③] 与塞姆勒同时代的舒特兹曾评论道:“不可否认的是,塞姆勒是我们这个世纪路德宗中第一位敢于背离墨守成规的教义体系,并开启一条对教义的自由探索道路的神学家。”[④]这种观点在接下来的几个世纪中得到了持续的肯定。19世纪初的柏林神学家韦特把塞姆勒看作“神学和教会中一直持续到现在的革命性运动的发起者”。[⑤] 20世纪的教义史家特洛尔奇称塞姆勒为“新教中关键理念的开创者和教父”。[⑥] 当代神学家希尔斯认为塞姆勒是造成旧新教向新新教转变的关键人物。[⑦] 甚至有学者声称,塞姆勒是德国启蒙运动神学家的领袖,更称其为“18世纪德国最重要的神学家”。[⑧] 塞姆勒之所以受到如此高的评价,根本原因就在于,他开创性地从历史学的视角来重构

② 就笔者所知,目前汉语学界尚没有任何关于塞姆勒思想的研究。国外关于塞姆勒的研究主要集中于他的圣经历史批判方面,如 Hans-Eberhard Hess, *Theologie und Religion bei Johann Salomo Semler: Ein Beitrag zur Theologiegeschichte des 18. Jahrhunderts* (Augsburg: Werner Blasaditsch, 1974); Wolfgang Schmittner, *Kritik und Apologetik in der Theologie J. S. Semlers* (Munich: Chr. Kaiser Verlag, 1963)。

③ 参见 Gottfied Hornig, *Die Anfänge der historisch-kritischen Theologie: Johann Salomo Semlers Schriftverständnis und seine Stellung zu Luther* (Göttingen: Vandenhoeck & Ruprecht, 1961), p. 38。

④ Christian Gottfried Schütz, "Vorrede," in *D. Joh. Salomo Semlers letzes Glaubensbekenntnis über natürliche und christliche Religion*, ed. Schütz (Königsberg: Friedrich Nicolovius, 1792), iv.

⑤ 转引自 Thomas Albert Howard, *Religion and the Rise of Historicism: W. M. L. de Wette, Jacob Burckhardt, and the Theological Origins of Nineteenth Century Historical Consciousness* (Cambridge: Cambridge University Press, 2000), p. 36。

⑥ Ernst Troeltsch, *Protestantism and Progress: The Significance of Protestantism for the Rise of the Modern World* (Philadelphia: Fortress Press, 1986), p. 22.

⑦ Emanuel Hirsch, *Geschichte der neuern evangelischen Theologie im Zusammenhang mit den allgemeinen Bewegungen des europäischen Denkens*, vol. 4, 3rd ed. (Gütersloh: C. Bertelsmann, 1964), p. 49.

⑧ Gerhard Ebeling, "The Meaning of 'Biblical Theology,'" in *Word and Faith*, trans. James W. Leitch (Philadelphia: Fortress Press, 1963), p. 87.

神学。对塞姆勒而言,圣经和基督教传统首先需要从其特定的历史发展的情境来理解,启示宗教的历史性对于其在当下被接收和被理解的方式极其重要。不过令人遗憾的是,对于在西方特别是德语学界如此重要的思想家,中国学界鲜有人提及。笔者希望透过本文,引发中国学界对塞姆勒宗教思想的兴趣。

一、问题的缘起

作为18世纪德国启蒙运动的领袖之一,塞姆勒倡导个人良知的优先权,强调推进宗教宽容的必要性,并基于历史批评提倡对宗教作一种"进步的"解释学分析。对于许多德国启蒙运动思想家而言,塞姆勒是非教条的、人文主义的和进步的新教主义代表。

尽管塞姆勒具有这样一种进步的、理性主义神学家的身份,但却持有一种看似反启蒙运动的科学观和自然观。他在1786年出版了一本在当时学术圈引发不小争议的小册子——《论炼金医术》。[9] 该著作公开捍卫炼金术的医学和化学,并很快受到启蒙运动思想家们的集体反对和批评,当时最令人尊敬的数学家和化学家之一卡斯坦斯专门写了两卷本的著作来驳斥塞姆勒的观点。[10] 然而,作为"真正的炼金术"的坚定捍卫者,塞姆勒并没有退让,相反他对这些批评都作了有力的回应。[11] 在其晚年,塞姆勒不断地坚持为炼金术辩护,写下了四卷本关于玫瑰十字会的研究著作,还为炼金医术作了另外五次辩护,并且出版了描述他如何制作13颗空气-金子(Luftgold)的四本小册子。[12]

---

⑨ Johann Salomo Semler, *Von ächter hermetische Arznei. An Herrn Leopold Baron Hirschen. Wider falsche Maurer und Rosenkreuzer* (Leipzig, 1786).

⑩ W. J. G. Karstens, *Physische-chemische Abhandlung, durch neuere Schriften von hermetischen Arbeiten und andere neue Untersuchungen veranlasset*, 2 vols (Halle, 1786).

⑪ Johann Salomo Semler, *Ueber ächter hermetische Arznei, zweites Stuck. Zur Vertheidigung des Luftsalzwassers wider die Anzeige in der Stettinischen Zeitung und in der Berlinischen Monatsschrift, April. Von Dr. Joh. Sal. Semler* (Leipzig, 1786).

⑫ Johann Salomo Semler, *Unparteiische Sammlungen zur Historie der Rosenkreuzer*, 4 vols (Leipzig, 1786 - 1788).

需要注意的是,塞姆勒的这些著作之所以在当时引发广泛的关注,并不是因为它们在理论上支持“真正的炼金术”。实际上,随着共济会运动的兴起与玫瑰十字会在 18 世纪晚期的复兴,对炼金术的痴迷在当时欧洲思想界并不罕见。然而,对于大多数知识分子而言,这种神秘的兴趣通常是与半吊子的民间科学爱好者或狂热主义者相关联的。可是,塞姆勒既不是半吊子的科学家,也不是狂热主义者,相反,他是德国启蒙运动内部极其重要的严肃思想家,当这样一位人物公开为炼金术辩护时,自然就会引起其他诸多启蒙运动思想家的震惊,也极大地影响了人们对塞姆勒思想的分析及其在启蒙运动中的地位,因为人们容易假定对炼金术的信念以及对某些玫瑰十字会举措的同情是与启蒙运动的主流观念背道而驰的,或者说是由 1788 年沃尔纳法令[13]首次明确发动的反启蒙运动的信号。

于是,人们不禁要问,塞姆勒自由、理性的神学观与其对炼金术的信念之间究竟是什么关系,它们之间能够相容吗?有一种传统观点认为,年迈的塞姆勒无法应对局势的发展,从而丧失了作为启蒙运动思想家的身份,并加入到保守派的阵营中。按照这种解释,事实上存在两个塞姆勒:一个进步的塞姆勒,一个在其晚年逐渐“沉浸在炼金术的迷梦”和保守的塞姆勒。[14] 另一种传统观点则极力削弱塞姆勒的科学理论对其宗教观之塑造所可能产生的影响。这种观点假定,一个严肃的神学家能够将自己的科学、自然观与其宗教、神学观相分离。正如当代塞姆勒研究学者霍尼希所说:“塞姆勒制造金子的失败实验的确是严肃的活动,并且与其自然科学观相一致。然而,它们只不过是其作为副业的活动,而且不会对其关于释经学、教会历史以及教义学主题持续不断的密集研究产生实质性的干扰。”[15]这两种传统观点有一个共同之处,即它们都否定塞姆勒的理性神学受到其炼金术信念的积极塑造或影响。与之相对,本文

---

⑬ 约翰·克里斯托福·冯·沃尔纳是玫瑰十字会的领袖,受其影响,普鲁士国王腓特烈·威廉二世在 1788 年颁布“宗教敕令”,支持基督教的反启蒙运动。

⑭ Wilhelm Dilthey, *Leben Schleiermachers* (Berlin: Walter de Gruyter, 1970), p. 40.

⑮ Gottfried Hornig, *Johann Salomo Semler: Studien zu Leben und Werk des Hallenser Aufklärungstheologen* (Tübingen: Niemeyer, 1996), p. 82.

将提出并论证相反的命题。笔者认为,无论塞姆勒的科学观在后人看来是多么不堪,但是如果不诉诸其科学观,那么他的神学或宗教观都无法得到恰当的解释。事实上,在塞姆勒那里,他对炼金术最为关注和执着的时期恰恰也是他深化和澄清其宗教和神学观的时期,正是这一时期诞生了"一种与其同时代人极为不同的、富有创见的神学"。[16]

二、塞姆勒的"炼金术迷梦"

在我们这个时代,人们也许可以同时在若干个封闭的层次上自娱其乐,因而一个人可以一边研究科学和神学,一边又把二者完全隔离开,似乎二者之间并没有实质的关联。可是对于18世纪的许多思想家而言,这是一个可疑的前提,因为那个时代的人们经常假定自然与人类活动之间具有相似性,或者说,自然是人们在其中能够理解和规划人类事务的向导。赫尔德称之为"伟大的自然相似性",它被看作关于真理、美以及人类社会的探讨的根本参照点。正如莎宾所说:"这并非只是形而上学的诠释,而是因为在这些文化情境中,自然与社会被看作是同一个意义框架中的要素。"[17]在这个意义上,塞姆勒是个典型的例子。与赫尔德一道,塞姆勒总是比较自然与精神,以及自然的历史和人类的历史,发掘它们之间的相似性。塞姆勒写道:"上帝最神圣与智慧的秩序表现在他对人类道德世界的统治和发展丝毫不亚于对物质世界的统治……我丝毫不怀疑源于上帝的这样一个启示,通过它我们得知,就像物质世界会发生伟大的革命一样,伦理世界也有类似的周期。"[18]总之,在塞姆勒看来,"与上帝的计划相一致,伦理世界的发展拥有自己的周期和步调,正如自

⑯ Hornig, *Johann Salomo Semler*, p. 152.

⑰ Steven Shapin, "The Social Uses of Science," in G. S. Rousseau and Roy Porter, eds. *The Ferment of Knowledge* (Cambridge: Cambridge University Press, 1980), p. 101.

⑱ Johann Salomo Semler, *Neue Versuch die gemeinnüzige Auslegung und Anwendung des Neuen Testaments zu befördern* (Halle, 1786), p. 93.

然科学发现和认识物质世界的周期”。[19] 正是这种在自然世界与伦理世界发展之间的一致性,以及随之而来的对两个世界的认识方法之间的一致性,构成了塞姆勒宗教神学观的认识论基础,构成了其一系列重要神学命题的最终依据。为此,我们有必要考察其以炼金术构想为特色的自然观。

我们可以说,17 和 18 世纪的科学和神学中最敏感的议题在于物质理论,因为该理论直接触及到一系列重要的问题:圣餐、复活、拯救、死后生命,以及存在与变化的关系,精神与肉体的关系等。“炼金术士对待物质,犹如信徒在神秘宗教仪式上对待上帝一般。”[20]塞姆勒的自然观和神学思想在一定程度上都基于物质理论。

塞姆勒自然观的一个基本命题认为“自然的整个场所展现了上帝的力量与智慧的无限场景”。[21] 与许多 18 世纪晚期的启蒙运动思想家一样,塞姆勒试图在牛顿与莱布尼兹之间架构一座桥梁,因此在他看来,上帝同时是逻各斯和意志,上帝的计划与活动被关联起来。自然充满了神秘的、活动的力量以及这些力量的效果(即物质),塞姆勒认为这些力量的效果是无限的,它不会被永恒不变的事物和关系所约束。因此,物质并非机械论者或原子论者所描述的那样具有惰性,相反它是永远变化的,它被由上帝建立的内部力量所驱动,并朝向一个目标永无止尽地迈进。基于这个原因,塞姆勒区分了两种不同类型的物质:一种是可感知的、在特定时空中呈现的物质;另一种是更具精神特性的物质,它虽然缺乏特定的形式,却具有在时空中获得特定形式的意向。塞姆勒也称这种更高的,或更具精神特性的物质为基本物质(Urstoff),它存在于普通物质之前、之上和之中,它是比在时空中呈现的物质更根本的实体。[22]

由于上述原因,塞姆勒认为外在的物质表现并不能囊括作为整体的

---

⑲ Johann Salomo Semler, *Joh. Salomo Semlers Lebensbeschreibung von ihm selbst abgefat*, 2 vols (Halle, 1782),2: 158.

⑳ 米尔恰·伊利亚德:《炼金术神话与入会仪式》,王伟译,载《长江大学学报(社科版)》,2014 年第 9 期,第 1 页。

㉑ Johann Salomo Semler, *Von ächter hermetischer Arznei*, 3: xiii.

㉒ A. a. O. , p. xv.

实体理念。在这种外在表现的物质之上还存在更完美的、更具精神性的实体理念。所有可感知的物质都是由那更微妙、更具精神性的实体之内部力量的和谐关联的产物,因此前者只是无限自然的一小部分,除此之外,我们还被那正在塑形之中、却尚未成形的、处于萌芽状态的物质所包围。因此,塞姆勒认为,除了人们在金矿能够开采的金子之外,空气中也充满了处于形成状态的种子或物质(daseienden Samen oder Stof)中生发出来的潜在的金子,于是,如果人们拥有正确的技术,就有可能把潜在的金子转变成真正的金子,这就是所谓的空气-金子的概念。[23]

由于物质的双重特性以及自然的无限多样性,塞姆勒认为,我们需要不同的科学来分别研究可感知的物质和在塑形之中的物质。常规的或科学的化学考察前者,而炼金术化学则考察后者。科学的化学试图中断自然的进程以便能够分解自然,确定其结构。基于科学的分析和综合法,科学的化学主要聚焦于事物之间有规律的联系并制订标准的程序,而这些都是可以在学校和实验室中学习和复制的。塞姆勒相信,这些科学的方法剥夺了物质的内在生命,把它转变成僵死的东西。例如他写道:"通过分析,人们摧毁了如此复杂地关联在一起的事物及其作为整体所获得的运动的本质……因为人们通过引入一种外在的、异质的运动而剥夺了其内在的运动。"[24]在此,塞姆勒与当时那些活力论科学家(如保罗·巴特兹、约翰·弗里德里希·布鲁门巴哈等)是一致的,他们都主张比较解剖学根本无法获得关于活生生身体的完全知识,因此必须以生理学研究(其考察对象是活的、运动的身体)作为补充。

与常规化学相对立,"神秘的化学关注的则完全是另外的事物,它考察内在的,不可见的自然"。塞姆勒认为人们在"探讨无限的自然"时,有必要拓展到"那尚不可感知的、仍在塑形之中的事物",或者说拓展到"那将开启的可能性,那正在孕育中的实体"。[25] 如果说常规化学是研究已然成形的世界和支配业已存在物质的一套静态关系,那么炼金术的化

㉓ A. a. O. , p. xxii.

㉔ A. a. O. , p. 243.

㉕ A. a. O. , p. 211.

学则关注处于不断创造中的活生生的世界,关注这个过程的开端和延续以及作为其支撑的神秘力量。质言之,炼金术化学指向物质形成的动态过程。因此,无论在研究对象还是研究方法方面,常规化学与炼金术化学都不尽相同。塞姆勒把炼金术化学的特征总结为以下几点:“(1)它不可能作为一门人人可学习的科学被公开地教导;(2)它关注的不是可见的、已然成形的事物及其人工分解,而是处于发展和变形之中的仍不可感知的自然要素;(3)它拥有或者寻求一个普遍的解决方案,因为它预设了所有事物的基本物质是同一的并因而期待源于自然而来的凝聚。”㉖

这说明炼金术的化学运用的不是分析和综合这种“人工”的方法,而是借助蒸馏来实现的纯化,或者说它试图放松总的物质以便获得更一般的物质,以及促成在塑形中的物质向可感知物质的转化。不过人们不禁要问,为什么炼金术的化学和医术必须是一门神秘的科学,为什么它不能被标准化或者说公开地教导?正是这个方面构成了人们对塞姆勒炼金术思想的批评的关键。塞姆勒对此的回应是,他认为炼金术研究的对象是精神性的物质,或在塑形中的物质,因此它必然对研究主体有特定的要求,只有那些精神感官已经被唤醒或激发的人,以及那些已经抛弃世俗名利并与不可见自然的进程保持和谐关联的人才能真正地实践炼金术。因此,炼金术被看作是那些主要关注探索活生生自然之深度的“安静个体”的私人事业。㉗ 塞姆勒第一部炼金医学著作的名称也表明了其读者与科学的化学的读者之间的差异,该著作特别献给一位名叫希尔申男爵(Baron Hirschen)的人,而此人已经意识到炼金术对于他本人的重要性。此人见证了真理,他的伦理特性是对塞姆勒所描述的炼金术科学的证实。也就是说,塞姆勒认为,炼金术这门科学的真理只能由那些特殊的人群所证实,他们具有一种与众不同的伦理或精神特质。因此,炼金术永远不能成为公共教导的对象,而只能是私人的事业,它要求个体研究者全身心地投入到不可见的自然进程之中。这种高度精神化

㉖ A. a. O., p. 213.

㉗ A. a. O., p. 214.

的特性也使得塞姆勒对某些玫瑰十字会或共济会成员发起了严厉批评。塞姆勒认为这些人误用了炼金术，利用它来谋取私人名利，他们是“虚假的兄弟”，是败坏的炼金术的倡导者，他们只关心自身的私人利益。[28]

此外，由于自然的无限多样性，它的力量和效果永无止境，因而塞姆勒认为，没有任何个人、群体或时代能够“揭开那神圣、无限自然的面纱”。[29] 这体现了塞姆勒在认识论上的谦逊态度。由于对自然的绝对知识是不可能的，因而他鼓励人们去选择自己认识自然的独特视角。个人的自由是知识的必要前提。塞姆勒并不主张在每个人具有的意见和观点之间能够达成完美的共识。相反，他认为冲突与争论是正常的并且会促进知识。“我们这个时代的知识之所以停滞不前，并不是由于关于科学(不仅包括化学问题，而且也包括其他诸如物理的、哲学的、法学的和神学的问题)的各种论断就像一千多年前那样总是相互抵触。”[30]塞姆勒认为，为了促进知识，需要两类人的合作，一类人习惯“构建体系”，另一类人则无需体系，他们总是“自由地探寻知识的材料和边界”。[31] 塞姆勒坚决反对把一种观点、一种体系看作绝对的、统治性的。相反，与其说建构一个制度性的体系，不如发展并完善对系统的非固定的、具有修辞考量的推理和具有历史学批判性的神学方法。[32] 他认为人们应该遵循一条中间路线：鼓励私人意见的自由表达，并且努力调和两个极端，在体系建设与自由探索之间达成一种有创造力的和谐。那么，究竟是什么阻止这二者之间的游离退化成一种纯粹的主观主义、相对主义甚至怀疑主义呢？塞姆勒认为，关键在于蕴含在自然之中的内在的、活动的力量，这种力量在其发展过程中遵循上帝的旨意，为人类提供了在其发展之中接近自然本身的知识。因而可以说，对真理的探求本身就是一种自然的力

---

[28] A. a. O., p. 299.

[29] A. a. O., p. 250.

[30] A. a. O., p. 395.

[31] Ibid.

[32] Andrew McKenzie-McHarg, "Putting a positive spin on priestcraft. Accommodation and deception in late-Enlightenment German theology," in *Intellectual History Review* (2018), pp. 204 – 205.

量,它反映了上帝的旨意。于是,神圣智慧和活动的两条路径,即自然与历史是相互渗透、相互加强的。

三、塞姆勒的宗教认识与科学观的一致性

当塞姆勒一边通过实验,一边通过对大量炼金术著作展开批判性评论来推进炼金术的发展时,这位被誉为“18世纪德国最重要的神学家”[33]显然没有忘记自己作为神学家的本职工作,他在神学上的主要贡献在于通过历史批判,在新教正统派与自然神学之间开创了一条中间道路。限于篇幅,在此不可能对他的神学作详尽分析,本文的目的仅在于说明他的宗教观与其科学观之间具有相似性或一致性。

塞姆勒的宗教观具有以下几个显著的特性:(1)正如他在炼金术著作中所表明的那样,他在公共宗教与私人宗教之间,形式与精神之间,以及神学与宗教之间作了明确区分;(2)他认为基督教的历史展现了对基督教真实本质不断增长的认识;(3)他把无限性看作宗教历史解释的中心概念;(4)他采用了他在炼金术著作中相同的谦逊的认识论,以便把一切官方的神学教导相对化;(5)他认为对基督教本质的完美认识只有通过对宗教的私人、个体、自由、无限的投入才能达成。

凡是熟悉基督教思想史的人都不难看出,以上几点完全颠覆了传统基督教(既包括罗马天主教也包括新教正统派)的主要信条,否定了神学真理的永恒性和确定性,否定了基督教在其开端便获得了完美形象的论点,否定了新约圣经是圣灵感动之产物、因而所有信徒必须严格在字面上加以接受的观点,也否定了宗教争论是偏离真正宗教的信号的观点,进而否定了为了个人与国家的福祉有必要对其所有市民施加某种宗教上的整齐划一的做法。

塞姆勒在公共神学(即在特定时间和地点呈现的特定宗教信仰)与更为普遍的、伦理的或精神的私人宗教之间所作的著名区分,显然与其在可感知的物质和在塑形中的物质之间,以及在公共的、常规的科学与

[33] Gerhard Ebeling, “The Meaning of ‘Biblical Theology’,” p. 87.

神秘的、私人的科学之间所作的区分相类似。他使用了关于生命和死亡的同一个象征来刻画它们。“伦理的力量、生命、精神和果效是真正的基督宗教的开端;人们不可能把历史、回忆以及关于词句和教导的僵死的背诵看作本质,看作纯粹的基督教教导的崭新能力与实践。”[34]制度性的教会至多被看作是帮助人们激发真实的内在宗教的手段,它只是内在宗教在其中能够生长、发展并最终导向一种新的宗教经验沉淀的外壳。于是,塞姆勒声称“一个基督徒的拯救并不依赖于公共的建制宗教,而依赖于那些只能在私人宗教中才能找到的宗教内容”。[35]

因而,在塞姆勒看来,真正的基督宗教并不是在圣经中得到了充分阐发,相反,它“对于所有基督徒而言总是一种更完美宗教的新的开端和源头。但这种完美宗教并没有实际呈现出来,它只是在概念中……正如在物质世界中一样,在伦理世界的由开端到遥远发展的过程中也存在着同一个无限秩序。认为基督教信息的内容具有恒常不变的统一性是完全错误的、非基督教的观点,它也是与上帝尊严相矛盾的观点,其荒谬之处恰如认为基督宗教是在同一时刻对于所有人同时发生的,或者说好像它是一件已经完成的,只是被动接受,而不是主动的、自我实现的事情。基督宗教的整个历史与这种错误的危险原则是矛盾的”。[36]

由于基督宗教被看作是自然中的一种新兴力量,因而它的表现及其特定内容也是无限的。塞姆勒写道:

> 因而这些新原则的所有可能内容就像它们可能的应用一样,都是无限的。耶稣、使徒以及初代教会的教父们给予这个新宗教的所有教导只是更好地发展一种个人的伦理概念及其属于每个基督徒之应用的向导……无论是耶稣,还是使徒,亦或其他早期教父都没有写下所有的观念,所有的信念,所有可能的基督教信仰。他们固然是新教导以及那精神的或总是发展的宗教的基本真理的作者,但

---

[34] Johann Salomo Semler, *Zur Revision der kirchlichen Hermeneutik und Dogmatik* (Halle, 1788), p. 88.

[35] Semler, *Neue Versuch*, p. 50.

[36] A. a. O., pp. 118 – 119.

是那新宗教应该在当下呈现出来,应该在每个个体的基督徒之中发展和持续地生长。[37]

正如塞姆勒在炼金术著作中对物质的观点那样,他在此坚称宗教的无限性必然使得宗教的形式要素处于持续不断的变动之中,因为这些形式总是与特定的情境、个人的特定需求以及语言文化等要素关联在一起。在特定的时间和地点,特定的信仰集合会从内在宗教原则的演变中逐渐定型,但是我们不能把这些特定的信仰集合看成永恒不变的宗教真理,而必须看到它们具有时空相对性,它们只是更大的精神进程在特定时空下的产物。因此,它们的权威也像它们的起源一样是有限的。正如真正有资格实践炼金术的是"安静的个体"一样,塞姆勒认为宗教的真正创新者是那些听从内心呼召并且摆脱了公共建制教会约束的"沉默的"基督徒。他们之为宗教真理的真正见证人,正如希尔申男爵为塞姆勒的炼金术著作作见证一样。

正因如此,塞姆勒为人们遵循自己的宗教所需要的权利而呼吁,他认为这种权利不应该受到国家或教会的制约。对所有值得信赖的教派和信仰的真正宽容——不仅包括三大主要的基督教教派,而且包括犹太教、索齐尼派、门诺派、自然主义者以及自由思想家——是推进真正的宗教知识的前提。也许在所有18世纪晚期提倡宗教宽容的德国思想家中,塞姆勒是主张对所有信仰实施彻底的、完全宽容的最热烈支持者,他丝毫不认为非基督徒有任何必要调整他们的实践,以便适应那些主流意识形态,只要这些非基督徒不把他们的论证推进到超出他们个人伦理信念的界限之外,或者说试图把他们自己建制化。与那些主张犹太解放和宽容的寻常支持者(例如德国的克里斯蒂安·多姆以及法国的阿贝·格雷瓜尔)不同,塞姆勒对宗教宽容的要求丝毫不意味着对某个特定群体实施"伦理改进"或"重生"的计划,也不意味着试图把他们纳入到当时主流群体的流行惯例之中,因为这样做势必导致那个被宽容的群体的独特性最终丧失。与多姆和格雷瓜尔不同,塞姆勒并不把宗教宽容看作获

---

[37] A. a. O., pp. 14-15.

得公民或政治统一性的工具,这样做的代价是使得所有的小教派全部消失。相反,塞姆勒对由个体开展宗教革新的必要性的信念肯定了宗教作为一种实存之中心的有力地位。

塞姆勒对宗教宽容的承诺也可以解释他为什么会支持沃尔纳法令,后者往往被视为德国反启蒙运动的保守主义的开端。[38] 然而,人们往往忘记了一点,尽管沃尔纳法令具有一般的保守主义和专制倾向,但却特别肯定了宗教宽容,而且这种宽容针对的不仅是普鲁士的三个主流教派,也包括了诸多小教派,如犹太教、索齐尼派以及早先被逐出普鲁士的门诺派。因此,对于一个把目光更多地投向在之前三百年间由于宗教不宽容而非政治迫害导致的流血事件的18世纪自由派神学家而言,塞姆勒支持沃尔纳法令的立场本质上是前后一致的。塞姆勒立场中真正让人难以理解的地方在于,一个看似现代的启蒙思想家如何能够把一种炼金术信念与一种自由的、甚至激进的神学观统一起来。这个问题向我们发出挑战,要求我们重新思考"现代性"和"启蒙运动"的含义。

四、结　语

当前,有关现代性的流行观点认为它最初植根于启蒙运动中,其特征往往被描述为工具理性的优先权,科学和世俗主义的统治地位,以及用科学知识征服自然。[39] 然而,塞勒姆却为我们提供了一个挑战这副流行画面的有力案例。如果仅仅考察他的神学,那么大多数人都不否定其现代特性:对信仰的动态理解、神学命题的相对化、对绝对宗教宽容的呼吁,以及把真正的宗教信仰放置于个人的意识之中等,这些都是现代人乐于接受的观点。然而,又有多少现代人能够接受他关于在特定情形下能够从空气中析出金子的观点呢?进而,我们真的会接受那种构成被我们普遍认可的现代宗教观的必要前提的观点吗?然而塞姆勒及其同

㊳ 关于这个问题,可参见 Klaus Epstein, *The Genesis of German Conservatism* (Princeton, New Jersay: Princeton University Press, 1966)。

㊴ 例如 Peter Gay, *The Enlightenment: An Interpretation* (New York: W. W. Norton& Compay, 1977), vol. 1, pp. 45-48。

时代的少数人的确共同持有并捍卫了这一双重命题,并且将二者密切关联在一起,这个事实表明了启蒙运动思想的复杂性和奇异性,它远非当前的流行画面那样简单和透明。

最后值得一提的是,塞姆勒想要在体系建构与经验主义之间寻求认识论的中间道路的做法在他那个时代其实并不罕见,事实上,许多启蒙运动晚期的思想家也在尝试一种调和的认识论,例如他们转向了类比、比较和悖论研究,并把这些看作探讨实在之复杂性的手段。在这样做时,他们有意无意地利用了许多被现代推理逻辑所取代的前现代的知识形式。面对后现代主义者对科学和理性主义的批评,晚期启蒙运动的这个方面挑战了20世纪对启蒙运动的传统和刻板看法,而这样一种批判性评价将有助于我们更好地理解我们当下的处境。

陀思妥耶夫斯基诗学中的圣像及其现代性思辨*

俞　航

【内容提要】 从18世纪彼得大帝改革开始，俄罗斯走上了学习西方的道路，并在19世纪中叶经历了现代化进程。陀思妥耶夫斯基的小说刻画了现代性冲击下俄罗斯人在物质和精神上的一系列转变，也反映了这一过程中宗教力量在俄罗斯的逐渐衰弱。这体现于陀思妥耶夫斯基创作中与东正教相关的圣像描写。一方面，陀思妥耶夫斯基通过圣人形象的变化展现了俄罗斯人在现代性体验中的迷茫、怀疑和痛苦。另一方面，他又在文本中构建了系列圣像，通过将东正教圣像融入诗学，思考了人在神性消失的现代世界中寻找意义的新路径。

【关键词】 陀思妥耶夫斯基　诗学　圣像　现代性

陀思妥耶夫斯基重要的后西伯利亚长篇小说（великое пятикнижие）从不同程度上展现了文本中的圣像。如《罪与罚》的尾声呈现了与圣母形象相关的圣像，《群魔》的结尾描写了基督坟墓旁三个持香膏的女人，《卡拉马佐夫兄弟》则是使徒领圣餐。而《白痴》中小汉斯·荷尔拜因

---

* 本文为教育部人文社会科学青年项目“托思妥耶夫斯基创作中现代主体建构研究”（项目编号：19XJC752001）；广西高校中青年教师科研基础能力提升项目“现代性视域下的陀思妥耶夫斯基妇女问题研究”（项目编号：2019KY0092）的阶段性成果。

(Hans Holbein the Younger)的《墓穴中死去的基督的尸体》(*The Body of the Dead Christ in the Tomb*)则体现了陀氏对俄罗斯社会现代转型环境下圣人形象的损毁的焦虑。

陀氏并非宗教哲学家或者神学家,而是艺术家。但他的文学创作却与俄国现代性开端时期超验性与世俗性冲突给人们带来的焦虑息息相关。他敏锐地察觉并生动地描绘了俄罗斯浓厚的宗教信仰传统与正在到来的世俗时代之间的不和谐,并有意识地接受了为现代道德秩序刻画超验基础这一挑战。因此,陀学家卡萨特金娜(Касаткина Т. А.)认为,“道成肉身”(воплощение)这一宗教信条是陀思妥耶夫斯基诗学的基础,“说出的话,根据‘道成肉身’的信条承受了一定的变化,不但获得了展示词汇的能力,而且获得了展示形象的能力。……我相信,已经不止一次地指出过陀思妥耶夫斯基的语辞与造型艺术的关系,正是与这种变化相关的。然而,从最高现实成为肉身那一刻起,能够将被封闭在世界中的形象最相符地表现出来,并在词语中敞开的,是东正教的圣像”。[①]陀思妥耶夫斯基诗学十分重要的一个特征是通过文字对圣像进行符象化(ekphrasis),因而其文本成为了哈钦斯(Stephen Hutchings)所提出的叙述的圣像(a narrative icon),是视觉结合文字对圣像进行再现。[②]

尽管巴赫金对陀氏作品复调诗学的研究已经成为了经典的文学批评范式,但隐含作者的观点在陀氏文本中依然值得重视与阐释。与复调的“相对主义”诗学特征不同,有学者指出:“陀思妥耶夫斯基小说中原初作者是十分独白的、甚至是片面的,他精准地用真正的真理来对抗虚假的,在小说中不是通过直接话语,而是将之放入人物体系。”[③]因此本文认为,与复调诗学对应和对话的是圣像诗学,而后者是陀氏作品的隐

---

① Т. А. Касаткина, *О творящей природе слова: Онтологичность слова в творчестве Ф. М. Достоевского, как основа 《реализма в высшем смысле》*(Москва: Институт мировой литературы им. А. М. Горького РАН, 2004), с. 226.

② Stephen C. Hutchings, *Russian Modernism: The Transfiguration of the Everyday* (Cambridge: Cambridge UP, 1997), p. 37.

③ Алексей Казаков, “Диалогичкская позиция и диалогичкская ситуация в художественном мире Достоевского,” Стефано Алоэ ред., *Достоевский: Философское мышление, взгляд писателя* (СПБ.: Дмитрий Буланин, 2012), с. 411.

含作者表达观点的重要媒介。其文本中建构的一幅幅东正教圣像以隐蔽但是有力的方式将作者的声音与人物话语加入了复调话语中。笔者试图梳理陀氏最重要的长篇小说中出现的圣像,及其与作品隐含作者话语之间的内在联系,进一步探究陀氏通过圣像所表达的对俄罗斯现代转型时期社会现状的思考。

一、《白痴》中的《墓穴中死去的基督的尸体》

在1862年,陀思妥耶夫斯基第一次出国旅行,在德国和法国的许多城市均有逗留,体验了欧洲文明。他在《冬天记的夏天印象》(*Зимние заметки о летних впечатлениях*)里对欧洲的最初印象做了描绘。此书展现了陀氏对西欧现代文明的思考。在现代文明坚固的"水晶宫"笼罩下,他看到的不是现代化带来的繁荣、便利和科学,而是抑制生命活力的唯理主义。而这种体验在他第二次出国旅行时看到小汉斯·荷尔拜因的画作时进一步使其感到恐惧。1867年8月,陀氏从德国巴登到瑞士日内瓦的路途中停留在了巴塞尔,在那里他看到了小汉斯·荷尔拜因的《墓穴中死去的基督的尸体》(1521)。根据他的妻子安娜·格力戈里耶夫娜的回忆,当离开丈夫15到20分钟之后她回到他身边时,他全神贯注盯着那幅画,仿佛被钉在了那里,"在他紧张不安的脸上有一种被吓到了的神情,这种神情我不止一次在他癫痫发作的几分钟前看到过"。[④]后来,陀氏对妻子宣称:"在这幅画前一个人有可能会失去信仰。"(От такой картины вера может пропаст)在陀氏创作于这段出国期间的《白痴》(*Идиот*)中,梅什金公爵重复了这句评论。而这部小说中少年伊波利特的观点进一步展示出陀氏对这幅画更深入的思考。

陀氏创作《白痴》的主旨是描绘纯洁无瑕之美拯救世界,对死刑判决[⑤]和唯理主义的反抗贯穿了整部小说。小说伊始,梅什金公爵对死刑

---

④ Jeff Gatral, "Between Iconoclasm and Silence: Representing the Divine in Holbein and Dostoevskii," in *Comparative Literature*, vol. 53, no. 3 (Summer 2001), pp. 214 - 232.

⑤ 陀思妥耶夫斯基青年时期参加彼特拉舍夫斯基小组活动被捕并被判处死刑。在1849年12月22日,就在要被执行死刑前的一瞬间,他的死刑判决被推翻了。

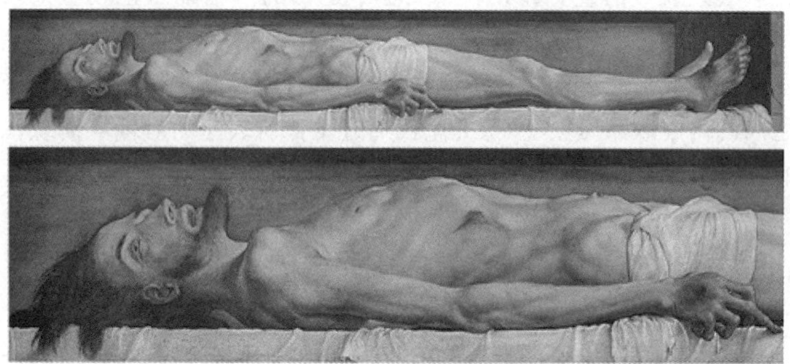

Hans Holbein the Younger, The Body of the Dead Christ in the Tomb.

的一番言论显示了他对人类存在意义的关切。他认为,盛行于法国大革命时期西欧司法制度中的断头台(guillotine)是自然力学的产物,它在形而上意义显示了人类不得不屈服于自然的法则,并最终走向死亡。但是在基督教中,复活与拯救的弥赛亚意识给了人类希望。基督是这一希望的代表,即终有一日,人类会推翻强加于己的死刑判决。于是在小说中,基督一般的梅什金竭力使"堕落的"娜斯塔霞·费利帕夫娜走向新生。但她认为自己罪孽深重,无法在前者的帮助下走向精神上的复活,于是一次又一次从他身边逃走。最终,娜斯塔霞死于罗戈任之手,而梅什金没能使她摆脱死刑判决,获得新生。当梅什金与罗戈任会面时,后者引导梅什金注意到墙上的一幅画,即荷尔拜因《墓穴中死去的基督的尸体》的临摹品,此时梅什金明白了娜斯塔霞的绝望。正如后来伊波利特再次阐释的那样,这幅画描述了基督死亡时身体上所遭受的巨大痛苦,神性之光在他脸上消失殆尽。霍尔拜因的画作如此惟妙惟肖,以至观者感觉到:要战胜自然法则和基督复活是绝无可能的,而娜斯塔霞要获得新生也是绝无可能的。画上基督的尸体提醒观者,人类仅仅是凡俗肉体,无一例外被判处了死刑。

伊波利特对《墓穴中死去的基督的尸体》的解读同样十分关键。伊波利特患了19世纪的绝症肺痨,并被告知他会在两周到四周之内死去。他的死将是确凿无疑的,于是他的一番言论同样被置于笼罩整部小说的

"死囚情境"之中。这幅画也是他在罗戈任家看到的,并作为表现自然无边力量的一种表现形式一直萦绕在伊波利特的心头。他的评价是"这幅画中,除了自然什么也没有,而这恰恰表明,无论是谁,他的尸体总是要遭受这样的折磨。在这幅画中,关于美,一个字也没有提到"。[6] 考虑到在这部小说中,陀氏将美视为一种拯救世界的力量,伊波利特对这幅画的阐释意味深长。罗伯特·杰克逊(Robert Jackson)认为:"汉斯·荷尔拜因的油画显然是糟糕透顶的艺术品,因为它强烈干扰了人类在道德上和宗教上的宁静。"[7]丽莎·克纳普(Liza Knapp)进一步指出,使这幅画成为"糟糕透顶的艺术品"的原因,"本质上是它的自然主义"。[8] 对于陀氏来说,艺术提供了一个能够与真正的美交融的领域,自然的法则被艺术家随心所欲地中止了。但是在荷尔拜因的画作中,自然的法则却发挥着与物理世界中的自然法则完全一样的作用,因而"霍尔拜因的油画阻止人们相信基督教中最为重要的教义,那便是'受造之物仍然指望脱离败坏的辖制(《罗马书》8: 21)'"。[9]

伊波利特对这幅画的观点可以被解读为从文艺复兴时期开始,经由启蒙主义,最终在现代性中达到顶点的"上帝之死"的寓言。启蒙现代性中,机器般的自然作为新神比过去任何动物性的神更加缺乏怜悯。在新理念指引下的对圣人的刻画,不但消灭了基督的肉体生命,也消灭了基督脸上的神性痕迹。道成肉身的基督放弃了神性,变成了凡人,遭受了严酷的皮肉之苦,最终死于启蒙现代性中掌控一切的自然法则。在《墓穴中死去的基督的尸体》中,基督临死的痛苦已经不是象征意义上的,而是被表现为实实在在的生理意义上的。当在真实的圣人形象上展现这种痛苦之后,那些亲眼目睹这具尸体的观者怎能够相信"这个肉体凡胎也能复活"? 因此,伊波利特甚至想象,如果基督自己看到了这幅

---

⑥ 陀思妥耶夫斯基:《白痴》(下),臧忠伦译,桂林:漓江出版社,2013 年,第 382 页。

⑦ Robert L. Jackson, *Dostoevsky's Quest for Form: A Study of His Philosophy of Art* (New Haven, Conn.: Yale University Press, 1966), p. 67.

⑧ 丽莎·克纳普:《根除惯性: 陀思妥耶夫斯基与形而上学》,季广茂译,长春: 吉林人民出版社,2003 年,第 134 - 135 页。

⑨ 同上。

画,还会为了救赎世人的苦难走向十字架,像……那样死去吗?“在现代主体的注视下,在荷尔拜因的画中,道成肉身死亡了。在文艺复兴艺术中,随着直线透视的逐渐发展,超感官性(the suprasensual)再也不能以自身的无限性灌注现实了。在现代主体看来,所有存在都成为尘世的。正如潘诺夫斯基所言,‘透视画法,将真实转化为事物的外观,仿佛将神性降低为一个区区人类意识的题材’。”⑩在荷尔拜因的画中,基督的尸身被以解剖学为基础的真实观细致地刻画出来,并被拘禁在一个直线透视将所有神性都排挤出去的空间中,即长条形的、狭窄的、木制的坟墓。即使文艺复兴时期的人文主义者依然保留着对宗教的信仰,当时的圣像却逐渐从宗教仪式中解放出来,成为了对自然的模仿。自然代替神性成为了绘画的最高范本。无论是解剖学还是透视学的发展,都是为了帮助画家们像镜子一样忠实地反映自然,反映活生生的人。因而,文艺复兴时期的画家在宗教形象塑造中充分传达了人的复兴。而在基督教的弥赛亚计划中,上帝之言成为形象之美,能够拯救世界(“我们在万军之耶和华的城中,就是我们神的城中所看见的,正如我们所听见的。神必坚立这城,直到永远。”[诗 48:8])但在启蒙了的现代主体的注视下,形象只能加速“上帝之死”。

因而,荷尔拜因的画在《白痴》中成为了人类不可能战胜自然法则和神性消失的隐喻。陀氏在这幅文艺复兴时期的画作上看到了几个世纪之后现代人的焦虑。那时,自然已经不再是文艺复兴时期的那个自然,而是在启蒙理性的改造下成为判定人类必死命运的“机器”。对于非常年轻、渴望生命却身患绝症的伊波利特来说,荷尔拜因画中的基督形象成了堕落的、颓唐的,受制于自然法则的形而上符号的化身。陀氏对启蒙现代性反思的一个直接源头就是几次游历西欧的所见所闻。包括荷尔拜因的画作在内的文艺复兴时期的圣人绘画给了他深刻印象,也促使他思考。他认为,西欧文艺复兴的宗教绘画一方面因高扬人的个体意识和创作自由而攀上了艺术的高峰,另一方面却不可避免地失去了对

⑩ Jeff Gatral, “Between Iconoclasm and Silence: Representing the Divine in Holbein and Dostoevskii,” p. 223.

神性的神秘体验,逐渐成为带给观者审美享受的世俗艺术。而东正教的圣像却因对拜占庭圣像法则的遵守而一直保留着超越现实与彼岸世界进行精神交流这一重要的媒介功能。陀氏在其他几部作品中试图通过东正教圣像来表现他的这一宗教思想。

二、《罪与罚》中的圣母像

在《罪与罚》(*Преступление и наказание*)中,拉斯科利尼科夫犯罪前最后一次前往高利贷老太婆家察看情况时,看到在角落里一幅小小的圣像前点着一盏小油灯。而他在杀死老太婆之后从后者的脖子里拽出了一幅圣像。小说后半段,拉斯科利尼科夫在索尼娅面前忏悔之后,索尼娅给了他一个十字架,并告诉他这是她用圣像同莉扎薇塔(高利贷老太婆的妹妹,目睹了拉斯科利尼科夫的罪行,同样被他杀害)交换而来的。"从文字层面看,我们并不能断定最初那个圣像就是拉斯科利尼科夫杀人后在高利贷者老太婆脖子上看到的那个,或者是索尼娅送给高利贷老太婆妹妹的那个。但是,从象征层面理解,圣像出现在拉斯科利尼科夫道德发展三个重要时刻的前景中:谋杀前、谋杀本身、忏悔。这样的模式多次出现在陀思妥耶夫斯基的作品中,亦即,圣像从最初的偶然事物及描述性的功能转化为更具活力的功能,并且越来越接近主要事件的象征核心。"⑪

拉斯科利尼科夫是受到西方启蒙主义思想影响的知识阶层的一员,他希望通过以利他主义(altruism)为基础的理性推导来为自己的谋杀行为构建合理的论据,但是最终却发现自己的行为导向了利己主义。而陀氏笔下的"温顺的人"(кроткая)的代表索尼娅则是他的对立面,看似孱弱而沉默,却象征了向他人开放灵魂的形象。同时,索尼娅不但表现了救赎,还是救赎方式的原型,即亲自向拉斯科利尼科夫展示了可见的形

⑪ Jefferson J. A. Gatrall, "The Icon in the Picture: Reframing the Question of Dostoevsky's Modernist Iconography," in *The Slavic and East European Journal*, vol. 48, no. 1 (Spring 2004), p. 15.

象——圣像。

但是,最初拉斯科利尼科夫没能够看到索尼娅所揭示的圣像般的救赎。虽然他让索尼娅读了圣经中拉撒路复活的事迹,但是要让一颗个人主义的心灵摒弃偏见,向神恩敞开是极不容易的。当他听说索尼娅和利扎薇塔曾一起读新约的时候,他将她们称为"圣愚"。此时的拉斯科利尼科夫带着知识分子的蔑视,认为她们的宗教信仰是愚昧的。但是在长期的内心折磨以及情感的作用下,他祈求索尼娅给他读《约翰福音》中的拉撒路的复活,这代表了他在内心逐渐向救赎开放。作家用伦勃朗蚀刻作品中的那种简洁色调描写了这个令人震撼的场景,"插在那个歪斜烛台上的残烛已快熄灭,黯淡地照着陋室里一个杀人犯和一个卖淫女,他们奇怪地凑在一起读这本永恒之书"。[12] 陀氏在指称索尼娅为"卖淫女"时,用了教会斯拉夫词语 блудница 代替更为口语的 проститутка,因此将索尼娅与抹大拉的玛利亚,而拉斯科利尼科夫与拉撒路联系起来。[13]

在《罪与罚》尾声处,索尼娅再次与圣经人物形象联系起来,而这次是圣母玛利亚。入狱之后,拉斯科利尼科夫发现苦役营的犯人都很喜欢索尼娅,"为什么他们都这么喜欢索尼娅?她并不巴结人们,人们也很少见到她,只是偶尔在干活的地方见她来上片刻,为的是能够看一看他。……但渐渐地,他们与索尼娅之间建立起某种亲密的关系:她替他们给亲人写信,并帮他们把信寄走……有时她去工地找拉斯科利尼科夫,或者同正去上工的一批囚犯相遇,所有囚犯都会脱下帽子,向她打招呼说:'妈妈,索菲娅·谢苗诺夫娜,你是我们的母亲,温柔亲爱的母亲!'那些脸上烙印的粗野囚犯对这个瘦小的女人这样说话。她微笑着鞠躬还礼。所有人都喜欢看她对人们微笑……"[14]在这里苦役犯们将索尼娅看作圣母般(образ Богородицы)的女性,他们立刻就认出了她的形象。索尼娅成为了苦役犯的保护者和帮助者,就像俄罗斯东正教传统中

---

⑫ 陀思妥耶夫斯基:《罪与罚》(下),臧忠伦译,桂林:漓江出版社,2012年,第416页。

⑬ блудница 这个词通常具有神学含义,例如圣经中约翰的《启示录》中的巴比伦淫妇(Вавилонская блудница),参见《启示录》17:3-6。

⑭ 陀思妥耶夫斯基:《罪与罚》(下),第688页。

圣徒对特定社会阶层所起的作用。[15] 东正教传统中的圣像是刻画这些保护者-圣徒的。但是拉斯科利尼科夫却没能够像其他人那样真正“认出”索尼娅,一开始当索尼娅向他伸出手时,他总是冷漠而厌恶地握住。“这是非常典型的,即苦役犯与索尼娅之间的关系对拉斯科利尼科夫来说是完全不可理解的,他——一个非信徒——并未看到周围的启示,我们说的正是这一点:信仰与不信仰界定了看见与看不见,当谈到犯人对拉斯科利尼科夫的态度以及这种态度的原因时,二者彼此相通。”[16]直到拉斯科利尼科夫在发烧中做了天启般的噩梦以及随后索尼娅因抱恙中断探望一段时间,他才突然明白索尼娅的重要性。复活节第二周时,他的心灵与春天的万物一起复苏。拉斯科利尼科夫的眼前出现了一片新的景象:“在那洒满阳光的辽阔无际的草原上,牧民们的帐篷像一个个小黑点,依稀可见。那边是自由的天地,生活着与这里人们截然不同的另一类人。在那边,仿佛时间都停止不动了,好像亚伯拉罕及其部落的时间还没有流逝。”[17]

此时,索尼娅出现了,“她悄悄走到跟前,在他身边坐了下来。天色还早,严寒尚未散尽。她穿着破旧的斗篷大衣,扎着绿头巾,脸上还留着病容:消瘦、苍白、憔悴。她亲切而又高兴地对他微微一笑,仍然往常一样胆怯地向他伸出了自己的手”。[18] 在这幅与拉斯科利尼科夫精神复活息息相关的画面中,索尼娅头巾的颜色是绿色的,这是大地重获生命的颜色,并与圣母形象相关。在画有圣母的圣像中绿色被十分普遍地采用。例如,位于费拉波托夫修道院里的圣母降生大教堂(собор Рождества Богородицы в Ферапонтовом монастыре)中的《指路者圣母像》(*Богоматерь Одигитрия*)[19]中的圣母

---

⑮ 例如,圣尼古拉斯(Nicholas)主要被作为农民的保护者来崇拜,而巴拉斯克娃·皮亚特尼察(Paraskeva Pyatnitsa)和阿娜斯塔西娅(Anastasia)则是商人和贸易的赞助人。

⑯ Т. А. Касаткина, *О творящей природе слова: Онтологичность слова в творчестве Ф. М. Достоевского, как основа《реализма в высшем смысле》*, с. 229.

⑰ 陀思妥耶夫斯基:《罪与罚》(下),第 691 页。

⑱ 同上。

⑲ 指路者圣母像(A Hodegetria/Одигитрия)是一种对圣母像的固定画法,圣母怀抱圣婴并向他指出救赎之路。这幅指路者圣母像现藏于圣彼得堡俄罗斯博物馆内。

被描绘为身披绿色的斗篷。而德米特洛夫(Дмитров)的乌斯宾斯基大教堂(Успенский собор)来自狄奥尼修斯工作坊的圣像《"为你道喜"圣母像》(*О тебе радуется*,现藏于莫斯科特列季亚科夫斯基美术馆),则描绘了圣母怀抱圣子坐在绿色的宝座上。因此,从东正教圣像学的角度而言,索尼娅绿色的围巾可以被比作圣母的宝座,而这一绿色温柔而充满生机。

О тебе радуется/In You Everything Rejoice/"为你道喜"圣母像

陀学家卡萨特金娜认为还有一种圣像类型与《罪与罚》尾声中拉斯科利尼科夫最终"认出"索尼娅相关,那就是《罪人的保佑者》(*Споручница грешных*):"在我结束汇报的第二天,我们去了胡定修道院(Хутынский монастырь)……那里有一些圣像。其中大多数(超过五幅)——其中就有自身就十分特别的'罪人的保护者'——都不是最为普遍的类型。但是非常令人惊讶的是,几乎所有圣像都将圣母刻画为围着绿色的头巾。”⑳

此外,将对头巾“绿色”象征含义的猜测放入整个小说体系来解读将更有说服力。在孩童时期,每年拉斯科利尼科夫都会和父母去两次供奉着他祖母安魂弥撒的教堂,而教堂的拱顶是绿色的。小说开端已经成年的拉斯科利尼科夫做了一个“马被鞭打”的噩梦,在那个残忍的梦里还出现了远处教堂的绿色拱顶。拱顶是教堂的冠冕(венец),也是圣母的宝座。索尼娅的绿色头巾可以对应于拉斯科利尼科夫的童年和梦里出现过的教堂的绿色拱顶,而在《罪人的保佑者》圣像中,圣母通常被刻画为带着王冠。当小说尾声拉斯科利尼科夫走向索尼娅,意味着他走向童年时期的教堂,也意味着在他灵魂中信仰的复苏。

Споручница грешных/Sporuchnitsa sinners/罪人的保佑者

---

⑳ Т. А. Касаткина, *О творящей природе слова: Онтологичность слова в творчестве Ф. М. Достоевского, как основа《реализма в высшем смысле》*, с. 231.

三、《群魔》中的《基督坟墓旁手持香膏的女性》

《群魔》(*Бесы*)是陀思妥耶夫斯基集中思考俄国现代转型时期政治现状的作品。其结尾除了谢尔盖·涅恰耶夫的原型彼得·斯捷潘诺维奇,几乎所有的主要角色都死亡,整体氛围十分阴郁。然而,在无神论和无政府主义掀起的腥风血雨之中,陀氏留下了救赎希望的暗示。其一是沙托夫妻子的回归,其二则是斯捷潘·特罗菲莫维奇踏上拯救之路。与诗学中圣像相关的主要是第二点。斯捷潘·特罗菲莫维奇因内心不可名状的感召离家出走,遇到农人。后者问他是不是要去斯帕索夫,而斯帕索夫(Спасов)来自动词救赎(спасти),意指最终的复活(воскресение)。随后,斯捷潘·特罗菲莫维奇遇到圣经兜售者索菲娅·马特菲耶夫娜(Софья Матвеевна),她在前者生命的最后关头发挥了重要的作用。除了她兜售圣经之外,索菲娅(Софья)的名字也具有宗教含义,即希腊语的智慧(премудрость),父姓马特菲(Матфий)为希伯来语的天赐(богодарованный),因此姓名整体象征了天赐的智慧。正是因为索菲亚,斯捷潘在时隔三十年后重新接触了圣经。最终,斯捷潘死在了寻求救赎的道路上,并在死前皈依了上帝。虽然俄国40年代知识分子斯捷潘对宗教的看法深受康德、黑格尔、费尔巴哈等德国古典主义哲学的影响,很难最终归于正统意义上的东正教。但是,陀氏对其充满同情,因而在他生命的终点描绘了他探索救赎的道路。在他死前,瓦尔瓦拉·彼得罗夫娜和达利娅·帕夫洛夫娜来到他身边,与索菲亚·马特菲耶夫娜组成一幅象征意义上的圣像,即基督坟墓旁三个手持香膏的女人。

手持香膏的女子在《群魔》尾声成为了复活确证的形象。早期文献对女性的数目并不确定,有些时候是三个,有些时候是两个,有些时候是一些。在陀氏的文本里,斯捷潘死前床前的女性人数也不确定,有时候是瓦尔瓦拉和达莎,有时候是三者均在。在这种类型的圣像里,可以看到天使在宣告基督死后的复活以及永恒的生命。而妇女们手持香膏谦

Жен-мироносиц/基督坟墓旁手持香膏的女性

卑而安静地站在棺木旁。[21] 棺木中空空如也,在远方是耶路撒冷城粉红色的城墙。巴尔斯卡娅(Барская Н. А.)指出,在16世纪俄罗斯艺术中广泛存在着坟墓前的持油膏的妇女形象与复活的基督相联系的圣像。"莫斯科艺术家在本世纪下半叶写道:在圣像中,在圣母的领导下,女子们安静地鞠躬,她们平静地手持罐子。戴着白色面纱的天使坐在棺木旁,向她们布道。远方是粉红色围墙的耶路撒冷城,上方是高耸的山脉。在那里,离开了棺木的耶稣基督向她们指明前往加利利的道路。在飘扬的长袍之上,基督向人们敞开一张明亮的面容,向人们指出一条道路,这

---

[21] "过了安息日,抹大拉的马利亚和雅各的母亲马利亚并撒罗米,买了香膏,要去膏基督的身体。"(可16:1)"七日的头一日,黎明的时候,那些妇女带着所预备的香料来到坟墓前,看见石头已经从坟墓滚开了,……'他不在这里,已经复活了'。"(路24:1,2,6)

条道路通向他的复活。”[22]

在斯捷潘·特罗菲莫维奇死前,他不停地重复“上帝之爱”的话题,并回忆起生命中的很多人和事,他说:“见到你们所有人”,这其中包括事实上已经死亡的丽莎、沙托夫等。然而,斯捷潘的死亡与复活之路同样象征着这些人物的死亡与复活。“基督越过了地狱,‘死亡的死亡,在那些坟墓里赐予生命’。即将那些在他到来之前堕入地狱的人从地狱中拯救出来,基督在这样的圣像描绘中重建了人与上帝之间的联系。”[23]《群魔》开端,陀氏描绘了一种对上帝道路的背离(如同在魔鬼的引诱下失去方向的群猪),并最终导向一场《启示录》般的大混乱。而在结尾处,陀氏希望通过斯捷潘寻找上帝的努力来使所有人获得救赎。斯捷潘·特罗菲莫维奇在小说中既是旧亚当们的老师,也是新亚当们的先在,旧亚当打破了人与上帝的盟约,新亚当——基督——重建了这种联系。他在整部小说中的旅途就是人向上帝重返的旅途。

四、《卡拉马佐夫兄弟》中的《使徒领圣餐》

《卡拉马佐夫兄弟》(*Братья Карамазовы*)是陀思妥耶夫斯基宗教思考的结晶。在小说结尾处,阿廖沙和孩子们组成了一幅圣像,即使徒领圣餐。这是陀氏将“复活”的希望寄予该作品的一种实践,同时也是对其所思考的一系列宗教问题,尤其是教会作用问题,所进行的尝试性解答。19 世纪末期,东正教教会的作用和正当性受到质疑。而陀氏一直在探索新环境下的教会意义。在他看来,教会需要帮助罪犯意识到自己罪行的本质。《卡拉马佐夫兄弟》最主要但却较为隐蔽的思想在于,所有的犯罪源于人看不到自己与世界的联系。一旦意识到这点,所有对他人的犯罪也就成为了对自己的犯罪。因此,使徒领圣餐的圣像主题正

---

[22] Н. А. Барская, *Сюжеты и образы древнерусской живописи* (Москва: Просвещение, 1993), с. 116 – 117.

[23] Т. А. Касаткина, *О творящей природе слова: Онтологичность слова в творчестве Ф. М. Достоевского, как основа《реализма в высшем смысле》*, с. 246.

是极好地表现了个体进入团体的过程,体现了东正教和俄罗斯传统文化宣扬的聚合性(соборность)原则。“领圣餐将人带入共同的身体中,确切地说,是把他带入与这个身体联接起来的通道,使之更加畅通,也就是说,感受到**参与**,让人认识到自己对‘他人’犯下罪就是对自己所犯的罪。”㉔

小说中伊柳莎因父亲受辱而感到痛苦,因而迁怒于侮辱其父的德米特里的弟弟阿廖沙。但是阿廖沙在了解了真相之后,承担了这份罪责,甚至感受到了伊柳沙的痛苦:“大家默默地在那块大石头旁停了下来。阿廖沙看了看,从前斯涅吉廖夫谈到伊柳舍奇卡怎么一面啼哭,一面拥抱父亲喊道,‘好爸爸,好爸爸,他让你受了多大屈辱哇!’——这整个情景一下子油然呈现在他眼前。他心里仿佛有什么东西猛地一激灵。”㉕阿廖沙是作家力图塑造的正面角色,在第一部中(后续作品因作家离世而未能完成),他一直在修道院中生活。但阿廖沙身上流淌着卡拉马佐夫的血,同时也是弑父案的旁观者。尽管身处修道院,阿廖沙却从来都没有与周围世界脱离关系,佐西玛长老也一直鼓励他到外面的世界去,与世界建立联系。这其中包含着东正教的关键思想,即聚合性。在天主教与新教逐渐背弃“普世教会”(кафолическая церковь)的理想时,东正教依然旗帜鲜明地支持教会的普世性。但是,不同于引起权力争夺的教会机制上的普世性,东正教会强调的是真理的普世性。“普世性这一概念由于历史原因而导致多种歪曲和误解。所以,聚合性的概念才被提出。所以俄国的早期神学家在将‘普世性’这一概念译为俄文时选择了‘聚合性’与之对应。这个词是以俄文的‘普世公会议’(Собор)一词为词根的。在他们看来,普世公会议本应是全人类的,既然它作为一种实体已不复存在,那么不妨将其抽象化,以代表普世的观念与精神。”㉖因

㉔ 卡萨特金娜:《形象与圣像》,载张变革主编:《当代国际学者论陀思妥耶夫斯基》,北京:北京大学出版社,2014年,第184页。

㉕ 陀思妥耶夫斯基:《卡拉马佐夫兄弟》(下),载陈燊主编:《陀思妥耶夫斯基全集》,石家庄:河北教育出版社,2002年,第1192页。

㉖ 王志耕:《宗教文化语境下的陀思妥耶夫斯基诗学》,北京:北京师范大学出版社,2003年,第91页。

此,东正教神学家主张建立一个真正的统一教会,这种教会不是形式上的,而是在圣灵的感召下凝聚起来的。这种"教会唯一论"的代表人物是19世纪著名的神学家霍米亚科夫(Хомияков А. С.)。霍米亚科夫认为,东西方教会以及以各种形式存在的教会不应是诸多个体化的存在,它们应当成为蒙受上帝恩宠的统一体,体现了多样统一(единство во множестве)的原则。

当实践东正教聚合性的理念,感受世界如同感受自身之时,信徒与世界和他人的联系就会更为紧密,而这正是小说结尾处的圣像所展现的。小说结尾处使徒由孩子们组成是有深切含义的。陀氏曾由德米特里和伊万之口共同探讨了"孩子受苦"的难题。相较于伊万退还入场券的"分裂"(раскол)态度,德米特里最后决定为人类去受苦。在他看来,所有人都是婴孩:"为了'娃娃',我应当去。因为一切人对一切人都负有罪责。为所有的'娃娃',因为有小孩子,也有大孩子。大家都是'娃娃'。为了大家我要去,因为总得有人为了大家去。我没有杀父亲,但是我必须去。我要接受苦难!"[27]陀氏深切地感受到人类的合一,这体现在具体的孩子形象中。"人类"一词背后不是万人攒动,而是一个巨大的"婴孩"。虽然大,但还是小小的婴孩,是上帝的孩子们,在地上之城被他以无限的爱和永恒的希望培育和牧养。尽管德米特里是无辜的,但通过关于"婴孩"的梦他表达了陀氏的关键性伦理议题,这一议题也曾在《群魔》的斯捷潘·特罗菲莫维奇和沙托夫口中说出过,佐西玛长老也曾说过,即"所有人对所有事情都是有罪的"。

与此相关,小说结尾这幅文本中的圣像是阿廖沙带领了象征十二使徒的十二个孩子来到伊柳莎希望被埋葬的石头前。在基辅圣索菲亚大教堂的马赛克壁画《使徒领圣餐》中,我们可以看到成年人使徒谦卑地弓着身,基督站在高出地面的祭坛上。因此使徒们在基督面前,身高上就像十到十二岁的男孩子一样。更晚一些的圣像也是按照这种身高比例描绘的。

---

[27] 陀思妥耶夫斯基:《卡拉马佐夫兄弟》(下),第914页。

Причащение апостолов/Communion of the Apostles/使徒领圣餐

因此,小说结尾的这一诗学中的圣像与真实圣像的比例惊人地相似。同时,伊柳沙希望死后安葬在石头前,而这块石头就是祭坛。在安葬了伊柳莎之后,阿廖沙和十二个男孩子来到这块石头旁,阿廖沙对他们发表了讲话,如同基督布道一般。伊柳莎和阿廖沙在《卡拉马佐夫兄弟》结尾文本所构成的这幅圣像里象征了“双重的救世主”形象。伊柳莎的身体和鲜血象征了在人世间仇恨与纷争中死去的基督的命运,而信徒是在这个基础上团结起来的。阿廖沙则象征了将世人团结起来的基督。如同圣像本身所刻画的:“圣餐是在祭坛上进行,在那里神甫将面包和葡萄酒表现为耶稣基督的身体和血的象征。对祷告者可见的是,这一形象清晰地彰显在了教会中进行的圣礼与基督之约的奥秘联接。在闪闪发光的金色马赛克上出现的是铺着鲜红桌布的祭坛,就像教堂真实的祭坛一样。它的两边站着瘦削的、安静而明亮的天使。助祭帮神甫执事,就像神甫帮助基督耶稣完成侍奉。而在他们两边,救世主形象被刻画为双重的：左边的将酒杯递过来，右边的掰饼祝福。”[28]

最后，孩子们和阿廖沙在伊柳莎被埋葬的石头旁[29]“手拉手”，用爱使人与人合而为一，实践着作家本人坚持和反复提出的“爱人如己”的基督圣训。伊柳莎的死和对他的怀念使男孩那兄弟般的联接更加紧密和神圣，而关于“复活”的信念也蕴含在这神圣的联接之中。科利亚叫到：“难道宗教教义告诉我们的话是真的吗？它说：我们死后定会站起来，并且复活，我们定将再见面，我们定将见到所有的人，也能见到伊柳舍奇卡，对吗？”阿廖沙则回答道：“我们一定会站起来，一定会再见面。”[30]

五、余　论

关于现代性的一个基本共识是，启蒙理性引起的种种不安在艺术中造成了深远的影响。艺术的审美维度通常被视为对启蒙现代性隐忧的一种解药，或者至少是一种抗议的声音。19 世纪的俄国作家陀思妥耶夫斯基站在俄罗斯现代性的开端，敏锐地觉察到俄罗斯浓厚的宗教信仰传统与启蒙现代性之间的不和谐。他通过很多的方式将这种社会变革

㉘ Н. А. Барская, *Сюжеты и образы древнерусской живописи*, с. 93.

㉙ “你是彼得，我要把我的教会建造在这磐石上，阴间的权柄不能胜过他。”（太 16：18）

㉚ 陀思妥耶夫斯基：《卡拉马佐夫兄弟》（下），第 1196 页。

的现状刻画入作品,其中就有对圣人形象的思考和对文本中的东正教圣像的建构。

古老的圣像之所以在时间之流中变化不大,是因为圣像画师认为他们画的是一种理念,是圣灵,而非现实生活。文艺复兴伊始,西欧圣像逐渐转变为宗教绘画。圣像是从永恒的观点来创作的,而宗教绘画却不再表现这种永恒性。虽然借用了圣经母题,并保留了某种训诫的含义,但从本体论意义而言,文艺复兴之后的宗教绘画只是将圣经内容作为一种题材。宗教绘画中的人物与日常生活中的人物非常接近。在俄罗斯,这种转变较为缓慢,17 世纪圣像开始转变为宗教绘画,最终完成于 18 - 19 世纪之交。在此期间,许多圣像远离了拜占庭和古俄罗斯的圣像学,具备了古典主义或自然主义的风格。到了 19 世纪,随着教堂艺术的衰落,俄罗斯的世俗绘画中出现了一些致力于基督教题材的画家。亚历山大·伊万诺夫(Иванов А. А.)是其中十分杰出的一位。他曾经到意大利去学习,在那里接触到了古希腊罗马的艺术。他最著名的作品《基督显圣》(*Явление Христа Народу*)已经与传统的东正教圣像相去甚远了,更多是以现实主义的笔法来表现宗教在普通人生活中所起的作用。

在现代性进程中,宗教融入世俗社会,同时也消解了自身的力量。"这个过程从古希伯来预言家开始,而后与希腊人的科学思想相融合,把所有以魔法的手段来追求拯救的做法都当作迷信和罪恶加以摒弃。"[31]通过对理性的追求与推崇,启蒙主义规划了人类未来的美好蓝图。它所倡导的科学理性精神推进了一个工具理性占主导的世界的诞生。工具理性精神伴随着启蒙时代的发展而发展,并为人类创造此前无法想象的文明做出了贡献。然而,工具理性在对客观世界进行支配的同时,也将主观世界当作支配对象。人在这样的工具理性的支配下成为"铁笼"中的异化物。在价值领域,宗教失去了"元叙事"的地位,原本被宗教统摄的文化力量分崩离析。然而,无论在怎样的社会形态中,应当始终有一个为人类的行动提供意义的庇护神,当宗教衰落了,价值理性便担当了

㉛ 马克斯·韦伯:《新教伦理与资本主义精神》,于晓、陈维纲译,上海:上海三联书店,1987 年,第 79 - 80 页。

重任。马克斯·韦伯认为在价值理性中,艺术承担了世俗的救赎功能。

在人类文明初期,宗教与艺术是分不开的,宗教需要艺术来表现,同时又是艺术的重要表现对象。但随着世俗化进程的不断加快,艺术最终脱离宗教形成了独立的价值领域。艺术作为一种逐渐自觉的、独立的、被理解的内在价值的宇宙已经建立起来,并承担起一种将人从日常生活中解救出来的世俗救赎功能。然而,陀思妥耶夫斯基却对文艺复兴时期那种使艺术脱离宗教的绘画表现出了异议,反而转向了传统的东正教圣像。这或许是因为他洞察到彰显人的力量的文艺复兴绘画与现代性的工具理性之间有着某种吊诡的同谋关系。同时,这也与他敏锐地意识到了现代性的内部矛盾相关:工具理性与价值理性的矛盾冲突,象征着“创造”的现代化和作为“常规程序”的现代化之间的矛盾冲突。文艺复兴所重视的对人的尊重与启蒙主义所倡导的对理性的专爱是分不开的。一旦“人是世界主宰”这一观点占据上风,人类便会脱离自然万物,将自然客体化,并主张上帝在创造了世界之后不再参与到人间的事物之中。而俄罗斯缓慢的现代化进程和浓厚的宗教传统让陀思妥耶夫斯基通过参照西欧工具理性原则占上风的社会,从而发现了人类在宗教信仰中所保留的对精神世界自由的尊重与强调。

在西欧中心论的现实主义小说体系中,陀氏带有东正教圣像情节的作品被置于模仿的较低等级。奥尔巴赫(Erich Auerbach)在《摹仿论》中认为,19 世纪的俄国现实主义文学在根本上更接近于古老的基督教而不是现代西方现实主义。然而,随着俄罗斯作家独特的现代性体验得到越来越多的重视,新的批评观点指出,陀氏将东正教圣像学融入小说技巧,预示了 20 世纪现代主义对 19 世纪现实主义结构上的突破,“陀思妥耶夫斯基不再是现实主义者,这个美学影响——浪漫主义、现实主义、东正教圣像学——将陀思妥耶夫斯基在现代主义产生之前就带向现代主义。”[32]陀思妥耶夫斯基诗学中的圣像建构与作家对现代性进行的思辨息息相关。

---

[32] Konstantin A. Barsht, “Defining the Face: Observation on Dostoevskii’s Creative Process,” in Catriona Kelly and Stephen Lowell, eds., *Russian Literature, Modernism and the Visual Arts* (Cambridge: Cambridge UP, 2000), p. 54.

这并不是怀旧或者复古情怀,而是一种对现代人生存状态的追问。外部必然性决定着人的外部状态,人的现实生活服从自然规律,这一点无可置疑。但是如果人仅仅屈服于外部必然规律,就会丧失内在的精神意志。而古老的圣像面容上的神圣之光则是人的内在精神意志的写照。《白痴》中梅什金和伊波利特在面对荷尔拜因的画作时的反复思考与质疑贯穿了他们强烈的自我意识。通过这种自我意识,陀氏试图在工具理性的牢笼中使人的精神信仰复活。而《罪与罚》《群魔》中的女性圣像则表达了陀氏对基督复活的信念,《卡拉马佐夫兄弟》结尾的圣像则寄托了作家对个体融入世界的希望,以及对教会在新环境中所起作用的思考。

神、上帝抑或天主？

——北京官话译本“圣名之争”浅析*

刘　云

【内容提要】　自从圣经被翻译为汉语以来，如何为“God”在中文中寻找合适的对应词，便成为了摆在每位传教士面前的难题。其中，最为著名的自然是在委办译本翻译过程中，爆发于英美传教士之间的“圣名之争”，它直接导致了翻译委员会的解体。当19世纪60年代北京官话译本开始着手翻译时，“圣名”问题亦成为了争论的焦点：采用天主教译名“天主”的翻译策略，虽然在委员会内部得到了一致通过，却无法为大多数新教传教士所接受，最终归于流产。本文拟以北京官话本翻译过程中的“圣名”问题为主要研究对象，结合大英圣书公会的原始档案资料，在厘清历史事实的前提下，剖析当时新教传教士对“天主”译名产生抗拒的原因，进而探索不同翻译主张背后所潜藏的立场，以及19世纪新教传教士对天主教传统的微妙态度。

【关键词】　圣名之争　天主　圣经汉译　北京官话本

* 本文为教育部人文社会科学研究项目《浅文理〈圣经〉译本与晚清文学语言变革》（项目编号：16YJC751019）与中国博士后科学基金特别资助（项目编号：2016T90378）的阶段性成果。

一、"圣名之争"的历史背景与北京官话本的翻译

在中文圣经翻译史上，恐怕没有任何一个词如"θεος"（God）那样，引起过如此大的争端。与明末清初的天主教传教士不同，新教直至今日，在该问题上尚未取得统一的意见。前者尽管也曾因为"Deus"（God）应当译作"神""上帝"还是"天主"而产生过争议，但有赖于教廷内的绝对权威——教皇的存在，这一难题最终获得了解决：18 世纪初，"罗马教廷谕令天主教徒采用'天主'一词，表明这才是翻译拉丁文'Deus'的适当译法，结束了天主教的圣号争论"。[①]

然而，新教却无法采用同样的方式处理该问题。19 世纪不同的教派、差会与国家利益相交织的复杂状况，更使争端进一步激化。最令人痛惜的情形，便出现在委办译本的翻译过程中，它直接导致了委办译本委员会的分裂，旧约的联合翻译计划也因此未能达成。

委办译本堪称是和合本之前最为重要也最为优秀的新教圣经译本。该译本的翻译计划始于 1843 年，在这一年于香港召开的英美传教士大会上，与会者一致同意，鉴于现在急剧变化的政治形势及其为传教事业带来的辉煌前景，翻译一部能够通行全国的"权威译本"，已经成为目前传教工作的重点之所在。会议同时决定，这一译本的翻译及初稿的修订工作将由五个通商口岸及英国殖民地香港布道站的传教士们共同完成，最后再呈交委员会定稿。然而，由于上述计划最终被证明难以实行，该译本的实际翻译工作主要是由麦都思、施敦力、美魏茶、裨治文和文惠廉五人承担的，其中前三位是英国传教士，后两位则是美国传教士。[②]

然而，这一计划尽管庞大华丽，但冲突的种子却也从一开始便埋下了——最终，它以"圣名之争"或称"译名之争"的形式爆发了出来。该

---

① 蔡锦图：《中文圣号问题：从历史角度探索》，载《圣经文学研究》（第九辑），北京：人民文学出版社，2014 年，第 147 页。

② Hubert W. Spillett, *A Catalogue of Scriptures in the Languages of China* (London: British and Foreign Bible Society, 1975), p. 11. 另见尤思德：《和合本与中文圣经翻译》，蔡锦图译，香港：国际圣经协会，2002 年，第 67－72 页。

事件指的是在委办译本翻译期间,发生在以麦都思为代表的英国传教士和以文惠廉为代表的美国传教士之间的一场重要论争:麦都思等人主张用中国古籍中曾出现过的"上帝"一词来翻译"God",并以"圣神"一词翻译"Holy Spirit";而美国传教士则主张,这两个词汇对应的正确译名应当分别是"神"与"圣灵"。这场论争迅速扩大至几乎不可控制的范畴,多位著名来华传教士及汉学家都被卷了进来,而作为主要赞助者的大英圣书公会、伦敦会和美国圣经会也均被迫对此进行表态。这场论争实际上反映的是"意识形态的冲突"——特别是如何看待中国传统文化的冲突:"支持'上帝'者(英国传教士)相信在中国文化中,是有能力以它自己的词汇用语接受基督教的信息;另一方面,支持'神'者(美国传教士)认为中国文化是彻底非基督教的,只有创造新的词汇,然后赋予基督教渗透中国思维的新意思,才有可能接受基督教的信息。"③因此,在双方的论战中,麦都思一直坚持,他无法想象,万能万在的造物主,竟然没有向中国这样一个广阔的帝国,向中国人这样一个优秀的、创造过灿烂文化的民族显现过;他认为中国人对至高的存在有一定的认识——尽管这种认识可能是不完全的,而他们的经典也反映了上帝给他们的启示。④ 最终,由于译名与文体方面不可调和的矛盾,委办译本旧约翻译委员会走向了分裂。英国和美国的圣经公会则对他们各自属下的传教士表示了支持,并分别出版了"上帝"版和"神"版的译本。至此,关于"圣名"的争端,虽未解决,却暂时沉寂下来,直至北京官话译本又将它摆到了众人面前。

第二次鸦片战争之后,传教士得以顺利进入中国北方地区,而这也使得他们进一步认识到了官话译本的重要性。1861 年大英圣书公会上

③ 尤思德:《和合本与中文圣经翻译》,第 100 页。

④ W. H. Medhurst, *A Dissertation on the Theology of the Chinese, with a View to the Elucidation of the Most Appropriate Term for Expressing the Deity in the Chinese Language* (Shanghai: The Mission Press, 1847), pp. 1 – 2. 理雅各亦认为:"一个民族存在了数千年,而不认识上帝是不可思议的事情。"参见伊爱莲:《施约瑟传——犹太裔主教与中文圣经》,台北:圣经资源中心,2013 年,第 291 页。更为详细的关于"圣名之争"的阐述及双方立场的分析,参见尤思德:《和合本与中文圣经翻译》,第 72 – 77 页。

海通信委员会(the Shanghai Corresponding Committee of the BFBS)建议中国北方的传教士们组成一个委员会来翻译一本相较南京官话译本更适合于在中国北方地区使用和流通的圣经官话译本,委员会的成员包括艾约瑟、丁韪良、施约瑟、包尔腾、白汉理五人,他们于1862年率先完成了《马太福音》,而全本新约则在经历了十年艰苦而缜密的翻译及修订工作之后,于1872年由大英圣书公会和美国圣经会分别在北京和上海出版。[⑤] 旧约部分则由北京官话译本委员会委托施约瑟主教独自翻译,其以希伯来文为翻译底本,并参考了英王钦定本圣经和迪卫德(De Wette)的德文版圣经;最早完成的部分《创世记》出版于1866年,全本旧约则在1874年完成,并于1878年与北京官话本委员会所翻译的新约合并出版。[⑥]

正如上文所述,导致委办译本委员会分裂的"圣名问题"发展到最后,已然染上了浓重的国别色彩,成了英美传教士之间的争端。那么,作为又一个由英美两国联合翻译的圣经译本,北京官话译本自然也无法绕开该问题;对此,翻译委员会提出了一个非常大胆的建议,同时放弃"神"和"上帝"的译名,而采用天主教所使用的"天主"一词。这一建议激起了强烈的反响,特别是大部分身处南方的新教传教士,均表示无法同意。[⑦] 然而,与上一次"译名之争"在学界广受关注的情形不同,时至今日,关于北京官话本翻译过程中的"圣名争端",相关研究可称寥寥,只有伊爱莲教授《施约瑟传——犹太裔主教与中文圣经》、潘琳博士《伦敦会传教士艾约瑟与北京官话本〈新约圣经〉的出版》、蔡锦图牧师《中文圣号问题:从历史角度探索》等数篇文章对其进行了讨论。相关论文或从传教士个体研究的角度出发,或着重探讨不同译名选择背后的文化理念及翻译思想差异问题,都是极为重要的成果。然而,作为传教运动的核心要素,对于圣经汉译本的研究,必须与当时的具体传教环境相结合,这一关键问题却较少被人注意到。本文即试图从该角度出发,结合

⑤ Hubert W. Spillett, *A Catalogue of Scriptures in the Languages of China* (London: British and Foreign Bible Society, 1975), pp. 61 – 66.

⑥ Ibid., pp. 63 – 69.

⑦ 伊爱莲:《施约瑟传——犹太裔主教与中文圣经》,第295 – 301页。

大英圣书公会的原始档案资料,在厘清历史事实的前提下,着重剖析为何当时绝大部分新教传教士无法接受“天主”这一译名,进而探索不同翻译主张背后所潜藏的政治立场,以及19世纪新教来华传教士对天主教传统的微妙态度。

二、北京官话本翻译过程中的“圣名”问题

北京官话译本委员会中使用“天主”翻译“θεος”的想法,最早应出现于1865年。潘琳博士认为,最初,对该意见最为坚定的是分别属于英、美圣公会的包尔腾与施约瑟——这可能是由于圣公会与天主教之间的关联较其它新教教派相对密切的缘故,另外两位美国传教士白汉理与丁韪良更偏好“神”的译法,艾约瑟则试图保持较为中立的立场。[8] 无论如何,1865年底,官话译本委员会至少在表面上达成了较为一致的意见。因此,该年12月12日,艾约瑟作为委员会的代表致信大英圣书公会,巧妙地强调,可能只有采用天主教的译名“天主”,才能真正地、一劳永逸地弥合存在于英美传教士间关于“神”和“上帝”的长久争端:

> 今年9月上旬,在我们的委员会中,发生了一件与官话译本翻译工作紧密相关的重要事件,现在我将应通信委员会的要求,对您做出详细的解释。在过去的数十年间,新教传教士间一直存在着一个重要的争端——它甚至使传教士陷入了分裂,而我们所做的,正是试图弥合这一裂隙:对于目前关于 Divine Being 和 Holy Spirit 的已有译名,我们均无法接受;而我们这些实际参与翻译工作的英美传教士,来自中国的不同地区,分别从各自的背景和对于翻译的偏好出发,最终达成了下列意见……促成联合的唯一基础,便是采用已有的天主教对 God 的译名“天主”和对 Holy Spirit 的译名“圣

⑧ 潘琳:《伦敦会传教士艾约瑟与北京官话本〈新约圣经〉的出版》,载《基督教文字传媒与中国近代社会》,上海:上海人民出版社,2013年,第103-104页。另一方面,伊爱莲教授则认为,白汉理在开始时是“天主”译名的坚定支持者。参见伊爱莲:《施约瑟传——犹太裔主教与中文圣经》,第296页。

神”。前者的意思是“天堂之主”，而后者便是麦都思博士和他的同事在委办译本中对 Holy Spirit 一词使用的同一译名。[⑨]

艾约瑟接着指出，翻译委员会的英美成员共同撰写并签署了一篇短文，以展示他们在北京官话本中保持团结与一致、采用“天主”一词的决心。同时他们也希望，这可以为其它译本提供参考。当然，艾约瑟也考虑到了使用“天主”译名可能面临的困难，比如印刷方面的问题，一些传教士可能已经习惯了旧的译名，或者难以接受使用天主教术语，等等；但是他认为，经过详尽的讨论与解释，上述问题都是可以解决的。[⑩]

北京官话译本委员会所提出的大胆主张，无异于在当时的在华传教士之中投下了一颗炸弹。支持者与反对者各执一词，反应强烈。著名英国传教士慕维廉最初是北京官话译本委员会里上述主张的坚定支持者。慕维廉对北京官话本有着相当高的期许，在他看来，在当今形势下，迅速形成一个“能够被所有新教传教士一致接受的、可以通行于中国各地的新约统一译本”乃是当务之急——而导致委办译本委员会最终分裂的、对于“God”和“Holy Spirit”译名的争论却严重阻碍了这一点。因此，北京官话译本委员会对该问题的探索和提出新的解决方案具有重要的意义：

> 新的官话译本提供了一个折中的机会，那些对于“God”和“Holy Spirit”的译名持有相异意见的人可以达成一致……因此，在委办译本和美国传教士译本（紧随委办译本翻译而成）翻译过程中存在的那些樊篱障碍，在现在这部官话译本中却不复出现。必须要

⑨ Joseph Edkins, letter to BFBS. December 12th, 1865. BSA/E3/1/4/4. Archives of the BFBS, Cambridge University Library, Cambridge. 本文所引用之大英圣书公会原始档案，除特别注明外，均为笔者自译。

⑩ Joseph Edkins, letter to BFBS. December 12th, 1865. BSA/E3/1/4/4. Archives of the BFBS, Cambridge University Library, Cambridge.

说,迄今为止,这项工作已经完成的部分值得最高的赞誉。[11]

然而,反对的意见也同样强大。特别是美国传教士,对使用“天主”一词,更抱有疑惧和反感。翻译委员会也产生了分裂,1865 年 12 月 23 日——仅仅在艾约瑟致信大英圣书公会的十余天之后,白汉理便要求撤回他的联署签名,回到了坚持“神”是对“God”一词的唯一合宜翻译的老路上。这一行为被认为严重破坏了翻译委员会内部的统一,引起了英国传教士的不满。[12] 在压力之下,艾约瑟于 5 月 25 日再次致信大英圣书公会,这一次他使用了更为巧妙的策略为“天主”一词辩护:

> 现在,华北已经向我们打开,伟烈亚力与威廉姆斯先生正以全部精力,试图促进圣经在该地区的流通。在这种情形下,如果我们的圣经译本,至少是其中一个译本,可以采用天主教的术语,将是十分合宜的。因为在上述地区,教皇的传教士已经预先渗透过了,他们所使用的语汇已经获得了明确的意义,对此,我们并没有神学上的反对意见,同时它也可以帮助人们以正确的方式理解这本书。
>
> ……目前,这一旨在弥合分歧的尝试已经获得了很大的成功。中国北方的 12 名传教士,以前一直坚持使用“圣灵”翻译“Holy Spirit”,现在也接受了“圣神”的译法。在中国南方,后一个术语(指圣神)本身就是主要使用的译名。[13]

慕维廉也使用类似的策略试图打动大英圣书公会接受“天主”一词,他主张“天主”与英国传教士之前使用的“上帝”一词本质上很相似,

---

[11] William Muirhead, letter to BFBS. Jan 19th, 1866. BSA/E3/1/4/4. Archives of the BFBS, Cambridge University Library, Cambridge.

[12] P. S. After Joseph Edkins letter to BFBS. Dec 12th, 1865. BSA/E3/1/4/4. Archives of the BFBS, Cambridge University Library, Cambridge. 白汉理的立场在论辩过程中出现过多次微妙的反复,参见伊爱莲:《施约瑟传——犹太裔主教与中文圣经》,第 296 - 309 页。

[13] Joseph Edkins, letter to BFBS. May 25th, 1866. BSA/E3/1/4/4. Archives of the BFBS, Cambridge University Library, Cambridge.

而前者由于没有染上委办译本圣名之争中的国别色彩，所以可能更容易为美国传教士所接受。[14] 对于采用“天主”一词的优势，阐释得最为清晰明了的，乃是包尔腾1866年6月12日致大英圣书公会的信件。在该信中，包尔腾系统解释了为何除却“天主”之外，没有任何一个词可以弥合英美传教士之间的裂痕，而采用与天主教相同的名词术语，又对新教在中国的传播具有哪些好处。

在信件的一开头，包尔腾便以激烈的语气，指责大英圣书公会并没有意识到长久存在于英美传教士间的“圣名之争”到底具有多大的危险性：它不但在新教传教士之间划下了基于国别的裂痕，而且，这种“一体两名”的翻译方式，更在传教过程中使中国信众产生了深深的迷惑，进而使得长期以来的工作效果大打折扣。同时，随着这些年来对中国语言文化认知的进一步深入，我们不得不承认，无论是“上帝”还是“神”，都不是对“God”一词恰当的翻译——在伊斯兰教徒和天主教徒眼里，这两个词语甚至有着异教偶像的含义。因此，苏格兰圣经公会的代理人威廉姆斯首先提出了用“主”或“天主”来翻译圣名的构想，这一建议迅速得到了诸多传教士——特别是几乎所有在京传教士的支持，并为北京官话译本翻译委员会所同意。

接下来，包尔腾条理清晰地阐述了使用“天主”的理由，并对相关的反对意见一一做了驳斥：首先，无论天主教与新教在系统神学的教义上有着怎样的分歧，但是无法否认的是，二者的信仰对象是同一的——三位一体的神圣上帝。因此，在为“God”一词选择译名时，我们自然可以暂时抛下其它的争端，采用天主教学者在几百年的实际传教工作中得到的最终决定。

其次，天主教对“God”的译名“天主”，已经在中国传播了数百年的时间，并且归信了大量信徒。实际上，“天主”一词，可以作为所有基督徒的身份标记，增强基督教作为一个整体的可辨识性。包尔腾乐观地相信，如果新教传教士同意采用“天主”这一译名，那么他们便可以趁势利

---

⑭ William Muirhead, letter to BFBS. Jan 21st, 1866. BSA/E3/1/4/4. Archives of the BFBS, Cambridge University Library, Cambridge.

用天主教已有的准备工作和传播基础。

最后,采用“天主”一词最为重要的原因在于,在数十年的长期论争之后,无论是英国还是美国传教士,都很难对“对方”的主张做出妥协、采用“对方”的术语。因此,“天主”一词,成为了统合争端的最后可能——这也使之成为了北京官话本翻译中最好的选择。

尽管“天主”译名有着如此显著的优点,但依然存在着诸多的反对声音,其中最主要的疑虑便是害怕采用“天主”一词会使信徒进一步混淆新教和天主教。包尔腾认为,这是不足为虑的,他举出了三条理由驳斥上述论点:第一,两个教派在中文中的译名是截然不同的——一个被称为天主教,另一个则更多地被称为耶稣教。第二,采用相同的译名,反而可以更加清楚地表示出“我们”与“他们”的信仰之间的相同点和不同点,特别是可以避免天主教传教士对新教歪曲事实的攻击——声称“我们”与“他们”信仰的是不同的神。最后,如果我们太过于恐惧与天主教使用同样的术语而导致混淆的话,这是否意味着,我们要换掉一切与他们相同的译名?甚至包括主耶稣本人的圣名?很显然,这是不可能的——同时也毫无意义。⑮

从论辩的角度来看,包尔腾的信无疑是一篇出色的论文。然而很遗憾,对于当时掀起的反对北京官话本使用“天主”译名的浪潮,包尔腾的呼吁与反驳并无任何效果。8月4日,伟烈亚力在信中犀利地指出,“天主”之争可能会推迟北京官话本的印刷——选用这个词汇,并不能像北京官话译本委员会所期盼的那样促进传教士之间的和谐,相反倒是进一步加剧了彼此之间的分裂。⑯ 而艾约瑟亦无奈地承认,在宁波,几乎所有的美国传教士都集体反对“天主”一词,而在这样的压力下,丁韪良的

⑮ John Burdon, letter to BFBS. Jun 12th, 1866. BSA/E3/1/4/4. Archives of the BFBS, Cambridge University Library, Cambridge.

⑯ Alexander Wylie, letter to BFBS. Aug 4th, 1866. BSA/E3/1/4/4. Archives of the BFBS, Cambridge University Library, Cambridge. 关于伟烈亚力在该问题上的观点,潘琳根据艾约瑟写给伦敦会的信件,认为他对“天主”译名“表态赞同”(潘琳:《伦敦会传教士艾约瑟与北京官话本〈新约圣经〉的出版》,第104页);然而,从伟烈亚力本人写给大英圣书公会的信件可以看出,他并不支持使用“天主”译名的决定,与艾约瑟所述其态度有别。

立场也发生了动摇。[17] 最为沉重的一击来自于著名传教士施敦力(南京官话译本的译者之一),在信中,施敦力毫不客气地批评道,除了北京官话本的译者之外,没有任何一个站点的传教士,同意使用"天主"译名:"11月即将回国的宣为霖(Swanson)将会告诉你,对于任何采用'天主'一词的折衷策略,或是任何一部试图使用该词的官话译本,我们的反感是何等强烈。理雅各也反对上述折衷策略,同时认为它对和谐统一毫无益处。"[18]在信末,施敦力列出了反对"天主"译名的联署名单,几乎包括了香港、广东、厦门、福州、上海、汉口等地的所有传教士。[19]

这无疑是最后的打击——任何一个看到该名单的读者都会理解,使用"天主"译名的建议,至此基本宣告失败。北京官话本最后的出版计划大体依然维持了委办译本的翻译策略,由大英圣书公会和美国圣经会分别出版了"上帝"版和"神"版的译本;然而,或许是作为对翻译委员会的安慰,圣经会也出版了少量"天主"版译本作为补充。[20] 尽管该翻译策略最终归于失败,但是它却为我们留下了一个有趣的问题——为何在北京官话本"圣名之争"中,翻译委员会与绝大部分南方新教传教士对待"天主"一词,竟然会有如此悬殊的不同态度呢?这一鸿沟的存在,又间接折射出19世纪新教在华传教过程中的哪些问题呢?

三、"兄弟阋墙":19世纪在华新教与天主教传教士间的冲突

今天,以研究者的角度,我们通常会把同情寄予北京官话译本翻译委员会一方——以20世纪的眼光来看,北京官话本的前卫主张,几乎可以说是普世教会合一运动(Ecumenical Movement)的精神先导。从翻译

---

⑰ Joseph Edkins, letter to BFBS. Jul 10th, 1866. BSA/E3/1/4/4. Archives of the BFBS, Cambridge University Library, Cambridge

⑱ John Stronach, letter to BFBS. Sept. 8th, 1866. BSA/E3/1/4/4. Archives of the BFBS, Cambridge University Library, Cambridge.

⑲ Ibid.

⑳ 关于"天主"版译本的出版状况,参见潘琳:《伦敦会传教士艾约瑟与北京官话本〈新约圣经〉的出版》,第106页。

理论上,我们也很容易提出为他们进行辩护的意见。而另一方,大部分新教传教士们的抵抗行为,则有抱持门户之见、因循守旧之嫌。然而,如果简单地把这场论争中的双方贴上“进步/守旧”“积极合作/固步自封”的标签,并无太大的意义。在历史研究中最需要避免的,便是用今天的眼光对历史行为加以“过度解读”,却忽略了在当时错综复杂的历史情境之下,被加以“落后守旧”恶名的一方“不得不如此”行动的缘由。正如沟口雄三所主张的,对于近代史的研究,不应该是“从历史的到达点出发回顾以往而得来的近代,而是在前一个时代可以看到其展开过程的、能够从时代内部照射出的近代,其本身就是一个历史时代、一个单独的世界。……不是根据现在的课题来裁剪历史,而是从历史之中汲取未来的课题”。[21]

那么,如果回到19世纪新教在华传教的实际情境之中,我们又应当如何理解围绕北京官话译本所展开的这场“圣名之争”呢?它和委办译本翻译过程中的第一次“圣名之争”有何差别?关键点或许在于:第一次“圣名之争”,如上所述,主要反映的是英美传教士对于中国传统文化的不同态度;而北京官话本“圣名之争”要处理的问题却和前者非常不一样,主要的争论点集中在新教传教士应当如何处理和天主教关系的方面。

另外,争论双方的身份差异或许也是值得注意的一点:北京官话译本委员会的译者们大多学养丰厚、受教育程度较高,其中最为突出的例子便是熟谙希伯来文和希腊文的犹太主教施约瑟——然而他在传教事业上所取得的成绩,却并不如在圣经汉译方面光彩夺目。而反对阵营尽管包括湛约翰、理雅各、杨格非这些知名学者,但绝大部分还是各个传道站点的“普通”传教士——他们或许并不以翻译著述而闻名于后世,但却有着丰富的传教经验。上述问题也是我们必须考虑到的重要背景。

19世纪中后期,在中国的新教和天主教传教士之间的关系普遍难称融洽。赖德烈在《基督教在华传教史》中带有讽刺意味地指出,19世

[21] 沟口雄三:《想象中国的方法》,孙军悦译,北京:生活·读书·新知三联书店,2011年,第190-191页。

纪的新教传教士往往故意忽略在他们之前天主教传教士已然做出的贡献,甚至认为自己是“传播福音的唯一代理人”:

> 这是很自然的。当时的普通新教徒通常认为罗马天主教会是“敌基督”。即使在最好的情况下,罗马天主教也只被当作是一种腐化堕落的基督教组织,宗教改革者花费了巨大代价、遭受了无限痛苦才得以从中挣脱,恢复了福音的纯洁性。另一方面,罗马天主教对新教徒也没有什么好的评价。后者被认为是危险的异端,不但阻碍了基督的工作,并且把欧洲和美国多种多样的教派也介绍到了中国来。一位天主教作家后来说新教是把中国“从孔子带入了混乱”。……基督教这两大教派间的关系远非互相合作,相反更像两个截然不同、彼此对立的宗教。[22]

另一方面,在中国,令作为“后进者”的新教传教士们颇为困扰的另一个重大问题,便是普通民众,甚至包括绝大部分知识分子,都会将新教与天主教相混淆,或者认为二者并无区别。实际上,这也正是大部分新教传教士反对使用“天主”一词的主要原因。包尔腾在信中试图针对这一点加以辩护,他声称两个教派的译名截然有别,一个是“天主教”,一个是“耶稣教”,这足以使一般民众认识到两者的不同;[23]然而,该辩解是相当无力的。实际上,罗马公教之所以被称为“天主教”,正是因为他们使用“天主”一词来翻译“Deus”,[24]而这也是普通民众用于区分二者的主要标识。可以说直到今天,上述现象仍然存在。

章可在《概念史视野中的晚清天主教与新教》一文中总结道,由于天主教传入中国的时间大大早于新教,故此晚清“最早出现的一批‘开眼看世界’的西学著作作者”,大多把“天主教”当作是基督宗教的统称,

---

㉒ Kenneth Latourette, *A History of Christian Missions in China* (New York: the Macmillan Company, 1929), pp. 361-362.

㉓ John Burdon, letter to BFBS. Jun 12th, 1866. BSA/E3/1/4/4. Archives of the BFBS, Cambridge University Library, Cambridge.

㉔ 章可:《概念史视野中的晚清天主教与新教》,载《历史研究》,2011 年第 4 期,第 74 页。

尽管后来他们也模糊地认识到除却罗马天主教之外、另有“路德所创之耶稣教”(即新教)的存在,但两者之间到底有何异同之处,却不甚了了:

> 对于引介西学的人来说,一方面要区别两教,另一方面要说明两教同出一源,并不像天主教与佛教这般差别巨大,尤显艰难。士人尚且不明,民众更不必说。在晚清不断发生的“排洋”事件中,天主和耶稣两教往往同被攻击,一教引起的问题,另一教也会被卷入。……同治十年总署王大臣在《致各西国大臣书》里提到,当时反教民众“不问天主耶稣有无区别,而皆指为天主教也”。[25]

即使时至今日,在普通民众之中,难以准确区分“天主教”和“新教”的人,亦非鲜见。其中一个重要缘由,自然是基督教名词术语和概念体系的翻译问题——特别是“基督教”一词,在现代中文语境中,既可以指作为整体的基督宗教信仰(包括天主教、新教和东正教三大主要教派),又可以用于专指宗教改革之后兴起的新教。这种由历史原因所造就的混乱状况,为传教工作带来了相当的困扰。[26] 而在 19 世纪,由于民众对相关背景更缺乏了解,教派名称翻译的混乱状况给传教工作带来的不利影响则是更为致命的。可以设想,如果北京官话本将“God”翻译为“天主”的动议得以通过,对于奋斗在一线的传教士而言,向普通民众解释“我们”与“他们”、新教与天主教的区别则会更加困难,因为最简单的让民众认识到二者“彼此相异”的记忆标识已经不复存在。

北京官话本的译者们似乎也想到了这一可能,故而他们进一步辩解道,这种状况即使出现了,也并非不利,因为“我们可以利用天主教的已有基础”。然而,这一美好设想真的可以实现吗?要回答这一问题,我们必须回头审视 19 世纪中期新教在华的传播状况。实际上,19 世纪 60 年代,也就是北京官话本着手翻译的那段时间,对新教传教士而言,是十分

㉕ 章可:《概念史视野中的晚清天主教与新教》,第 78 页。

㉖ 新教在 19 世纪曾使用过的另一个译名“耶稣教”,实际上也有着同样的问题:对于普通民众而言,它很容易和天主教中的一个修会派别“耶稣会”造成混淆。

艰难的。由于天主教在中国已经有了数百年的“先入优势”，而法国对天主教传教工作又支持甚力，故而这一时期的天主教信徒数量远远领先于新教：仅以福州一地为例，据统计，至19世纪70年代，当福州地区的天主教徒已达数千人时，新教却还在“缓慢发展”的泥潭中苦苦挣扎，“中华基督教会闽中协会前20年间信徒仅64人，美以美会传教十年仅得长乐商人陈安一人……新教在近代初期传播局面远不如天主教，传教前20年入教者寥寥无几”，直至民国时期，随着新教传教策略的不断调整，上述情况才得到了改善，甚至“后来居上”，超越了天主教。[27] 但是，总体而言，19世纪，与天主教相比，在争夺信众方面，新教并不占优势。赖德烈曾经对天主教和新教发展信徒的情况分别做过统计，从鸦片战争之后到1890年，天主教已然获得了相当令人振奋的成绩：

> 一项估算显示，1870年，在中国全境之内的天主教徒总数已经达到了369441人；而另一项则认为该数字应当是404530。两者都认为那时大约有250位欧洲神父。到1885年，据估算，大约有558980个天主教徒，35位主教，453位外国神父和273位本地神父——这一表格中的神职人员数量应当是大致正确的，而信徒数量则很可能被高估了。到1890年，天主教社群的总数似乎已经增加到约50万，传教士的数目则为639人，中国神父的数量则为369人。按照传道总会在1896或1897年的官方统计，天主教信徒的数目为532448（不包括慕道者），欧洲传教士759人，本地神父409人。[28]

相比之下，新教传教士的事业则开展得颇不顺利，19世纪末的新教信众只有天主教十分之一的规模。即使考虑到新教教派差会众多、统计不便等因素，这样的数字依然也只能说是不够令人满意的：

㉗ 汪泉清：《“弟兄之辩”：近代福州天主教与新教传播之比较》，福州：福建师范大学硕士论文，2011年，第70－73页。

㉘ Kenneth Latourette, *A History of Christian Missions in China* (New York: the Macmillan Company, 1929), p. 329.

根据统计数据,1897 年基督新教信徒依然只占人口的很小一部分。1893 年,据估算,新教教徒的总数大约是 55093,也就是说,在帝国的每 750 名居民中只有 1 位新教徒,其中大多数在南方沿海省份,因为在这些地区,新教活动的时间相对最久。然而,这个数字反映了新教徒数量的迅速增长。1853 年,新教教会共有 350 个领受圣餐者;到 1869 年夏天,该数字已增至 5753。1876 年,据统计,共有 13035 名教众,其中超过三分之二居住在福建、广东、浙江。1886 年,信徒数目为 28506;1887 年则是 32260;1888 年,34555;1889 年,37287。[29]

按照赖德烈所提供的数据计算得出,在 1853 至 1893 年间,新教信徒数量的年均增长率约为 13.48%。尽管增长速度惊人,但从总量上看,新教传教工作的成果还是不甚理想。换而言之,19 世纪中后期,在与天主教会"争夺归信者"的过程中,新教一直处于下风,这也是多项研究所得出的共同结论。因此,二者的冲突自然是不可避免的,史式微在《江南传教史》中即提供了大量天主教与新教互相攻击、争夺信徒的例子。[30]尽管在 19 世纪 60 至 70 年代,天主教与新教之间的矛盾尚不如 1890 年之后那样明显,但不和谐的声音已经初现端倪:[31]当冲突剧烈时,双方甚至会声称,只有自己才是唯一的"正教""圣教",而视对方为"异端"或"邪教",[32]这进一步加剧了两者之间的矛盾。在上述气氛之下,北京官话本译者们提出的"进一步利用天主教的已有基础"的策略,一方面,在意识形态上无法被那些身处传教前线的新教传教士们所接受;另一方

㉙ Ibid., p. 479.

㉚ 史式微:《江南传教史》(第二卷),天主教上海教区史料编写组译,上海:上海译文出版社,1983 年,第 281 - 285 页。

㉛ 关于 19 世纪中后期在华天主教与新教间潜藏的冲突,参见杨大春:《晚清天主教会与耶稣教会的冲突》,载《史学月刊》,2003 年第 2 期,第 57 - 59 页;陶飞亚、田燕妮:《同为异国传教人:近代来华新教传教士对天主教的态度转变解析》,载《东岳论丛》,2011 年第 2 期,第 88 - 93 页。

㉜ 章可:《概念史视野中的晚清天主教与新教》,载《历史研究》,2011 年第 4 期,第 81 页。

面，从实际情况来看，更有可能发生的不是新教利用天主教的影响扩大自己的受众基础，而是慕道教众们由此彻底混淆了新教与天主教的区别。这对势力更大、传播效果更强、传播策略更为成功的天主教而言，自然是更加有利的。南方的新教传教士们，正是看到了这一策略背后潜藏着可能使他们十几年的辛勤工作化为泡影的危险，才对"天主"译名做出了坚决的抵制。在这一点上，我们不得不同意伊爱莲的结论，北京官话译本委员会的译者们在选择"天主"译名的问题上显示出一种"令人惊讶"的"纯真"态度。[33]

四、结　语

从基督教在华传播的角度来看，北京官话本翻译过程中的"圣名之争"是一个至关重要的分水岭：从此以后，一方面，"God"译名问题的解决策略被最终确定为"双名并行"的方式，这一策略不但被日后的和合本采用，并且延续至今，成为了一个盘根错节的"历史遗留问题"。另一方面，更令人遗憾的是，北京官话译本试图推广"天主"译名的失败，标志着基督宗教三大宗派——尤其是天主教和新教，此后再无"术语统一"之可能，这既增强了两派传教士之间的"门户之见"，亦为教徒的身份认信造成了长久的混乱。作为研究者，我们从今天的视角回顾这段历史时，会忍不住去设想，如果当时北京官话译本的动议得以通过，或许会为此后的基督教在华传播打开完全不同的局面——可惜，历史不允许假设；而当我们真正回到"当时当地"的历史情境去审视该事件、而非以目的论视角对历史进行裁剪时，则更会进一步发现，19世纪的新教传教士们，几乎不可能做出别样的选择。

而在研究方法的层面上，这场论争也依然有着重要的启示意义：在过去的圣经汉译史研究过程中，往往存在着一种偏差的倾向，即将圣经只作为单纯的翻译文本加以处理，而忽略了这一翻译行为实际上是为传教工作所服务的。只有将圣经汉译本还置于当时的宗教传播语境中加

---

[33] 伊爱莲：《施约瑟传——犹太裔主教与中文圣经》，第301页。

以详细的剖析,才能真正理解传教士做出该选择的原因、目的与意义。换而言之,理解圣经汉译过程中译者的选择与行动,必须以对 19 世纪中国历史更为深刻的理解为前提。而这也正要求我们在一定程度上放弃理论的先见和单纯目的论式的研究方法,回到事实本身,在厘清历史面目的前提下,做出更为"实事求是"的探索和论断。只有这样,对于宗教与社会间的关系,才能获得更加准确、真实、深入的认知。

试析罗马传统信仰与基督教的碰撞对历史书写的影响
——以朱利安改宗时间问题为例*

张　娓

【内容提要】　公元4－5世纪是罗马传统信仰与基督教碰撞的关键阶段。这一时期宗教信仰类型各异的历史学家也是两种宗教碰撞的参与者。本文尝试分析公元4－5世纪时期的五位史家在撰写历史时,就朱利安改宗时间问题给出的几种历史解释之间的相似性。并以此为例,论证处于这一时期的历史学家,其历史写作在罗马帝国宗教局势的影响下表现出某种相似性。这一现象的存在既为我们析读这一时期的史料提供便利,又使我们的研究工作变得更加艰巨。

【关键词】　朱利安　罗马　基督教　历史撰写

"叛教者"朱利安皇帝(Julian, 331－363)是基督教取得合法地位后,罗马帝国最后一位、也是唯一一位公开信仰多神教的合法皇帝。根据朱利安本人的表述,他在童年及青少年时期信仰基督教,于成年后改

* 本文系2019年度国家社科基金重点项目《晚期罗马帝国与周边"蛮族"关系研究》(项目编号: 19ASS002)的研究成果。

信多神教。[①] 基于朱利安背叛基督教的行为,纳西昂的格里高利(Gregory Nazianzen, 329? -390)最先使用“叛教”一词评价该皇帝,[②]后由奥古斯丁(St. Augustine, 354 - 430)在《上帝之城》中正式冠之以“叛教者”(The Apostate)称号。[③] 那么朱利安皇帝究竟在何时改信多神教?我们似乎很难从公元4-5世纪的史料里找出一个统一的答案,也很难从相关的学术论著里找出一个学界公认的时间点。[④]

一、五位史家关于朱利安改宗时间的解释

首先,从朱利安皇帝遗留下来的信件中我们能够直接推算其改宗时间。公元362年10月24日,基督教主教亚他那修(Athanasius, 298 - 373)离开亚历山大里亚前往流放地。不久之后,亚历山大里亚教区的基督徒上书朱利安,请求皇帝允许主教返回。朱利安回信一封,力劝当地基督徒放弃亚他那修转而支持自己,放弃基督教信仰回归多神教阵营。信中有这样一句话:

---

① 约翰·博德曼(John Boardman)等学者也指出,朱利安的文学作品充斥着浓郁的圣经文化痕迹,所以他非常可能在相当长一段时间内信仰基督教,且受基督教教义理论影响匪浅,参见 John Boardman et al, *The Oxford History of Greece and the Hellenistic World* (New York: Oxford University Press, 2001), p. 44.

② Gregory Nazianzen, "First/Second Invective Against Julian," in *Julian the Emperor Containing Gregory Nazianzen's two Invectives and Libanius' Monody with Julian's Extant Theosophical Works*, trans. by C. W. King (London: Chiswick Press, 1888), p. 87.

③ Saint Augustine, *The City of God: Books I-VII*, trans. by Demetrius B. Zema & S. J. Gerald G. Walsh (Washington, DC: The Catholic University of America Press, 1962), p. 292

④ 一些从事过相关研究的著名学者对朱利安改宗时间的表述也十分模糊。例如爱德华·吉本认为朱利安是在满20岁后,参加埃留西斯秘教仪式时决定献出自己的生命为诸神效力;科瓦略夫表示朱利安是在最后一次放逐至加卢斯死亡的这段时间内完成了最后的改宗;罗伯特·布鲁宁版本表示朱利安是在被反复流放的过程中改信了多神教。参见爱德华·吉本:《罗马帝国衰亡史》(第二卷),席代岳译,长春:吉林出版集团有限责任公司,2008年,第231页;科瓦略夫:《古代罗马史》,王以铸译,上海:上海书店出版社,2007年,第961-962页;Robert Browning, *The Emperor Julian* (London: University of California Press, 1978), pp. 46-47。

> 因为，如果你们听从一个人的话，那就不会偏离正确的道路。这个人曾在你们现今的道路上行走了20年，但在诸神的恩典下，如今他已经在我刚刚提到的正确的道路上行走了12年。[5]

从信件的写作目的考虑，这句话中亚历山大里亚人“现今行走的道路”，可以理解为信仰基督教，而“正确的道路”可以理解为信仰多神教。这也符合约瑟夫·比德兹(Joseph Bidez)和威尔默·凯夫·赖特(Wilmer Cave Wright)为该段文字添加的注解。且用道路比喻信仰似乎是朱利安惯用的写作手法，他在《反加利利人篇》中也质询那些信仰基督教的人：“为何不依附于犹太人的信仰，反而另行开辟他们自己的道路？”[6]这种后悔往昔信仰基督教的情绪在朱利安的作品中并不鲜见，如《赫利俄斯王颂》中的一句：“就让黑暗岁月埋葬在遗忘中吧！”[7]依据上下文可知，句中的“黑暗岁月”指代的便是他以基督徒身份度过的时光。所以，朱利安劝导亚历山大里亚人的这句话即是对他本人改宗过程的描述。

借助比德兹的校勘本和目前最权威的赖特译本，我们知道这封信大约写作于公元362年11月或12月，而朱利安的出生时间约为公元331年。[8] 则朱利安改宗时间约为公元362年减12年或公元331年加20年，即公元350年末或351年。从理论上讲，这个由当事人自己表述的时间最贴近历史事实。在1978年出版的颇有分量的《朱利安皇帝传》中，罗伯

---

⑤ Julian, *The Works of The Emperor Julian*, vol. III, trans. by Wilmer Cave Wright (Cambridge Massachusetts and London: Harvard University Press, 1913 – 1923), p. 149; Julien, *L'Empereur Julien*, texte établi et traduit par Joseph Bidez (Paris: Belles lettres, 2003), p. 172.

⑥ Julian, *The Works of The Emperor Julian*, vol. III, p. 321.

⑦ Ibid., vol. I, p. 355.

⑧ 就朱利安出生时间还存在“公元332年5/6月”说，参见 Arnold Hugh Martin Jones et al., *The Prosopography of the Later Roman Empire*, vol. I (New York: Cambridge University Press, 1971), p. 447。但在1925年，诺曼·赫伯恩·拜尼斯(Norman H. Baynes)已经在文本考证的基础上，确认朱利安出生于公元331年，参见 Norman H. Baynes, “The Early Life of Julian the Apostate,” in *The Journal of Hellenic Studies*, vol. 45, part 2(1925), p. 252，赖特译本也采用“公元331年”说。

特·布鲁宁将朱利安的改宗时间定在公元355年担任凯撒之前。[9] 鲍索克版本则直接给出"公元351年"作为朱利安的改宗时间。[10] 故结合文献资料和后人研究成果可知,朱利安的改宗时间约为公元351年左右。

但是,公元4–5世纪记叙过朱利安改宗事件的一众历史学家:[11]写作《罗马国史大纲》的尤特罗庇乌斯(Eutropius, 320? –387)、写作《晚期罗马帝国史》的阿米安努斯(Ammianus Marcellinus, 330–392)、写作《罗马新史》的佐西莫斯(Zosimus, ? –510?)、以及各写作一部《教会史》的苏克拉底斯(Socrates Scholasticus, 379? –440年)和索佐门(Sozomen, 400–450),却普遍未对这个时间点表现出太多关注。非基督徒尤特罗庇乌斯[12]基本不曾记载朱利安担任凯撒前的人生经历。[13] 阿米安努斯亦认为朱利安自童年起即倾向于崇拜诸神,但一些外部压力使得他只得秘密地涉及这个话题;[14]佐西莫斯从朱利安父母死亡记叙至朱利安死亡,却未说明公元351年朱利安宗教信仰的变化。[15] 苏克拉底斯批评朱利安一直伪装成基督徒欺骗君士坦提乌斯二世,[16]索佐门的观点与其基本一

---

⑨ Robert Browning, *The Emperor Julian*, pp. 46–47.

⑩ Glen Warren Bowersock, *Julian the Apostate* (Massachusetts: Harvard University Press, 1978), p. 29.

⑪ 奥古斯丁固然是基督教史学的先行者,但他关于朱利安的记载过于简洁,基本不涉及其改宗过程,故不纳入本文研究范畴。

⑫ 学界就尤特罗庇乌斯信仰问题存在争议,但目前可以肯定尤特罗庇乌斯至少在公元4世纪后半叶是非基督徒身份,后人尚未确切了解他对基督教持何种态度。参见林国华为《罗马国史大纲》中文版所撰序言及谢品巍所附译后记(尤特罗庇乌斯:《罗马国史大纲》,谢品巍译,上海:上海人民出版社,2011年,第2–3页;第131页)。

⑬ 尤特罗庇乌斯:《罗马国史大纲》10.14,第115页。

⑭ Ammianus, *Ammianus Marcellinus*, trans. by John C. Rolfe (Cambridge, Mass.: Harvard University Press & London: W. Heinemann, 1935–1940), 22.5.1, p. 203.

⑮ Zosimus, *New History*, trans. by Ronald T. Ridley (Canberra: Australian Association for Byzantine Studies, The University of Sydney, 1982), 3.1.1–3.29.2, pp. 49–65.

⑯ Socrates Scholasticus, *The Ecclesiastical History*, vol. II, trans. by Chester D. Hartrauft, in A Select Library of Nicene and Post-Nicene Fathers (2nd series,下文简写为NPNF2–02), ed. by Philip Schaff (Grand Rapids & Michigan: William B. Eerdmans Publishing Company, 1975), pp. 195–197。

致。[17] 也就是说,以上学者均不曾将公元 350－351 年这个时段与朱利安的改宗行为联系起来,甚至可以说,他们根本不曾记载朱利安在担任凯撒前的改宗。

如果不使用朱利安自己提供的时间,那么他们如何解释这位皇帝的改宗问题?已知公元 360 年朱利安在高卢击溃法兰克人,被部下拥立为奥古斯都。公元 361 年 11 月 3 日,君士坦提乌斯二世死亡,朱利安成为罗马帝国唯一的合法统治者。公元 361 年 12 月 11 日,朱利安入主君士坦丁堡,重申《米兰敕令》的基本精神:帝国境内所有宗教派别一律平等,人人享有自由选择祈祷对象和形式的权利。以上三个时间点似乎更受五位历史学家青睐,只是他们对这些时间点的表述略有差异。

一部分学者采用公元 360 年作为朱利安的改宗时间。根据异教学者佐西莫斯的表述,朱利安先在高卢被士兵拥立为帝,后写信请求君士坦提乌斯二世谅解未果,又从敌军处获知君士坦提乌斯二世的态度:"如果朱利安想活命或免遭惩罚,就必须放弃凯撒的头衔和皇权,将自己交由皇帝处置",于是公开自己的宗教观,将生命交托诸神庇佑;基督教学者苏克拉底斯的记叙与佐西莫斯相反,他表示朱利安被部下拥立为帝后,在没有与君士坦提乌斯二世联系或请求其许可的情况下,就彻底撕下基督徒的面具;同样信仰基督教的索佐门,其记叙与苏克拉底斯基本一致。也有一部分学者采用公元 361 年。尤特罗庇乌斯称朱利安成为帝国唯一的皇帝后,便显现出基督教迫害者的特征;阿米安努斯认为朱利安进入君士坦丁堡后,旋即卸下基督徒的伪装,自由而喜悦地显现自己的秘密倾向。

一方面,此现象符合历史事实与诸历史解释之间一对多的关系,恰如彼得·盖伊(Peter Gay)的经典比喻:"过去之林中的树木只以一种方式倒下,无论有关它倒下的报道会有多么零碎片段或彼此抵牾。"[18]但另一方面,以上五位历史学家的说法之间又有一个共同点:都忽略了朱利安本人表述的公元 351 年,而普遍采用了至少是他担任凯撒之后的时间

---

⑰ Sozomen, *The Ecclesiastical History*, in NPNF2－02, pp. 722－727.

⑱ Peter Gay, *Style in History* (New York: Basic Books, 1974), p. 210.

点。我们应该如何理解这种相似性?

二、两种撰史原则对历史书写的影响

笔者以为,造成这种相似性的原因未必是单一的。一般而言,有两种撰史原则能够约束历史学家,使之尽可能地作出贴近历史事实的解释:一是历史事实本身,判断历史解释的价值的依据就是它在多好的程度上解说了事实;[19]二是史家家法。我们可以先从这两个角度展开思考。

从历史事实的角度考虑,尤特罗庇乌斯曾陪同朱利安远征波斯。阿米安努斯是朱利安皇帝的幕僚兼挚友,是其统治阶段的全程目击者和参与者。且朱利安本人十分乐意为身边的撰史人提供写作材料。[20] 苏克拉底斯和索佐门在写作时,几次直接就朱利安的言论和观点展开批判。佐西莫斯详细描写了朱利安的梦境和他在征战过程中收到的神谕。这说明五人很可能阅读过朱利安的部分作品。[21] 也就是说,尤特罗庇乌斯等五位史家都有机会接触到历史事实。

但上文中的相似性明显不是共同遵从历史事实的结果。他们都忽略了朱利安皇帝本人给出的改宗时间。需要注意的是,此种忽略并不意味着枉顾历史事实,毕竟五位史家都承认朱利安至少在表面上信仰过基督教,尽管如西里尔般否认这一过程,更有益于宣扬史家本人信仰的宗教。或许如马克·布洛赫(Marc Bloch)所说,古老的编年史家很少会在一些琐碎的问题上花费精力。[22] 于五位史家而言,在承认朱利安改宗之后,其具体的改宗时间或许已经沦为一个琐碎的问题,无需花费精力

---

⑲ Peter Novick, *That Noble Dream: The "Question of Objectivity" and The American Historical Profession* (Cambridge: Cambridge University Press, 1988), p. 2.

⑳ Julian, *The Works of The Emperor Julian*, vol. III, p. 35.

㉑《哲学百科全书》列明,朱利安的作品直接影响了包括奥古斯丁、格里高利在内的,很大一部分教父的神学理论。参见 Donald M. Borchert, eds., *Encyclopedia of Philosophy* (Michigan: Thomson Gale, 2006), p. 389。

㉒ 马克·布洛赫:《历史学家的技艺》,张和声、程郁译,上海:上海社会科学院出版社,1992年,第21页。

考证。

从史家家法的角度考虑,历史学家需要具备一定的观察力,即选择历史事实的能力。此处我们联想到黑格尔提出的一条选择事实的标准:只有以其行动和业绩汇入了史家所描绘的历史进程的民族和个体,才具有被写入历史的资格。㉓ 此标准尤适用于尤特罗庇乌斯的《罗马国史大纲》,该书书名的首个拉丁语词汇 Breviarium(意为概要),即显示作者旨在用简练的语言讲述罗马的建立和发展过程。而朱利安在担任凯撒以后,才算真正融入了罗马国家的历史进程。所以尤特罗庇乌斯无意记载朱利安担任凯撒前的人生经历,包括他在公元 351 年左右的改宗。但是,其余四位史家均从朱利安幼年记叙至朱利安死亡,且注重描写其宗教信仰的变化过程。他们为何也都使用公元 355 年之后的时间点作为朱利安的改宗时间?

或者我们考虑史家的另一条家法——追求史学的真实,即写作"信史"。麦克尼尔(William McNeill)指出,为使得他们的描述易懂且可信,"历史学家往往用最大限度的批判和细致的精神去描述公共事务"。㉔ 朱利安本人给出的公元 351 年是其内心转变信仰的时间,属于个体事务,且缺乏旁证。而公元 360 年或公元 361 年,朱利安公开出入异教神庙、祭祀异教诸神,使得罗马帝国较大范围内的相当数量的民众知晓其信仰类型,属个体面向社会的公开行为,即上升成公共事务,且旁证充足。朱利安的私下改宗时间和公开改宗时间,前者的正式程度远不及后者,且在证据环节亦远逊于后者。所以阿米安努斯等四位史家可能基于此种考虑,选择记录公开事务而非个体事务。

有两种迹象能够支撑这种说法:一是我们很难在朱利安的作品中发现公元 360 年或公元 361 年与其改宗存在明显的联系。赖特译本收录了朱利安约莫写于公元 360 - 361 年间的八封信件,㉕其中绝大多数都

㉓ 黑格尔:《历史哲学》,王造时译,北京:生活·读书·新知三联书店,1957 年,第 77 - 91 页(绪论)。

㉔ William H. McNeill, "Mythistory, or Truth, Myth, History, and Historians," in *The American Historical Review*, vol. 91, no. 1(1986), p. 2.

㉕ Julian, *The Works of The Emperor Julian*, vol. III, pp. 15 - 35.

反映出他对多神教诸神深厚的崇敬之情,而没有任何明显的关乎改宗的言语,也就是说,这个公开的时间点于其本人的意义十分有限。反之,它对于包含历史学家在内的罗马帝国人民而言意义重大,所以四位历史学家都不约而同地选用了朱利安公开改宗的时间。何况于信仰基督教的史家而言,"Apostate"一词的词根"ἀποστασία"(遗弃、反叛)本就带有公开的意味。[26] 二是我们能够从四位历史学家的字里行间,明显地察觉到朱利安改宗行为的公开性,请见以下四段引文(引文页码已在文中标出):

1. 阿米安努斯:"但是,当恐惧被终结的时候,他看到释放自我的时机已然到来,于是揭开自己内心的秘密,以朴素但**正式的法令**要求重开异教神庙、在祭坛上摆放牺牲、恢复古典诸神的荣耀。"(*Ammianus Marcellinus*, 22. 5. 2, p. 203)

2. 佐西莫斯:"当朱利安从敌军处听到这个消息,他立刻**向众人宣告**要将自己和自己的性命委托给诸神而不是君士坦提乌斯二世的保证,从而**公开表明**了自己的宗教信仰。"(*New History*, 3. 9. 4, p. 54)

3. 苏克拉底斯:"在这之后,他不再穿戴基督徒的面具,而是**四处开放**异教神庙,给那些神像提供牺牲。"(*The Ecclesiastical History*, p. 197)

4. 索佐门:"然后他突然改变了他的宗教信仰,频繁前往异教神庙,往祭坛上摆放牺牲,还**邀请他的部下**采用同种信仰形式。"(*The Ecclesiastical History*, p. 722)

四句话中"正式的法令""公开表明""四处开放异教神庙""邀请他的部下"等词句(已用粗体标出)都带有公开的含义。所以,公元4-5世

---

[26] Richard Alfred Muller, "Apostasy," in *Dictionary of Greek and Latin Theological Terms: Drawn Principally from Protestant Scholastic Theology*, ed. by Walter A. Elwell & Philip W. Comfort (Grand Rapids, MI: Baker Book House & UK: Paternoster Press, 1995), p. 41.

纪的史家基于共同的史家家法考虑,集体忽视了朱利安私下的改宗时间而采用其公开层面上的改宗时间。这种说法颇具合理性,构成了上文相似性的一部分原因,但亦有漏洞存在:一是四位历史学家的说法并不统一。他们都提到随着朱利安手中权力的增长,他的秘密信仰日益为越来越多的人所知晓。但四人在没有给出明确依据(如罗马多数民众对朱利安改宗的反映)的情况下,就粗略地从这个渐进的过程中择定了一个大概的时间点作为朱利安的改宗时间。如此便有了四位史家就同一问题给出三种答案的结果。我们很难相信,在这样一个细微的问题上,前一秒如此遵守史家家法的四人,后一秒就变得如此随意。

二是四位史家的说法与同时代其他学者的说法保持一致。将朱利安改宗时间定为公元 360 年或 361 年的做法并不只限于史学领域。异教学者中,利巴尼乌斯(Libanius, 314? - 393)表示朱利安始终秉持着与他一致的多神信仰,只是迫于监护人君士坦提乌斯二世(Constantius II, 317 - 361)压制多神教的举动,才不得不长期伪装成基督徒,“在被授予了与他地位相称的尊敬的标志之后,皇帝才从诸神开始——也就是说,从首都的宗教开始——在所有人的眼前献祭,在无数的伴奏声中取悦诸神”;基督教学者中,纳西昂的格里高利批判朱利安一直伪装成基督徒欺骗君士坦提乌斯二世,后又批评朱利安甫一继承帝国,便暴露了不虔诚的本性;亚历山大里亚的西里尔(Cyril of Alexandria, 376? - 444)虽然也使用“叛教者”称谓,但他不承认朱利安曾真心信仰过基督教,即便他在童年时受到来自基督教一方的教育。[27] 故仅使用共同的史家家法无法解释这种大面积的相似性,何况这么多宗教信仰各异的学者居然集体忽视了朱利安自己给出的改宗时间,这一现象本身就令人惊讶。

---

[27] 以上依次参见 Libanius, "Monday-Funeray Oration for Julian the Apostate," in *Julian the Emperor containing Gregory Nazianzen's two Invectives and Libanius' Monody with Julian's Extant Theosophical Works*, pp. 127 - 128; Gregory Nazianzen, "First/Second Invective against Julian," p. 2; Cyril of the Alexandia, "Against Julian," in *Cyril of the Alexandria*, trans and ed. by Norman Russel (London & New York: Routledge, 2000), 2. 10, p. 192。

三、罗马多神教与基督教的碰撞对历史写作的影响

要想解决这个问题,我们可以看看阿米安努斯等四位史家在给出朱利安改宗时间之前的叙述(引文页码已在文中标出):

1. 阿米安努斯:"无论走到哪里,他的**权力**和财富都在不断地增长,一如传言所说,他轻而易举地拿下了所有的地方。最终,在没有给国家招致任何损失的情况下,他接受了上天授予的**国家最高权力**。"(*Ammianus Marcellinus*, 22.2.5,p.191)

2. 佐西莫斯:"当一些士兵知道这个消息并通知其他人之后,所有人都被愤怒淹没。于是他们在饮酒时喧闹起来,拿着杯子走向最高首领驻扎的大营,毫无礼仪地冲进门,将凯撒推到人群前,**用一块盾牌托举起来,宣告他是奥古斯都**(Imperator Augustus),还将一顶**皇冠**强行带在他的头上。"(*New History*, 3.9.2,p.54)

3. 苏克拉底斯:"在这辉煌的成功之后不久,他便被士兵们宣布为皇帝。当时由于没有**皇冠**在手,他的一个士兵便将自己的项链和朱利安的项链连在一起,做成链子绕在朱利安的头上。因此朱利安成了**皇帝**。"(*The Ecclesiastical History*, p.197)

4. 索佐门:"他的节制和温和早已赢得了士兵的喜爱,如今战争的胜利又极大地增加了他的声望。他们便尊称他为**奥古斯都**。"(*The Ecclesiastical History*, p.722)

以上第一段话出现了"权力"和"国家最高权力"的字样,第二段话提到皇权的同义词——大写的"奥古斯都"称谓和"皇冠",第三段话强调朱利安戴上皇冠、正式成为皇帝,第四段话同样含有"奥古斯都"称谓(所有词汇均在引文中用粗体标出)。从谋篇布局的角度考虑,四位史家在写下这四句话之后不久,便阐明朱利安公开放弃基督教、信仰多神教;且佐西莫斯和苏克拉底斯,将朱利安称帝的过程描述得非常详细,颇具仪式感。基于以上三点,笔者推测,在阿米安努斯等四位史家的文字

背后可能隐含着这样一个写作目的，即强调朱利安获得皇权与其改宗行为之间的联系。

联想公元4－5世纪罗马帝国的宗教局势，彼时正是帝国境内多神教与基督教碰撞的关键阶段。君士坦丁大帝使基督教成为合法宗教（religio licita），他及继位者君士坦提乌斯二世均支持基督教发展，基督教在二人统治时期获得种种政治和经济特权，而多神教呈衰弱势态。朱利安反其道行之，导致基督教损失连连而多神教呈复苏之势。在如此鲜明的对比面前，信仰基督教和多神教的人士都意识到，统治者的宗教态度于宗教发展有相当大的影响。

恰逢其后继位的几位皇帝均信仰基督教，但由约维安（Jovianus，331－364）至格拉提安（Gratianus，359－383）均实行宗教宽容政策，延续多神-基督教双重信仰并行的体制。狄奥多西大帝（Theodosius the Great，347？－395）虽然确立基督教为国教，却也在"是否完全禁绝多神教"的问题上犹豫不定。事实上，在朱利安去世后的一个多世纪里，多神教和基督教两方都在极力争取以皇帝为首的统治阶级的支持，进而保证己方宗教的存续和发展。期间，以利巴尼乌斯、西玛库斯（Symmachus，345－402）为首的多神教徒几次上书，请求在位的皇帝宽容多神教。但几位皇帝均在以安布罗斯（Ambrose，340－397）为首的基督徒的敦促下，最终驳回多神教徒的请求；基督教一方则多次请求皇帝加快摧毁异教神庙、清理异教徒著述和清除异教势力的步伐，奥古斯丁等学者频频著书劝告那些尚未信奉基督教的摇摆不定的人；期间还发生了著名的"胜利女神祭坛之争"事件。[28] 由此可见，这一时期基督教与多神教在统治者面前形成博弈局面。

因此，笔者以为，将皇权与皇帝信仰的关系问题推向话题中心，促使帝国统治者尽快思考自己能否凭借手中皇权改宗或帮助多神教，是这一阶段参与多神教与基督教碰撞的所有人的共同心愿。富有知识的精英

---

[28] 这一时期多神教徒和基督徒斗争的具体事件，参见 Ramsay MacMullen, *Christianizing the Roman Empire (A. D. 100－400)* (New Haven: Yale University Press, 1976); Noel Q. King, *The Emperor Theodosius and the Establishment of Christianity* (Philadelphia: Westminster Press, 1960)。

阶层明显是两股宗教博弈的主力,所以这一时期包括历史学家在内的学者们,很可能倾向于在写作时使用朱利安获得皇权的时间点作为其改宗时间,进而协力将“皇权与皇帝改宗”的关系问题推到台前。

但仅仅使统治阶级重视这一问题还远远不够,接下来多神教与基督教两方的学者便以此为契机展开或明或暗的论辩。阿米安努斯与佐西莫斯属多神教一方,肩负着为多神教争取统治者支持,为多神教发展谋福祉的责任。阿米安努斯在记叙朱利安公开信仰多神教之后,即列举了朱利安当政期间的作为,包括解决商业运输难题、任免地方官员、加强边境防御等,称赞朱利安兼备勇气、智慧和温和的性格,并用如下一段话:“因为他已经经历了如此多的苦难,现在靠近他的,是罗马世界的和平和丰盈的财富,仿佛博斯普鲁斯海峡上所有尘世的号角都吹响了,我们的国家被授予所有的荣耀和繁华。这些功劳都被添加在他的战绩之后,只要他是唯一的统治者,国家内部就不会有纷争,蛮族人也不会侵袭边境”,[29]说明信仰多神教的朱利安为罗马帝国带来了安定和荣耀,是一位优秀的君王。与之相似,佐西莫斯夸赞朱利安的辉煌战绩和政绩,包括击溃法兰克人、结束内战、修建港口和图书馆等等。他还写道:“接受诸神赐予的权力之后,朱利安提前开始他的旅程……在朱利安统治期间,无需谨慎对待和约束军队里的士兵,因为有这样的皇帝做首领,他们不会开展任何不适宜的事情。”[30]这两位史家都向读者传达出一条信息:皇帝在获得皇权之后,可以自由选择自己的信仰归属,支持多神教是能使国家获得诸神庇佑的贤明之举。

反之,苏克拉底斯和索佐门属基督教一方,肩负着为基督教发展谋福祉的责任。苏克拉底斯先记叙朱利安被士兵拥护为奥古斯都,后批判他以阴谋诱发内战、夺得皇位。接着谴责“叛教”皇帝因愚昧而被心怀叵测的身边人欺骗和利用,谴责他因虚荣而写下罪恶的《反加利利人篇》,还违背继位之初宽容所有宗教的承诺,公然迫害基督徒。苏克拉底斯用这样一句话结束他关于朱利安的叙述:“朱利安的近身卫

---

[29] Ammianus, *Ammianus Marcellinus*, 25. 4. 27, p. 517.

[30] Zosimus, *New History*, 3. 11. 2 – 3. 11. 4, pp. 55 – 56.

兵说……导致朱利安死亡的伤口是恶魔造成的,这也许只是戏剧化的虚构,或者可能就是事实,因为复仇女神的怒火必然会毁灭所有罪恶的人。"[31]也就是说,在苏克拉底斯的叙事逻辑里,背叛基督教的朱利安因犯下种种罪孽而受到上天惩罚。索佐门则将此表述得更加直白,他在批评完朱利安的所有错误之后写道:"不过,在这位皇帝统治期间,上帝明显表现出他的不满,允许一些灾难降临在罗马帝国的少数省份。"[32]这二位史家传递给读者的信息是:皇帝背叛基督教乃深重的罪孽,会给个人和国家招致不幸,而支持基督教乃是服从上帝的旨意。

由此例可见,罗马传统信仰与基督教的碰撞影响着该时期历史学家的写作,处于宗教碰撞氛围下的信仰各异的历史学家,为提升己方信仰的地位,在一些重要问题上可能会忽视某些历史事实而采用有益于宣扬己方宗教的叙述方式。这一点或许构成了朱利安私下改宗的时间被诸学者忽视的一部分原因。另外,宗教碰撞焦点的改变可能会顺带着改变历史书写的重心。至公元6世纪时,多神教衰落殆尽,基督教在罗马帝国的地位已然不可撼动,朱利安皇帝亦无需占据多神教和基督教碰撞的中心位置。此时基督徒急需应对的是公元529年查士丁尼一世(Justintian, 482-565)关闭雅典学院后,利巴尼乌斯、佐西莫斯等学者极力维护的"Hellenism"的处理问题。[33] 从公元6世纪史家的作品里,我们也能看到历史书写重心的相应变化。例如,写作《编年史》的基督教史家约翰·马拉拉斯(John Malalas, 491-578),详述朱利安远征波斯的经过,基本不涉及其宗教政策。他只用一句话讲述朱利安"叛教"事件:

---

[31] Socrates Scholasticus, *The Ecclesiastical History*, p. 229.

[32] Sozomen, *The Ecclesiastical History*, p. 770.

[33] 关于这一问题的讨论,参见 Arnold Hugh Martin Jones, *The Later Roman Empire: 284-602*, vol. I (Oxford: Blackwell Publishers, 1964), pp. 118-471; Averil Cameron and Peter Garnsey, *The Cambridge Ancient History*, vol. XIII (New York: Cambridge University Press, 1998), pp. 43-67; Sarolta A. Takacs, *The Construction of Authority in Ancient Rome and Byzantium* (New York: Cambridge University Press, 2009), pp. 99-101; Ellen Muehlberger, "Salvage: Macrina and the Christian Project of Cultural Reclamation," in *Church History*, vol. 81(2012), pp. 273-297。

“他被称为‘叛教者’,因为他宣布放弃先人的信仰,即基督教信仰,转变成了一个‘Hellene’。他是利巴尼乌斯的朋友和同时代人,利巴尼乌斯便是那位著名的安条克哲学家。”[34]这句话有突出“Hellene”和利巴尼乌斯的意味。写作《教会史》的埃瓦格里乌斯(Evagrius Scholasticus),更是直接以质询佐西莫斯的方式,穿插讲述朱利安的故事。[35]

当然,宗教碰撞对历史学家的撰史客观性的影响可大可小。阿米安努斯虽然称赞朱利安,但对他的部分政策亦持反对态度,还批评新帝毫无节制地追求掌声和荣耀。[36] 苏克拉底斯尽管谴责朱利安,却也提到他裁撤宫廷侍从、削减公共运输开支的做法受到时人称赞。[37] 索佐门亦表扬朱利安在征战高卢期间表现出的睿智、节制和温和。[38] 但佐西莫斯受宗教情绪影响颇大,他在著述时指责君士坦丁大帝是罗马帝国国事衰败的“罪魁祸首”和“最残忍的暴君”,批评狄奥多西大帝“放荡懒散”,还将国事的全部不幸都归咎于多神教庆典遭到忽视。[39] 其笔下的朱利安则是近乎完美的存在,行为和思想均无可指摘,是罗马人民公认的高贵的国王和英勇的战士。[40]

依笔者之见,一名合格的撰史人理应充分发挥主观能动性,努力克服宗教情感的影响。正因基本做到了这一点,阿米安努斯的作品被后世视为研究4世纪拜占庭帝国历史的权威史料;[41]苏克拉底斯关于朱利安

---

[34] John Malalas, *The Chronicle of John Malalas*, trans. by Elizabeth Jeffreys, Mchael Jeffreys and Roger Scott (Melbourne: Australian Association for Byzantine Studies Department of Modern Greek, 1986),13. 18, p. 178.

[35] Evagrius Scholasticus, *The Ecclesiastical History of Evagrius Scholasticus*, trans. by Michael Whitby (Liverpool: Liverpool University Press, 2000), p. 191.

[36] Ammianus, *Ammianus Marcellinus*, vol. II, 25. 4. 18, p. 513.

[37] Socrates Scholasticus, *The Ecclesiastical History*, p. 198.

[38] Sozomen, *The Ecclesiastical History*, p. 722.

[39] Zosimus, *New History*, 2. 34 – 2. 42, pp. 39 – 42;4. 5, p. 72;2. 5 – 2. 6, pp. 26 – 28.

[40] Ibid., 3. 34. 3, p. 68.

[41] Timothy David Barnes, *Ammianus Marcellinus and the Representation of Historical Reality* (Ithaca, New York: Cornell University Press, 1998), pp. 183 – 184.

的描写被喻为“目前我们能够得到的关于朱利安皇帝最好的评述”；[42]索佐门也因使用史料丰富、记史态度公正而备受后世称赞。[43] 反观佐西莫斯的《罗马新史》，该书最大的闪光点并非史料价值而是异教徒视角，[44]其真实性因作者的情绪问题频繁受到质疑。[45]

最后需要强调的是，宗教碰撞对历史书写的影响有时是显在的、直接的，有时是潜在的、间接的。历史学家未必能时时刻刻都直接感受到宗教碰撞的影响，也未必总是主动地接受宗教碰撞的影响。仍以朱利安改宗时间问题为例，我们很难相信阿米安努斯等四位史家中的每一位，在面对朱利安改宗时间这样细小的问题时，都刻意将皇权和皇帝的改宗行为联系起来，再以此为契机宣扬己方宗教。这种处理和解释方式可能继承自前辈学者，也可能模仿自同辈学者，且不局限于历史学家领域。上文提到公元 4 – 5 世纪时期至少有包括五位历史学家在内的多位学者，都在写作过程中忽视了朱利安自己给出的改宗时间。异教学者中，利巴尼乌斯在为朱利安的葬礼写作悼词时，就已经将异教皇帝的改宗时间与称帝关联起来，同时辅以“公开”字样和盛赞朱利安的语句。鉴于利巴尼乌斯当时在多神教徒群体中享有崇高地位，且与朱利安长期保持着亲密的师徒关系。笔者猜测，阿米安努斯和佐西莫斯可能延续了他的做法。这也解释了他们为什么都强调朱利安改宗行为的公开性。同理，基督教教父奥古斯丁严厉谴责朱利安的“叛教”行径。基督教神学家格里高利在《驳朱利安》一文中，批评朱利安于继承帝国后便公开暴露出不虔诚的本性。两人已经为后世基督徒奠定了谴责朱利安的主基调，还

---

[42] Joseph Cullen Ayer, ed., “Preface: The First Division Of Ancient Christianity,” in *A Source Book for Ancient Church History: from the Apostolic Age to the Close of the Conciliar Period* (New York: Charles Scribner's Sons, 1913), p. xi.

[43] Eran I. Argov, “A Church Historian in Search of an Identity: Aspects of Early Byzantine Palestine in Sozomen's Historia Ecclesiastica,” in *Zeitschrift fur Antikes Christentum*, vol. 9, no. 2(2005), pp. 367 – 396.

[44] 杨共乐：《罗马史纲要》，北京：商务印书馆，2007 年，第 310 页。

[45] 有学者指出，佐西莫斯虔诚信仰异教、怀抱共和理想、痛恨元首制，这些情绪导致他极力批判信仰基督教的专制君主，参见 Constantin Daicoviciu, *The Ancient Civilization of Romania* (London: Barrie & Jenkins, 1971), p. 115。

提供了叙述朱利安"叛教"事件的"模板"。苏克拉底斯和索佐门可能受到前辈的影响。且素有观点称索佐门的作品基本仿写自苏克拉底斯的《教会史》,[46]两人记叙朱利安的内容和笔法亦十分相似。

由此可见,未必每位宗教碰撞的参与者,或者说未必每位基督徒或多神教徒都会直接发挥主人翁精神,他们可能是在某些时候被动地、间接地受到宗教碰撞氛围的影响。且历史学家的工作性质,恰好要求他们在著述时大量阅读和参考同一时期其他学者的作品,对己方宗教的情感很可能在这个过程中潜移默化地发挥作用。所以,尽管阿米安努斯力图站在第三者的位置上修史,他本人确实也因秉笔直书而被爱德华·吉本盛赞为"优秀的向导"。[47] 但是我们依旧能从字里行间读出阿米安努斯对多神教的热爱和支持。[48]

四、结　语

弗兰克·安克斯密特(Frank Ankersmit)指出:历史解释以及就相互竞争的历史解释而进行的争议,构成了一层覆盖过去本身的厚壳,历史学家的叙事性语言不是一层透明的玻璃镇纸,能让我们毫无阻碍地透过它发现历史事实。[49] 所以,我们在析读历史文本时,需要充分考虑历史学家的个性,同时还要注意历史学家的历史写作很难完全摆脱时代背景的影响。公元 4 - 5 世纪是罗马传统信仰与基督教信仰碰撞的关键阶段,这种碰撞对该时期史家的影响更是不可小觑。一方面,笼统地概括

㊻ Archie Hobson, ed., "Sozomen," in *The Columbia Encyclopedia* (*6th edition*) (New York: Columbia University Press, 2000), p. 2015.

㊼ Edward Gibbon, *The Decline and Fall of the Roman Empire*, ed. by Hugh Trevor-Roper (New York: Everyman's Library Company, 1909), p. 561.

㊽ 同尤特罗庇乌斯相似,阿米安努斯的宗教信仰类型一度悬而未决。1998 年,蒂莫西·巴恩斯发现阿米安努斯在著述时大量使用"Hellenes"一词称呼多神教徒,借此证实了阿米安努斯的异教徒身份,参见 Timothy David Barnes, *Ammianus Marcellinus and the Representation of Historical Reality*, p. 79。

㊾ Frank Ankersmit, "Six Theses on Narrative Philosophy of History," in *History and Tropology: The Rise and Fall of Metaphor* (Berkeley: University of California Press, 1994), pp. 37 - 38.

出宗教碰撞对史家的影响,或有助于我们找到该时期历史书写的共性,甚至把握住该时期历史学发展的特点;另一方面,鉴于宗教碰撞影响每位史家的程度和方式不尽相同,所以我们阅读这一时期的史料时更需小心谨慎。

利玛窦撰《天主实义》思想的近代形态及其对明清学术思想影响之辨析*

胡翠娥

【内容提要】 《天主实义》是利玛窦用中文撰写的一部护教著作，中西方哲学在书中第一次进行了较系统的接触与互动。它对晚明知识分子产生了较大的冲击，但无论是传教士对儒家思想的基督教化，还是儒家学士对基督教思想的儒家式阅读，都未能形成真正的对话和交流。它对清代学术思想，无论是与考据学的关系，还是对戴震哲学的影响，都缺乏实质性的证据。然而，以无益于中国思想的近代化为理由而对之全盘否定，无疑失之片面，因为书中赖以立论的托马斯主义对西方文明的近代化和科学的兴起，提供了重要的思想支撑。毋宁说，从长远和理性的角度看待《天主实义》对中国学术的影响，会更趋合理。

【关键词】 《天主实义》　明清学术思想　托马斯主义　近代性

《天主实义》是利玛窦用中文撰写的一部护教著作，是西方哲学第一次系统地进入中国并与中国本土思想进行的初次接触和交流。《天主实义》全书共八篇，以中士和西士的问答形式写成。第一篇论天主；第二篇批驳各家的“万物之原”说；第三篇论灵魂，主张人的灵魂不灭；第四

---

* 本文为国家社科基金一般项目“汉学家陈荣捷的宋明理学英译及著述与20世纪美国的中国哲学研究”（项目编号：18BYY020）的阶段性成果。

篇论人的灵魂与鬼神不同,万物与天主并非一体;第五篇驳斥佛教的轮回之说,论述天地万物的创造是为给人用,不必戒杀生,并述斋戒的目的;第六篇论为善避恶要有“意志”,并论死后必有天堂地狱之赏罚;第七篇论人性本善,区分性善和习善,做人修德须下功夫;第八篇介绍西方世界组织状况,说明耶稣会士终身不娶的理由,简述天主救援史,说明入教手续。

历史学家都承认,“中国近代化是由于西学的输入,而首先带来西洋学术文物和思想的,就是利玛窦”。[①] 但是对于利玛窦的贡献,主要还是强调他在舆地、天文、历算学上对中国学术思想和治学方法的纳新作用,对于他撰写的《天主实义》等思想论著对中国学术思想的影响,学界虽多持肯定态度,可惜语焉不详。例如,蒋复璁在文章中只略微提到该书的精神是博引六经四子,与天主教义相发明,“所以当时士大夫如冯应京、徐光启及李之藻都先后领洗,都受天主实义的影响”。[②] 也有学者提出,中西哲学思想的交流并不像表面这么乐观,认为 16－17 世纪的来华耶稣会士无论是否采取适应策略,其实都不愿与中国思想充分对话,而主流派儒士能对天主教表现出的最好态度就是以长者的宽厚姿态容忍外国人对中国观念的隔膜,同时也不去深究外国人那种颇为可怪的造物主观念。[③]

总而言之,对于《天主实义》等护教著作是否对中国人的学术思想发生影响,尤其是它们所阐述的中世纪神哲学思想是否具有近代形态,肯定者有之,否定者也有之。本文首先分析《天主实义》对晚明知识分子的影响;接着探讨《天主实义》与清代考据学方法的关系;然后分析托马斯主义所蕴涵的近代因素;最后梳理国外学者的观点,试图对此一问

---

① 范传培:《利玛窦对我国近代化的贡献》,载《纪念利玛窦来华四百周年中国文化交流国际学术会议论文集》,台北:辅仁大学出版社,1983 年,第 232－243 页。

② 蒋复璁:《利玛窦来华传教的经过与其所作天主实义的精神》,载《纪念利玛窦来华四百周年中国文化交流国际学术会议论文集》,台北:辅仁大学出版社,1983 年,第 139－144 页。

③ 吴莉苇:《从利玛窦和艾儒略的传教策略看晚明基督宗教与晚明儒学对话机制的缺失》,载《复旦学报》,2009 年第 4 期,第 63－70 页。

题做一个理性的批评性分析。

一、对晚明知识分子的影响

《天主实义》对于晚明知识分子的影响,证据相对确切。被尊为“圣教三柱石”之首的徐光启就是在41岁时细读利玛窦的《天主实义》等书以后,终于决定放弃所谓儒释道“三教合一”的幻想,转而认定真理就在利玛窦申述的西教之中。[④] 梁启超甚至把西学作为晚明的一个学派予以考察。但是,这种影响,与其说是吐故纳新,不如说是同声相求。西学在晚明知识界的回响主要体现在西学与王学的关系上。利玛窦在书中主张的直读中国原典,不应拘泥于程朱陆王的疏解,在晚明具有比较先进思想的知识分子中,尤其是王学人士中,激起了深刻的同情,这是毫无疑问的。16世纪晚期利玛窦等入华的时候,正是王学解禁之时,“东海西海心同理同”理论风行一时。晚明王学宗派林立,竞相标新立异,无疑与从陈白沙到王阳明都宣扬学术贵在“自得”是一脉相承的。提倡学贵自得等于吁求学术独立,要突破腐败统治的思想牢笼,当然也意味着向中世纪专制体制争自由。沈定平对晚明知识界“西学与吾儒同调”言论做过详尽的搜辑。[⑤] 尽管如此,利玛窦不懂得王门诸派共同具有的宽容异学的心态,来自学必为己的信念。他们看西学同样各有各的主观尺度,虽不整体排拒,但只部分取用。

思想和文化的交流有如自由贸易,以人之所有补己之所无。因此,不同和异质是思想交流能够发生的物质前提,宽容和对异质性的渴望是思想交流能够真正实现的精神通道。《天主实义》中呈现出的繁琐哲学的推理和认识方式、源自古希腊一个永不变质且静止完美的天体宇宙、与身体相对的不死不灭的灵魂等等概念,对中国传统哲学思想都是全新和异质的,从这意义上,《天主实义》提供了中西文化交流的物质基础。

---

④ 朱维铮:《走出中世纪》(增订本),上海:复旦大学出版社,2007年,第104页。

⑤ 沈定平:《明清之际中西文化交流史——明代:调试与会通》(增订本),北京:商务印书馆,2007年,第509－523页。

然而,这远远不够。晚明多数知识分子却根据自己的传统,对传教士讲授的内容加以取舍。有的人一方面对西方的天文历算表现出强烈的兴趣,一方面却对神学表现得迟疑不决,甚至认为传教士们居心不良,例如说"欧罗巴人天文推算之密、工匠制作之巧,实逾前古,其议论夸诈迂怪亦为异端之尤",说传教士借助精确的天文历算,以证明天堂的存在,其目的"盖欲推测之有验,以证天堂之不诬,用意极为诡谲"。⑥ 也有不少人笃信西儒之学与儒家学说深相契合,例如谢肇淛说《天主实义》,"往往与儒教互相发,而于佛老一切虚无若空之说,皆深诋之……余甚喜其说,为近于儒,而劝世较为亲切,不似释氏动以恍惚支离之语愚骇庸俗也"。⑦ 这种有选择的取舍还体现在中国教徒的著作中。许理和发现,这些著作的中心内容几乎无一例外都是"上帝",而构成天主教信仰的核心思想如道成肉身、耶稣受难和复活几乎没有地位。⑧ 明清士人眼里,天主教的劝世似乎更符合人的自然本性,或自然理性。冯应京说该书"语性则人大异于禽兽,语学则归于为仁,而始于去欲";⑨李之藻说"东海西海,心同理同。所不同者,特言语文字之际";⑩叶向高称天主教所传,"此即吾孔氏畏天命,戒慎恐惧之正学。……东夷西夷,先圣后圣,其揆一也"。⑪ 基督教教义被文人信徒挪用,作为传播儒家正统社会价值的补充,例如山西的韩霖在其裹着官方色彩的宣传天主教义的伦理书《铎书》中,不着痕迹地把天主教伦理思想植入儒家伦理思想中。可以这么认为,与其说他们发现了一种不同的哲学思想,不如说是在另一种语言文化中,邂逅了儒家固有的存心养性之学。

当然,这期间也有一些名儒既被欧洲的科学也被其宗教所折服,例

---

⑥ 徐宗泽:《明清间耶稣会士译著提要》,北京:中华书局,1989年,第213页。

⑦ 沈定平:《明清之际中西文化交流史——明代:调试与会通》(增订本),第510页。

⑧ Erik Zürcher, "Confucian and Christian Religiosity in Late Ming China," in *The Catholic Historical Review*, vol. 83, no. 4(1997), pp. 614 - 653.

⑨ 冯应京:《〈天主实义〉序》,载利玛窦:《天主实义今注》,梅谦立注,北京:商务印书馆,2014年,第71页。

⑩ 李之藻:《〈天主实义〉重刻序》,载利玛窦:《天主实义今注》,第74页。

⑪ 吴莉苇:《从利玛窦和艾儒略的传教策略看晚明基督宗教与晚明儒学对话机制的缺失》,第63 - 70页。

如被誉为“圣教三柱石”的徐光启、杨廷筠和李之藻。但是,这些人的归化能够一直发展到用纯属于两种不同文明的思想交流,而又不产生任何一点误解吗?他们的同时代人如金尼阁、龙华民、利安当等都表示了他们的担忧。王徵在其著名的《畏天爱人极论》中,受利玛窦影响,极力论证“天主”就是经书中的“上帝”,论证了天堂地狱的真实性;还论述了有关人的灵魂与禽兽不同的观点和人魂不散不灭的道理;最后,简单介绍了天主教的基本教义和畏天爱人的精髓,以此劝人除恶进善,畏天爱人,以共登天堂。这些思想和内容明显受到了《天主实义》的影响。受庞迪我《七克》的影响,王徵阐发了“以仁修德,进谦克傲”,但在论说当中,又不离孔子。龙华民发现,受归化的文人事实上非常不重视教理,“中国基督徒文士一般都把他们著作中的意义强加给我们,并认为在他们的著作中发现了符合我们神圣教义的诠释”。[12] 金尼阁发现,当时最著名的一位归化人(即杨廷筠)其实是一名非常虔诚的极端异教徒。杨廷筠在其撰写的《西学十诫初解》中认为,儒教教理在一切方面均臻于完善,与天主的教理一样。利安当指责中国基督徒把基督教真诠与中国人的错误大加混淆。[13] 通常的做法是,中国同情基督教的人,都用一些中文哲学术语来赞扬它,并赋予它一些纯属于中国人的观念。即如徐光启本人在受到龙华民的质问时,虽然承认中国典籍中的上帝不可能是基督教的天主,古今文人均对天主一无所知,但是也认为,神父们如果为了不使儒生们感到反感,应当把天主称为上帝。[14]

---

⑫ P. Nicolaus Longobardi, “A Short Answer Concerning the Controversies about Xang Ti, Tien Xin, and Ling Hoen,” in Dominick Fernandez Navarrete, ed., *An Account of the Empire of China, Historical, Political, Moral, and Religious* (London, 1704), p. 220.

⑬ 谢和耐:《中国与基督教——中西文化的首次撞击》,耿昇译,北京:商务印书馆,2013年,第426-427页。

⑭ “上帝”译名的确立是利玛窦的创举,但是从翻译策略上看,是借用了中国典籍中固有的词汇,属于文化归化。参见朱志瑜:《〈天主实义〉:利玛窦天主教词汇的翻译策略》,载《中国翻译》,2008年第6期,第27-29页;冯天瑜:《利玛窦创译西洋术语及其引发的文化论争》,载《深圳大学学报(人文社会科学版)》,2003年第3期,第98-103页;戚印平:《“Deus”的汉语译词以及相关问题的考察》,载《世界宗教研究》,2003年第2期,第88-97页。

二、对清代学术思想的影响

包括《天主实义》在内的西学对清代学术思想的影响,学界主要论证的是它与汉学(考据学)之间的关系。例如,罗光先生说《天主实义》采用了西洋的士林哲学,“圣多玛斯的哲学最重理则方法,演绎和归纳两法都用,说理非常明白,分析条理井然”,“为自然科学研究方法的基础”,因此,“对于清代的学术研究法具有贡献”。⑮ 朱维铮先生论及18世纪兴起的汉学与西学在方法论上的相似相通时指出,晚明西学的输入,利玛窦等用欧洲“名理”论对理学“性命”说的批评,是方法论上的一大革新,“使学术界的空气发生振动,从而给学者以方法论的启迪,同空言蹈虚的理学方法告别,向‘征实’的方向发展”。他还举出胡适所言为证,说胡适谈顾炎武著《音学五书》、阎若璩著《古文尚书疏证》,“全系受利玛窦来华影响”。⑯ 此说当受徐宗泽的影响。在其《明清间耶稣会士译著提要》书中论及清代考据学之西方渊源时,徐宗泽说:

> 利子于是主张直读原文,不拘泥于程朱陆王等之疏解,庶古人立言之真旨,可以复明于后世。利子本此宗旨,研究古籍,事若无关答题,而其影响之所至,实给当时启蒙之汉学派一大助力焉;……如胡适之在辅仁大学演讲“考证学方法的来历”中有一段说,谓:“中国大考据家祖师顾亭林之考证古音著作,有音韵五书,阎若璩之考证古文尚书,著有古文尚书疏证,此种学问方法,全系受利玛窦来华影响。”⑰

这极大地肯定了利玛窦在《天主实义》中放弃程朱陆王对四书等典籍的疏解而直读原文的方法,认为正是这种借助古典的解释学方法,成

---

⑮ 宋荣培:《东西哲学的交汇与思维方式的差异》,石家庄:河北人民出版社,2006年,第231页。

⑯ 朱维铮:《走出中世纪》(增订本),第155页。

⑰ 徐宗泽:《明清间耶稣会士译著提要》,第8页。

为汉学的一大助力。但是方法论影响一说,也不是无懈可击。事实上,胡适在《考证学方法之来历》中,确实提到了以梁启超为代表的这一流行观点,不过,所谓影响者,也是如算学、天文学等西洋科学对中国自然科学发展的刺激和影响。对于考证学方法的影响,胡适本人在后文中明确指出,“我个人是怀疑这种说法的”,认为考证学方法出自天主教耶稣会士,“到今日为止,还没有充分的证据”。他认为,清代两位考证学大师顾亭林和阎若璩都有各自的来历与师承,都先于天主教传教士来华时间,因此考据学是地地道道的国货。[18] 另外,早在明代中后期,杨慎、胡应麟、焦竑、陈第在考据学领域的开拓,特别是陈第、焦竑提出的“本证”与“旁证”相结合的考据学方法,[19]也足以说明在明代传统学术中已经出现了知性精神的觉醒。王记录以钱大昕为个案,试图探讨西学在多大程度上影响了乾嘉考据学。通过详细的考证和分析,他提出,钱大昕确实是在传教士引入的天文历算知识的刺激下发掘并发展了中国古代的历算知识,并运用它们考订经史,成就不凡,但是他用以考订经史的方法来自中国古代的考证训诂传统,特别是宋人的传统。所以,他提出,明末清初西学的传入,确实对清代学术主体——乾嘉考据学产生了影响,但这种影响并未改变“以钱大昕为代表的乾嘉考据学者所固有的传统文化品格和治学格调,其核心价值体系依然是‘中式’的”。[20]

也有学者提出,清代戴震的哲学与明末传教士介绍的神哲学之间存在学习与借用关系。援引较多的是晚清学人邓实在1905年对明季西学与中国文人之关系的论述:“至若江永、戴震之徒,则非但涉猎其历数之学,且研究其心性,而于彼教中之大义真理,默契冥会,时窃取之,以张汉学之帜,而与宋儒敌,今其所著之书可按也。如‘孟子字义疏证’中,时

---

⑱ 胡适:《考证学方法之来历》,载《胡适论国学》,合肥:安徽教育出版社,2013年,第234-236页。

⑲ 萧蓮父、许苏民:《明清启蒙学术流变》,北京:人民出版社,2013年,第12页。

⑳ 王记录:《西学究竟在多大程度上影响了乾嘉考据学——以钱大昕为例》,载《河南师范大学学报(哲学社会科学版)》,2008年第3期,第152-156页。

有天主教之言。"[21]邓文的宗旨,是要论述15世纪是欧洲古学复兴之世,而20世纪,则为亚洲古学复兴之世。他把周秦诸子比作古希腊七贤,蛮族入侵毁灭罗马图籍,犹如嬴秦之焚书,旧宗教之束缚,贵族封建之压制,犹如汉武之罢黜百家。邓实把清代承袭周秦学派的汉学之兴起归因于明季进入中国的西学。但是,整篇文章表露的仍然是"西学中源""礼失求诸野"的中国中心观,甚至认为"诸子之书,其所含之义理,于西人心理、伦理、名学、社会、历史、政法、一切声光化电之学,无所不包,任举其一端,而皆有冥合之处"。[22] 文中既没有确切的文献证据,也缺乏分析,因此,只可作为备说。

但是,此一说法引起了当代学者的兴趣。前辈学者如许苏民、李天纲和张晓林等都有所研究。笔者不揣简陋,在前人的基础上意欲探讨一二。许苏民对戴震的西学来源可能性从史学上进行了分析,认为清政府对传教士在华出版的著作没有归入禁书之列,戴震有可能读到这些书,却迫于清政府的学术压制,未敢在心性之学上随便引用。即使如此,他的结论是:"这毕竟也还是一种'大胆假设',有待于'小心求证'。"[23]李天纲虽然很肯定地认为戴震读过《天主实义》,但承认也是基于猜测。不过,他的论证重点是二者的哲学相似性。例如,二者都站在同一个反佛道、批宋儒的立场;戴震把性、理降为一种人类理智,与阿奎那的认识论相似;戴震反对理欲之辨所表现出来的人道主义,与阿奎那的自由观有精神上的相似;《疏证》与《实义》在主张人性有选择善恶的先天本能上的共识,源自阿奎那等等。[24] 张晓林对此提出了不同的看法。他认为,首先,反佛道、批宋儒,乃是明末学界的一般倾向,批判理学,并非《天主实义》首创;其次,即使如李文所言,戴震思想中的确有阿奎那哲学的痕迹,但仅就戴震哲学与阿奎那哲学的某些相似点,就给戴震在中国儒

---

[21] 邓实:《古学复兴论》,载张枬、王忍之:《辛亥革命前十年间时论选集》(第二卷,上册),北京:生活·读书·新知三联书店,1963年,第56页。

[22] 同上,第59页。

[23] 许苏民:《戴震与中国文化》,贵阳:贵州人民出版社,2000年,第178-179页。

[24] 李天纲:《〈孟子字义疏证〉与〈天主实义〉》,载王元化主编:《学术集林》(卷二),上海:上海远东出版社,1994年,第209-213页。

学中作这样的定位,理据尚不够。[25] 许苏民也提出,虽不能排除戴震受西方传教士之思想影响和启迪的可能性,但对此"似不应做过高的估计",因为从戴震的哲学整体和根本上而言,其自然气化的宇宙观和人学本体论与利氏的天主一神教教义有着根本的区别。[26]

不过,张晓林在否定思想内容的借鉴时,却从另一方面对《天主实义》对戴震的影响予以肯定。一是"方法的影响",即戴震借助考据学方法研究古经,不仅发展出一套考据经学,而且动摇了作为宋儒理学之理论依据的经学基础,而《孟子字义疏证》是由训诂而明义理的代表作。通过举例说明,张文认为,戴震通过言辞的训诂和诉诸经典的考据学方法,乃是利氏在《天主实义》中用来护教的方法,训诂和考据,都具有解释学性质,"也可以说,戴震《孟子字义疏证》直接得力于利氏《天主实义》的解释学方法"。[27] 不过,"考据学方法的影响"说,前引之胡适已经对此表示了否定。"解释学"方法的借用一说,是否适用呢?《孟子字义疏证》是戴震最重要的哲学著作,它以疏证《孟子》字义的形式来发挥自己的哲学思想,也即,从考证训诂而阐发"理""天道""性"等哲学范畴的根本意义,借《孟子》"有物必有则"的命题阐明了"理在事中"的唯物主义世界观和气一元论思想。宋元明清时代,哲学的概念范畴一般称为"字","字义"就是对哲学概念范畴的讲解和解释。[28] "字义"是在"注、疏、传、集解"等中国传统解经方法上的又一创新,例如,最早在南宋时期就有陈淳著《北溪字义》,它是一部以理学内涵或朱子学内涵为主要核心的哲学辞典,是经学诠释和哲学诠释相结合的产物。毫无疑问,《北溪字义》中的解释学方法只能是中国传统解经方法的应用。事实上,解释学或者诠释学方法并不是西方学术的专利。汤一介先生曾提出,中国古代的经典解释体系有三条:第一是以《左传》解《春秋》的"叙述式解释",第二是以《系辞》解《周易》的"整体式解释",第三是以《韩非子·

---

[25] 张晓林:《戴震的"讳言"——论〈天主实义〉与〈孟子字义疏证〉之关系》,载《华东师范大学学报》,2002年第4期,第15-22页。

[26] 许苏民:《戴震与中国文化》,第185页。

[27] 张晓林:《戴震的"讳言"——论〈天主实义〉与〈孟子字义疏证〉之关系》,第15-22页。

[28] 张岱年:《中国古典哲学概念范畴要论》,北京:中华书局,2017年,第3页。

解老》和《喻老》解《道德经》的"社会政治运作型的解释"。[29] 这三种形成于先秦的解释模式,基本上奠定了中国传统的解释模式的整体方向。[30] 所以,说戴震对《孟子》的重新诠释,不是源自中国传统解经方法的学术传承,而是得益于《天主实义》的启发,有舍近求远之弊。

二是"原理的影响"。张晓林认为,《孟子字义疏证》在人性方面的一些新理解,与《天主实义》之人性论有明显的相似之处,例如戴震论性,以性为类概念,并引用了戴震引述《论语》与《孟子》的相关论据:

> 然性虽不同,大致以类为之区别,故《论语》曰"性相近也",此就人与人相近言之也。孟子曰:"凡同类者举相似也,何独至于人而疑之!圣人与我同类者",言同类之相似,则异类之不相似明矣;故诘告子"生之谓性"曰:"然则犬之性犹牛之性,牛之性犹人之性与?"明乎其必不可混同言之也。[31]

在《天主实义》中,在回答"人性是善还是恶"的问题时,利玛窦先界定什么是"性":

> 夫"性"也者非他,乃各物类之本体耳。曰各物类也,则同类同性,异类异性。[32]

张文认为:"这种从逻辑上的类出发规定人性的思路,几乎就是利氏规定人性的逻辑模式的翻版。"[33]戴震从类本质论性确实是他解构程朱理学以"理为性"的重要方式,张晓林似乎认为,这种从类本质论人性的思路是儒家传统人性论所缺乏的。这里,应该要区分传统儒家对"什么

---

[29] 汤一介:《论创建中国解释学》,载《社会科学战线》,2001 年第 1 期,第 240 - 253 页。

[30] 袁晓晶:《由"一贯"释义看北溪字义的诠释方法》,载《船山学刊》,2013 年第 1 期,第 110 - 115 页。

[31] 戴震:《孟子字义疏证》(卷中),何文光整理,北京:中华书局,1951 年。

[32] 利玛窦:《天主实义今注》,第 181 页。

[33] 张晓林:《戴震的"讳言"——论〈天主实义〉与〈孟子字义疏证〉之关系》,第 15 - 22 页。

是人性”和“人性是什么样的”两个问题。回答“什么是人性”也就是对人性进行界定和说明,也即人是否具有与生俱来所以为人的、异于禽兽的本性,它必然要从类本质出发进行规定。回答“人性是什么样的”也就是通常意义上的人性观点,例如“性善论”“性恶论”“性善恶混论”和“无善无恶论”。[34] 即使论述这些专属于人的属性,也涉及同禽兽物类的比较,但都离不开类本质逻辑。孟子与告子讨论人性问题,告子说“生之谓性”,这句话本身是在界定人性,也即人性就是人与生俱来的生理特性。孟子说人的本心是“此天所予我者”,也是在强调人性是人与生俱来的,在这点上,孟子与告子并无区别。他们的分歧在于人有无与生俱来并区别于物性、兽性的人性,在于人有无专属于人的固定的类本质。但是告子在下文中却提出生之谓性,正如“白羽之白犹白雪之白犹白玉之白”,就是在肯定“凡有生者同是一性”,因而否定了人有专属于人的类本质,所以孟子的反诘“然则犬之性犹牛之性,牛之性犹人之性与”就凸显了告子理论的荒谬。孟子的反诘正是从人必须有区别于禽兽的类本质观点出发的,这是儒家人性论的根本。上述戴震对孟子的引文恰恰说明基于类本质规定人性是儒家人性论不可缺少的部分。在对“人性是什么样的”问题上,荀子主张性恶论,但是对于“人性是什么”,他同样从逻辑的类出发,论述人与禽兽的根本区别。第一是“有辨”:“然则人之所以为人者,非特以二足而无毛也,以其有辨也,……夫禽兽有父子而无父子之亲,有牝牡而无男女之别,故人道莫不有辨。”(《荀子·非相》)第二是“有义”:“水火有气而无生,草木有生而无知,禽兽有知而无义。人有气有生有知亦且有义,故最为天下贵也。”(《荀子·王制》)有趣的是,荀子在这里把水火、草木、禽兽、人按类本质特征一一区别,并举人为最高等级,因为人兼具其他三类的“气”“生”“知”并有它们所不具备的“义”。同样,利玛窦在《天主实义》中把魂也按照草木、禽兽和人分成三品:“彼世界之魂有三品:下品名曰生魂,即草木之魂是也,此魂扶草木以生长,草木枯萎,魂亦消灭;中品名曰觉魂,则禽兽之魂也,此能附禽兽

㉞ 彭永捷:《从〈北溪字义〉看儒家人性论的演变》,载《晋阳学刊》,2013年第2期,第70-73页。

长育,而又使之以耳目视听,以口鼻啖嗅,以肢体觉物情,但不能推论道理,至死而魂亦灭焉;上品曰灵魂,即人魂也,此兼生魂、觉魂,能扶人长育及使人知觉物情,而又使之能推论事物,明辨理义。”㉟这种非常相近的分类却不能说明二者之间有因袭关系,因为他们都源自各自的学术传统。

无论孟子、荀子,还是后来的理学,在从类本质出发规定人性方面他们是相同的,区别在于他们赋予“性”的不同内容,也即“善恶”。理学也并不反对用“生之谓性”来做界定,但是提出了“义理之性”和“气质之性”的区别。朱熹认为告子“生之谓性”说即是以知觉运动为性:“知觉运动,人与物若不异也;以理言之,则仁义礼智之禀,岂物之所得而全哉?此人之性所以无不善而为万物之灵也。”㊱他认为知觉运动是人与物所共同的,只有仁义礼智等道德准则是人与物不同的,所以断言只有仁义礼智之理才是人性。朱子的人性论立论根据还是继承了孟子以来的“人禽之辨”。

明中期以后,儒学越来越重视气的作用,如王廷相主张“性出于气”,刘宗周也主张“只有气质之性,更无义理之性”。在消解宋儒人性二元论的时候,必然从类本质出发对“什么是人性”和“人性是什么样的”做出新的界说。例如,明末清初的思想家陆世仪对程朱的人性论就提出了反驳。朱熹的哲学认为天地之间有理有气,人禀受了天之理作为本性,因为天之理是善的,所以人性也是善的。天之理一旦被结合到构成人体的形气中,就要受到气质不同程度的污染,从而表现出有恶有善的气质之性。陆世仪认为,既然一切事物如草木禽兽都禀受天地之理为性,那就不仅仅只有人性是善的,朱子哲学只肯定理是善的,还没有阐明人性善的本质依据。他认为,人性之所以为善,就在于人的气质是善的:“始知性为万物所同,善惟人性所独,性善之旨正不必离气质而观也……人气质之理善,物气质之理杂。”㊲他更从广义的哲学范畴来论述“性”和

㉟ 利玛窦:《天主实义今注》,第 144 页。

㊱ 朱熹:《四书章句集注》,北京:中华书局,2011 年,第 305 页。

㊲ 陆世仪:《思辨录辑要》(卷二十七),转引自陈来:《中国近代思想史研究》(增订本),北京:生活·读书·新知三联书店,2010 年,第 619 页。

"理":"人性之善不必在天命上看,正要在气质上看,何以言之? 性字是公共的,人有性,物亦有性,禽兽有性,草木有性。……惟就气质之性上看,则人之性不同于物之性,禽兽之性不同于草木之性。"[38]对程颐的"性即理"说,他提出"此理字不可作善字看。只是作常理看。若作善字看,则人性说便说得去,物性上便说不去,岂可说人有性物无性乎? 性作常理看,故火之理热,水之理寒,马之理健,牛之理顺,人之理善,此理字方一贯无碍"。[39] 把"理"字不做善字看,也就是不看做"天理",只看做常理。这样,"性"也就失去了所谓"天理"的先验道德属性,而成为事物的本体性质,如火性热,水性寒,人性善。这种广义的哲学界定就是从逻辑上的"类"出发而做出的。陈来先生说,陆世仪的人性论思想不仅具有气本论倾向,"而且在一定程度上开了戴震批判理得于天说的先河"。[40]

戴震也是遵循这种思路,先对什么是"性"做出了自己的回答:"然性虽不同,大致以类为之区别,"这同陆世仪说"性是公共的""性为万物所同"都是从广义的类概念出发论性。那么,人之类的本性是什么呢?"血气心知,性之实体也",[41]他把知觉运动看作人性,这是他与朱子哲学不同的地方。朱熹也是从类本质来论人性,但是他认为从知觉运动来说,人与物没有不同,只有仁义礼智之理才是人性的内容。戴震却认为人与物不同的地方正是"血气心知",即知觉运动。人的血气与物的血气不同,人的知觉更异于禽兽:"自古及今,统人与百物之性以为言,气类各殊是也。专言乎血气之伦,不独气类各殊,而知觉亦殊。人以有礼义,异于禽兽,实人之知觉大远乎物则然,此孟子所谓性善。"[42]戴震从"人之知觉大远乎物"来论证性善,这与程朱的性论大不相同。

以上论述说明,儒家传统的人性论在回答"什么是人性"和"人性是什么样的"问题上,都不可避免地从人禽之辨乃至人、物之辨的类本质出

---

[38] 转引自陈来:《中国近世思想史研究》(增订本),第 618－619 页。

[39] 陆世仪:《思辨录辑要》(卷二十七),转引自陈来:《中国近代思想史研究》(增订本),第 621 页。

[40] 陈来:《中国近世思想史研究》(增订本),第 620 页。

[41] 戴震:《孟子字义疏证》(卷中),第 25 页。

[42] 同上,第 35 页。

发来论证人性。戴震无论对性的界定还是赋予的人性内容,其方法和原理都没有脱出传统人性论的范畴。

三、托马斯主义与近代性

《天主实义》是利玛窦述答中国信徒关于天主教教义之书,主要运用了托马斯·阿奎那自然神学的认识方式,也即自然理性,而自然理性正是利玛窦自认为在中国古代儒家经典中发现的与基督教一致的地方。[43] 他声称,儒家的格言与人类天赋的理性和基督教的真理都是一致的,例如儒家教人"己所不欲,勿施于人",就是耶稣在《马太福音》7: 12中所说的为人准则:"你们愿意人怎样待你们,你们也要怎样待人"的另一种表述方式。即使他批评中国人的道德哲学缺乏逻辑时,他也承认:"中国人也得到了理性之光的一定指引。"[44]需要指出的是,1545 年至1563 年召开的特兰托宗教会议,再次确定了托马斯主义神学的正统地位。1593 年,耶稣会大会明确规定其成员在神学领域必须遵循托马斯主义,在哲学领域也不能违反托马斯主义。[45] 作为耶稣会传教士的利玛窦,在《天主实义》中阐述的基于自然理性的神哲学,主要基于托马斯主义。

托马斯主义是属于中世纪观念形态,还是内含催生近代学术思想的先进因素,这一问题直接导致了学界对《天主实义》对中国学术思想影响大小的评判。明末清初的反天主教言论和行为一度很盛,但都是从政治和宗教利益出发,不是客观的学术批评。明末清初的唯物主义思想家方以智则对西方传入的宗教神学和科学采取了一种分析的态度,指出"泰西质测颇精,通几未举",[46]认为西方传教士传来的基督宗教神学较

---

[43] 利玛窦:《利玛窦中国札记》,何高济、王遵仲、李申译,北京:中华书局,1983 年,第 99、170、485 页。

[44] 孟德卫:《奇异的国度:耶稣会适应政策及汉学的起源》,陈怡译,郑州:大象出版社,2010 年,第 43－49 页。

[45] 赵敦华:《基督教哲学 1500 年》,北京:人民出版社,1994 年,第 604 页。

[46] 陈来:《中国近世思想史研究》(增订本),第 530 页。

西方自然科学远为拙劣。当然,方以智的批评虽然出自学术,但不可能从近代性方面立说。当代学者在论证17世纪输入的天主教是否有助于现代化问题时,几乎都采纳了"天主教=旧学=封建中世纪"与"新教=新学=文艺复兴"这一区分。尤其在韦伯的《新教与资本主义伦理》翻译出版后,这一区分得到进一步强化:天主教是超脱现世的,与封建制度等同;新教是现世的,与资本主义制度等同。何兆武先生以"是否有助于中国文化近代性生长"为评判标准,对明末清初的西学传播整体上予以否定,他认为自文艺复兴以来,西方世界正式步入了近代阶段,而传教士"虽然给中国带来了一些知识和体系,但其传入的仍是中世纪的神学体系,其世界观实质上仍属于古代与中世纪的传统范畴,这既背离当时世界历史的近代化趋向,也与资本主义已经萌芽、个人觉醒与解放已成为当务之急的中国时事之要求不相符合,对中国由中世纪转入近代无益"。㊼ 黄兴涛则认为,虽然明清之际的"西学"整体上尚不属于近代科学的范畴,这一点应成为整体认知和评价这一时期传教士所带来的西学的重要依据、甚至某种前提,但是他认为,这些"前近代"成果,也不乏当时中国所缺少的某些近代性因素,例如,以天文学、地理学与数学新知识为基础综合生成的"全球意识"或"世界观念",在近代性整体意识或观念结构中,恰恰处于某种基础性的地位;又如,注重形式逻辑尤其是演绎推理方法的介绍和传播,具有"工具理性",也是构成近代科学方法所不可或缺的重要组成部分。㊽ 李天纲则反对《天主实义》所介绍的经院哲学属于落后的中世纪哲学的说法,辩证地指出,不能把它简单归结为中世纪的观念形态,不能因为它在欧洲是神学的一部分而否认它对中国思想的解放意义。耶稣会士来华以后,中国人的思维方式也开始逐渐走出中世纪,出现近代形态的萌芽,但是他又指出,这种时间上的先后关系不一定意味着逻辑上的必然关联,因为明清思想的近代化是一个非常复杂

㊼ 何兆武:《明末清初西学之再评价》,载《学术月刊》,1999年第1期,第24－30页。

㊽ 黄兴涛:《明清之际西学的再认识》,载黄兴涛、王国荣编《明清之际西学文本:50种重要文献汇编》,北京:中华书局,2013年,第11－13页。

的内部因素和外部因素交互作用的过程。[49]

无论是肯定的观点还是否定的观点，毫无疑问都具有整体把握的思想高度，就世界历史和中国历史的发展趋势而言，都有各自的道理。不过，把《天主实义》等护教著作中赖以立论的基础——托马斯神学简单归入"中世纪神学"并以"落后"统而论之，则忽略了天主教神学自身的发展历史，也忽视了托马斯主义与此前的奥古斯丁神学及同时代的极端亚里士多德主义的差异，具有粗略化、类型化、简约化倾向。并且在"近代"与"前近代"之间建立必然的对立，也抹杀了西方历史上神学、哲学与自然科学之间的逻辑关系。中世纪盛期以托马斯·阿奎那经院主义为代表的神学虽然处在前近代时期，但是就其自身的发展阶段而言，相比早期教父神学和黑暗时期的神学，阿奎那所建立的托马斯主义自有其革命性意义，它对西方文明、尤其是成为西方文明标志的科学的发展做出了应有的贡献。

13世纪，通过阿拉伯世界，亚里士多德的"新哲学"得以重新进入拉丁语基督教世界。多少世纪以来，西方的神学一直遵循奥古斯丁和伪狄奥尼修斯的传统，也就是柏拉图和普罗提诺的传统。这种哲学对于早期基督徒与偶像崇拜和唯物主义的斗争来说是非常有用的，但是当涉及到道成肉身和圣礼之类的教义时，这种哲学体系就成了一种障碍，因为它无法合理地解释这些教义里物质的和可感觉的因素。中世纪的前几个世纪，西方对于研究自然界及其规律鲜有兴趣，部分原因是蛮族的入侵，以及随之而来的混乱，但也有部分原因是建立在新柏拉图主义原则上的神学侧重于来世。因此，并不奇怪，到了13世纪，就出现了新哲学，坚决主张感官作为认识的出发点的重要性，也出现了自然科学研究的觉醒。[50] 托马斯的老师大阿尔伯特，既是深信不疑的亚里士多德派，又是自然科学的热心研究者。他对于天文学、动物学、植物学的观察，为自然

---

[49] 李天纲：《简论明清"西学"中的神学和哲学》，载《复旦学报》，1999年第3期，第81-88页。

[50] 胡斯都·L.冈察雷斯：《基督教思想史》（第二卷），陈泽民等译，南京：译林出版社，2008年，第279页。

科学研究开辟了新天地。罗伯特·格罗斯泰斯特在巴黎学习神学,是牛津大学的校长,林肯的主教,亚里士多德著作的翻译者和注解者,也是实验方法的创造者。他在亚里士多德的基础上发展了自己的"归纳法"和系统测量模式。[51] 体现在这些人物身上的对新哲学的接受和对自然科学的热爱,并不都是一种巧合。

对于新哲学,托马斯的同时代人有两种基本反应。以波纳文图拉为代表的奥古斯丁派,明确反对新哲学。以西格尔为代表的极端亚里士多德派则热情地信仰这种新哲学。前者停留在古代的思想体系,从而失去了新哲学中可能有的任何积极价值;后者则与教会的传统信仰失去联系,从而缩小成一个很小的团体,终于很快失去了他们的影响。托马斯神学最重要的方面是能够应付正在侵入拉丁语西方的新哲学的挑战。他尝试将基督教和亚里士多德以及一般意义上的古典著作统一起来,这是一项极富创造性和筚路蓝缕的成就。在对经院主义讨论最多的"共相"问题上,他摆脱了新柏拉图主义观点,认为共相"不是存在于它们本身之中,而是存在于诸个体之中"。[52] 托马斯主义的另一革命性思想是他的认识论。一方面,哲学的长期传统声称,认识过程中可以不用感官的功能而认识本质,例如柏拉图就主张理智知识不是产生于可感事物。[53] 另一方面,相反的极端则认为,只有感官感觉到的东西才能被认识,这样,知识就只限于特定的物质对象,而永远达不到共相本质。托马斯把认识看成是一个过程,从感官资料出发,达到对本质的认识。事物的基本现实不能撇开事物而被发现,而是要在事物中去发现,这样,本质的被发现是一个抽象行为,而不是超越可感觉事物的穿透行为。[54] 托马斯的认识论是出发于具体而又终止于具体。在灵魂论上,他坚持人不仅仅是灵魂与身体的联合,而是灵魂与身体的结合。他强调存在于每个身

---

[51] Peter Watson, *Ideas: A History from Fire to Freud* (London: Weidenfeld & Nicolson, 2005), p. 329.

[52] 胡斯都·L.冈察雷斯:《基督教思想史》(第二卷),第263页。

[53] 赵敦华:《中世纪哲学》(下卷),北京:商务印书馆,2013年,第1423页。

[54] 托马斯·阿奎那:《神学大全》(第一集,第6卷),段德智译,北京:商务印书馆,2013年,第220-225页。

体里的灵魂和其他的灵魂是不同的。在这点上,他不得不反对亚里士多德的灵魂统一性学说,因为肯定灵魂的统一性将意味着否认个体的不朽性。[55] 在这点上,阿奎那实际上坚持了理性灵魂具有个体化本质的看法。[56]

科学的方法、准确的测量、一个有效率、思想统一的世俗世界:任何对西方现代性的定义都一定会包括这些基本要素。而在这些要素的背后,则是一种根本的心理变化,即某种形式的个体性,这种个体性于1050年到1200年之间的某个时期在欧洲产生。托马斯主义对个体和感官的强调,无疑使他成为"帮助奠定西方基础的第三个学者"。[57] 西方文明世界在重振亚里士多德对于物质世界的研究精神之后,"能够遵循观察和探讨的途径,这个途径终于导致了成为西方文明标志的技术发展"。[58] 在阿奎那之前,除了与上帝有关的知识外,世界既没有意义,也没有规律。而托马斯式革命至少在原则上使一种自然观和世俗观成为可能。这也是为什么越来越多的学者在界定西方历史的近代开端时,把焦点放在1050年到1250年之间这段重新发现亚里士多德的历史时期,因为它"引领了人类走向现代,是人类生活中最伟大、最重要的转变,而非两个世纪之后的文艺复兴"。[59]

利玛窦在《天主实义》中论述灵魂为神,与构成万物的"四元素"无关时,提出了六个理据,其中第四个理据就运用了托马斯主义的认识论来阐述灵魂如何从感官资料出发,认识事物的本质:

> 其四曰:凡受事物者,必以受者之态受焉,譬如瓦器受水,器圆则所受之水圆,器方则所受之水方。世间所受,无不如是。则人魂之神,何以疑乎?我欲明物,如以己心受其物焉,其物有形吾必脱形

---

55 胡斯都·L.冈察雷斯:《基督教思想史》(第二卷),第272-273页。

56 关于阿奎那对"灵魂个体化"的论述,详见《神学大全》第一集第6卷问题76"论身体与灵魂的结合"。

57 Peter Watson, *Ideas: A History from Fire to Freud*, p.330.

58 胡斯都·L.冈察雷斯:《基督教思想史》(第二卷),第280页。

59 Peter Watson, *Ideas: A History from Fire to Freud*, p.743.

> 而神之,然后能纳之于心。如有黄牛于此,吾欲明其性体,则视其黄曰非牛也,乃牛色耳,听其声曰非牛也,乃牛声耳,啖其肉味曰非牛也,乃牛肉味耳,则知夫牛自有可以脱其声色味等形者之情而神焉者。[60]

阿奎那对“灵魂如何认识那些与自己相关的而又比自己低级的有形体”做过专题论述:“物体的形式是物质的和可变的,理智却按自己的方式非物质地和不变地接受它,……所以,应当这样说,灵魂是通过理智的一种非物质的、普遍的和必然的认识去认识有形体的。”也即利玛窦所说的,“脱形而神焉”。利玛窦提出的“凡受事物者,必以受者之态受焉”,用阿奎那哲学术语来表达就是:“被接受的物体是按照接受者的方式存在于接受者之中的。”[61]

当然,托马斯主义相对于此前基督教神学的革命性以及其自身在面对新哲学的冲击和挑战时所发展出的近代性因素,是不可能通过一本《天主实义》就能被明清社会所认识和理解的。更何况,《天主实义》的护教性质以及对佛、道、理学的批评,几乎遮蔽了书中散落的有价值的近代性因素,但是没能被认识不代表不存在,更不能据此而否定《天主实义》中的有益思想。

四、国外学者的观点

在国内学者对利玛窦在《天主实义》中表现出的文化适应策略以及西方哲学精神对中国学术思想的影响表达积极肯定的态度时,国外汉学界的评价如孟德卫所言,随着中国基督教史研究中的西方中心主义的终结而出现转型。[62] 在上世纪 60 年代西方冲击—反应论的影响下,列文森比较了 17 世纪和 19 世纪的传教士,直接断言,17 世纪学者型的耶稣会

---

[60] 利玛窦:《天主实义今注》,第 113 页。

[61] 赵敦华:《中世纪哲学》(下卷),第 1404 页。

[62] David E. Mungello, “Reinterpreting the History of Christianity in China,” in *The Historical Journal*, vol. 55, no. 2(2012), pp. 533 – 552.

传教士输进中国的西方文化没能成为挑战中国传统思想的异端，因为耶稣会士给自己的行为披上了一件中国外衣，并努力使自己的思想观念适应中国的文明，他们给中国带来的是一种优美文化，修饰和丰富了儒家固有的文明；但鸦片战争后进来的欧洲人强加给中国的是一种毋庸置疑的外国异端。他认为，耶稣会士之所以在文化上妥协，是因为当时的中国社会还相当稳定，而17世纪的欧洲还不能对中国社会的稳定构成威胁，因此对中国文人来说，西方知识是可有可无的，它和权力或成功没有任何的直接联系。[63]

20年后这种悲观主义在法国汉学家谢和耐笔下达到高潮。他以大量17世纪反天主教的中文文献为基础，完全否定了耶儒融合的可能性。他认为，明末清初的入华耶稣会士与中国文人士大夫之间的对话很困难，因为他们出于各自文化传统的原因，没有也不准备互相理解：当时中国人不理解纯属西方思想的抽象逻辑，欧洲人对于中国思想也只具有一种肤浅的理解，所以，从哲学角度讲，明末清初的中西文化交流尚有许多障碍有待于克服。[64] 具体来说，首先，《天主实义》几乎在每一页中都使用了繁琐的哲学范畴和推理，所有这些哲学用语或用来推断宇宙中合理的、结构严密的和最终的形象，或推断人类灵魂与身体的二重区别；亚里士多德的神学、宇宙论、物理学以及天文学形成了一个结构非常严密的整体。在这种哲学话语下，要说服中国人存在着与物质完全独立无关的神魂和精神，在受造物和造物主之间做出根本区别是很困难的，因为在中国人的传统中，没有任何类似于在感性和理性之间的根本对立性的东西，也没有任何可以使人联想到具有活力的思想与天然物质之间的根本区别。“中国人的全部思想却恰恰向相反方向发展。其次，任何繁琐的哲学思想都以矛盾原则为基础，自我重复论述，却又不自相矛盾。但中国人关心的首要问题是变化的过程，满足于一些可以不同程度互相结合、不断增减的对立物。再次，中国人反对源自希腊哲学和天文学的宇

---

[63] Joseph R. Levenson, *Confucian China and Its Modern Fate: A Trilogy* (Berkeley: University of California Press, 1958 - 1965), pp. 50 - 51.

[64] Jacques Gernet, *China and the Christian Impact*, trans. Janet Lloyd (Cambridge: Cambridge University Press, 1985), p. VI.

宙是稳定的、有限和混杂的思想,坚持一种统一的、发展的和时空无限的宇宙。”[65]谢和耐认为,利玛窦的《天主实义》中在天主教的一神论和儒家古籍中的“上帝”和“天”之间建立亲缘关系,是一种传教策略,“为了避免给中国人造成文化冲击,是一种迂回策略”。[66] 韩国的宋荣培也持类似的观点。他认为,儒家世界观与亚里士多德的形而上学是完全不同的思维传统。儒家世界观将宇宙看成具有生命的、自身生生不息的有机体,因此也就没有必要存在最初的动力因。他认为,利玛窦立足于自己所熟悉的亚里士多德和阿奎那的思维体系,认为新儒家的“理”不能成为自立的存在、而只不过是一种属性,这“对于具有不同形而上学体系的中国文人来说,是难以被正常理解和接纳的。”[67]

同时期与谢和耐的否定观点相反的是美国汉学家史景迁 Jonathan O. Spence。在穿插欧洲和中国历史的浪漫叙事中,不难看出史景迁对利玛窦沟通中西文化的赞许之情:利玛窦是一个填补中西两大文明巨大沟壑的英雄式人物,他运用自己的学识和天赋开启了一个新的相互理解的世界。[68] 美国汉学家孟德卫虽然师从列文森,但是却摆脱了冲击-反应论,主张从一个更长远的历史角度,从儒家文化而不是从基督教文化视角,来看待 17 世纪天主教思想对中国社会的影响。他以佛教在中国的传入和发展为参考,佛教自公元 1 世纪传入中国,大约八百年之后才在唐代达到鼎盛,而天主教自第一位耶稣会士 1580 年进入澳门开始计算到上世纪 80 年代大约四百年的时间,谢和耐就断言基督教不能对中国社会产生影响还是太早。孟德卫明确提出,利玛窦把儒家传统作为基督教道德补充的调和策略,“是一种远见卓识,不仅适应中国当时的现实,而且与鲜为人知的中国远古历史相结合,诉诸中国人对远古的崇敬心理。”[69]孟德卫认为利玛窦创造了一种儒学与基督教结合的学说,完全

---

[65] 谢和耐:《中国与基督教——中西文化的首次撞击》,第 410 - 421 页。

[66] Jacques Gernet, *China and the Christian Impact*, p. 15.

[67] 宋荣培:《东西哲学的交汇与思维方式的差异》,第 231 页。

[68] Jonathan Spence, *The Memory Palace of Matteo Ricci* (New York: Penguin, 1984).

[69] David E. Mungello, *Curious Land: Jesuit Accommodation and the Origins of Sinology* (Wiesbaden: F. Steiner Verlag, 1985), p. 18.

符合晚明融合众说的思想潮流，而利玛窦的这种努力，是因为他“确实被晚明的文化生活所同化”。[70] 不认同谢和耐否定性观点的还有荷兰汉学家许理和与美国汉学家梅欧金。针对谢和耐的中国人由于其根深蒂固的文化观念，无法同化天主教的基本教义，许理和以 17 世纪福建的天主教活动为例，认为事实正好相反。[71] 梅欧金通过对 17 世纪福安多明我会传教士的研究，证明天主教能够适应中国文化。[72] 赫尔辛基大学黄保罗教授也认为，利玛窦在中国古经中对唯一神的发现是“耶儒对话的一个重要遗产”。[73]

梅谦立从一个更加广阔的国际传教文献历史角度，对利玛窦《天主实义》(1603)和范礼安的《日本教理手册》(1579－1582)进行了比较，在指出前者在结构安排和论述方法上对后者的承袭之外，提出《天主实义》的创新之处在于，它不仅采纳了《日本教理手册》的篇目结构和经院哲学论证方法，而且运用了一种全新的解释学方法，第一次向中国士人展示出中国古籍的基督教诠释实践。这种基于西方自然理性的经院式论证方法与基于中国古籍诠释的解释学方法，使《天主实义》不仅论理精微，而且文采斐然，深得中国士人的喜爱。另外，《天主实义》所阐述的中西道德哲学也是《日本教理手册》所缺乏的，书中对人性的探讨，对功德与修身的阐发，尤其能够激发中国士人的共情。《日本教理手册》只是一部为传教士驳斥日本各种宗教门派、一味论证基督教正理的干巴巴的教理书，而《天主实义》所采用的情景式辩论和各种寓言、类比及隐喻，无一不展示出利玛窦对中国文化的熟悉与欣赏，这种开放的姿态本身就是一个伟大成就，因此从历史的比较来看，《天主实义》不愧是一部

---

[70] Ibid., p. 63.

[71] Erik Zürcher, “The Jesuit Mission in Fujian in late Ming Times: Levels of Response,” in Eduard B. Vermeer, ed., *Development and Decline of Fukien Province in the Seventeenth and Eighteenth Centuries* (Leiden: Brill, 1990), p. 456.

[72] Eugenio Menegon, *Ancestors, Virgins, and Friars: Christianity as a Local Religion in Late Imperial China* (Cambridge, Harvard University Asia Center, 2010).

[73] Paulos Huang, *Confronting Confucian Understandings of the Christian Doctrine of Salvation: A Systematic Theological Analysis of the Basic Problems in the Confucian-Christian Dialogue* (Leiden: Brill, 2009), p. 45.

真正的中西文化交流杰作。[74]

荷兰汉学家许理和以大量中西史料为依据,对《天主实义》中的教义学理和天主教在晚明社会的宗教实践两个方面进行了细致的理性分析,指出前 30 年(1997 年之前)的此类研究太强调耶稣会士和知名中国文人教徒在学理层面对天主教和儒教的融合与调试,却忽略了天主教不仅仅是一个思想,更是活着的宗教,有自己独特的信仰、仪轨、祈祷、神迹、虔敬和圣餐等团体活动。虽然天主教在教义和学理层面呈现出试图与儒家思想融合与调适的态势,但是在宗教实践层面却体现出绝对的排他性和异质性,例如在教义上,利玛窦可以用经书中的"上帝"来称呼天主教的"天主",却有意避免使用"寺""庙"来命名自己的教堂,而是使用"堂";称牧师为"司铎",称弥撒为"瞻礼",甚至不惜使用拉丁词的音译而不愿采用佛教中大致对应的词。许理和认为,作为一种教义,天主教在利玛窦的带领下,在高层次的哲学和神学原理上成为儒教的补充;作为一种宗教,它也势必与本土信仰和实践具有高度相似性,但是天主教却把它们斥之为迷信。正是天主教在教理和实践两个面向上呈现出的兼容与排斥,成为天主教永远没能解决的内部悖论,这种悖论最终导致天主教 18 世纪在中国的式微。[75]

正如鲁汶大学的钟鸣旦教授在回顾 20 世纪最后 25 年西方的中国基督教史研究时所说,国外的研究发生了"范式转变",[76]即从传教学和

---

[74] Thierry Meynard, "The Overlooked Connection between Ricci's 'Tianzhu shiyi' and Valignano's 'Catechismus Japonensis,'" in *Japanese Journal of Religious Studies*, vol. 40, no. 2 (2013), pp. 303 – 322.

[75] Erik Zürcher, "Confucian and Christian Religiosity in Late Ming China," in *The Catholic Historical Review*, vol. 83, no. 4(1997), pp. 614 – 653.

[76] 关于"范式转变",参见 Nicolas Standaert, "Inculturation and Chinese-Christian Contacts in the Late Ming and Early Qing," in *Ching Feng*, vol. /no. 34(1991), pp. 209 – 227; Paul Rule, "Chinese-Centered Mission History," in J. Heyndrickx, ed., *Historiography of the Chinese Catholic Church* (Leuven: Ferdinand Verbiest Foundation, 1994), pp. 52 – 59; Erik Zürcher, "From Jesuit Studies to Western Learning," in *Europe Studies China: Papers from an International Conference on the History of European Sinology* (London: the Chiang Ching-kou Foundation for International Scholarly Exchange, 1995), pp. 264 – 279。

欧洲中心主义向汉学和中国中心转变,表现为"方法论、研究主题的性质乃至历史学家自身的背景都发生了转变"。关于天主教与中国社会的现代化问题,钟鸣旦指出,这一假说存在的一个重要问题是,它"依赖的是对历史的回顾式阅读,毕竟无论我们是否把耶稣会士看作现代性先驱,那些17世纪的人不会有这种想法。而且这种说法假设了一个循环发展的稳定的中国社会,只能等待西方才能进行转型"。[77]

五、结　论

一方面,从有据可循的文献上看,《天主实义》对晚明知识分子确实产生了不小的影响,但这种影响更多地表现为天主教文化,邂逅了儒家固有的存心养性之学。无论是传教士对儒家思想的基督教化,还是儒家学士对基督教思想的儒家式阅读,都抱有各自的目的,在传教士与晚明士人之间呈现出来的对话和交流,更有可能是出自双方的共谋和参与。认为《天主实义》中的论理方法对清代知识分子尤其是戴震的哲学产生过影响,并且认为西学中的哲学与神学对清代考据学产生了根本性的重要影响的看法,尚缺乏坚实的史料支持和理论依据。另一方面,仅仅从是否有助于近代性的生长这一点来评判明清之际包括宗教和哲学思想的西学,其背后隐含的是单线文明发展的欧洲中心观,因而有画地为牢、削足适履的危险。以哲学和艺术为例,怀特海曾断言,全部的西方哲学不过是柏拉图思想的系列注脚,[78]欧洲文艺复兴时期的艺术更是历久弥新,很难被超越。更何况,作为一种影响深远的宗教,天主教自有其一贯的精神价值和文化意义,尤其是耶稣会的官方神学托马斯主义,对西方文明的近代发展,提供了重要的思想支撑,这是我们不能否认的。它们对中国文化的意义和影响,未能在短时期内以一种确切、单一的形式体现出来,由此并不能否认托马斯主义自身的近代形态,或许从长久的历

---

[77] Nicolas Standaert, "New Trends in the Historiography of Christianity in China," in *Catholic Historical Review*, vol. 83, no. 4(1997), pp. 573 – 612.

[78] Peter Watson, *Ideas: A History from Fire to Freud*, p. 74.

史发展来看,其影响会逐渐显示。正如李天纲指出的:“我们确实可以认为:西方哲学是从明末开始影响中国人,并慢慢地为中国知识分子所理解,并在后来的时期内,逐渐地参与到中国文化的变革中来。”[79]

[79] 李天纲:《简论明清“西学”中的神学和哲学》,载《复旦学报》,1999 年第 3 期,第 81-88 页。

神圣与淑世：明末耶儒“爱”之互释与会通

——以艾儒略与杨廷筠的阐释为例*

车向前

【内容提要】 伦理道德的冲突与融合是明末耶儒对话的重要议题。本文详细探讨艾儒略和明末士人杨廷筠对耶儒与“爱”相关的命题进行的相互理解、阐释和积极调和。本文指出，艾儒略基于天学本位，将儒家“仁爱”的内涵与天学“爱人如己”之解释项进行对接，最终将其嵌于“博爱”的内涵之中；而杨廷筠则基于伦理本位，在强调“爱人如己”之“仁”所拥有的道德伦理功能的同时，从“名”“实”之关系出发对“神爱”与“仁爱”进行了融合。二者的阐释之于整个明末耶儒会遇的意义就在于发现了耶儒伦理在文化层面上的本质关联，关照了共享的道德完善主义之超越精神，认识到了伦理实践性和神圣性的互补之处。这种互惠式的跨文化阐释模式能为中西会遇中的伦理对话提供一定参考。

【关键词】 耶儒对谈 艾儒略 杨廷筠 仁爱 博爱

* 本文受2019年度陕西省教育厅人文社科专项基金项目“陕西自贸区人文交流与合作新模式研究”（项目编号：19JK0386）、中央高校基本科研业务费项目“明末儒耶对话的文化间性阐释及其当代价值研究”（项目编号：G2020KY05101）的资助。

在今日全球化背景和多元文化视野中,探讨如何经由对话和商谈,处理好道德普遍性与特殊性的关系、获得伦理共识,是跨文化研究的题中之义。早在明末耶稣会入华时期,就有过以伦理道德命题为核心的中西文化的互相丰润。以利玛窦为代表的耶稣会士入华后,借助儒学中可对接的价值观念,高扬天学伦理观,就耶儒各自的道德伦理进行了对接和阐释。这一方面打破了二者道德观念的隔绝状态,给某些中国传统伦理规范与实践带来了挑战,另一方面也得到了部分开明中国人的积极响应、努力调和,促进了对话的深入,构建出一种基于平等与包容的伦理空间,呈现出重要的研究价值。本文以“仁爱”“博爱/神爱”为核心,详细分析耶稣会士艾儒略和中华士人杨廷筠如何就“爱”这个道德实践和伦理规范的中心概念及相关命题进行互释互补、对接融合,力图为耶儒伦理道德的自我发展、对话与融合提供一定的启示。①

一、“爱人如己取仁爱行之”:艾儒略的阐释与对接

“爱”作为具有普遍意义的道德核心内涵,一直是跨文化对话研究的重点和经典话题。一般而言,儒家的“仁爱”强调道德规范,是一种伦理价值标准;而“博爱”则强调一种超越普通伦理范畴的具有神圣质素的上帝之爱。与“爱”紧密相关的“仁”毫无疑问是中国哲学史上最重要的范畴之一,“仁”最早的含义就有“爱”,但这里的爱仅是一种宗法血缘的爱。孔子以仁为最高道德原则和人生理想,构建了庞大而系统的仁学,“夫仁者,己欲立而立人,己欲达而达人”,“己所不欲,勿施于人”②都体现了“仁者爱人”的重要道德规范,“天下归仁”则是社会道德的最高理

---

① 学界关于耶稣会士与中国人就“爱”所展开的交谈的研究并不多。期刊论文包括曾麒玥:《杨廷筠的基督论》,载《宗教学研究》,2017 年第 1 期;冉昌光:《中学西渐与自由、平等、博爱观念的形成》,载《社会科学研究》,2014 年第 1 期;博士论文有李细成:《中国哲学视域下的耶儒互动研究》(山东大学,2012 年)、张宗鑫:《明后期中西文化的碰撞与融合》(山东大学,2012 年)。上述论述虽然提及该论题,但对于具体的传教士或中华士人是如何围绕该话题进行互释与阐述的,以及这种阐释的意义之探讨非常少见。

② 《论语·颜渊》。

想。而在天主教中，上帝是爱。爱是上帝的最高属性，新约中“Agape”是克服我们所有的自然倾向和感情的爱。其在神学上的使用基本都归于三方面：上帝之于人的爱；人之于上帝的爱；人之于人的爱。[③] 直觉上讲，以血缘关系为基础的儒家道德体强调“仁者爱人，亲亲为大”，这种特征决定了儒家所设定的道德行为的对象只能紧紧附着于以君亲为代表的尘世。而天主教要求人们以子民身份委身于一个外在的大公之父的崇奉，当这种宗教教义体现为宗教行为时，天国之诫律与尘世的义务道德容易发生冲突，而奉行一种毫无等差的人间关怀也与儒家伦理的精髓有所抵触。

但自利玛窦入华以来，耶稣会士一直致力于以耶“合儒”“补儒”乃至“超儒”，会通中西。艾儒略当然不会忽视“仁”在儒家道德伦理思想中的核心地位，但他对“仁/仁爱”的解释牢牢围绕“爱”作为天主教道德思想总纲这样的核心展开。他首先把“爱”的整体内涵分成了三类：利爱、情爱、仁爱。“因己而发者，谓之利爱。是因彼人有利益于我，而后爱之”，这种爱“即恶者亦有之”；“因人而发者，谓之情爱。是因彼人为我亲戚故旧，而后爱之”，这种爱“即愚者亦有之”；“惟因天主而发者，谓之仁爱”。仁爱“必合于天下极疏极远之人”，因为“己与天下之人，皆天主所生，既爱天主，安有不爱主所生之人”？而且这种爱“惟圣贤能之”。[④] 艾氏认为，这三种爱虽都有爱之名，但公私大小却判若云泥。“仁爱”容纳了亲情之爱，利爱则不然，天主教徒应该“夷然不屑”。表面看来，这里将“仁爱”解释为“天主而发”的爱，似乎完成了“仁爱”等于“博爱”的对接，但事实远非如此。艾儒略对“仁爱”的解释是：“圣教所谓爱人如己，则惟取仁爱行之”，意即天主教所指的“爱人如己”就是单指以仁爱待人。这样看来，“仁爱”并不能与天主之爱划等号，因为按照艾儒略的观点，“天主爱人，有甚于人之自爱”，亦远甚于“父母之爱”；而且天主之爱有七：“初畀以灵性之明之德，使知所趋避善恶；复命天神以护守之、引掖之；录有经典以训迪之；代生圣人司教，以发明大道；时默启而辅佑之；

③ 黎加生：《圣经神学辞汇》，香港：基督教文艺出版社，1989 年。

④ 艾儒略：《口铎日抄》，第 507 页。

亲降人世,为人仆表;代受难救赎,令人自新”,[5]这与“仁”有着明显区别,特别是降人世以仆表、代受难以救赎,这是儒家之“仁”无论如何也无法实现的。作为天主教宣讲的伦理观之核心的“博爱”,至少包括天主对人的爱、人对天主爱的回应以及人与人之间的爱,这里艾儒略所言作为“爱人如己”之“仁爱”的解释,仅能覆盖人与人的爱。

艾儒略所言的这个“仁爱”和儒家关于一种更为广泛和普遍意义上的“仁者爱人”的道德要求有对接之处:因为“仁者爱人”不是限定为单纯的亲亲关系,仁由“爱亲”而推至“爱人”,直至“泛爱众”,即爱众人。从社会作用来看,二者无疑都是积极入世的一种人生态度,都关注在社会中的人与人之间建立亲密和友善的关系,从而达到理想状态。但关于人对天主之爱的回应,艾儒略强调要“悉翕顺主命,婉合主心,言主所欲言,行主所欲行,重主所重,贱主所贱”,这却并非是儒家“仁爱”之能。艾儒略在《口铎日抄》中对“仁”结合爱天主与爱人的关系做了进一步的说明。有教徒问:“爱主为上,爱人次之。然则仁会之举,非爱人乎?”艾儒略回答说:“仁之为字,取义二人,盖以二人方成一仁。安有孤立寡恩,痛痒膜置,而可谓仁乎?”真正的“仁”应该建立在爱的基础上,即“仁会之立,正为吾侪亲爱设也”。[6] 此处艾儒略强调了两点:第一,“仁”建立在人与人之间的关系之上;其二,“仁”讲求人与人的关系,而天主教本身就强调对上帝之爱应推及爱他人,即爱主当爱人,因此二者本质上没有冲突。他的解释是:天主以爱人为本质。因此,凡是爱天主的人,一定会将爱天主之心推及爱人。他将那些怀恶意害人之心的人喻为“鬼魔”,如果信奉天主却不思爱人,就是鬼魔的家眷、亲属。在艾儒略这里,儒家的仁与天主教的“博爱”在爱人如己这一层含义中可有对接之处,即都指人与人那种亲顺和畅、互助互爱关系。另外,艾儒略还特别将其所言的“仁爱”的对象和范围扩展到了恶人、仇人,这与儒家传统的“仁爱”是有别的。这也是天学“爱人如己”本身的内涵,有原罪的个体在天主的召唤之下去爱恶人、仇人、别的罪人,使之化恶为善,也是荡涤自身

⑤ 同上,第 576 – 577 页。

⑥ 艾儒略:《口铎日抄》,第 558 页。

灵魂的过程。无论是谁，在天主面前坦诚心胸，痛悔省察，属于天学道德伦理中修德进善之首要任务。

如此看来，艾儒略对“仁”的理解在初步对接的基础上，缩小了“仁”的内涵，将其嵌于“博爱”之中，限制在“爱人如己”这个解释项内。虽然与“仁者爱人”的泛爱之维度有可资对话之处，但无可否认的是，儒家之“仁”本身所具有的诸德总称的意义与地位还是被削弱了。总体而论，他所认为的“仁”与“Agape”，还是有根本差异的。艾儒略极其强调天主教的“仁爱”出于天主，归于天主，也是由其传教士的身份与立场决定的。天主与人和万物呈现出的是一种“造”而非“生”的关系，因为天主不是从自身生出万物，而是从无中生有或者用外在物质创造万有，那么天主与人、与世界不再有必然的内在联系，如此，天主的这种超越性和独立性，使得天主教拥有了非功利性和伦理性。⑦ 纵然人获得了某种功利性的结果，也是天主赐予。如此一来，天主对于人的道德实践而言，就是一种伦理的监督者。因此基督“伦理的根基发生了根本转移，由人转移向上帝，由人本主义转到了神本主义”，⑧形成了影响巨大的宗教伦理。

二、神爱之宗(名)合爱人之要(实)：杨廷筠的会通与融合

关于“神爱”与“仁爱”之对话问题，中国儒家基督徒展开了非常积极的回应。这其中论述最丰富的，当属著名的“圣教三柱石”之一杨廷筠。关于“爱”“德”问题的讨论，杨廷筠有三方面的贡献：一是准确区分中西之“爱”在内涵上的差异；二是以“自爱”为枢纽进行连接，强化了艾儒略提出的“爱人如己”之“仁”所拥有的道德伦理功能；三是通过“名实之辩”，给实践中的“爱人如己”这个“实”寻找了上帝“仁爱”的宗/

---

⑦ 从根本上说，这也是西方“Logos”精神关照下的一种阐释，即更强调以逻辑化的论证方式追本溯源。无论如何调和，天学还是毫无意外地将博爱的产生、道德的善的制定与至善最终归到天主，这还是追寻绝对本原的体现。参见车向前、郭继荣：《“天”之辩：明末传教士艾儒略与中国士人的耶儒对话》，载《基督教学术》(第17辑)，上海：上海三联书店，2017年。

⑧ 陈建明、何除：《基督教与中国伦理道德》，成都：四川大学出版社，2002年，第42页。

名,为儒家伦理添加了一个基础或外在超越的价值取向。

首先,杨廷筠敏锐地认识到"博爱"与"仁爱"的结构性差异和二者的互补特征。他在回应"仁者,人也。当以爱人为先"⑨时,指出:"仁者爱人"本身是有等差次序之别的,而"爱人如己"的"爱"却是一种无差别的平等之爱;"仁者爱人"精于人事、人际之间的实践,在超越性上却似乎有所不足。他说:

> 爱人又自不同,有伦常之爱,有交情之爱,有泛泛胞与之爱。其中次第差等,儒者之论极详。然在西学,则又谓私情之爱,不若德义之爱,为真肉躯之爱,不如灵性之爱为大也。⑩

的确,儒家的"泛爱众"是有上下秩序与亲疏远近之别的。儒家的"仁爱"思想是按照"爱有差等"的原则,先亲爱自己亲人,再层层由内向外、由近及远有等差地扩展到他人。孔子崇尚周礼,极力主张人们做到"君君、臣臣、父父、子子",要求不同的人伦关系要体现不同的仁爱。如父对子要严爱,子对父要孝敬,甚至当一个人修身没有达到一定程度的时候,"父为子隐,子为父隐"也是可以接受的,这种为了爱"圈内人"而拒绝"圈外人",便是具有差等的伦常之爱。这也是很多反教者难以理解"亚伯拉罕献祭以撒"这个故事的根本原因,在他们看来,为一个像君主一样的"神"而舍弃儿子,是无法理解与接受的。而在天主教看来,人有原罪,必须要先借着信神、爱神,以神为节点,然后再爱他人。这种神圣之爱是没有层次的,没有等差的,是博爱、普世之爱,是一种超越性的,摆脱了世俗功利的爱。因此总体而言,儒家的爱起源于亲子之情,必须遵循爱的等差次第,辅之以义、礼、智,确立人类合情合理的伦理道德秩序。而基督教的爱是以神为中介点,对全天下人的没有等差的普世之爱。杨廷筠认识到了这个差异,这也是后文中关于二者融合的起点;而

---

⑨ 杨廷筠:《代疑篇》,载郑安德编:《明末清初耶稣会思想文献汇编》(第三卷第二十九册),北京:北京大学出版社,2003年,第176页。

⑩ 杨廷筠:《代疑续篇》,载郑安德编:《明末清初耶稣会思想文献汇编》(第三卷第三十册),北京:北京大学出版社,2003年,第246页。

他提出的“其中次第差等，儒者之论极详”，说明儒家对于人伦关系差异性和层次性的强调，可以帮助天主教的“爱”更好地加以贯彻和实现。

不仅如此，杨廷筠还说：“大学之明德、新民、止至善，孝弟慈以教家国，亲亲长长以平天下，实不出此[天主之爱]。”儒家道德实践的各种可操作性原则及价值观，不仅可以总归于天主之爱，而且在根本的超越性与归因上存在着不足。儒家之仁与德，包含“谦恭慈爱”“轻财喜施”“借交急困”“忍辱含诟”“多闻善辨，识古通今，择言而发，中伦中序”等，但是不过也是为“博长者之名”“收好义之誉”“成任侠之品”“自拟圣贤之伦”，更不用说还存在着“阳善阴恶之伪德”“举一废百之似德”。此处的论述相当犀利，因为儒家之仁爱存在的核心问题就在于：为何爱？为何施仁德？因为这些行为很有可能目的就在于“欲藉此以立名”“以媒利”“讨便宜”，最终不过是“人之君子，而天之小人”而已。[11] 杨廷筠比较深刻地认识到了仁爱思想在价值取向上始终未能解决爱的终极意义的问题。儒家的“亲亲”基于血缘关系，仁爱之为始终是置于现世价值和人伦关系之下，君仁臣忠、父慈子孝、兄友弟恭、夫唱妇随等一套宗法等级的道德规范使得人的精神被屈从，爱的理念失去了它应有的伦理内涵，易造成人性虚伪、麻木的一面。这样一来，他就为天主之爱的最终出场打下了十足的基础。在杨廷筠看来，“今人止视天主至高至尊，与己邈不相亲，不知在人世。则论名分，天主视人无非其子，无贵贱、无贤愚，皆一大父所处。故谓之大父母，尊而且亲，无人可得而远之”。这里，天主不但不“与己邈不相亲”，而且“尊而且亲”，因此更能体现出在世的父母所难有的“公义”，“无非其子，无贵贱、无贤愚”是可以突破儒家“差等之爱”的，其最终的指向在于“不独亲其亲，不独子其子”，这就是“博爱”的实质。

其次，杨廷筠通过强调“爱己”这个同心圆结构，深化了艾儒略提出的“爱人如己”之“仁”所拥有的道德伦理功能，因为儒家的仁爱思想正是由自我为起点扩展到宇宙万物的，二者在伦理要求上高度一致。在《口铎日抄》中艾儒略就提出，“爱”以人为间，上可达于天主，下可达于

---

⑪ 杨廷筠：《代疑续篇》，第 245 – 247 页。

他人,故奉教者需行“三功”,即“一孝于主,一慈于人,一严于己”。“孝”至于主,“慈”之于人,自然都是“爱”的情感,而关键就在“严于己”也属于“爱己”的内涵,这也是天主教关于修业进德独特的一点,因为艾儒略认为,只有“朝夕省察,稍有愆尤,不容自恕”,⑫使德日增,咎日减,才可得天主恩宠及天国荣福,故真“爱己”者必“严于己”。杨廷筠说:“天主耶稣之教,爱人如己,故‘爱德’要矣。但既曰‘如己’,则当爱己为先。”在他眼中,世人没有不爱己,但若细观之,又谁能真正达到爱己?他眼中众人所谓的爱己,仅是爱形躯而已。“能爱己,方能爱人。”这是杨氏一个重要的论断。他认为西方的君子在救人以急,就如救自己的头目;揭除他人之蔽障,恰如启迪自己清醒感奋,这并非个人性情特殊所致,而在于他们能从爱自己出发,到兼爱人,这样的爱才是完全的爱。无论是天主教徒将爱最终指向天主这个万善之原、万爱之根,还是儒士爱的“同心圆”范式,都是从爱自己、严于己开始的,这是“爱”与中国实践道德的又一个联系。从“己”这一点来说,与儒家主张“仁爱”中的“克己复礼”“推己及人”是有异曲同工之处的。儒家强调“为仁由己”“己欲立而立人,己欲达而达人,己所不欲勿施于人”,这是中国人利己和利他的逻辑。爱人与成己如一体之两面,成己为爱人之基,爱人是成己的实现。仁爱应从“自爱”出发不断向外扩展。孔子说:“为仁由己,而由人乎哉?”要实现“仁”,全须个人自身努力,个体都要自觉提高道德之修养。《荀子》中也说:“知者自知,仁者自爱。”⑬儒家之仁爱,确以自爱为起始。自尊自爱是爱他人的前提条件,自爱与爱人二者本质相通。没有自爱的“爱人”,是无源之水,因为自爱不仅是自己的事情,也需要在他-我、你-我关系中得以实现。而儒家“修身”的过程,就如同一个同心圆,如一颗石子落在水中所产生的涟漪,开始微乎其微,慢慢扩展壮大,从爱自己爱父母,到爱兄弟姐妹,到爱妻子丈夫,爱君王,爱朋友,最后到爱所有人——“泛爱众”。而天主之爱,也要求爱人如己,继而辗转流通,如杨廷筠所

---

⑫ 艾儒略:《口铎日抄》,第585页。

⑬《荀子·子道篇》。

言，“人与人互相亲，爱与爱交相浃。人心安有不和厚？世界安有不羲皇？”⑭

再次，杨廷筠还就二者的差异进行了融合。谈及圣经中爱之理念与中国文化的对接途径，神学家赵紫宸在《基督教进解》中提出了弥合“博爱”与“仁爱”甚至于补充儒家“仁爱”思想之不足的一个办法，就是给中国的伦理加上一个伦理的根基，就是人神之伦。⑮ 这个路子早在杨廷筠那里就有了深入的尝试，他结合“圣爱”，为实践中的“爱人如己”这个“实”寻找了一个上帝之“仁爱”的宗/名。艾儒略虽将天主之爱与爱人如己贯穿整个宣教过程，却始终体现出其对爱天主的侧重。但在给艾儒略所作的《涤罪正规》序言中，杨廷筠通过谈论十诫的二元结构，表现出了与艾儒略并不一致的观点：“十诫尽于敬天主爱人二端，敬天主之实，又在爱人。爱人如己乃所以敬天主。统之有宗，执之有要。”⑯他旗帜鲜明地提出：应“以敬天地之主为宗，以爱己爱人为实”。⑰ “圣爱”本质上是与“仁”相通而非相斥的，其区别在于这里的“仁”的造成者是天主。天主降生本身就是一个“大发仁爱，以无限慈悲，为绝世希有自天而降”的过程，而“夫天主造成世界，常欲彼此交爱，以畅满其生生之仁。故畀人五常[即仁、义、礼、智、信]，而‘仁’为之首。”因此，提仁者爱人，是顺理成章之事，即“自其初赋则已然也”。这样看，与艾儒略的解释不同，杨廷筠最大限度地保留了“仁爱”的无上地位：“仁爱之极思，人道所未有”。⑱ 爱人之“仁”之所以为尊，其原因就在于天主之“仁”。这样一来，那个指向道德实践的“仁”便有了更加强烈的超越性，产生了人神之

---

⑭ 杨廷筠：《代疑续篇》，第 245 - 247 页。

⑮ 赵紫宸：《基督教进解》，载《赵紫宸文集》（第二卷），北京：商务印书馆，2004 年，第 100 页。

⑯ 杨廷筠：《涤罪正规小引》，载钟鸣旦、杜鼎克编：《耶稣会罗马档案馆明清天主教文献》，台北：台北利氏学社，2002 年，第 345 页；另参何先月：《天主十诫中的宗教与伦理》，载《基督教学术》（第十七辑）。该文指出，关于天主十诫的二元结构关系的理解上，中国较侧重爱人如己，以伦理为本位，而传教士侧重爱天主万物之上，以宗教信仰为本位。杨廷筠的阐释走得更远，更加侧重于伦理与信仰的融会贯通与和合关系。

⑰ 杨廷筠：《代疑续篇》，第 245 页。

⑱ 杨廷筠：《代疑篇》，第 195 页。

伦理维度。

这一主张,充分体现出杨廷筠始终坚持的“取西来天学,与吾儒相辅而行”之原则。他认为天主之仁、爱人如己与“仁者爱人”,本身就不可分割,仁是成己成物,神爱亦然。他说:“以敬天地之主为宗,即小心昭事之旨也。以爱人如己为事,即成己成物之功也。以十诫为约束,即敬天爱人之条件也。”⑲儒家的“仁”,是一种基于权威与价值体系的社会伦理,因此是十分关照现实与社会的。但如前所述,当“仁”被伦理工具化成为手段而非目的之时,就会体现出超越性意义上的虚弱。杨氏尝试给其赋予一定的信仰理念的核心(即寻宗/名),这样的人神伦理基础有助于摆脱实践中念念不忘的人和事,对把“仁者爱人”提升到民众普遍的、内在的道德意识有着积极的促进作用。

三、“爱”之对话对明清耶儒对话的意义与贡献

这场“爱”之对话,藉由艾儒略的阐释与杨廷筠的融合,对于整个明末的耶儒对话有着特殊的意义。其贡献在于:

其一,在阐释方法上,双方抓住了耶儒伦理与道德在文化上的关联,将伦理道德问题置于更为广阔的文化领域进行文化化、实践化,而非一味的宗教化,这为艾儒略之后乃至清初的耶儒对话提供了一定的参考。整体来看,“为仁由己”“仁者爱人”集中体现着道德完善主义的超越理想精神:人性可以通过道德的自我修养而获得超越,超越的实现也就是仁的实现,这种超越是人本的、内向型的超越方式,是有其终极性意义的。而天学高标的神圣主义,其超越性特质更为明显,体现了天主教对人生之目的意义和最高完善理想的终极关怀,这是神本的、外向型的超越,道德淑世主义美德伦理与神圣主义宗教信仰都呈现出人文主义的关怀和衔接,因此是可以沟通的。当我们整体上回味杨廷筠的论述就可见其中隐含的脉络:天主教徒为何要爱?为了生命之永恒,如天主般完美;传统儒家为何宣扬仁爱?为本性的自我完善,为事父母,保四海,儒

---

⑲ 杨廷筠:《代疑续篇》,第238页。

家信望爱以实现自我完满，天主教明悟爱欲以满主之分，其实爱别人，在两种文化中，都是自我超越的。“仁”与“爱”之价值取向在于他人，皆指向了双方道德努力的终极目标。后世的法国传教士冯秉正在《盛世刍荛》的“仁爱引言”中就说：“尽仁之道，非爱不为功。尽爱之道，非上爱天主，下爱众人，不足以成仁。”[20]两种视域的交叉，在彼时促进了对耶、儒伦理道德系统的自我反思与相互丰润。

其二，在阐释效用上，明末思想界对于良知本身的主观化认定，一定程度上造成了人们对存于内心之价值的理解的普遍性不足，因此以超越现实生命、走向彼岸后世为主旨的天主教对于整肃彼时的社会的价值观念与行为规范，有着独特作用。艾儒略通过对“泛爱众”、爱人如己的阐释，传递出“上帝面前人人平等”的宗教平等观。这种西式的价值观经由杨廷筠的名实之辩，一定程度上修正了传统儒家伦理的缺陷，为明末实学中个体性的张扬和个体价值的觉醒奠定了一定的理论依据。因为人之道德实践需要发挥人的主体性。伦理的实践性和神圣性如一体之两面，不管是为善还是仁爱，儒家对个人的自省与遵从规范的能力要求是相当高的，神圣意义的欠缺潜藏着伦理工具化带来的风险。天主教对彼岸意义的追求，不排除陷入对此在的虚幻，仅关照个体神圣性而忽略社会性，也是与道德的根本功能相悖的。天主教能为儒家“仁”之伦理的实现给予“名”之依托，儒家可以令天主教的“爱”实现得恰如其分，儒之纲常与天主之道德原则完全有着互补的可能。

其三，在阐释态度上，杨廷筠在整个关于“爱”的对话中体现出了跨文化对话意识，这在参与明末耶儒对话的中国知识分子中间非常少见，特别值得关注。对于耶儒思想的碰撞，与反教派的激烈批判、全盘拒斥和温和派的模棱两可、若即若离不同，作为儒家基督徒的杨廷筠一直秉持着包容并蓄、互促互鉴的思想，这不仅是他关于仁爱与神爱阐释的基本出发点，也是对整个天学思想进行跨文化阐释的立足点。在《代疑篇》中，他在解释“仁者，天地万物为一体”时与天主教谈轮回、讲人与

---

⑳ 冯秉正：《盛世刍荛》，载吴相湘编《天主教东传文献续编》，台北：台湾学生书局，1986年，第1419页。

物、人与天主不同性的联系与区别时就说:“儒先之言自有所为”,而人的目光不能狭隘地放在自己身上,这样与天地万物绝不相关;也不能泛视天地万物,而导致忽略自身。天学儒家,都关注人与人、人与世界的关系,关注成人成物,从一种宇宙观和道德引领的角度而言,“是吾一体”,“分虽殊而理则一,派虽别而源则同”。[21] 也只有仁者,方能在更高层次的共享性中把握问题,窥见彼此所长与各自奥妙。

四、结　语

艾儒略将“仁爱”解释为“天主而发”,是由其天主教徒、传教士的身份所决定的;而其“爱人如己”的解释初步体现出耶儒两家对于“爱”的共通之处,表现出了对于人之道德实践的关注;杨廷筠则在清醒认识到二者结构差异的基础上,发现了其共享的超越之处、共同的以自我为出发点的伦理要求取向和“名”“实”关系。从双方的阐释来看,在耶儒两个系统中寻求伦理的相似与互补之处是可能的,其关键还在于对谈者能否秉持同情地理解与接纳的心理,而这恰恰又是跨文化对话的伦理与道德。双方不仅没有拒斥对方关于“爱”的阐述,而是努力找寻两种伦理的对接与相融之处,这样的实践是非常可贵的。这样的对话,有助于我们独立地考量历史的因由,将传统历史视域融入当下伦理道德问题的考察,从而发展出更具普遍性和现实性的道德观念。

---

[21] 杨廷筠:《代疑篇》,第 174 页。

王宏翰奉教及其相关问题*

王　皓

【内容提要】　学界关于王宏翰奉教问题的讨论持续了半个多世纪,造成这一现象的最主要原因,是陈薰的《性学醒迷》这一文献长期隐而不彰,无法为学界所利用。这一文献的缺位,使得很多相关论述多少都有些支离和舛误之处。而这一文献的流通、保存和重现,本身就反映出一段具体而微的中国近代学术史。王宏翰的天主教徒身份的确定,可以进一步佐证他在论著中采用了"援耶入儒、含而不露"的写作策略。这对于识别清初奉教士人的一般特征,增加了一个具体而且重要的案例。

【关键词】　王宏翰　范行准　方豪　《性学醒迷》　儒耶关系

王宏翰(1648 -?)在中国医学史和中西文化交流史上都占有较为重要的地位。目前,关于王宏翰的研究已经相当深入。研究者普遍承认:王宏翰努力将自明末传入的西学和儒学以及中国传统的医学融汇整合,就存世著述的规模和影响来说,称王宏翰为"中国第一接受西说之医家",并不为过。然而,关于王宏翰的天主教徒身份,不同学者见解不一。笔者拟结合相关史料,对王宏翰奉教问题进行一个学术史的梳理,尝试

* 本文为国家社科基金重大项目"徐家汇藏书楼珍稀文献整理与研究"(项目编号:18ZDA179)的阶段性研究成果。在拙文的写作过程中,笔者承上海中医药大学图书馆的陈腾指教了一些关于版本方面的知识,谨致谢意,惟一切疏误概由笔者负责。

厘清王宏翰的奉教士人身份,并对这一学术问题的产生予以初步解释。最后,笔者拟就王氏奉教问题之考实在中国基督教思想史上的意义略陈管见。

一、各家论说述略

首倡王宏翰奉教的学者是范行准(1906－1998)。范氏《明季西洋传入之医学》中有《王宏翰传》,摘引其相关论述如下:

> 王宏翰,字惠源,号浩然子。先世本河汾人,为文中子裔胄,未详何时卜居华亭,宏翰又从华亭迁居姑苏之西城。博通儒学,明达医理,参格致之功。盖宏翰本天主教徒,与教士研讨西学,故其为医兼采西说,如艾儒略《性学粗述》、高一志《空际格致》、汤若望《主□〔引者按:少一制字〕群征》等书。其学医也,以母病癖,其所论说,既多采当时性学格致之书,故力斥旧说之妄诞,尤疾苏医之庸陋,惟崇天主及儒学,可称中国第一接受西说之医家。康熙二十七年(一六八八)成《医学原始》四卷,《古今医史》续增作十一卷,《医籍考》作九卷,日本《内阁文库汉籍部目录》同,今据原刊。一时通家旧好,如缪彤、韩菼、徐乾学、沈宗敬等人为之序,胥推宏翰此书,立元神元质诸说之奇,而不知其悉本于《性学粗述》等书也。三十一年(一六九二)馆于句吴陈薰鸥渟家,课其子,朝夕与薰尚论天学及格致诸说,宏翰与薰本同教相契也。……兄珪,字树德,子二,兆武,字圣发,兆成,字圣启,则皆受业于陈薰之门,亦天主教徒也。宏翰之生卒年月不详,据陈薰序《医学原始》此序不详作于何年,亦不见《医学原始》,惟《性学醒迷》收之,《醒迷》成于康熙四十年许。有云:惠源,讳宏翰,则殆卒于康熙三十六年至三十九年(一六九七讫一七〇〇)之间。……

范行准称此传“略据《医学原始》各家及自序,《古今医史》续增本传,页五,民国《吴县志》卷五十八下‘艺文考’卷七页十,《性学醒迷》卷下页七一”。[1]

方豪(1910－1980)在1953年初版的《中西交通史》中有专节论述明清之际“国人之研究西洋医学及生理等学”的情形,此节之材料基本都是取材于范行准《明季西洋传入之医学》。方豪称王宏翰“信天主教”,“实我国最早接受西说之医家”。[2]

20世纪60年代,方豪撰《中国天主教史人物传》,他将王宏翰和陈薰合为一传。方豪此文之内容依然本于范行准著《王宏翰传》,但是他作了两点关键性的按语,一是“范氏对于宏翰‘本天主教徒’,并未提出强有力之证据”,二是“余未见《医学原始》,范氏既见其书,又据各家所撰序及宏翰自序,则所云:‘本天主教徒’、‘惟崇天主及儒学’二语,必有所本。”[3]方豪的两处按语看起来相互抵牾,态度暧昧,这为学界后来论述王宏翰奉教问题埋下了伏笔。

祝平一有两篇关于王宏翰的专题研究。其第一篇之重点不在王氏的奉教问题,他肯定王氏具有天主教信仰,但是用辞较为谨慎。他时而称王宏翰为“天主教的信仰者”,时而称“目前虽无直接证据说明王氏是教徒,但他入教的可能性甚高”,时而称“亲近天主教的医者王宏翰”。不过,祝平一之文详细分析了王宏翰对于天学、传统医学和儒学的会通,王宏翰的个人信仰似乎可以通过其论著的内证看出一二。[4]

徐海松在其《清初士人与西学》中,对范行准和方豪关于王宏翰的论述进行了评述。针对方豪上述模棱两可的说法,徐海松指出,这是由于“方豪未见宏翰原著所致”。徐海松认为,王宏翰《医学原始》和《乾坤格镜》等作品“大量引述天主教超性之学,已明确显现一个教徒的立场。”尽管是求之于王宏翰著述的内证,但是徐海松的相关论述是较为令人信服的。[5]

---

① 范行准:《明季西洋传入之医学》,牛亚华校注,上海:上海人民出版社,2012年,第19－20页。

② 方豪:《中西交通史》(四),台北:华冈出版有限公司,1953年,第132页。

③ 方豪:《中国天主教史人物传》(下),北京:中华书局,1988年,第2页。

④ 祝平一:《通贯天学、医学与儒学:王宏翰与明清之际中西医学的交会》,载《“中央研究院”历史语言研究所集刊》,第70本第1分,1999年3月,第165－201页。

⑤ 徐海松:《清初士人与西学》,北京:东方出版社,2000年,第152－155页。另参徐海松:《王宏翰与西学新论》,载黄时鉴主编:《东西交流论谭》(第二集),上海:上海文艺出版社,2001年,第131－147页。

祝平一在撰写《天学与历史意识的变迁——王宏翰的〈古今医史〉》一文时,已经得见徐海松的《清初士人与西学》,并且从徐海松处获得王宏翰的《乾象坤图格镜》这一资料。祝平一推断王宏翰之祖王国臣、王宏翰之父王廷爵俱为天主教徒,这意味着王宏翰的奉教多少具有一些世袭的特征。王宏翰的《古今医史》旨在融合儒、耶,批判佛、道、巫、卜等"异端",可以说"是一本辟妄醒迷之书"。⑥

董少新在其《形神之间》中接受"学界的普遍看法,将王宏翰视为教徒",认为"虽没有最为直接和确凿的证据(比如洗名或被称为教友等),但是从其著作的内容和用词来看,他很可能入过天主教"。⑦ 张琼同样依据王宏翰著述的文本之内证,断定王氏为一奉教士人。⑧

马智慧在其博士学位论文中考证王宏翰"并未入教",列举数条证据。此说与诸家观点有异,而且举证甚为详实,因此不避繁琐,大篇幅征引如下:

> 其一,关于天地之初始。天主教认为宇宙为上帝所创,而王宏翰则继承中国传统的观念,认为"天地开辟自盘古氏之后,有天、地、人三皇相继而立"。
>
> 其二,王宏翰虽然言称"上帝"或"天主",但其观念中的"上帝"或"天主"并非天主教语境中的耶和华,而是中国上古时期所尊奉的"天"或"天帝"。
>
> 其三,天主教信奉"三位一体",但王宏翰并不承认耶稣。……同时,在对"如德亚国"的介绍中有"耶稣译言救世之主,所有神灵圣迹甚多,另有专书备载"之语,将《职方外纪》中关于耶稣事迹及

⑥ 祝平一:《天学与历史意识的变迁——王宏翰的〈古今医史〉》,载《"中央研究院"历史语言研究所集刊》,第77本第4分,2006年12月,第591－626页。

⑦ 董少新:《形神之间——早期西洋医学入华史稿》,上海:上海古籍出版社,2008年,第286页。

⑧ Qiong Zhang, "Hybridizing Scholastic Psychology with Chinese Medicine: A Seventeenth-Century Chinese Catholic's Conceptions of 'Xin' (Mind and Heart)," in *Early Science and Medicine*, vol. 13, no. 4(2008), pp. 313－360.

天主教之发展、教义等较长一段内容略去，似亦有此意。

其四，其与天主教徒陈薰过从甚多、相交至厚，陈薰所著《性学醒举》中明确记载王宏翰二子为“教中门人”，但陈薰为《医学原始》所作“序”中，却未提及王宏翰为教友，亦无任何有关王宏翰尊奉上帝的记载。

其五，王氏在著述中多次提及天主教或天主教神学理论，但从未言及自己或二子为信徒。针对当时吴地释老之教兴盛、巫觋之术大行的情况，他虽撰《辟妄》一书，但个中观点与《古今医史》无异，皆隆儒崇实之论，在指斥释老巫觋为“旁门”的同时，并未将天主教视为正宗。[⑨]

此外，在钟鸣旦（Nicolas Standaert）主编的《中国基督教研究手册》（*Handbook of Christianity in China*）中，著者接受范行准的说法，视王宏翰为天主教徒。[⑩] 还有一些学者参考范行准、徐海松等人的著述，称“有研究者推断王宏翰可能是天主教徒”。[⑪] 诸如此类，不一一列举。

二、诸说之平议

上引学者中除了马智慧以外，基本都倾向于认为王宏翰为一奉教士人。方豪关于王宏翰的论述基本上悉本于范行准之著述，但是他在《中国天主教史人物传》中所作的两个按语着实引发了王宏翰奉教问题的疑端。祝平一和徐海松等学者以王宏翰著述的内容来论证王氏为一奉教士人，他们的说法实际上已经颇令人信服。例如，徐海松指出，王宏翰在

---

⑨ 马智慧：《王宏翰中西会通研究》，浙江大学博士学位论文，2013 年，第 22 – 23 页。另参马智慧：《格致与调适：王宏翰中西会通研究》，载《浙江学刊》，2013 年第 5 期，第 55 – 61 页。

⑩ Nicolas Standaert, ed., *Handbook of Christianity in China. Volume One*: *635 – 1800* (Leiden: Brill, 2001), p. 792.

⑪ 王宏翰、朱沛文：《中西汇通医书二种》，牛亚华、张伟娜校注，合肥：中国科学技术大学出版社，2014 年，第 2 – 3 页。

《乾坤格镜》中称汤若望(Johann Adam Schall von Bell, 1592－1666)和南怀仁(Ferdinand Verbiest, 1623－1688)为师,称“向来中华圣贤不能知天地原始,亦不知天主生人祖之由,皆因无史书相传之故也”,又称“惟在昔蒙耶稣指示”“今据《圣经》所纪”“有一无始之主,全能全知全善,一体三位”等等,[12]这些话语都含有宗教委身(religious commitment)的意味,实难出自非奉教士人之口。又如,祝平一以王宏翰的《古今医史》为例,深入探讨了王氏融合儒、耶并且批判佛、道等“异端”的论述策略。值得注意的是,与王宏翰同时期的奉教士人张星曜(1633－1715?)曾编纂《历代通鉴纪事本末补后编》,他以捍卫儒家正统自居,并且用史学的方式将佛、道二教“乱政害道”的事迹汇聚成篇,将“辟妄”“见之于行事”,从而为耶教“合儒”“补儒”廓清障碍。另一位奉教士人刘凝(1620－1715?)则从文字学的角度入手,认为儒家的经义与文字的书写关系密切,而汉字自秦汉以来屡经变易,致使经义“茫然莫辨”,因此需要“剖析六书,正厥本原”。[13] 比较这三人的论著,可以看出他们在融合儒、耶的努力上有异曲同工之妙。

马智慧所举证的五点,除了第四点以外,其余诸点似乎都可以归结为“王宏翰隆儒崇实,未曾明白表露皈依天主之意”。事实上,这是当时奉教士人在论著中援耶入儒的惯常情形。对于奉教者来说,“言语尊儒”与“内心宗耶”并不必然产生冲突。地方志和刘凝的《尔斋文集》等资料也没有显示刘凝的天主教徒身份,但是马若瑟(Joseph de Prémare, 1666－1736)等西方传教士的记录以及收藏在西方的中文著作,则表明刘凝是一位天主教徒。[14] 对于王宏翰的案例,在证据并不确凿的情形下,同样不宜轻下断语。陈垣(1880－1971)在论述清宗室德沛(1688－1752)奉教问题时,称“德沛奉教之说,汉籍无明文,教会史亦无明文……求之汉籍,则德沛奉教之说,尚无确证……吾将证之德沛学说”。然后,陈垣分三节论述了德沛的性理学说、格致学说和辟妄学说,认为

---

⑫ 徐海松:《清初士人与西学》,第152－153页。

⑬ 肖清和:《天儒同异:清初儒家基督徒研究》,上海:上海大学出版社,2019年,第26－93页。

⑭ 同上,第71页。

“有此三证，则《圣教史略》所谓奉教之宗室，其为德沛，似无疑义”。有必要指出，陈垣关于德沛的研究树立了一个典范，亦即在直接证据不足的情况下，从文献内证的角度来考察士人奉教的问题。上引徐海松和祝平一等人的论著，实际上都是循此路径。此外，陈垣关于儒、耶关系的论断亦值得重视：“《圣教史略》谓某宗室曾奉天主教，而推崇德沛者谓其宜祀孔庭，似乎凿枘不合。然自利玛窦以来，有以天主为中心，儒家为面目者矣，亦犹宋明儒之禅心儒貌云尔。况从表面观之，虔诚之天主教徒，与践履笃实之道学家，恒无以异也。”⑮

需要注意的是，上述学者中除了范行准之外，没有人对《性学醒迷》这部文献作过复核工作。事实上，除了范行准，其他学者的参考文献中似乎都没有列出这样一部文献。这意味着，这些学者在写作时可能对《性学醒迷》这部文献尚未寓目。

1930 年 6 月，《中华公教青年会季刊》刊出《道学家传》，此传原附于《圣教信证》之后，《圣教信证》署名“后学晋绛韩霖、闽漳张庚暨诸同志公述”，所谓的“道学家传”则包含了自晚明沙勿略（St. Francis Xavier, 1506 - 1552）、罗明坚（Michele Ruggieri, 1543 - 1607）、利玛窦（Matteo Ricci, 1552 - 1610）以至清初郑玛诺（Emmanuel de Sequeira, 1635 - 1673）和徐日升（Thomas Pereira, 1645 - 1708）等人的传略和著述等内容。⑯ 发表在《中华公教青年会季刊》的这篇文章附录了陈垣在北师大教授宗教史时所印发的讲义：《明末清初教士译著现存目录》。这份目录中包含《性学醒迷》，并且注明“抄上下二卷”。⑰

1940 年左右，徐宗泽（1886 - 1947）编著完成《明清间耶稣会士译著提要》。他在卷三“真教辩护类”收有《性学醒迷》，称“句吴陈薰鸥渟氏著，有孙致弥恺士序，刻于康熙四十年（1701），为辟佛老之书，书

---

⑮ 陈垣：《雍乾间奉天主教之宗室》，载《陈垣学术论文集》（第一集），北京：中华书局，1980 年，第 167 - 181 页。

⑯ 参见法国国家图书馆所藏的两种《圣教信证》刻本，索书号分别是 Chinois 6903 和 Chinois 6905。

⑰《道学家传（明末清初传教士译著考）：附陈援庵先生讲授〈明末清初教士译著现存目录〉》，载《中华公教青年会季刊》，第 2 卷第 2 期，1930 年 6 月，第 6 节，第 16 页。

中议论透切,理明词畅,分上下二卷。"然后全录孙致弥(1642-1709)之序文。[18] 卷十则收有《徐汇书楼所藏明末清初耶稣会士及中国公教学者译著书目》,书目中"230 辟邪"类和"450 道理"类分别收有《性学醒迷》。[19]

2009 年春,杜鼎克(Adrian Dudink)对上海徐家汇藏书楼的一些未编目天主教文献进行整理并编目,这些文献基本都是民国时期徐家汇藏书楼的旧藏。[20] 杜编 519 和 520 号文献的简介原文为:

> SH 519/ZKW 230 (Xu 425), Chen Xun, *Xingxue xingmi* 性學醒迷(1701), ms., 63 ff. (9/25).
>
> *SH 520/ZKW 230 (Xu 425), Chen Xun, *Xingxue xingmi* (1701), very neat manuscript (九思堂抄錄; seal: Seminarium SS. Cordis Mariae) looking like a printed edition, 2 *juan* (2 vols.), 4+57+2+73ff. (9/22); cf, Xu Zongze 1949, p. 114. [21]

杜鼎克编号 520 的这部文献被收入钟鸣旦、杜鼎克和王仁芳主编的《徐家汇藏书楼明清天主教文献续编》第十八册之中。[22] 这两部《性学醒迷》现在依然藏于徐家汇藏书楼,一卷本(27cm×13.5cm)签条编号为 00095794B,二卷本(24.5cm×14.5cm)签条编号为 00095795-95796B,两种文献都为抄本。

此外,还需要指出,方豪在《中国天主教史人物传》"王宏翰、陈薰"篇中有一段话,完全取自徐宗泽《明清间耶稣会士译著提要》:

> 陈薰著有《性学醒迷》。字鸥渟。刻于康熙四十年(1701),二

⑱ 徐宗泽:《明清间耶稣会士译著提要》,上海:中华书局,1949 年,第 114-115 页。

⑲ 同上,第 425、429 页。

⑳ Adrian Dudink(杜鼎克),"The Chinese Christian Texts in the Zikawei 徐家匯 Collection in Shanghai: a Preliminary and Partial List," in *Sino-Western Cultural Relations Journal*(《中西文化交流史杂志:中国天主教史研究》), vol. XXXIII (2011), pp. 1-2.

㉑ Ibid., p. 32.

㉒ 陈薰:《性学醒迷》,载钟鸣旦、杜鼎克、王仁芳主编:《徐家汇藏书楼明清天主教文献续编》(第十八册),台北:台北利氏学社,2013 年,第 315-591 页。

卷,为辟佛老之书。有孙元化孙致弥所作序,称“年家教弟”。“教弟”同教之谦称。“年家”者,或陈薰之祖与元化为同年进士。序称薰“敏而好学,博览群书,诸子百家,方名象数,不但披其端,无不研其理,是以发为真文章,理明词畅,试辄冠军。无如怀才不遇,一衿终身,不能叙其抱负,见之事功,而陈子淡如也。”㉓

陈垣称《性学醒迷》为上下二卷之抄本,杜鼎克称二卷本《性学醒迷》为“非常工整的抄本,看起来就像刻本一样”(very neat manuscript〔九思堂抄錄〕looking like a printed edition)。奇怪的是,民国时期长期主管徐家汇藏书楼的徐宗泽却将这一文献误认为刻本。这或许是由于这一文献的封面看起来像是刻本(见图 1),而实际则为抄本。㉔ 方豪未曾见到原本,他采用徐氏之说,自然也因袭此误。

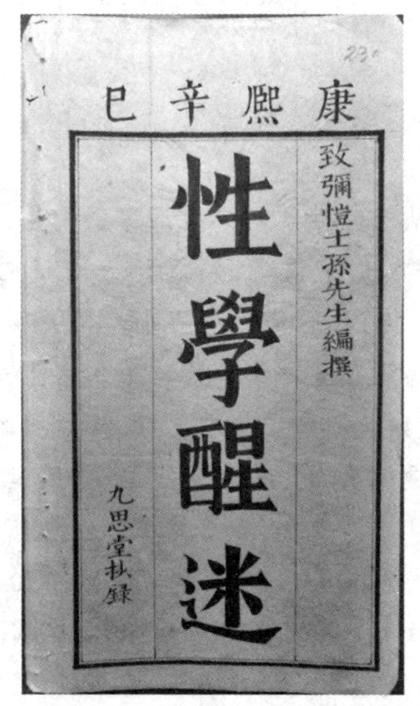

图 1　二卷本《性学醒迷》封面

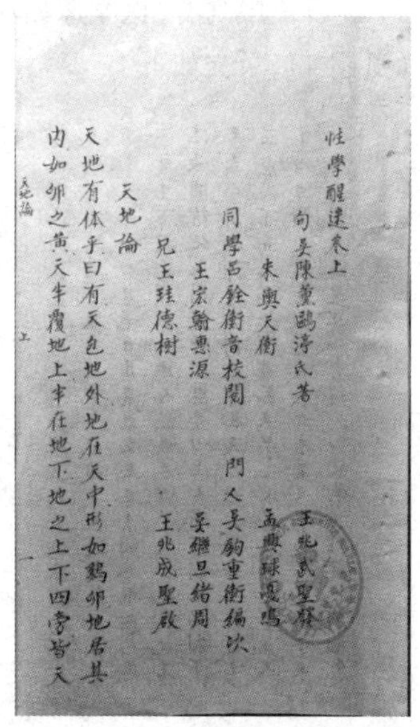

性學醒迷卷上
句吳陳薰鷗渟氏著　王兆武聖發
朱輿天衡　孟輿球鳳鳴
同學呂銓衡音校閱　門人吳駒重衡編次
王宏翰惠源　吳繼旦緒周
兄王珪德樹　王兆成聖啟
天地論
天地有体乎曰有天包地外地在天中形如鷄卵地居其
內如卵之黃天半覆地上半在地下地之上下四旁皆天
天地論　上　一

图 2　二卷本《性学醒迷》上卷叶 1a

㉓ 方豪:《中国天主教史人物传》(下),第 3 页。

㉔ 笔者按:陈薰的《性学醒迷》或曾被付梓,不排除有刻本存在的可能。只是目前藏于徐家汇藏书楼的两种《性学醒迷》皆为手抄本。

三、问题之考实

徐家汇藏书楼所藏二卷抄本的《性学醒迷》,卷上叶一著录了著者、校者和编者等信息(见前页图2),录文如下:

性学醒迷卷上
句吴陈薰鸥渟氏著
同学朱舆天衡、吕铨衡音、王宏翰惠源;兄王珪德树校阅
门人王兆武圣发、孟兴球戛鸣、吴钩重衡、吴继旦绪周、王兆成圣启编次[25]

下卷目录中列有"医学原始序"(见图3),正文部分则题为"医药始序"(见图4),录文如下:

医药始序
自古名医著述,真汗牛充栋,从未究性学之原。惠源王先生,博学精医,所论皆超出前人。立元神、元质说者,发虞廷人心道心[26]奥、危微精一之理,真[27]贯大圣之心传,为吾儒之柱石也。至灵神非气之论,足破老氏运气炼神、运神离身朝天之诳。又论草木有生气,禽兽有觉气,气聚则生,气散则灭,如此则禽兽草木无灵,显然明晰。则佛氏所创莲花现佛、龟蛇听讲、禽兽得道、成佛成仙之说,俱诞妄矣。千百年来,后学谈入旁门,一旦卓然阐发,咸知其谬。宗吾儒天命之性也,但灵觉之温杂,气行之相似,讲论虽微,学者更须静心参悟。至天地之理,火气水土,元行之性,务须熟读而细绎之,庶可得性学之旨云尔。惠源讳宏翰,云间人也,寓吴久,又同教相契,壬申

[25] 陈薰:《性学醒迷》,孙致弥编撰,康熙辛巳九思堂抄录,徐家汇藏书楼藏二卷抄本,签条编号:00095795-95796B,上卷叶1a。
[26] 笔者按:此处疑阙一"之"字。
[27] 笔者按:此字残缺不全,笔者判断为"真"字。

岁延余家塾课子，朝夕论天学之外，而以其博综之才，沉浸[28]醲郁于经史轩岐，著为医学一书，名曰原始。不特医理精明[29]，而其阐发性教，亦人所未到，书成，嘱余为之序。因令嗣圣发、圣启皆余及门，皆有得于天学之奥旨者也，故不揣而附数言于诸君子之后。

哀梨并剪，爽快透，门　顾云思[30][31]

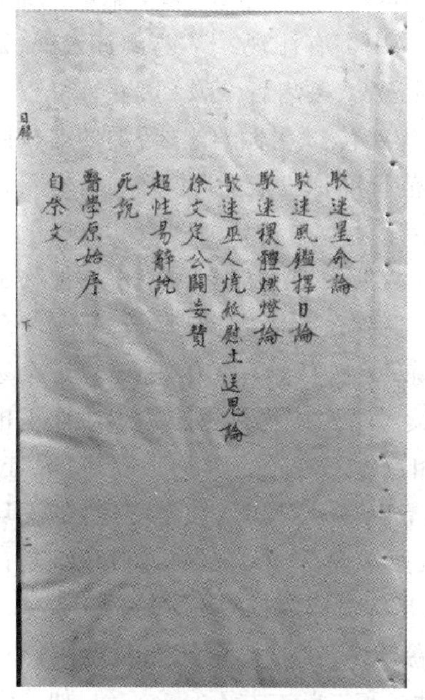

图 3　二卷本《性学醒迷》下卷目录叶 2a

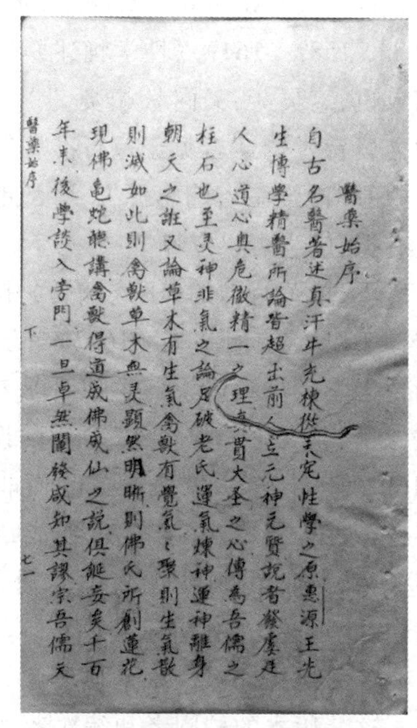

图 4　《医药始序》：二卷本《性学醒迷》下卷叶 71a-b

"哀梨并剪，爽快透"似为陈薰之门人顾云思（生卒年不详）的跋语。

---

[28] 笔者按：此字残缺不全，笔者判断为"浸"字。

[29] 笔者按：此字残缺不全，笔者判断为"明"字。

[30] 笔者按：此字残缺不全，笔者判断为"思"字。

[31] 陈薰：《性学醒迷》，下卷叶 71a-b。

“立元神、元质说者,发虞廷人心道心奥、危微精一之理,真贯大圣之心传,为吾儒之柱石也。”“宗吾儒天命之性也,但灵觉之温杂,气行之相似,讲论虽微,学者更须静心参悟。至天地之理,火气水土,元行之性,务须熟读而细绎之,庶可得性学之旨云尔。”这些论述则体现了王宏翰援耶入儒的写作策略,这种策略在王宏翰同时期的奉教士人中并不鲜见。“元神”“元质”“元行”等都是来自天主教文献的术语,利玛窦《乾坤体义》、高一志(Alfonso Vagnoni, 1566 - 1640)《空际格致》和艾儒略(Giulio Aleni, 1582 - 1649)《性学觕述》等作品中都有体现。[32] “惠源讳宏翰,云间人也,寓吴久,又同教相契。”“令嗣圣发、圣启皆余及门,皆有得于天学之奥旨者也。”皆见于范行准著《王宏翰传》。《性学醒迷》的四名校阅者中有“同学王宏翰惠源”。[33] 因此,范行准称王宏翰“本天主教徒”,言之有据,应当可以定谳。

不过,范行准的《王宏翰传》中有两处细节可能有误。一是他称王宏翰于康熙“三十一年(1692)馆于句吴陈薰鸥渟家,课其子,朝夕与薰尚论天学及格致诸说”,这似乎是对陈薰《医药始序》中“壬申岁延余家塾课子,朝夕论天学之外”一语的误读。事实应当是王宏翰于康熙壬申(1692)年延陈薰“家塾课子”,而非相反。二是范行准称王宏翰“兄珪,字树德,子二,兆武,字圣发,兆成,字圣启……”校阅《性学醒迷》的王珪字德树,而非树德(见图2)。但是,按照常理,这个“兄”的称呼应该是针对《性学醒迷》的作者陈薰,而不应该是针对同为校阅者之一的王宏翰。

如果对照徐家汇藏书楼所藏一卷抄本的《性学醒迷》,疑问可能更多。这一版本的校阅者和编次者之姓名和二卷本并不完全一致,如同学吕铨之字以及门人吴重衡之名。最主要的是,校阅者中只写了“兄珪德

---

[32] 参见范行准:《明季西洋传入之医学》,第214-215页;祝平一:《通贯天学、医学与儒学:王宏翰与明清之际中西医学的交会》,第168-170页;董少新:《形神之间——早期西洋医学入华史稿》,第292-294、325、341-343页。

[33] 奉教士人之间互称“同学”的案例,较著名的是王石谷(1631-1717)与吴渔山(1631-1718)的例子。祝平一对此一现象亦有分析。参见陈垣:《吴渔山生平》,载《陈垣学术论文集》(第二集),北京:中华书局,1982年,第232页;《吴渔山年谱》,载《陈垣学术论文集》(第二集),第311、316页;祝平一:《通贯天学、医学与儒学:王宏翰与明清之际中西医学的交会》,第182页;《天学与历史意识的变迁——王宏翰的〈古今医史〉》,第593页。

树”(见图5)。或有可能,德树本来姓陈而不是姓王,乃是陈薰之兄。

徐海松指出:

> 范、方所述王宏翰的兄子,称有兄一人“(名)珪字树德”,子二人“兆武字圣发、兆成字圣启”,也明显有误。因为仅从《医学原始》卷一、卷四与《古今医史》卷一至七之署名,便可明知王宏翰有兄三人:王珪(字)树德、王夏(字)禹生、王桢(字)宁周;有弟一人:王云锦(名)宏骏;有子四人:兆文圣来、兆武圣发、兆成圣启、兆康圣章。[34]

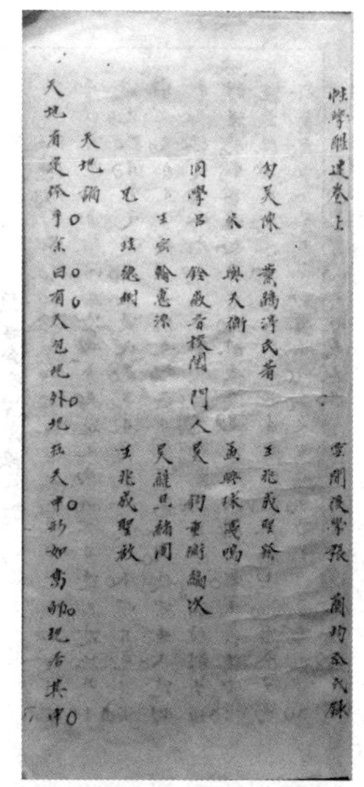

图5 一卷本《性学醒迷》卷上首叶a

事实上,“《医学原始》卷一、卷四与《古今医史》卷一至七”,只有《古今医史》的卷一(见图6)和卷二(见图7)有王宏翰兄弟的署名。徐海松所说的王宏翰之兄“王珪(字)树德”应该是来源于范行准之说法。而且,比较《性学醒迷》的校阅者署名和《古今医史》的参阅者、同订者署名,很难说树德不是“陈薰之兄”。否则,“同学”“门人”都是针对著者而言,而“兄”则针对三名校者之一而言,这似乎不合情理。这一点虽然是极小之细节,但是考订史实,还是应当尽量避免张冠李戴。

马智慧称:“《古今医史》卷一载有其兄长‘王夏禹生参阅’,另一兄长‘王桢宁周同订’。卷二载有其弟‘王云锦宏骏’参订。据此,知其有兄二人,弟一人。笔者尽力搜寻史料,未发现对王宏翰三个兄弟的记载,诸人事迹不详。”[35]笔者认为此说为是。

---

[34] 徐海松:《清初士人与西学》,第150页。

[35] 马智慧:《王宏翰中西会通研究》,第16页。

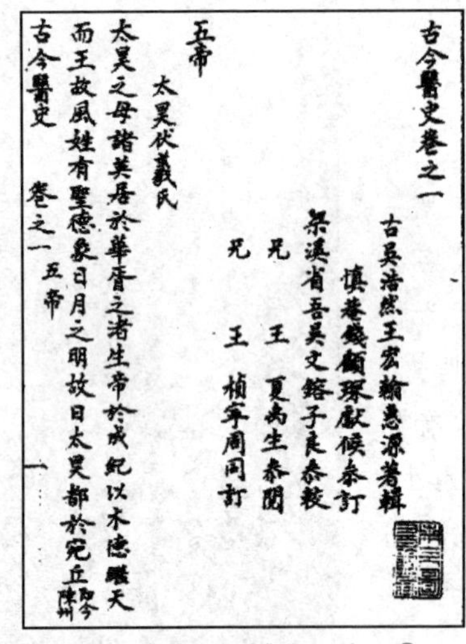
古今醫史卷之一
古吳浩然王宏翰惠源著輯
慎菴錢爾琛獻候參訂
梁溪省吾吳文鎔子良參較
兄　王　夏禹生參閱
兄　王　楨寧周同訂
五帝
太昊伏羲氏
太昊之母諸巽居於華胥之渚生帝於成紀以木德繼天
而王故風姓有聖德象日月之明故曰太昊都於宛丘知今陳州
古今醫史　卷之一　五帝　一

图 6 《古今医史》卷一叶 1a㊱

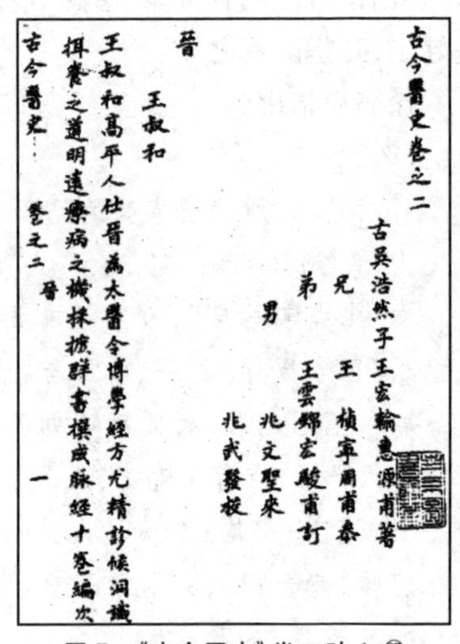
古今醫史卷之二
古吳浩然子王宏翰惠源甫著
兄　王　楨寧周甫參
弟　王雲錦宏駿甫訂
男　兆文聖來
兆武發校
晉
王叔和
王叔和高平人仕晉為太醫令博學經方尤精診候洞識
攝養之道明遠療病之機採摭群書撰成脈經十卷編次
古今醫史　卷之二　晉　一

图 7 《古今医史》卷二叶 1a㊲

四、结　语

本文的主旨不是考证王宏翰奉教问题,而是希冀从学术史的角度对这一小小的学术公案作一梳理并尝试进行解释。笔者认为,范行准首发王宏翰奉教之说,而且,他言之有据,关于王宏翰奉教问题的考证,范行准已经基本解决。范氏在《明季西洋传入之医学》的后记中简述了成书缘起及过程,他指出,"徐润农司铎宗泽知余有是书之作,亦乐善通怀,许登徐汇藏书楼……读西士性学格致之书甚众,获益弘多。旁及前人故书雅记,凡有及涉此事者,即命笔记之,然多单词剩语,不能毌穴成文,以是屡欲揽笔为书,辄以未窥西士传入医书而止。"即使获得徐宗泽的襄助,

㊱ 王宏翰:《古今医史》(七卷续增二卷附录一卷,据南京图书馆藏清抄本影印),载《续修四库全书》编纂委员会编:《续修四库全书》(一〇三〇·子部·医家类),上海:上海古籍出版社,2002 年,第 315 页。

㊲ 王宏翰:《古今医史》,第 327 页。

范行准可以充分利用徐家汇藏书楼的文献,但是他在著述过程中依然"苦于史料未完"。[38]

事实上,"史料"确实是导致王宏翰奉教问题持续讨论数十年的关键因素。范行准曾经阅览过徐家汇藏书楼二卷抄本的《性学醒迷》,这一点应该无可置疑。方豪先是在其《中西交通史》中接受范说,后是在撰写《中国天主教史人物传》时稍作保留态度,由此引发了学者对这一问题的注目。但是必须要说,方豪对此一问题产生疑问同样体现了严肃的学术态度。1949年,上海的一些耶稣会士将徐家汇藏书楼的一些中文文献转移到菲律宾的碧瑶(Baguio),此后这些文献相继被转移到台中和台北。在台北,这些文献先是存放在台湾辅仁大学的神学图书馆(Theological Library),后来则移存到台湾的"中央研究院"(Academia Sinica)。[39] 这批文献中的天主教文献,大部分都是徐宗泽在《徐汇书楼所藏明末清初耶稣会士及中国公教学者译著书目》中列为善本的书籍,[40]但是这批文献中不包括两种抄本的《性学醒迷》。方豪撰写《中国天主教史人物传》,本是应香港徐诚斌(1920 - 1973)神甫之邀在香港《公教报》上开辟的专栏,从1963年11月1日刊登第一篇,一写十年,方豪自认为将这些人物传记写得"学术性比较浓一点"。[41] 尽管方豪对范行准的《明季西洋传入之医学》和徐宗泽的《明清间耶稣会士译著提要》十分熟悉,他也应当知道《性学醒迷》曾经藏于徐家汇藏书楼,但是限于条件,他无法亲自批阅该文献,而只能以"阙疑"的方式进行表达。应当说,这是学术研究中"信以传信,疑以传疑"态度的体现。

在二卷抄本的《性学醒迷》影印出版以前,研究者似乎同样不易见到这一涉及王宏翰奉教问题的关键文献。马智慧虽然认为王宏翰不是

㊳ 范行准:《明季西洋传入之医学》,第235页。

㊴ Adrian Dudink(杜鼎克), "The Chinese Christian Texts in the Zikawei 徐家匯 Collection in Shanghai: a Preliminary and Partial List," p. 1.

㊵ 李天纲:《徐家汇藏书楼与明清天主教史研究》,载卓新平主编:《相遇与对话——明末清初中西文化交流国际学术研讨会文集》,北京:宗教文化出版社,2003年,第529页。

㊶ 李东华:《徘徊于中西文化及基督新、旧教的中心与边陲——徐诚斌主教的志业与生平》,载李东华:《一位自学史家的成长:方豪的生平与治学》,台北:台大出版中心,2017年,第206页。

天主教徒,但是他清晰地指出:“据徐宗泽所理书目,是书原藏于徐家汇藏书楼。因钟鸣旦等所编《徐家汇藏书楼明清天主教文献》未将其收入,而笔者通过网络在辅仁大学现有藏书信息中未检索出《性学醒迷》,前往徐家汇藏书楼查阅时,又被告知18世纪的文献已封存,具体开放时间未知,故目前难以确定其是否存世。”[42]由此可见,历史研究资料的命运与历史研究息息相关。[43]

最后,笔者拟从儒耶关系的角度对陈薰的《医学原始序》作一补充论述。除了王宏翰的自叙以外,目前已知为王宏翰《医学原始》所作的序文有五篇,作者分别是韩菼(1637－1704)、徐乾学(1631－1694)、沈宗敬(1669－1735)、缪彤(1627－1697)和陈薰。韩序、徐序和沈序收于《医学原始》康熙四卷刻本,缪序收于《医学原始》日本内阁文库九卷抄本,[44]惟独陈薰之序收入陈氏自撰之《性学醒迷》。如果《性学醒迷》已经不存于世,则王宏翰的奉教士人身份很可能永远存疑。除非另有相关文献被发掘出来,否则,学者对王宏翰信仰天主教的判断最多只能止于心证。与陈薰相比,韩菼、徐乾学、沈宗敬和缪彤都有着显赫的身世和功名。缪彤是康熙六年(1667)之状元。韩菼是康熙十二年(1673)之状元。徐乾学为顾炎武(1613－1682)之甥,康熙九年(1670)一甲三名进士,与其弟徐秉义(1633－1711)、徐元文(1634－1691)皆显贵,世称“昆山三徐”。沈宗敬家学渊源,其父沈荃(1624－1684)为顺治九年(1652)进士,沈宗敬则是康熙二十七年(1688)进士。论者指出,韩、徐、沈等人为王氏《医学原始》作序,这对于提升王宏翰及其著述的地位和知名度非常重要,[45]这种说法不无道理。

祝平一的看法要深入一些,他指出,藉着徐乾学等人的地位和声望,“王宏翰合法化了他结合儒学、天学与传统医学的独特理论,也同时为他儒医的身份戴上光环”。祝平一还指出,“有趣的是,这些序文的作者,

---

[42] 马智慧:《王宏翰中西会通研究》,第19页。

[43] 李天纲:《徐家汇藏书楼与明清天主教史研究》,第533页。

[44] 王宏翰、朱沛文:《中西汇通医书二种》,第3页。

[45] 马智慧:《王宏翰中西会通研究》,第17－19页。

并未指出王氏的特殊论点实源自天学,他们只是将王氏的看法视为儒学”。[46] 值得注意的是,陈薰的《医学原始序》将王宏翰援耶入儒的写作策略和盘托出,他在序文中称“朝夕论天学之外,而以其博综之才,沉浸醲郁于经史轩岐,著为医学一书,名曰原始”,又称“不特医理精明,而其阐发性教,亦人所未到”。恐怕这些话语都不是王宏翰所欲公开表达的内容。清初,尤其是经历过杨光先(1597－1669)反教风波之后,奉教士人以“格义”的方式援耶入儒,但是又努力在著述的形式上不着痕迹,这种例子并不鲜见。这些或许反映了当时社会的文化环境,也反映了儒教的“容耶”对于天主教在华发展的重要性。清初以后的奉教士人多为“耶心儒貌”,这种说法是化用陈垣的观察。但是不得不说,这一观察的确有其深刻之处。

[46] 祝平一:《通贯天学、医学与儒学》,第 179 页。

在华传教士与汉译莎士比亚

姚达兑

【内容提要】 莎剧传入中国，最早是通过兰姆姐弟改写本《莎士比亚故事集》的汉译而被人接受。这一部书的传教士译本少有人注意。梅益盛和哈志道合译的《海国趣语》(1918)是其最早的一个传教士译本。尽管梅益盛身为传教士，其译本在广学会出版，但是梅氏却刻意避免直接传达基督教思想，反而对基督教内容作了种种改写。其改写主要表现在几个方面，包括采用了带有儒家伦理倾向的四字标题、暗藏基督教思想的段落改写，以及最终突显慈爱、宽恕、公道等等与基督教伦理密切相关的主题。这种利用汉译莎剧故事来进行非直接传教的策略非常独特，对后续的传教士译本也有一定的影响。

【关键词】 莎士比亚　《海国趣语》　梅益盛　在华传教士

一、传教士与莎剧汉译

"Will the clumsy five or seven syllables which go to make a Chinese line convey any idea of the majestic flow of Potia's invocation of Mercy? We trow no." ①(五或七个音节组成中文诗句，太过于笨拙，能否传达出鲍西亚那庄重而雄辩的慈悲祈求？我们认为不可能。)这是来自 1888 年 9 月

---

① Anonymous, "Shakespeare in Chinese," in *The North China Herald* (Sept. 15, 1888), p. 295.

《北华捷报》刊登的一篇文章《莎士比亚汉译》(*Shakespeare in Chinese*)中,匿名作者所提及的问题——关于《威尼斯商人》中鲍西亚在法庭的演说能否被合理地译成汉语文言诗句。在这篇文章里,作者提及了他从一个驻北京的美国出版社得到一份电报,关于皇家汉译莎剧的计划。电报中这则消息如下,"An Imperial Mandate directs the President of Academy to translate Shakespeare into Chinese for the benefit of the young Princes."[②](一份皇帝的圣谕要求学院院长为有益于教育王子而汉译莎剧。)作者指出这则消息中没有清楚告知这个"Academy"是哪一个,究竟是翰林院还是哪一个学堂,也没有指出这是哪一位"President"。于是,这篇文章的作者,在做了一系列的无效推测后,认为或许丁韪良(W. A. P. Martin, 1827 - 1916)是完成这项工作的最适合人选。1898 年 8 月,传教士丁韪良被光绪皇帝任命为京师大学堂的首任总教习(President)。然而,笔者遍查各种资料,并没有发现丁氏翻译莎剧的任何线索。同时,我们也追踪不到这则消息的其他线索,因而也无从知晓这项皇家莎剧汉译计划的结果如何。

诚然,使用五言和七言的诗句很难译出莎剧,但是用文言文译出莎剧(或者更准确地说是"莎剧故事")却有几例。最早的莎剧翻译是从兰姆姐弟(Mary Lamb, 1764 - 1847; Charles Lamb, 1775 - 1834)改写的《莎士比亚故事集》(*Tales from Shakespeare*)[③](下简称为"《故事集》")转译而来,即由莎剧转为面向少年读者的叙述文体,再由此而翻译成汉语短篇故事。莎士比亚出现在现代中国读者面前是翻译成汉语的短篇故事。兰姆姐弟的《故事集》,共有 20 篇,改写自 20 部莎剧。宋莉华已指出,《莎士比亚故事集》最早的两个译本是以文言文译成的,分别是 1903 年匿名译者的《海外奇谭》(仅译出 10 篇)和 1904 年林纾等合译的《吟边燕语》(全译)。[④] 可惜迄今仍未能知晓 1903 年汉译本的匿名译者是谁,

② Anonymous, "Shakespeare in Chinese," in *The North China Herald* (Sept. 15, 1888), p. 295.

③ Charles and Mary Lamb, *Tales from Shakespeare* (London: J. M. Dent & Son Ltd., 1973). 以下凡引此译本,仅于引文后随文标出页码。

④ 索士比亚:《海外奇谭》(又名《澥外奇谭》),兰卜编、佚名译,上海:达文社,1903 年(上海广智书局印刷)。莎士比亚:《吟边燕语》,林纾、魏易译,上海:商务印书馆,(转下页)

但是此人中英文俱是了得,非寻常之辈,其译文许多地方在语言表达的完备和高雅上远胜于林纾译文。林纾正是看到《海外奇谭》的流行,很快便带领他的团队制造出了另一个译本。由于这两个译本的广为流通,在很长一段时间内,兰姆姐弟改写本要比莎剧原剧更为中国读者熟知,甚至被误认是莎翁原作。

莎士比亚戏剧传入近代中国,经由种种变形而转变成不同文类的文学作品,比如以短篇故事的形式存在。在这一方面,笔者还发现传教士在翻译和介绍莎士比亚的过程中,起到了非常重要的作用,可惜少为学界所注意。据笔者综合调查,在中国人译本之外,至少还有三个莎剧汉译作品由在华外国传教士译成。(1)1914－1915 年间,亮乐月(Laura M. White, 1867－1937)在《女铎》(*The Woman's Messenger*)上连载了莎剧《威尼斯商人》的删节译本《剜肉记》,依据原文以戏剧的形式译出。⑤亮乐月在翻译时,可能参照了兰姆姐弟的改写本《莎士比亚故事集》,理由之一是,她删节的部分与兰姆姐弟改写本删节的部分,较为相近。杨慧林注意到了亮乐月译本《剜肉记》,并指出亮乐月汉译时故意删除了基督教信息,巧妙地用一种非基督教翻译的方式来传达基督教意义。⑥(2)第二个译本是 1918 年传教士梅益盛(Isaac Mason, 1870－1939)和中国回族学者哈志道用浅白文言文合译,题名《海国趣语》,⑦所据底本

(接上页)1904 年。宋莉华:《近代来华传教士与儿童文学的译介》,上海:上海古籍出版社,2015 年,第 281－287 页。

⑤ 莎士比亚:《剜肉记》,亮乐月译,《女铎》1914 年 9 月至 1915 年 11 月连载。

⑥ Huilin Yang, "Christian Implication and Non-Christian Translation: A Case Study of The Merchant of Venice in the Chinese Context," *Studies in Chinese Religions*, vol. 1, no. 1 (2015), pp. 82－90.

⑦ 查尔斯·兰姆、玛丽·兰姆:《海国趣语》,梅益盛、哈志道译,上海:广学会,1918 年,梅益盛序,第 1 页。以下凡引此译本,仅于引文后随文标出页码。梅益盛是英国公谊会(The Religious Society of Friends)传教士,中国伊斯兰教研究学者。公谊会,即贵格会(Quakers),其特点是没有成文的信经、教义,最初也没有专职的牧师,无圣礼与节日,而是直接依靠圣灵的启示,指导信徒的宗教活动与社会生活,始终具有神秘主义的特色。贵格会特别强调人性共享的善良。梅益盛于 1892 年来华,赴四川重庆兴学、布道。1915 年赴上海,在广学会从事文字工作。他在 1917 年与知为墨(S. M. Zwemer)相识,后开启中国回民布道事业,1927 年发起"友穆会",1932 年返英。梅益盛的大部分译著(转下页)

为兰姆姐弟改写本,但是仅译出12篇。这一译本,与上面提及的1903、1904年两个译本同属一个翻译系统。译者有可能在着手翻译时,便已经读过最早的1903年版本的《海外奇谭》,理由之一是两个译本的书名(《海外奇谭》和《海国趣语》)非常接近。另外,梅益盛其时在上海广学会工作,可能有机会接触到在上海出版的《海外奇谭》。此书为现知最早的一部传教士译本《莎士比亚故事集》,可惜未为学界所注意。(3)第三个译本是1929年女传教士狄珍珠(Madge D. Mateer, 1860 -1939)⑧和王斗奎据梅益盛译本转译,内容完全相同,语言有别,即:狄珍珠将梅益盛的文言译本全部转译为现代白话。⑨ 此外,狄珍珠译本共有15篇,即在梅译本之上补译了三篇喜剧故事——分别是《泼妇变为驯良》(*The Taming of the Shrew*)、《一家的奇遇》(*The Comedy of Errors*)、《第十二夜》(*The Twelfth Night*)。值得注意的是,这三个译本都由基督教的广学会(The Christian Literature Society for China)⑩出版。

鉴于《海外奇谭》一书是最早的一个传教士译本《莎士比亚故事集》,而且未为前人注意,故作此文详细讨论。本文试着解释如下问题:这部作品由传教士所译,又在广学会出版,译者是如何处理文本中的宗教信息的?换言之,莎剧中的基督教元素如何被传播进目标语境?梅益

(接上页)都是回族研究和传教士传记,文学翻译只占其中一小部分。他还曾为少年读者编译过两部冒险小说,分别是出版于1920年的《流落荒岛记》(*Swiss Family Robinson*)和1923年的《库若索探险记》(*The Adventures of Robinson Crusoe*)。哈志道本是回族,但后来改宗,信奉了基督教。他与梅益盛合作近十年,译作颇丰。在梅益盛供职于广学会期间,哈志道是其主要的中文助手。他曾助梅益盛在《大同月报》上发表了一些来自西报的译文,宣传民主政治。二人还合著合译了《教会古史节要》(1920)、《流落荒岛记》(1920)、《基督教为真之证》(1924)、《热心领人归主论》(1924)、《阿拉伯游记》(1924)等作品。

⑧ 狄珍珠,人称狄师娘、狄四师娘、狄丁氏、丁珍珠等,美国北长老会山东差会传教士。狄珍珠本是作为医士来华,1890年她与狄乐播(Robert M. Mateer, 1853 - 1921)结婚后,助狄乐播兴办文华中学、文美中学等,从事传教和教育活动事业。狄珍珠的翻译作品大致可分为医学教材和儿童文学作品两类,大都以官话或白话文翻译。

⑨ 兰姆姐弟:《莎士比亚的故事》,狄珍珠译述、王斗奎笔记,上海:广学会,1929年。此书有重印多次,1935年版便已标明是第三版。

⑩ 广学会,由在华的英美基督教新教传教士、外交人员和商人1887年在上海创立的出版机构,其前身尚在广州创立的"实用知识传播会"和1884年上海设立的"同文书会"。其出版物有一大部分由中外人士一起合作完成,对当时的维新派人士有较大的影响。

盛是一位博学的学者,其著作颇丰,莎剧和莎剧中所隐含的宗教思想,他应该是较为熟悉的。那么,梅益盛在翻译莎剧故事集时,如何处理这个文本中的宗教信息呢?

二、中译题名及其伦理主题

兰姆改写本预设的对象是未受经典教育的少年读者,尤其是少女,希望通过改写本唤起读者进一步阅读莎剧原作的兴趣。兰姆姐弟在改写之时,将原剧的韵文和诗体改成散文,采取叙事体简述整部剧本的情节,将原剧的人物台词也大多改成描写或叙述,用一种较为简易的文风来改写,务求让年轻读者更容易理解。

梅译本共有 12 个故事,从其目录看,每一个故事都取了一个四字标题,并附原作的英文标题。12 个故事的标题依次如下:(1)《片语折狱》(*The Merchant of Venice*);(2)《天伦奇变》(*Hamlet*);(3)《至诚为孝》(*King Lear*);(4)《野外团圆》(*As You Like it*);(5)《情寓于仇》(*Romeo & Juliet*);(6)《厌世尤人》(*Timon of Athens*);(7)《呼风引类》(*The Tempest*);(8)《妖言鼓祸》(*Macbeth*);(9)《信谗杀妻》(*Othello*);(10)《绝处逢生》(*Pericles of Tyre*);(11)《相见如初》(*The Winter's Tale*);(12)《白圭可磨》(*Cymbeline*)。这 12 部,喜剧悲剧各占一半。属于喜剧的 6 部是:《片语折狱》《野外团圆》《呼风引类》《绝处逢生》《相见如初》《白圭可磨》。其余六篇则是悲剧。

梅益盛不仅用文言译出了故事,还使用了四字对称标题,显得典雅而深有含义。这样的四字标题,一方面概括了每篇故事的大意,另一方面也暗藏了翻译改写本的延伸寓意。《威尼斯商人》一篇取名"片语折狱",该词源自孔子《论语·颜渊》章句,"子曰:'片言可以折狱者,其由也与?'"[⑪](孔子说:"单凭一方的说辞,便可明断狱讼,也就只有子路一人了吧?")何晏"论语正义"(《论语注疏》)对此句有疏云:"此章言子路

⑪ 程树德:《论语集释》,程俊英等点校,北京:中华书局,1990 年,第 857－859 页。此章不仅言子路之果断聪慧,且言其笃信、忠信。"子路忠信明决,故言出而人信服……"

有明断笃信之德也。"[12]即,孔子赞赏其弟子子路能凭单方面证词,便可断决狱讼,有"明断笃信之德"。然而,这一句其实是偏重强调子路的"笃信",即忠信可靠。正如清代经师所云"此称子路有服人之德,非称子路有断狱之才也"。[13] 也即是,此句原义并非强调子路能凭片言断狱的才能,而着重强调子路有"笃信"之德,能够令人信服。"明断笃信之德"这一句注疏,译者中的中国学者哈志道或许是熟知的,假如是这样,这里所指的则不仅仅是子路的"明断"(即有公正断案的智慧),而且还有更重要的是"笃信"。《论语·泰伯》有章句,"子曰:'笃信好学,守死善道。'"[14]意即,君子应该坚守信仰,勤奋好学,至死持守善道。梅、哈两人何以为《威尼斯商人》加入了儒家化标题呢?"明断",固然对应了《威尼斯商人》中鲍西亚的能言善辩,智慧勇敢地判决夏洛克的案件,但"笃信"在《论语》中是指"忠信"的品格,令人信服的品格,而不是基督教意义上的"坚持信仰",但在这个故事中,该词的寓义则变为坚守基督教信仰。《威尼斯商人》是莎剧中较为明显的基督教文本,通过惩罚贪婪的犹太人夏洛克,并责令其改宗基督教,来显示信仰基督教的主题,背后隐含的则是新旧约律法的神学冲突。[15] 因而"片语折狱"这一标题,表面上是借用了儒家的句式,但其实指向的是基督教思想内容。而且,这一篇在兰姆姐弟的改写本中并非置于首篇,而梅益盛和哈志道在中译本中特意将此篇放在最前,变成了开篇第一个故事。也即意味着,可能对译者而言,这是最重要的一篇。因为这一篇不仅仅有引人入胜的判案故事,

---

⑫ 《论语注疏》,何晏等注,邢昺疏,上海:上海古籍出版社,1990 年,第 108 页。此本为阮元十三经版本。同一版本的今人整理本,参见《论语注疏》,何晏注,邢昺疏,北京:中国致公出版社,2016 年,第 191 页。

⑬ 此为清人汪绂《四书诠义》一书的解释,代表了清初学者的见解,聊备一证。汪氏为清初崇朱学者之一,而清初清廷对儒经的解释,是以朱熹为宗。参见程树德:《论语集释》,第 860 页。

⑭ 程树德:《论语集释》,第 539 页。高诱注曰:"善,好也。然则守死善道,言守之至死而好道不厌也。"

⑮ Barbara K. Lewalski, "Allegory in The Merchant of Venice," *Shakespeare's Christian Dimension: An Anthology of Commentary*, ed. by Roy Battenhouse (Bloomington: Indiana University Press, 1994), p. 79.

而且还突出了一大主题,即基督教的慈爱与信仰。

其他的标题有些也颇有伦理意义。又如,《哈姆雷特》的标题被译为“天伦奇变”,具有独特的儒家伦理指向。在儒家看来,天伦是指自然的伦常关系,比如父子、母子、兄弟等等。在哈姆雷特的故事中,克劳丢弑兄娶嫂登上大极,皇后在丈夫逝世后不久即又下嫁小叔子,这些都是严重的违背儒家伦常关系的行为。译者在这里以拟想的中国读者的立场,批判故事中不符合常理,更不符合儒家理念的伦常乖舛。

又如,《辛白林》(*Cymbeline*)一篇取名为“白圭可磨”,也有深刻寓意。这个标题典出《诗经 · 大雅 · 抑》:“白圭之玷,尚可磨也;斯言之玷,不可为也。”[16]所谓“白圭”者,不是一般的玉器,而是古代帝王或诸侯在举行典礼时拿的一种礼器。白圭上面的斑点,尚可以打磨掉,但是国君的言语倘若出现了错误,那就没法补救了。《辛白林》一剧中,英国国王辛白林因听信后妻的谗言而酿下大错。他错怪前妻所生的女儿伊摩琴,伊摩琴的丈夫也偏信他人而怀疑妻子的贞节。最后辛白林在早年失散的两个儿子以及女儿、女婿的帮助下战胜了罗马入侵者。剧终时父子团圆,女儿、女婿也解除了误会,破镜重圆。辛白林和伊摩琴的丈夫皆是听信谗言,而两人的过错最终也得到了宽恕。故事中标题“白圭可磨”,正是反用原义,以求突出悔改、宽恕和美好结局等情节。

又如,《李尔王》被译为《至诚为孝》,译者刻意强调李尔王第三女儿的诚心和孝道,但其实原剧更关注人性、道德和哲理的思辨。李尔王被两位女儿拒绝之后,不愿再逗留王宫,于是跑到了暴风骤雨中的荒野里。这一段,兰姆的故事里写道,“李尔受到双重的折磨,又因为懊恼当初竟然愚蠢到将整个王国一把抛开,神智错乱起来,口中喃喃念着自己也不懂的话,一面誓言要向那两个残暴女妖报仇,要让举世都觉得惊骇,才能达到杀鸡儆猴的效果!他狂乱地口吐妄言威胁,说要做出种种他那孱弱手臂根本做不到的事。”[17]梅译本高度浓缩,是为了保持阅读的流畅通

---

⑯ 朱熹:《诗集传》,上海:上海古籍出版社,1980 年,第 205 页。

⑰ 莎士比亚:《莎士比亚故事集》,兰姆姐弟改写,谢静雯译,北京:中信出版集团,2016 年,第 183 页。本文所引当代译本,以谢静雯译本为准。下文凡引用当代译本,即指此本,并于引文之后附上页码,不另注出。

顺,但也明显强调孝道。比如这一段便被译为:“[李尔王]愈思两女辜负亲恩,愈有忿恨之意,以致脑筋病发,口出狂妄之言。又谓将两女不孝之行,显扬于天下,因此负恩之女,实为天地所不容。”(第16页)兰姆故事中李尔口出妄语,发誓要报仇,而在梅译本中,则变成了“将两女不孝之行,显扬于天下”。这里预设了一个儒家社会的背景,在这个注重孝道的儒家社会里,像李尔这两个女儿这样的不孝行为,若是周知于天下,两人必不能被社会所见容。将儒家社会作为背景的案例,在这个译本中还有许多地方可以看到,所以我们可以说,译者特别考虑到目标语境的社会、文化和读者的接受程度,将《故事集》作了较多的调整。

梅益盛为了吸引更多的读者,特意将莎剧标题改为四字汉语标题,并寓寄着儒家的伦理主题。因而可以说,梅益盛的翻译采取了本土化的策略,充分考虑到读者的阅读感受,甚至不惜牺牲原著的精神。然则,其实梅益盛只是借助令人熟知的儒家词汇罢了,其译文中还是暗藏了基督教的思想。那么,我们追问的是,梅译本如何处理莎剧中显而易见的基督教思想呢?

三、鲍西娅的慈悲讲辞与基督教思想

梅益盛和哈志道合译《海国趣语》的目的在于规劝世人向善,教人知礼义,而愿意做一切对人类有益之事。正如梅益盛在译者自序中说道,“因其[莎剧]文笔隽雅,意义深厚,中间亦具良好之教育,善恶之报,厘然不爽,更指导世人讲公义、娴礼义、尚忠厚,以及一切人类有益之举。”(第1页)梅益盛是基督教传教士,但他在译本中并不直接讲出他要宣扬的基督教,而是以一种隐晦的方式来传播基督教的理念。从这十二个故事来看,所涉的莎剧原著主题各有差异,但是梅译本除了概述整个故事之外,还突出了两个主题,分别是:(1)罪与赎,或过错与宽恕。在梅益盛看来,过错往往是由于人性的恶劣造成的,而宽恕或救赎,则依靠着一种超越的力量,也即基督的力量。(2)善恶与公义,即是恶人恶行被惩罚,而善良和公义得以伸张。但是,《海国趣语》又与明清两代的儒家劝善小说颇有些不同,最主要原因在于信仰的出发点和落脚点大有不同。

梅益盛曾盛赞莎剧“文笔隽雅,意义深厚”。他的翻译策略,包括改换人称、意译、直译等,都是为了更好地向读者传达莎剧曲折离奇的故事。莎剧往往情节复杂,人物众多,意旨深远。在《威尼斯商人》的原剧中,鲍西娅与巴萨尼奥的爱情故事,律法与仁慈之争等情节,一向颇多争议。兰姆姐弟在其《故事集》的前序中表示,他们改写的目的在于提升儿童读者的道德素养,使他们去除自私自利的本性。因而,《故事集》是道德教育方面的一种好教材,帮助少年读者打下坚实的基础,进而使他们能够更加深入地体会莎剧原剧中的美德观念。兰姆姐弟为便于年轻读者理解情节背后的寓意,在传达情节之时常常刻意呈现出鲜明的是非善恶评判,在重述人物的行为之时也辅以原剧所无的心理描写——这些都是为了区分道德的高尚与低劣。

《威尼斯商人》的改写本是由玛丽·兰姆完成的,莎剧中的鲍西娅“三匣选亲”、夏洛克的女儿与基督徒私奔等情节皆被删去,仅留借贷和割肉这一条线索。玛丽·兰姆使用了一些具有是非判断的词汇以判别人物的品格。她善于使用截然相反的形容词,以增强对比性,强化人物品格的塑造。比如,她将夏洛克塑造为残忍、贪婪、阴险的反面人物,而安东尼奥则是慷慨、慈爱的正面人物。一开篇,她便直接说夏洛克是个坏人,是一个“hard-hearted man”(冷酷无情的人)、“covetous”(贪婪的)、“disliked by all good man”(受所有好人厌恶),而安东尼奥则是“the kindest man that lived”(世界上最善良的人)、“generous”(慷慨的)。如此一来,两人的形象,自一出场便对比鲜明。在庭审一幕中,玛丽为强化夏洛克的险恶用心,增添了许多夏洛克的心理描写,并接连形容他为“cruel Jew”(残忍的犹太人)、“merciless Jew”(无怜悯之心的犹太人)、“unfeeling”(没有感情的)、“no mercy would the cruel Shylock shows”(没同情心的残忍犹太人)、“cruel temper of currish Jew”(恶狗般犹太人的残忍性格)。以上列举的词组中的形容词,大部分皆是原著所无,是为改写本所添加的。

玛丽·兰姆以夏洛克为反面教材,教导读者应学习基督徒的仁慈、善良,勿起贪婪之心。在莎剧原剧中,安东尼奥、夏洛克两人的利益冲突、口舌之争的背后,有犹太教和基督教、基督徒与犹太人等宗教冲突和种族差异的背景。玛丽·兰姆将宗教的冲突简单化、字面化。犹太教与基督教的宗教之别,成了两人性格冲突的标签。犹太人是贪婪、冷酷的,基督徒则是仁慈、善良的。整个故事的结尾,夏洛克被要求改宗,加入基督教,这便意味着改邪归正。兰姆姐弟的道德判断立场如此鲜明,也使改写本失掉了原剧讨论新旧约律法的无数可能。

在《故事集》的改写文段中,夏、安两人的善恶评价,连结着基督教与犹太教之争的文化背景,梅益盛并不愿意借此传达两教之争的背景。他去除了宗教、种族的冲突,不惜牺牲原文的深厚内涵,而只求译文简单流畅、易被接受。他认为他的任务在于传达故事的大意,以及最主要的道德训诫,而要真正理解莎剧,则需要少年读者自己去阅读原文了。

梅益盛淡化剧中的宗教对立成分,重要的情节也做了相应的改写。比如,他几乎全部删去了"基督徒"字眼,仅保留"犹太人"作为夏洛克的身份认证。夏洛克出场之时,改写本写道:"Shylock, the Jew, lived at Venice: He was a usurer, who had amassed an immense fortune by lending money at great interest to Christian merchants."(p. 92)(中译:"威尼斯有个犹太人夏洛克,以放高利贷为生。他借由放高利贷给基督徒商人,积攒了大笔财富。"[当代译本第 131 页])《故事集》的改写突出了夏洛克专门给基督徒放贷生钱,而这在梅译本中被删去,变成了针对所有人的放贷,而非单单针对基督徒。梅译本写道:"[夏洛克]系以钱借出而求重利者,家成巨富"(第 1 页)。在庭审一幕中,鲍西娅称按照借约,犹太人可以割肉,但绝不可取"one drop of Christian blood(一滴基督徒的血)"(p. 102)。梅益盛将这句话译成了"若取肉时而流一滴血"(第 5 页),也剥离了原作中特意强调的安东尼奥的"基督徒"身份,而将夏洛克所盘剥的残害的对象扩大至更大的范围。

在借债一幕,改写本突显出了两人的两场口舌之争。第一场是夏洛克讥讽安东尼奥往日羞辱他,今日却有求于他。第二场是夏洛克讥笑基督徒多疑,要安东尼奥同意割肉之约。梅益盛在翻译时,直接删略了第二场口舌之争。而在第一场口舌之争中,梅益盛改写了安东尼奥曾在夏洛克的衣服上吐唾沫、对他拳打脚踢的片段,转而以"讥诮而詈汝"(第 2

页)代替。到了庭审一幕,梅益盛则几乎删去了所有针对犹太人放贷者夏洛克的负面形容词,原剧的种族冲突因而也就被删掉。所以,梅译本中夏洛克的身份不再是专门盘剥基督徒的犹太人和天性不良的恶人。夏、安两人的矛盾,则成了较为单纯的盘剥利息者和乐善好施者的冲突,即单纯的为善者和为恶者之间的不和谐。

梅益盛在翻译时的改写,也改变了故事的主旨。夏洛克对安东尼奥的仇恨,不再是更激烈、难以化解的宗教矛盾和天性冲突,而成了相对较为缓和的利益之争,这为借债割肉一事带来一丝转机——如果夏洛克听从鲍西娅的劝诫,秉持着一颗仁慈之心,宽恕与安东尼奥的前仇旧恨,放弃当下的复仇,就可以彻底化解二人的矛盾。梅译本中夏洛克与安东尼奥的性格对立已淡出核心,宗教冲突也消弥无迹,译本的主旨也变为了宣扬无差别的宽恕与慈爱。当然这与儒家的有等差的爱截然不同。

在《故事集》的改写中,鲍西娅对夏洛克的劝诫取自莎剧原文,较近于原剧,极好地传达出原剧神韵和意义。让我们看看改写本中鲍西娅在庭上发表的关于"mercy"(慈悲)的著名训诫:

> She spoke so sweetly of the noble quality of *mercy*, as would have softened any heart but the unfeeling Shylock's; saying, that it dropped as the gentle rain from heaven upon the place beneath; and how mercy was a double blessing, it blessed him that gave, and him that received it; and how it became monarchs better than their crowns, being an attribute of God Himself; and that earthly power That earthly power came nearest to God's, in proportion as mercy tempered justice; and she bid Shylock remember that as we all pray for mercy, the same prayer should teach us to show mercy. (pp. 98 - 99)

> 不过关于仁慈,她也说了一段动听的话,除了铁石心肠的夏洛克之外,任谁听了也会心软。她说,仁慈是多么高贵的品性;说仁慈好似天降甘霖于大地;说仁慈是种双重的赐福,比起冠冕更能替君王增光;施行世俗的权柄时,能在公义之中适度加入仁慈,就距离上

帝的权柄最近。她要夏洛克记住，我们在祷告中祈求上帝对我们仁慈，同样的祷告应该能够教我们以仁慈待人。（当代译本，第138页）

上帝慈恩待人，故人应效法，彼此施恩。我等获罪于上帝，若求上帝宽待，上帝必赦免之，人若获罪于我，若求我宽待，我亦当饶恕之。（梅译本，第4页）

改写本中鲍西娅这样说，是希望夏洛克能够毁掉借约，抛弃律法，展现人类仁慈的品性。这体现了基督徒对于旧约与新约的态度——慈爱与宽恕远胜于坚守残忍不人道的律法。梅译本删掉了改写本中讲律法的部分，并劝导人类学习上帝的慈爱和宽恕。这其实是在劝说夏洛克宽待安东尼奥的前仇旧恨，放弃复仇。从梅益盛的这种改写策略来看，梅译本中夏洛克对安东尼奥的仇恨，不再处于复杂的历史和宗教的背景中，能否化解二人的矛盾考验的是个人的慈爱之心，这种慈爱之心的可贵之处，就在于不仅能施恩于人，甚至可以宽恕曾得罪自己的人。这也是梅译本的主旨，人与人之间应互相宽恕彼此的过错，秉持一颗仁慈之心。所以，在故事的最后，威尼斯公爵宽恕了夏洛克谋害人命的毒计，并有条件地归还了他的财产。公爵说"余当表明慈爱之性情，以宽恕尔命，与尔不用慈爱之心异。"（第5页）而原剧本中，公爵为表明"the difference of Christian spirit"（基督徒精神的不同）才施恩于他。

梅译本表达的劝善思想，是一种不限身份的普遍慈爱，它的含义要比原著的劝善言论更为宽广。梅益盛通过删减情节、改写人物的性格描写，进而改变了《故事集》中宗教冲突的主题。由此可见，梅益盛极为谨慎地处理了译本中复杂的宗教冲突问题。梅益盛认为，对中国少年读者而言，宗教的矛盾与种族的是非等等都是需要回避的议题，重要的是要使读者在故事中学会宽恕和仁慈。梅益盛为广学会执笔，向中国少年学子介绍西方经典，需将中国读者的接受与否视为最大之事，故而译者在翻译之时尽量求同存异，去除可能令人费解的西方背景，转为传达更具有普世价值的慈爱观念。

这种慈爱/仁慈的话语,当然与道德训诫密切相关。原著《威尼斯商人》劝夏洛克信教,而译本则强调要行善事,做好人,其劝诫意味更加泛化,针对的读者群体也更大。译者在这12个故事中,屡次突出了人物的慈爱和仁慈的性格,以此来化解嫉妒、残暴、不仁、暴戾等引起的恶的行为,最终是以慈爱、宽恕来与恶人或敌人和解。有好几个故事,都是因人物的猜疑和嫉妒引起的,比如《信谗杀妻》(*Othello*)、《白圭可磨》(*Cymbeline*),但结局都是得到宽恕与和解。译者似乎以此表明,宽恕与慈爱,才是救治人类嫉妒的妙药。又如,《天伦奇变》(*Hamlet*)一篇,译者在故事的结尾增添了自己的评论:"因哈太子夙为慈爱性质、温柔品格之人,并非偏好残忍者可比。故众人因其死而惜之,倘能久存于世,则丹麦之王位可就,国其庶几矣。"本来的结尾是:"For Hamlet was a loving and a gentle prince, and greatly beloved for his many noble and princelike qualities; and if he had lived, woud not doubt have proved a most royal and complete king to Denmark."在这里,哈姆雷特是一位仁慈宽厚的王子,被译成了"夙为慈爱性质、温柔品格之人"。在词汇的使用上,梅益盛特别喜欢使用"慈爱"一词来形容好人,而有的地方,则直接将"慈爱"与基督教的上帝之爱等同起来。

四、宽恕与公道

《海趣趣语》中的其它故事与《威尼斯商人》最终的宽恕主题类似,其最终的导向是"上帝的慈爱",最终的寓意是:上帝宽恕罪人,而公正得以张扬。尽管莎士比亚戏剧中会出现基督教内容,但是说教色彩极为浓厚的笔调,却是少见。梅译本的12个故事中,有许多地方都在强调"天理"或"公道",意即世间有一位上帝在主持公道。所以,尽管世间会有许多不公,善人也可能暂时得不到好报,但最终人世间的公正终会来到,正义得以伸张,恶人受惩罚,而善良的人也会得到好报。

梅益盛在《至诚为孝》(*King Lear*)这一故事中,插入了自己关于善恶果报的评论。改写本中,故事写到李尔王的第三个女儿蔻迪莉雅(Cordelia)的悲惨命运时,兰姆写道:"她的诸多善行理应获得更幸运美满的结局,但在这个世界上,纯真跟虔诚不见得会有美好的回报——这是个可怕的真理。”(当代译本,第 187 页)而到了梅译本,则是“可德理亚在监内病故,以此德孝兼备之人,竟遭恶人之毒手,但善者为恶者所致死,世界亦所常有。然善恶之报自在,非不可信者也”(第 17 页)。改写本所说的“这是一个可怕的真理”,陈述的是一个现象,即有时好人不得好报。但是在梅译本这里,梅益盛译为“世界亦所常有”,并且,译本又添加了一句“然善恶之报自在,非不可信者也”。这仍是保留了劝人向善之举,要人相信“善恶之报”仍自有其公道所在。无论是莎士比亚,还是兰姆姐弟,或者梅益盛,大家都对蔻迪莉雅饱怀同情,而对于李尔王的另外两个女儿则大加谴责。在两女受到罪有应得的惩罚之后,改写本写道:“Thus the justice of Heaven at last overtook these wicked daughters.”(p. 139)(“上天终于在这两个邪恶的女儿身上伸张了公义。”[当代译本,第 187 页])而梅译本则是,“此乃天神惩罚两不孝之女,为罪恶之报应云。”在这里梅益盛再次强调,两女之恶行是为不孝,而罪恶终会有报应,天神终会惩罚。因果报应之说,本是来自佛教,在明清底层社会也被广泛接受,而这里原著或改写本中的“Heaven”肯定不是指“天神”,也应该没有因果报应之说。梅益盛加入了中国读者易为接受的因果报应观念,而且将“Heaven”译为“天神”,而不是“天”或者“上帝”,这也是刻意避免过于直露地显现出基督教思想,而愿意将这个文本改为劝善文书的缘故。

在《情寓于仇》(*Romeo & Juliet*)这一故事的结尾,译者也有其添加的评论。改写本为:“And the prince, turning to these old lords, Montague and Capulet, rebuked them for their brutal and irrational enmities, and showed them what a scourge Heaven had laid upon such offences, that it had found means even through the love of their children to punish their unnatural hate.”(p. 261)中译为:“亲王转向蒙特鸠跟卡普雷大人,谴责双方之间残酷又不理性的敌对关系,指出上天为了他们的过错而降下灾祸,透过双方儿女的爱情,惩罚他们这种畸形的仇恨。”这一句被简缩为:“本城之王,对二族长言,两家夙仇,于理不合,故上天不忍视之,特以此法谴罚,俾尔等消释怨尤。”(第 27 页)这里上天“不忍”两字,也是改写本所

无。上天不忍,表明在这里有一位人格化的、慈悲的上帝在主持公道。

《呼风引类》(*The Tempest*)一篇,出自《暴风雨》,原著的主题便是恕罪与原谅。原剧中,米爵公爵普洛士帕罗被弟弟安东尼奥篡夺了爵位,只身携带幼女逃到一个荒岛,后来学习魔法,成为了岛主。十几年后,他制造了一场暴风雨,将经过附近的那不勒斯国王、王子和安东尼奥等人的船只弄到了荒岛,又用魔法促成了女儿与王子的婚姻。最终是普洛士帕罗宽恕了曾经施害于他的敌人,恢复了爵位,返回了故土。在原剧的结尾,那不勒斯国王和僭主安东尼奥,请求米兰公爵普洛士帕罗的宽恕。这是本剧的高潮部分。改写本基本保留了原剧的内容。且看《故事集》的改写如下:

"Then I must be her father," said the king; "but oh I how oddly will it sound, that I must ask my child forgiveness." "No more of that," said Prospero: "let us not remember our troubles past, since they so happily have ended." And then Prospero embraced his brother, and again assured him of his forgiveness; and said that a wise overruling Providence had permitted that he should be driven from his poor dukedom of Milan, that his daughter might inherit the crown of Naples, for that by their meeting in this desert island, it had happened that the king's son had loved Miranda.

"那么我也是她的父亲了,"国王说,"可是,噢,听起来虽然奇怪,但我必须请求这孩子宽恕我。""旧事不必再提,"普洛士帕罗说,"既然有这么美满的结局,就把过去的恩恩怨怨抛到脑后吧。"接着普洛士帕罗拥抱弟弟,再次保证会原谅他,还说统领一切的贤明神祇,就是为了让他女儿继承那不勒斯的王位,先将他从米兰公国流放出来,再让大家到这座荒岛上相会,又使国王的儿子凑巧爱上米兰达。(当代译本)

[那破里王说,]惟前已招怨于其父,应请其父恕我。泡氏闻之

曰：旧恶不念，前虽为祸，后竟变为福，吾侪宜喜之不胜。又曰：慈悲之上帝，能使忧转而为乐，且将来之乐，较目前之乐更大。（梅译本）

这一段中，"旧恶""不念"等句还是能大概对应起改写本原文，但是后续的"慈悲之上帝"一句则是原文所无译者添加的部分。原文中并无使用"上帝"等词，而是指冥冥中的天意，所谓"a wise overruling Providence"（直译：一种智慧的统治的天意/天命），这里隐晦地指向基督教上帝在世间的统摄治理之大能，但是译者则直接将其改写成：慈悲之上帝，能主持世间公道，能使人转忧为乐，而且只要你坚守信仰，"将来之乐，较目前之乐更大"。这种未来主义式的承诺，无疑来自基督教的神学观念。因而，我们看到后续译文写道："安脱略大哭认过，求兄赦免，王亦承认前过。洎氏均恕之。"（第 35 页）译者有意添加基督教训诫的说辞，使整个故事的结尾还有一小段："故大众登船返国，洎氏恢复原有之公爵权位，其女与太子在那破里城行婚礼，更有团聚之乐。先忧也如彼，后乐也如此，是亦天道无常也。"（第 35 页）故事结束之后，便引出了译者的评论。"先忧也如彼，后乐也如此"这一句对应的是前文的"慈悲之上帝，能使忧转而为乐，且将来之乐，较目前之乐更大"，而"天道无常"之"天道"两字在汉语语境中带有宋明儒学的深厚含义，宋明儒学的基本范畴（比如朱熹的学生陈淳的《北溪字义》）便是围绕"性与天道"而论述。[18] 而且该词为熟读朱熹解释的四书五经的读书人所熟悉。这个译词，在这里对应的是前文的"Providence"一词——是指上帝对世界万物统治摄理作用，或"上帝的旨意"，有深刻的基督教神学意义。[19] 因而，此

---

⑱ 陈来：《陈来讲谈录》，北京：九州出版社，2014 年，第 154 页。陈来指出，侯外庐主编的《宋明理学史》举朱熹的学生陈淳所著的《北溪字义》26 个条目，认为是理学的基本范畴，指出"这些范畴都是着'性与天道'而提出的"。参见陈来：《宋明理学》，沈阳：辽宁教育出版社，1991 年，第 15 页；侯外庐等主编：《宋明理学史》，北京：人民出版社，1984 年；陈淳：《北溪字义》，北京：中华书局，1983 年，尤其是第 1 页有"天命，即天道之流行，而赋于物者，乃事物所以当然之故也"，又可参见此书第 38 – 41 页。

⑲ H. Wayne House, ed., *The Evangelical Dictionary of World Religions* (Grand Rapids, Michigan: Baker Books, 2018), p. 623.

一句梅益盛的评论,可看作是译者对整个故事的总结和升华。换言之,梅益盛在此处,还是希望昭显出基督教的“慈悲之上帝”,以及这位上帝主持世间公道,能给信徒带来信仰和充满希望的未来。在这一部书中,译者有意地论证了这样的主题,即宽恕与公道,而两者又是相互证成对方的。译者刻意强调的部分,正是其意旨所在,也即是说,梅益盛和哈志道通过这个译本,借助莎士比亚的经典性地位,或隐或显地在传播基督教。

贵格会相信每一个人身上都拥有“基督之光”(the Light of Christ),因此像梅益盛这样的贵格会传教士与其它教会的传教士大有不同,因为他特别强调人文的价值,例如仁慈、怜悯、和平与爱,而这些崇高的思想都能在莎士比亚的作品中找到。梅益盛在为其译本所写的序言中曾强调:本书翻译的宗旨,乃在于突显“善恶之报”。然而,该译本又不是一般意义上的中国传统善书,也不是传统意义带有浓厚基督教色彩的宗教读物。虽然译者的翻译目的背后有着基督教思想观念的支持,但正如译者所说的,此书翻译目的在于“更指导世人讲公义、娴礼义、尚忠厚,以及一切人类有益之举”。“一切人类有益之举”这种人道主义理想,更像是一种普遍化的劝善观念。这正是梅氏将其宣扬的基督教掩盖在这种宣传口号之下。对于那些基督徒读者而言,该书提及的种种普遍性的善良和爱,更能让他们联想到基督教上帝的全能和全知。简而言之,梅益盛的汉译《莎士比亚故事集》表面上虽是涉及伦理层面的内容,但背后是有基督教思想在支撑。换言之,这其实是一种非直接的宣教方式。

五、结　语

莎士比亚传入中国,最初是在晚清民国时期以兰姆姐弟的故事集的形式被接受。梅益盛和哈志道合译的《海国趣语》是目前所知兰姆《莎士比亚故事集》的第一个传教士译本,有其独特的价值。梅益盛译介此书的目的,是要向中国少年学子介绍西方经典作品,提升读者的阅读兴趣,所以尽管译者使用了文言,但还是采用了较为浅显易懂的表达方式。他们尽其可能地传达原改写本故事的主要情节,一方面是为了体现西方文学的特色,另一方面则希望起到劝人向善的作用。尽管译者是基督徒,而出版机构也是基督教出版社,但是梅益盛刻意避免太过于直接地传达基督教思想。甚至是原著之中便有的基督教思想,他都进行了策略性的改写。

梅益盛译本包含了12篇故事,故事的标题皆为四字,有些还采取了儒家寓意的典故,使读者联想到儒家传统的伦理道德观念。在这种本土化的翻译实践背后,隐含着更为隐晦的基督教信息。译者在这个译本中,有意识地删去基督教的信息,删减带有明显宗教色彩的性格描写,淡化人物之间的宗教冲突,但更强调一种普遍性的慈爱、宽恕和公道,而这些伦理意义皆指向了基督教。因而可以说,梅益盛使用了较为隐晦的方式,利用汉译莎士比亚传播基督教。该译本出版若干年后,销路不错,也有一定的影响。1929年,另一位传教士狄珍珠将其转译为白话语体,以《莎士比亚的故事》为题出版。狄珍珠在华传教,同时也从事教育工作。她转译这个梅译本之时,拟想的读者或许有一部分便是她所创办的学校的学生,而且该译本也可能在中学教学中使用。

来华传教士经济学著译与西方经济学财富学说的输入(1800 – 1911)*

李　丹

【内容摘要】　英国亚当·斯密写于 1776 年的《国富论》一书乃西方政治经济学之嚆矢,以其学说为核心的古典经济学派至 19 世纪中叶逐渐成为西方经济学界的主流,该学派认为经济学就是研究有关"财富"(英文为"Wealth"、法文为"Richesse")的学问,并形成财富的生产、交易、分配等理论,这些财富学说奠定了西方经济学的理论基础。19 世纪西方经济学中的财富理论渐传入中国,在当时中外财富观念差异较大和追求国家富强以救亡图存的强烈动机背景下,对晚清社会经济思想和实践均造成一定影响。本文主要考察晚清来华传教士的经济学著译,整理各种译书的版本、内容,并详细梳理这些译书所输入的各种"财富"概念与原理。

【关键词】　晚清　西方经济学　财富学说　传播　传教士

18 世纪末 19 世纪初,新教传教士为改变中国对外态度与认识并促使其打开大门,主要通过文字出版活动向中国输入西方知识,其中

* 本文系广东省哲学社会科学规划"晚清报刊与中国经济思想的近代转型"(项目编号:GD17XLJ01)的研究成果;东莞理工学院科研启动专项经费项目"晚清西方经济学说在华传播与近代经济思想转型"(项目编号:GC300501 – 153)的研究成果。

不乏大量的经济知识。19世纪中期前后,来华传教士又开始译书著说,形成少数几本专门输入西方经济学说的中文著作,19世纪中后期通过经济学著译输入了大量西方经济学财富学说,其中就以如何调动国民积极性以创造国家财富的学说影响最大,中国于19世纪中后期至20世纪不断兴起的社会经济发展思潮就无不受其影响,并在不同时代对中国经济实践起着指引作用。目前学界对来华传教士经济学著译有诸多研究成果,①但在各著译概况介绍上仍有可补充之处,另就经济学说传播角度而言,系统性的研究也还不多。本文着重以中英文本互较梳理各译著概况,并整理著译所输入的部分财富学说理论。

郭实腊(Charles Gutzlaff)的《制国之用大略》(1839)是学术界目前公认的记录最早的输入西方经济学说的中文著作,该书主要介绍西方国家的财政之法,他的另一本中文经济学书《贸易通志》(1840)则专门论述西方贸易知识。不过这两本书都未介绍西方经济学的定义,直至19世纪60年代中期开始设置总署,自强运动逐步展开,来华传教士才开始有意识地通过著译将经济学作为一门学问引入中国。1800-1911年间各经济学著译基本信息可见下表。

① 孙青:《从〈政治经济学(学校教学及参考用)〉到〈佐治刍言〉——传教士译述对晚清中文世界"西方政治"之学的塑造一例》,载《"中国现代学科的形成"国际学术研讨会论文集》,未刊论文集,2005年,第11-24页;王林:《〈佐治刍言〉与西方自由资本主义思想的传入》,载《甘肃社会科学》,2008年11月第6期,第193-196页;梁台根:《近代西方知识在东亚的传播及其共同文本之探索——以〈佐治刍言〉为例》,载《汉学研究》,2006年12月第24卷第2期,第323-351页;熊月之:《郭实腊〈贸易通志〉简论》,载《史林》,2009年6月第3期,第62-67页;吴义雄:《鲍留云与〈致富新书〉》,载《中山大学学报(社会科学版)》,2011年5月第3期,第88-96页;艾俊川:《货币银行学东传与〈保富述要〉》,载《中国金融家》,2015年1月第1期,第136-137页;梁燕红:《传教士马林与〈富民策〉编译研究》,湖南大学2014年未刊硕士学位论文;张登德:《求富与近代经济学中国解读的最初视角——富国策的译刊与传播》,黄山:黄山书社,2009年。

表 1 来华传教士经济学著译表(1800－1911)②

经济学著译(首版)	著译者	译作之外文蓝本(版次)	主要内容
《制国之用大略》(1839)	郭实腊	不详	分民需、货币、税收、国用、军事、教育、财源、答问 8 篇
《贸易通志》(1840)	郭实腊	John Ramsey McCulloch 的书籍	西方有关商业之各种知识
《富国策》(1880)	丁韪良、汪凤藻译	Henry Fawcett, *Manual of Political Economy*(1874)	论财富的生产、分配、消费与税收
《佐治刍言》(1885)	傅兰雅、应祖锡译	W. and R. Chambers, *Chambers's Educational Course: Political Economy, for Use in Schools, and for Private Instruction*(1852)	上半部分言政府、法律、民族、个人之关系,下半部分言生产、劳动、资本等基本概念、原理
《富国养民策》(1886)	艾约瑟译	William Stanley Jevons, *Science Primer: Political Economy* (1878, 1st ed.)	主要论述财富生产、分配、交易和税收
《富国须知》(1892)	傅兰雅编辑	选编自《富国策》	
《国政贸易相关书》(1894)	傅兰雅、徐家宝译	Thomas Henry Farrer, *The State in Its Relation To Trade*(1883)	国家贸易政策,主张自由贸易
《税敛要例》(1894 或 1895)	卜舫济著	无	各种税收之法
《保富述要》(1896)	傅兰雅、徐家宝译	James Platt, *Money, A Treatise on Currency, Banking*(不详)	关于银行、货币等金融知识

② 当时澳门马礼逊书院校长美国人布朗所编的《致富新书》(1847),选录美国经济学家学说翻译成书,香港大学图书馆藏有影印本,但布朗在华活动时身份并非传教士,故此处未列入。另制造局美国人卫理、王汝驹共同将杰文斯的 *The State in Relation to Labor*(1882)译成《工业与国政相关论》,于 1900 年由制造局首先出版。此卫理身份不详,此处也未列入。

续　表

经济学著译（首版）	著译者	译作之外文蓝本(版次)	主要内容
《富民策》(1899)	马林、李玉书选译	Henry George, *Progress And Poverty: An Examination of the Tariff Question with Especial Regard to the Interests of Labor* (不详)	地租理论，主张地租归公
《足民策》(1899，袖珍版)	马林、李玉书选译	Henry George, *Progress and Poverty: An Examination of the Tariff Question with Especial Regard to the Interests of Labor*(不详)	地租理论，主张地租归公，《富民策》袖珍版
《生利分利之别论》(1894)	李提摩太著，蔡尔康译	无	有关于生产三要素之一劳动力之概念、生产性及非生产性劳动之区别
《富国真理》(1899)	山雅谷、蔡尔康译	G. T. Gardner, *Political Economy* (不详)	财富的生产、分配之理
《理财学》(1902)	谢卫楼选译	Amasa Walker, *Science of Wealth: A Manual of Political Economy* (不详)	财富的生产、交换、分配、消费

一、晚清来华传教士经济学著译介绍

上表中各著译作者是谁？内容如何？出版的背景，英文原本的相关信息，当时国人对此书有何评价与认知？此节将逐一介绍。《制国之用大略》《贸易通志》各版本难寻，又不在本土出版，③当时国人关注不多，

③《贸易通志》具体内容，参见熊月之：《郭实腊〈贸易通志〉简论》，载《史林》，2009年6月第3期，第62－67页。该文也提及《制国之用大略》相关信息。

因此从《富国策》开始。

1.《富国策》

《富国策》一书乃西方经济学定义输入中国之嚆矢,此书之诞生又与英国人赫德(Robert Hart)大有渊源,赫德在1864年刚任总税务司时,就在日记中称打算用海关积存的罚没资金实现某些计划,计划之一便是翻译西方经济学书、设立有经济学书的图书馆、推动科举士绅学习西方经济学。[④] 赫德的计划得以部分实现,丁韪良在19世纪60年代末70年代初左右便着手翻译经济学专著,大概在70年代末译成《富国策》。[⑤] 该书由北京同文馆1880年率先出版,其后还有益智书会本、日本排印本、美华书馆刻本等各种版本,但内容、章节均无太大变化。《富国策》一书译自亨利·福赛特(Henry Fawcett,英国人,时人称法思德,1833-1884)的*Manual of Political Economy*(1874),据世界最大的联机书目数据库WorldCat搜索显示,*Manual of Political Economy*一书在1863年至1995年间曾有20个英文版本,[⑥]各版本章节变化不大。[⑦] 从内容看,福赛特的《政治经济学指南》是一本非常适合于教学的经济学入门书,分四部分介绍商品的生产、分配、交换、国家课税等一些经济学基本原理与问题。丁韪良翻译此书时框架不变,但其只选取、翻译适合中国国情及发展需要的重要章节,因而《富国策》内容较英文原本省略较多。《富国策》一书在西方经济学在华传播历史上有重要地位,晚清的西学书目、西学丛书中也大都收录此书。晚清国人的书目《增版东西学书录》称该书"论商理、商情,专主均输、平准,以几何公法酌计而消息之","是书第十

---

④ 赫德1864年7月5日日记,费正清等编:《赫德与中国早期现代化——赫德日记(1863-1866)》(下),陈绛译,北京:中国海关出版社,2005年,第192页。

⑤ 丁韪良编:《同文馆题名录》(第四次),1888年,第48页。

⑥ 参见http://umaryland.worldcat.org/wcidentities/lccn-n82-253187/2010.8.2。

⑦ 参见各版序言及相关章节,Henry Fawcett, *Manual of Political Economy* (London: Macmillan and Co, 1865),2nd ed.;Henry Fawcett, *Manual of Political Economy* (London: Macmillan and Co, 1869),3rd ed.;Henry Fawcett, *Manual of Political Economy* (New York: Macmillan Compony, 1907),8th ed.。

章言税法尤多要义”。[⑧]《湘学报》对其介绍更详细一些,其称作者“幼失明,矢志勤学,充国教习,擢国会大臣”,说明该报编辑对该书相关背景了解较多。[⑨]

2.《富国养民策》

《富国养民策》(1886)是英国伦敦会传教士艾约瑟(J. Edkins)所译,此书之翻译也曾获赫德支持。该书译自 *Science Primer: Political Economy*(1878 年第 1 版),英文原书作者乃英国经济学家杰文斯(William Stanley Jevons, 1840－1882),出生于利物浦,曾在伦敦大学接受教育,1876 年成为伦敦大学的政治经济学教授,有不少经济学代表性著作。根据 World Cat 统计,这些著作自问世后大多不断再版发行,其中被认为阐述数理学派经济学说的经典之作——《政治经济学理论》(*The Theory of Political Economy*)一书,从 1871 年至 2006 年就有 72 个版本之多,*Science Primer*: *Political Economy* 从 1878 年至 2001 年也有 38 个版本。[⑩]

“边际效用理论”(marginal utility theory)是杰文斯的经典理论,但 *Science Primer*: *Political Economy* 一书不是研究较新的边际效用理论,主要目的是在经济学启蒙,作者在序言中就表示,该书定位为普通民众和为基础教育教员提供基本的经济学通俗读本。[⑪] 该书仅 134 页,内容简单明了,从版本之多即可见其在经济学基本知识普及方面的重要作用。

《富国养民策》有 1886 年西学启蒙本、1897 年西政丛书本、1898 年上海图书集成印书局本、1901 年富强斋丛书续全集本,还曾连载刊登在《万国公报》上。傅兰雅《富国养民策》译自 1878 年的英文首版,英文原

---

⑧ 徐维则:《增版东西学书录》,载熊月之:《晚清新学书目提要》,上海:上海书店出版社,2007 年,第 82－83 页。

⑨《商学书目提要》,载《湘学报》,1897 年 4 月 22 日第 1 册,页码不详。

⑩ 参见 http://umaryland.worldcat.org/identities/lccn-n80-24350/2010.8.2。

⑪ William Stanley Jevons, “Preface,” in *Primer of Political Economy*, 2nd ed. (London: Macmillan and Co, 1878), pp. 5－6.

书在 1878 年有两个相同版本,前后相隔仅一个月,[12]1878 年第二版可代替首版与中译本相较。将《政治经济学入门》(1878 年第 2 版)与《富国养民策》(1898)相较,前者共 16 章,下有 100 小节,讲述政治经济学中关于财富生产、分配、交易及国家征税等基本问题,后者亦为 16 章,下分 100 小节,从内容上看,《富国养民策》试图逐字翻译原著,因而译文稍显晦涩。《增版》认为"以地为财之本源,以工作为生财之善法,以行商为通商之要道,但贵有策以维持之耳。译本虽劣,宜急读之",[13]《湘学报》则称其为启蒙之书,"旨在发明货财流通及财非一人能专之理,使各人销其争心,而风俗可臻大同"。[14]《增版》及《湘学报》都列出《富国养民策》有税务司西学启蒙本与西政丛书本,并称该书"分十二章",但实际上 1898 年西学启蒙本与 1897 年西政丛书本都是十六章,不知如何会有此误。

3.《佐治刍言》

除京师同文馆外,江南制造局译书处也曾翻译不少政治经济学著作,如英国圣公会传教士傅兰雅(John Fryer)与应祖锡合作翻译的《佐治刍言》(1885),还有《国政贸易相关书》(1894)、《保富述要》(1894),由傅兰雅与徐家宝共同译成。《佐治刍言》译自钱伯斯教育丛书(Chambers's Educational Course)中《政治经济学(学校教学及个人参考用)》(*Political Economy, for Use in Schools, and for Private Instruction*),之前学术界误认为译自该丛书中的 *Homely Words to Aid Governance* 一书,[15]应是被哈佛燕京 Protestant Missionary Works in Chinese 系列中《佐治刍言》缩微胶卷标签记录所误导。*Homely Words to Aid Governance* 并非英文原著书名,很可能只是"佐治刍言"中文名的英文翻译,如后来外国学者在英文中涉及"佐治刍言"一书名即用 *Homely Words to Aid Governance* 表

---

⑫ Ibid.

⑬ 徐维则:《增版东西学书录》,第 83 页。

⑭《商学书目提要》,载《湘学报》,1897 年 5 月 31 日第 5 册,页码不详。

⑮ 顾长声:《从马礼逊到司徒雷登——来华新教传教士评传》,上海:上海人民出版社,1985 年,第 261 页。

达。[16] 钱伯斯兄弟,即 William Chambers(1800－1873)与 Robert Chambers(1802－1871),二人在英国出版史上有重要地位,他们出版的书籍面向大众,实用性较强,在普及民众知识层面有很大影响。正因如此,赫德早在1864年就打算将钱伯斯教育丛书全套书籍翻译成中文并出版,而李提摩太在19世纪80年代为地方精英进行演说以传播西方知识而购置的西方书籍中,也有《钱伯斯百科全书》。[17]

《佐治刍言》一书虽在19世纪80年代就已出版,但直至90年代甲午战后才受国人重视,据晚清时人书目统计,该书在1902年以前就有制造局本、富强丛书本、石印本、格致丛书排印本、上海排印本、军政全书本、会稽徐氏重印本,[18]此外还有西政丛书1897年本、武昌质学会1897年本、富强斋丛书续全集1901年本。本文即以1885年制造局本与1852年的 *Political Economy* 为讨论蓝本。该 *Political Economy* 共有36章476小节,制造局本翻译了该英文书前32章,分《总论》及31章共418节,而其后1897年的武昌质学会本则直接将《通论》(即《总论》)列为第一章,原制造局本第六章《论驳辩争先之误》未纳入,并将全书分为三卷31章,同时章下不再有节,且其他各章节标题在制造局本基础上有所简略,内容则无差异。[19] 总之,《佐治刍言》大体按照英文原书章节进行翻译,只不过在内容上并非逐字逐句翻译。该书按内容来分实有两大部分,其中上部分涉及社会、个人、政府、法律、民族等各方面的知识,后半部分有关经济学的内容。

《佐治刍言》一书在近代西学东渐史上颇有意味,即中外不同国家或不同时期国人对该书的归类与定位颇值考察。这本英文政治经济学

---

⑯ Paul B. Trescott and Xue Jingji, *The History of the Introduction of Western Economic Ideas into China, 1850－1950* (Hong Kong: The Chinese University of Hong Kong Press, 2007), p. 24.

⑰ 赫德1864年7月15日日记,费正清等编:《赫德与中国早期现代化——赫德日记(1863－1866)》,第193页;李提摩太:《亲历晚清四十五年——李提摩太在华回忆录》,李宪堂等译,天津:天津人民出版社,2005年,第137页。

⑱ 参见徐维则:《增版东西学书录》,第30页。

⑲ 参见钱伯斯兄弟编:《佐治刍言》,傅兰雅、应祖锡译,上海:江南制造局,1885年;钱伯斯兄弟编:《佐治刍言》,傅兰雅、应祖锡译,武昌:质学会,1897年。

小书最初目的在普及经济学知识,编者在该书前言中强调,向基础教育普及社会组织及个人行为的知识非常重要,有利于学生在社会生活中养成良好行为,因而该书也用一种简单的语言讲述政治经济学分支"Social Economy"知识,于是该书前半部分内容就讲述社会组织、个人权利与责任、民族、政府、法律等等问题,后半部分才涉及机器、人工、资本、工资等经济学基本问题。[20] 傅兰雅一方面完全按照该英文原书的大部分章节和内容进行翻译,一方面却舍弃英文原著的书名、定位,未用当时流行的"富国策""富国养民策"等对译"Political Economy"或对译原书 *Political Economy* 之书名,也未提及书中所强调与"Political Economy"不同的"Social Economy"或"Social and Political Economy",而选择非常政治化的"佐治刍言"(用简单的语言讲述[国家]治理的道理)一名。从译本书名、书本定位的改变看,傅兰雅等人翻译此书目的已偏离原著初衷,转而试图为中国政治发展提供指导而非在基础教育中普及经济学知识,这也是清政府洋务运动背景下传教士更注重为部分精英人士提供参考因而出版大量政论性书籍的结果。

正是《佐治刍言》书名及书本前半部分内容所暗示的政治化倾向影响了时人对该书的认识,虽然该书后半部分仍讲财用,但当时士人所编纂的西学书目多将《佐治刍言》一书归为政治类或政治学类书籍,[21]或视其为无目可归之书。如梁启超对该书的定位就与《富国养民策》等经济学书不同,后者为"商政"一类,《佐治刍言》则为"无可归类之书",还被评价为"言政治最佳之书"。[22] 还有黄庆澄虽然分有"理财学"一目,并将《富国策》《富国养民策》等经济学书归入此类,但也未将《佐治刍言》一书归入此"理财学"目中,而是将其视为"西学入门书"。[23] 甲午战后,该书由于梁启超的推重而影响颇大,该书影响较大的部分仍是前半论述民

---

⑳ William Chambers and Robert Chambers, eds., *Chambers's Educational Course: Political Economy, for Use in Schools, and for Private Instruction* (Edinburgh: W. and R. Chambers, 1852), pp. 3-4.

㉑ 徐维则:《增版东西学书录》,第 30 页。

㉒ 梁启超:《西学书目表》,1896 年石印本,第 15 页。

㉓ 黄庆澄:《中西普通书目表》,广州:羊城铸史斋,1898 年刻本,第 1、10-11 页。

族、政府、个人等等所谓政治方面的内容。有意思的是,日韩也同中国一样,都未将译本书名直接翻译成经济学,但日本或韩国对此书的学科定位则比较清晰。

4.《富国须知》

根据时人书目所记,傅兰雅还有一本经济学编著,即《富国须知》(1892)。该书是傅兰雅著还是编撰,各种记载有些矛盾。如有时人书目列明该书乃傅兰雅所著,[24]广州中山文献馆所藏《富国须知》(1892年刻本)扉页也有“傅兰雅著”四字。[25] 但目前有部分学者经考证后提出,《富国须知》与《富国策》内容上非常相似,前者择取《富国策》前七章内容,从标题到具体中文表述都与《富国策》颇为雷同。[26] 于是,学者直接指出傅兰雅既选录《富国策》部分内容,但又未加以说明,是对《富国策》的“抄袭之作”。[27]《富国须知》确是以《富国策》为蓝本编辑而得,如20世纪前期的《广学会新书著译新书总目》里对于该书的记录,就并未如其他书籍有著者、译者相关内容,该书只有书本内容,而无著者、译者信息,[28]表明书目编纂者对该书是后来编辑并非原创或有所知情。这种著、纂不分与当时中国书籍版权意识不明确有关系。《富国须知》属于傅兰雅所编“格致须知”系列丛书,[29]此丛书还有《西礼须知》《气学须知》《力学须知》等,[30]这些各科须知书籍,都未列原著者,应均是傅兰雅根据他人作品所辑。但徐维则书录并未指出这两本书的雷同,甚至对它

---

[24] 徐维则:《增版东西学书录》,第83－84页。

[25] 傅兰雅:《富国须知》,出版社不详,1892年,广州中山文献馆藏。

[26] 参见张登德:《〈富国须知〉与〈富国策〉关系考述》,载《安徽史学》,2005年第2期,第118－119页。

[27] 傅德元:《〈富国策〉的翻译与西方经济学在华的早期传播》,载《社会科学战线》,2010年第2期,第112－119页。

[28] 参见《广学会新书译著总目》,载王韬、顾燮光:《近代译书目》,北京:北京图书馆出版社,2003年,第687页。

[29] 熊月之:《晚清西学东渐过程中的价值取向》,载《社会科学》,2010年第4期,第116－117页。

[30] 顾长声:《从马礼逊到司徒雷登——来华新教传教士评传》,第249－262页。

们有不同评价,如《富国策》“论商理、商情,专主均输、平准,以几何公法酌计而消息之,泰西于商学一门类,能发其公理,故其行事无往不得其平。中土自笔墨之学微士,夫未有讲求于此者,所以弱也。欲振兴商务非急读此种专门书讲明义理不可,是书第十章言税法尤多要义”,《富国须知》一书则“不事远大不求浅隘,立说甚为平近,讲商学者先读此书,再求商学之策”。[31] 时人并未指出二书雷同,不过《富国须知》文字上确实比《富国策》更为精炼,也更为通顺。另外,还有人认为艾约瑟的《富国养民策》才与《富国策》“本属一书”,[32]目前还无法推断当时为何会有此误视。《富国须知》一书共有7章,各章名为“开源”“政教”“农事”“资本”“人功”“货物”“钱币”,其内容选自《富国策》三卷各章,详细内容已有学者进行具体讨论,在此不赘述。

5.《国政贸易相关书》

该书乃傅兰雅与徐家宝共同译成,有制造局1894年本二册、1898年上海石印本、《富强斋丛书续全集》1901年本等版本。本文以1901年《富强斋丛书续全集》本为论述版本。该书翻译自英国人法拉(Thomas Henry Farrer)的 *The State in Its Relation to Trade*(1883)。法拉不是纯粹的经济学家,在退休前后开始出版经济学著作,之前一直从政。法拉的经济学著作多与贸易相关,与其早年在政府贸易部门从政有一定关系,其是一位自由主义者,因而在国家贸易政策上也是坚定不移的自由贸易主张者。[33] 根据 *The State in Its Relation to Trade*(1883)与《国政贸易相关书》(1901)两书内容相比较,前者有20小章,后者亦有20章,《国政贸易相关书》译本大体框架内容遵循原著,章节下条目、内容则有所变化。[34] 该书内容是“如定律法、均税则、扩轮路、开河道、限金银之价、创

---

[31] 徐维则:《增版东西学书录》,第83-84页。

[32] 梁启超:《读西学书法》,载《质学丛书》(第二函),武昌:质学会,1897年,第12页。

[33] 参见 view original wikipedia article/2010.8.2。

[34] 参见法拉:《国政贸易相关书》,载《富强斋丛书续全集》,傅兰雅、徐家宝译,上海:小仓山房,1901年校印本;Thomas Henry Farrer, *The State in Its Relation to Trade*, 1st ed. (London: Macmillan and Co, 1883)。

邮便之局、定利息之界、立专利之期、设公司之例、议保险之法"等种种讲求贸易之策,时人评价其"凡国政职分所当为者无微不至,是贸易者实为英国开辟殖民之长策,书中所设各发于保护贸易之事无不俱载,大旨以众人能自主为根本",时人也认识到该书为英国政府贸易政策的经验总结。[35]

6.《税敛要例》

该书乃美国圣公会传教士卜舫济(Francis Lister Hawks Pott, 1864－1947)所著,卜舫济1886年来华,1888年担任上海教会学校圣约翰大学的校长直至1941年。《税敛要例》篇幅短小,仅有16页,[36]有书目记录其首版年份为1894年(也有该书于1895年首次出版的不同说法)。[37]《税敛要例》出版前曾在《万国公报》上刊登,全文6页,介绍西方累进所得税、财产继承税、地税、人口税、关税、特别营业税、邮政税等8种税收之法,该书应是在此文基础上增改后出版的。[38]

7.《保富述要》

此书也是傅兰雅与徐家宝共同完成的一本经济学译作。该书有1896年制造局本二册、1897年西政丛书本、1901年富强斋丛书续全集本、1902年新辑各国政治艺学全书本,本文以1897年西政丛书本为论述文本。《保富述要》译自英国人布莱德(James Platt)的*Money: A Treatise on Currency, Banking*(简称*Money*)一书。布莱德(James Platt)并非当时较出名的经济学家。该书首版应在19世纪70年代,1880年已是第3版,据World Cat统计,该书还有1887年、1893年两个版本。[39] 此外还有1889美

㉟ 徐维则:《增版东西学书录》,第83页。

㊱ 雷振华:《基督圣教出版各书书目汇纂》,汉口:圣教书局,1918年,第133页。

㊲ 广学会编:《广学会译著新书总目》,上海:广学会,出版年不详;王韬、顾燮光:《近代译书目》,北京:北京图书馆出版社,2003年,第20页;张静等:《五千年中外文化交流史》(第三卷),北京:世界知识出版社,2002年,第106页。

㊳ 卜舫济:《税敛要例》,载《万国公报》,1894年8月第6卷第67期,第14576－14581页。

㊴ 参见http://umaryland.worldcat.org/identities/lccn-n89-648118/2010.8.2。

国 G. P. Putnam's Sons 出版社本。布莱德是多产学者,*Money* 是其代表作。不过相比较福赛特(Henry Fawcett)、法拉(Thomas Henry Farrer)二人而言,布莱德在当时及现代都不算著名。综合其他学者意见与笔者考证,[40]《保富述要》极有可能是根据 1889 年至 1896 年间的英文原书翻译。其实布莱德 *Money* 一书各版本之框架并无太大变化,其内容也变化不大。[41] 将 *Money* 与《保富述要》一书内容进行比较,前者有序言、内容 17 章、总论共 19 部分,《保富述要》与前者框架一致,亦有序言、17 章、总论 19 部分,其中内容与前者可能不尽相同。[42] *Money* 一书即今天经济学的分支—货币金融学,所讨论乃诸如货币、银行、国家金融政策等内容,时人称该书"专主保护工商,尤详论经理钱币之法,其论钱法,专主用金,论贸易不主赊买,论关税不主重征入口而免出口,其酌计工商之理可谓深得消息",[43]《湘学报》亦称该书为"谈商务者所必须之书也"。[44]

8.《富民策》与《足民策》

除同文馆、税务司、江南制造局等翻译西方经济学著作外,还有几本私人翻译的经济学译作,加拿大籍马林(Willams Edwards Maclin)是当中翻译西方经济学著作最多的一位,《富民策》与《足民策》就是马林所著译,美国传教士谢卫楼(Devello Zelotos Sheffield)也有一部经济学译作。

马林并非外交使员或海关人员,他是美国基督会传教士兼医士,以会友身份来中国活动,目前学界对马林研究不够深入,但其在西方法科类著作之翻译与在华传播方面实有一定贡献。马林十分推崇美国经济学家亨利·乔治(Henry George, 1839 - 1897)的经济学说,他与国人合作翻译的《富民策》《足民策》《商务指南》均译自亨利·乔治的经济学

---

[40] 艾俊川:《货币银行学东传与〈保富述要〉》,载《中国金融家》,2015 年 1 月第 1 期,第 137 页。

[41] James Platt, *Money: A Treatise on Currency and Banking* (New York: G. P. Putnam's Sons, 1889)

[42] 参见布莱德:《保富述要》,载《西政丛书》,傅兰雅,徐家宝译,上海:慎记书庄石印本,1897 年。

[43] 徐维则:《增版东西学书录》,第 83 页。

[44] 《商学书目提要》,载《湘学报》,1897 年 6 月 10 日第 6 册,页码不详。

书。亨利·乔治是美国著名政论家,有人称乔治是当时美国能与爱迪生、马克·吐温并列的三大人物之一。乔治看到社会发展的一种矛盾现象,即社会生产力飞速向前发展而劳动阶层的工资却仅仅维持在只能够满足生存的最低水平,社会一面是过度的奢侈,一面又是极度的贫困。乔治试图探索这些矛盾现象背后的原因,这正是其著名的《进步与贫困》(*Progress and Poverty*, 1879)一书产生的背景。[45] 利斯特称该书"激起了人们的高度热情。它饶有报刊文字的生动活泼笔调和雄健的辩才,但缺少科学著作应有的精密型与目的性。它的经济异说尽管十分明显,但无损于它的动人的魅力",[46]在利斯特等同时代专门经济学家的眼中,乔治的《进步与贫困》类似于经济学中的异端,但他们也不得不承认,该书自出版后一直到20世纪初仍有强烈的反响。而《进步与贫困》一书直至1905年前在世界各地以各种语言已发行200万册,甚至围绕该书的讨论与讨论形成的"进步与贫困学",有将近300万册的相关书籍发行,[47]其影响之大可见一斑。

《富民策》《足民策》乃马林与晚清士人李玉书合作译成,两者均译自乔治的《进步与贫困》,只不过前者是全面地翻译《进步与贫困》,后者则仅仅截取其中一部分内容。现已难考《富国策》《足民策》译自何年版本,鉴于该书虽然不断再版,但其书本正文并无较大改动,版本问题对本文讨论影响不大。马林对乔治的单一地租税制以解决贫富分化的主张相当推崇,在《富民策》《足民策》出版之前,1894年以来的《万国公报》《中西教会报》就刊登了不少马林讨论地租的文章,均是讨论地租归公、

---

[45] 关于乔治生平及《进步与贫困》一书的背景,参见夏尔·季特、夏尔·利斯特:《经济学说史》,徐卓英等译,北京:商务印书馆,1986年,第645页;Henry George, "Introduction to The 25th Anniversary Edition Of 'Progress and Poverty'," *Progress and Poverty* (New York: Doubleday, Page and Company, 1905),25th ed., pp. 7-15; Agnes George de Mille, *Who Was Henry George?*, http://www.progress.org/books/george.htm2010/8/22.

[46] 夏尔·季特、夏尔·利斯特:《经济学说史》,第645页。

[47] Henry George, "Introduction to The 25th Anniversary Edition Of 'Progress and Poverty'," in *Progress and Poverty*, p. 10.

单征地税之文，[48]马林曾在《富民策》序言中称自己对乔治的地租理论"服膺久矣"，这些文章明显受乔治地租理论启发而成。

《富民策》《足民策》均由广学会于1899年首次出版，但《富民策》其后曾数次再版，《足民策》再版似不多，既然两书都译自同一本书，在此只讨论《富民策》。马林翻译《进步与贫困》时并非直译，而是根据中国发展情况，在《富民策》中又阐述了原作者并未有的内容，同时在某些经济学原理上，其又增加了不同经济学家的相关看法，以便读者进行对比。因而《富民策》中，马林除翻译乔治的观点外，还杂糅其他西方经济学家及自己的观点，《富民策》并非简单的译作，其中也包含马林个人大量的经济思想及认识，所以当时诸多书目都将其视为马林所著而非译自西文。[49]《富民策》各章节框架、标题与《进步与贫困》明显不同，但整体内容所谈论各点与后者相同，只不过双方的重点、详略并不一致：《富民策》选取《进步与贫困》中的地租问题、社会进化这两个讨论重心，在地租问题中既大量选取乔治的观点，同时又将乔治并未细化讲述的关于交易、分工、金融等经济学原理单独列为各章专门论述，更多地对一般性的经济学概念进行解释而非如乔治书中的理论性探讨，似乎也考虑到中国读者的经济学知识积累与原著间的差距；关于社会进化问题，相较于乔治只将其作为十卷中最后一卷展开论述，马林则有较多发挥，如阐述自由理论、进化理论和知识在人类进化当中的重要性，大体都是乔治未具体讨论或未讨论的内容。[50]

9.《理财学》

该书作者是谢卫楼，该书和马林译作一样，有很多个人创造甚至更

---

[48] 参见马林：《以地征税论》《再论以地征租之利》，载《万国公报》，1894年12月、1897年7月第21、102册，1968年影印本，第14844－14846、16991－16993页；《有土此有财考(并序)》《以地征钱论》《地租公义篇》，载《中西教会报》，1895年9月、1895年1月、1898年2月第9、1、38册，第3－4、5－6页、页码不详。

[49] 参见广学会编：《广学会译著新书总目》，载《近代译书目》，第686页；雷振华：《基督圣教出版各书书目汇纂》，第128页。

[50] 卓尔基亨利：《富民策》(第三版)，马林、李玉书译，上海：美华书馆，1911年。

甚。谢卫楼,美国公理会传教士。其《理财学》一书"非译诸西文,亦非独出己见,乃夺取洼克氏之意,揆诸中国时势,与西席、诸葛巨川先生参互考订,辑为成书",[51]该书不是按照美国经济学家沃克的经济学著作直接翻译而得,而是在其观点上,根据中国时势,参考西人意见,并在其中文老师诸葛汝楫(又名诸葛巨川)的协助下写成的。该《理财学》应主要借鉴沃克的《财富的科学:政治经济学提要》(*Science of Wealth: A Manual of Political Economy*)一书。谢卫楼应该早在19世纪后期就已完成此著译,其在1897年《尚贤堂月报》上曾连载该书内容,但当时以《富国策》为书名而非《理财学》,其署名为谢子荣而非谢卫楼。[52]《理财学》一书由美华书馆于1902年出版,同丁韪良翻译《富国策》有为同文馆学生提供教材的意图一样,谢卫楼作为通州潞河书院院长,他翻译此书即为该书院生徒提供课程教材,希望众生徒"熟读深思,或能推广此书之意,按照中国之境况,扩而充之"。[53]此外,谢卫楼在成书时既已注意"揆诸中国时势",同时又希望经济学说能够在中国推广,该书显然有为中国提供借鉴之意。目前所见该书除1902年美华书馆版外并无其它版本,且在近代除一些基督教书目列有此书外,[54]当时国人书目中则少见此书,可知该书不如《富国策》《富国养民策》等经济学书有名,但又因通州潞河书院学生使用此教材而使之影响另有体现。

沃克《财富的科学:政治经济学提要》一书共有五卷,第一卷为《定义》(Definition),第二卷为《生产》(Production),第三卷为《交换》(Exchange),第四卷为《分配》(Distribution),第五卷为《消

---

[51] 参见谢卫楼:《自序》,载《理财学》,上海:美华书馆铅印本,1902年,第2页。

[52] 参见谢子荣:《富国策摘要:论生资财多寡之故》,载《尚贤堂月报》,1897年7月29日至8月27日第三本,第1页。

[53] 参见谢卫楼:《自序》,第2页。

[54] 雷振华:《基督圣教出版各书书目汇纂》,第128页;《协和书局图书目录》,上海:协和书局1922年,第55页。在雷振华书目中,谢卫楼的《理财学》为1902年协和书局出版,有误。协和书局乃美华书局、美华书馆在1903年合并而成的总局,美华书局、美华书馆则在1902年还是独立的两个出版社,雷振华书目作于1918年,当时两出版社已合并成协和书局,故有此误。

费》(Consumption),[55]谢卫楼借鉴该书论述框架,将其《理财学》一书分为五部分,第一部分为"理财学大旨",还有"生财""易财""分财""用财"等四部分,生、易、分、用财四部分正好对应沃克《财富的科学:政治经济学提要》一书中财富的生产、交换、分配、消费四卷。虽然谢卫楼未像原书有《定义》一卷介绍经济学各种概念,只有"理财学大旨"简单介绍经济学,但事实上并未忽略此部分内容,只不过谢卫楼将各种概念及定义放在生、易、分、用财的各卷首予以介绍。《理财学》与沃克一书阐述框架一致,但谢卫楼却未对后书进行直译挪用,而是根据自己的见解与认识对其进行选择及编排,同时还增加了大量不同内容。

10.《生利分利之别论》

英国浸信会传教士李提摩太著述颇多,对晚清中国思想界有一定影响,其著述大多十分简略,少则数页多则也仅几十页,更类似便于宣传的小册子而非专门论著。《生利分利之别论》在 1894 年首次出版,篇幅很短,仅 26 页,其后不断再版,仅四年间(1897 – 1911)就出版了 10000 册,[56]在来华传教士经济学著译中应属发行量最大影响也较大之书。该书有广学会 1894 年本、西政丛书 1897 年本、质学会 1897 年本、富强斋丛书续全集 1901 年本,本文讨论选取的中文译本为 1897 年质学会本。该书英文名为 *Productive and Non Productive Labor*(生产性劳动与非生产性劳动),[57]内容如其书名,主要涉及生产性与非生产性劳动的经济学原理。《生利分利之别论》卷一中分"利非独力所能生""利非现力所能生""利宜预储人力而生""利宜广增新法以生"四部分介绍劳动与生产的不同关系。李提摩太在卷二部分阐述生利分利之别,分别列明各种生利与分利之人,涉及生产及不能生产财富劳动力的经济学理论。[58] 该书影响

---

[55] Amasa Walker, *Science of Wealth: A Manual of Political Economy*, 1st ed. (Boston: Little, Brown, and company, 1866), pp. 11 – 30.

[56] 王树槐:《基督教教育会及其出版事业》,载《"中央"研究院近代史研究所集刊》,1971 年 6 月第 2 期,第 223 页。

[57] 同上。

[58] 参见李提摩太、蔡尔康:《生利分利之别论》,武昌:质学会,1897 年。

较大,梁启超经济思想文章里就时常出现此生利分利概念,生利分利概念之盛行从平民阶层向白话报投文时大量使用就可见一斑。

11.《富国真理》

该书是一本从整体上梳理西方各经济学说、原理的著作,著者原在厦门海关任职,译者为山雅谷与蔡尔康。山雅谷(James Sadler),英国伦敦差会传教士,主要在闽南一带传教,常年在厦门居住。该书在1899年广学会首次出版发行之前,部分内容已于1898年2至6月、8至12月、1899年1月在《万国公报》上连载,其名则为《富国新策》,连载10章,还剩5章。《富国真理》是一本政治经济学著作,《万国公报》英文目录中即将《富国新策》称为"Political Economy"。[59] 该书是嘉托玛对西方之经济学界有关生财、分财各法的总结。如前所述,该书主要内容为前12章讲述12种生财即富国之法,即分工之益、交易之益、省工新法之益、钱币于交易之益、诚实等经济伦理之益、赊欠、借贷之法、合作之益、学问之益、生财分财之别、国家赋税之法等法,后3章论述均富、赈济等分财之法。全书结合中外情况,着眼于经济学原理,具体论述各生财、分财之法。对于富国之法,嘉托玛强调既要明白何为富国之法,同时又要根据自身国情进行甄别而选择适合国家求富的方法,同时国富的目标是民富,少数人得富不能称民富,而是要大多数人得富才是最好的结果。[60] 该书乃个人理解基础上综合各家经济学说之著。

综上可见,在华传教士根据当时国人的接受程度与中国经济的实际发展状况,在选择原文经济学书上有一特点,即较多选择理论性的经济学书籍进行翻译,多输入基础的政治经济学原理。古典经济学关于财富的概念与理论是整个经济学科最为重要的理论基础,这一内容在19世纪输入中国,它们在中文语境中如何被翻译和理解?影响又如何?

---

[59] 参见《第109卷目录》,载《万国公报》,1898年2月第109卷,1968年影印本,第17456页。

[60] 嘉托玛:《富国新策总论》,山雅谷、蔡尔康译,载《万国公报》,1898年2月第109卷,1968年影印本,第17461－17462页。

二、"财富"学说相关概念及原理的翻译与输入

政治经济学的财富概念与原理是西方经济学科中最为基础的内容,19世纪来华传教士的著译对此进行翻译,形成中文语境中的原理与概念表述。这些学说与概念对当时的中国社会思潮造成一定影响,由于笔者另有专文曾涉及此部分,[61]此节将研究之前未能展开论述的更多细节。各经济学著译所输入的西方经济学说十分丰富,限于篇幅,本节仅阐述财富学说的几个基础性理论。

"财富是什么,如何获得财富?"这是西方经济学诞生之初最为重要的核心问题与基础理论。亚当·斯密在《国民财富的性质与原因的研究》中并未明确定义何为财富,但他所认为的财富更具物质属性,也强调劳动才是财富产生的主要原因。[62] 其后经济学家大多继承亚当·斯密关于财富是物质形式的产品以及财富由人类劳动产生的观点,只不过在具体表述上有所差异,内容有所增减。如麦克洛赫认为,马尔萨斯有关财富的定义还应该加上一个标准,即当某种事物具有交换价值(exchange value)时才能被称为财富。[63] 此外,也有经济学家提出不同意见,认为财富不仅是指物质事物,还可指仆人、艺术家、演员所提供的抽象服务。[64]

《富国策》《富国养民策》等中文经济学著译所输入的财富定义与以上定义相符。《政治经济学指南》(*Manual of Political Economy*, 1907)第一部第一章为"Introductory Remarks"(引言),一开始就介绍政治经济学的定义,紧接着就阐述何为"wealth",其称"Wealth may be defined to

---

[61] 李丹:《晚清西方经济学财富学说在华传播研究——以在华西人著述活动为中心的考察》,载《中国经济史研究》,2015年5月第3期,第43-53页。

[62] T. R. Malthus, *Definitions in Political Economy* (London: John Murry, 1827), p. 13.

[63] John R. McCulloch, *The Principles of Political Economy* (Edinburgh: Willam Tait, 1843), p. 5.

[64] G. Poulett Scrope: *Principles of Political Economy, deduced from the Natural Laws of Social Wealth* (London: William Clowes, 1833), pp. 43-44.

consist of every commodity which has an exchange value"("财富似应被定义为所有拥有交换价值的商品"),[65]他指出具有交换价值的物品才能是财富,其后又强调劳动才能创造财富。丁韪良、汪凤藻将"Wealth may be defined to consist of every commodity which has an exchange value"译为"大凡利于贸易之物皆谓之财",在中文语境中将"wealth"译为"财",将"commodity"译为"物",对在西方经济学中很重要的"exchange value"(交换价值)概念,二人却并未用相应词语进行直译,而用当时国人更易理解的表述,即"利于贸易"。对于福赛特所强调的财富之另一属性即劳动性,丁、汪二人是在论及生产三要素原理时才有所强调。

杰文斯的 *Science Primer: Political Economy* 对"wealth"的定义与福赛特有所不同,他将非物体形态的服务也视为财富,具体阐述也更详细。杰文斯的财富定义主要受英国经济学家纳骚・威廉・西尼尔(Nassau Senior, 1790－1864,《富国养民策》中称其为"西虐")的影响。西尼尔认为"wealth"乃"我们用财富来表达的所有事物,这些事物只能是那些能够转移,供应有限,能够产生愉悦、避免痛苦的事物",因而杰文斯将具有其下三个属性的事物称之为财富:(1)What is transferable;(2)What is limited in supply;(3)What is useful,即能够转移、供应有限且对人有用的事物即是财富。不论是产品还是服务,其在人们交易中的特点是从某一人卖到另一人,因而西尼尔、杰文斯将这种特性定义为"transferable"。[66]此外,杰文斯早在前文便已强调劳动对财富的重要性,即自然之利(natural richs)必须要通过人类的劳动(labour)才能转换成财富。[67]《富国养民策》用"财"对译"wealth",将杰文斯的财富属性之一"What is transferable"翻译为"财更迭主人",属性之二"What is limited in supply"译为"财多寡有限",属性之三"What is useful"译为"财于人有用",其后也强调财富的劳动属性。但对于无形的服务也是财富这一理论,《富国养民策》却没说清楚,如原英文书中将仆人等抽象的服务是财富解释为

---

[65] Henry Fawcett, *Manual of Political Economy*, 8th ed. (New York: Macmillan Company, 1907), pp. 6－7.

[66] William Stanley Jevons, *Science Primer: Political Economy*, pp. 13－16.

[67] Ibid., p. 13.

从一人卖与另一人的转移,《富国养民策》则将这种转移错误解释为仆役在不同“主人”间的转移。[68]

马林在《富民策》中将“wealth”译为“材”,也强调人工之物才是“材”,而且还可以“交换”,并且还能增减的“物”才是“材”,所阐述财富的概念与杰文斯的观点十分近似。[69]

在这几本经济学译作中,艾约瑟的译本《富国养民策》属于字词与原文对应程度较高者,但其内容似乎未经译者深度消化,读来多少令人难以理解,或许正是其过于注重直译原著,忽视中国读者知识积累及中文语境与英文语境的差别,反不及丁韪良、汪凤藻对某些经济概念进行意译的方式更适应当时国人的知识水平。如丁、汪二人并未直接将“exchange value”(即“交换价值”)一词译为相应的中文,而是直接意译为“利于贸易”,虽然翻译脱离原词,但交换价值本就通过人们的贸易行为而体现,丁、汪二人既未违背其原意,同时又使时人更易于理解与接受。时人也认为《富国养民策》翻译不够好,如徐维则就称该书“译笔”“劣”,[70]梁启超更严苛,认为《富国策》《富国养民策》译笔皆劣,但梁启超也不得不说各书其中精义甚多,只不过“非专门名家不能通其窔奥也”。[71] 这其实也是来华传教士向中国输入西方经济学说的难题所在,经济学在西方产生于一定经济环境,又有其特定表述,大量的词汇在中文语境中无法找到对应者,在翻译时如何忠实于原著又不至于离中国人认识水平太远确实是难上加难。

1. 效用(utility)概念

杰文斯的 *Science Primer: Political Economy* 一书在论述财富的生产之前,还是重点说明了其代表性理论“边际效用理论”中的效用概念。在马尔萨斯的《政治经济学中的定义》(*Definitions in Political Economy*, 1827)一书中,对于“效用”有如下解释,“utility”是一种服务并有利于人

---

[68] 哲分斯:《富国养民策》,艾约瑟译,上海:图书集成印书局,1898 年,第 4-6 页。

[69] 卓尔基亨利:《富民策》,第 53 页。

[70] 徐维则:《增版东西学书录》,第 83 页。

[71] 梁启超:《读西学书法》,《质学丛书》(第二函),武昌:质学会,1897 年,第 12 页。

类的功能,效用是这种服务及益处的重要部分,所有财富必定是有用的,而有用的并不一定就是财富。[72] 事物是否有用是人们进行交换的前提,大多古典学派经济学家将效用认为是财富必然的属性,对其讨论并不多。杰文斯用六小节文字论述"效用"一章,其主要观点是:人类的欲望呈多样化,喜欢并需要各种不同的财富;人们对财富的需求又是呈次第性(a law of succession of wants),从空气再到衣食住再到各种精神享受;人们的主观认识决定事物有无效用,当人类想要得到某种事物时,这种事物才有效用;政治经济学是一种尽力满足人类欲望的科学,其目的在于花费最少的人力获取最大的财富;人类消费(consumption)财富其实就是在消费财富的效用,消费财物的结束意味着其效用结束,而某些财富如书籍、图画,消费它们的人越多效用即越大,这是效用的增值(the multiplication of utility);目前存在赞成消费的消费观,其出发点之省钱不能促进贸易、增加就业的观点其实是错误的,人们不论是将钱存入银行还是购买各种债券还是拿钱去消费,其实都能促进贸易、就业;目前所存不要消费的消费观就更加错误。[73]

《富国养民策》试图尽量贴近原书解释效用概念,但在表述方面却与当今翻译很不相同。其将"效用"一章翻译为"物之有益于人",显然同丁韪良、汪凤藻一样无法在中文中找到能够明确表达"utility"含义的词汇,因而都用意思更为明确的长句子表达"效用"之概念,如后者在《富国策》中以"以适生人之用"表达"utility"一词。《富国养民策》将"人类欲望的多样化"(Our Wants Are Various)、"当物有所用时"(When Things Are Useful)、"政治经济学的目的"(What We Must Aim At)、"当消费财富时"(When to Consume Wealth)、"错误之消费观"(The Fallacy of Consumption)、"错误之消费观"(The Fallacy of Non-consumption)6小节对应为"论人所需之物种类甚多""物至何时于人有益""论应求者""财货应何时销化""论人于销化中之误视""人蓄财不销化之误视"等节。艾约瑟逐次论述杰文斯对于效用之观点:将"Wants"意译为人之

---

[72] T. R. Malthus, *Definitions in Political Economy*, p. 234.

[73] William Stanley Jevons, *Science Primer*: *Political Economy*, pp. 17-24.

"需",将人类欲望之次第性表达为"日用必需之物,殆可如是列成次第";并将人类的欲望决定物之效用表达为"物于何时有益于人何时无益于人也,要专视乎人需用不需用";政治经济学目的在于"详明如何用力操作供人需用,并指示余等以何极简便捷径能得。大抵所考求者,宜以既可用力极少,兼能得财极多为意也";消费财富即消费其效用的过程,"财货及至销化,其有用之益处既尽矣""各物皆失于人有用之益也",并将书籍等效用增值之特性称之为"多增物益""论人于销化中之误视""人蓄财不销化之误视"等内容。[74]

那财富又是如何生产、分配与消费的呢?它们都是西方经济学说中的基础原理,其中有关生产三要素、分工、价值等等概念及理论历来是各派经济学家使用的基本概念及原理,因而有必要就传教士著译的相关翻译与输入进行大概的梳理。

2. 生产三要素概念

生产三要素("the requisites of production"或"source of wealth")是经济学里的常识,即财富的生产有三个要素,一是土地,二是劳动,三是资本。《国民财富的原因与性质的研究》并未明确总结生产要素为土地、劳动、资本,只是在讨论分配问题时将不同来源的收入区别开来,随后以总结、宣扬亚当·斯密该书而出名的法国学者萨伊在梳理亚当·斯密学说时才形成了此生产三要素之说。[75]《富国策》如此阐述生产三要素的关系与各要素对于财富生产的作用:"试观煤产于山,诚天生之利薮,而不有人力以取之运之……故地利人工二者交相济亦交相需也","百物之成资乎百工,百工之养资乎口,廪不有蓄食何以食,百工不藉人功又何以有蓄,食盖必为之于先,积之于素,因往以鸠来而后,百工可兴,百物可成。犹贾者必积本而后可以营利,然而生财之道资本又其要也。"[76]马林在《富民策》中将此生产三要素称为"工""本""地"。与其他译著不一

---

[74] 哲分斯:《富国养民策》,艾约瑟译,上海:图书集成印书局,1898 年,第 6-10 页。

[75] 参见夏尔·季特、夏尔·利斯特:《经济学说史》,第 130 页。

[76] 法思德:《富国策》(卷一),《新辑各国政治艺学全书》,丁韪良、汪凤藻译,上海:宏宝书局石印,1902 年,第 1-2 页。

样的是,《富民策》将各经济学家对此三要素概念和范围的争议与讨论不厌其烦地一一列出,并用较大篇幅阐述由生产三要素衍生的地租、工价、利润等理论。[77] 沃克认为政治经济学是研究财富的生产、交换、分配、消费的学问,谢卫楼借鉴此定义,在《理财学》中也按照财富的生产、交换、分配、消费的框架进行论述,同样也将劳动、土地、资本等三项总结为生产三要素,并分别解释各要素的概念及在生产中的作用。李提摩太的《生利分利之别》(1899)则专门讨论生产三要素之一的劳动要素在生产中的作用。

3. 劳动的分工原理

劳动的分工(division of labour)原理也是斯密经济学说代表之一,后世经济学家多有沿用。斯密认为人类生产力的提升和各种技术的创新皆由分工而来,其称分工劳动有三种益处,一是分工使劳动力得到更大熟练性(dexterity);二是分工劳动后,人们专心从事于一项劳动,节省了劳动力从一种劳动到另一项劳动的大量时间;三是分工劳动促使更多的发明创造。[78]《富国策》以"专一则能生巧者""无更役之劳""各以私智创机器则事半功倍者"解释此分工三益说。[79]《富国养民策》则以"工人各因之增灵巧才干""能省出由此路技艺手到彼路技艺手多费之时分""制造若许助力省力之器具,便于一人作数人工"阐述此分工三益之说。[80] 沃克在其《财富的科学:政治经济学》中提出分工之益有八点,分工之局限有四点。分工其益处在于:(1)提高劳动熟练性;(2)使工人成为某业的精工者。(3)节省从一项工作转移到另一项工作的时间;(4)促进工具、机器的发明创造;(5)确保劳动者生理及智识的才能得到最合适的使用;(6)增加资本在生产层面的效用,使资本集中用于大规

---

[77] 卓尔基亨利:《富民策》,第22-51页。

[78] Adam Smith, "Introduction by William Letwin," in *The Wealth of Nations* (London: J. M. Dent and Sons Ltd., 1975), pp. 4-19; Henry Fawcett, *Manual of Political Economy*, 8th ed. (New York: Macmillan Compony, 1907), p. 42.

[79] 法思德:《富国策》(卷一),第9页。

[80] 哲分斯:《富国养民策》,第14页。

模制造以获取利润;(7)节省学徒时间(apprenticeship);(8)促进社会发展,增强社会劳动力。[81] 谢卫楼在《理财学》中借用沃克八点分工之益的前六点,只不过其在表达上并非直译自原英文,而是将原英文的第2点换成第一点,第一点则成为第二点。[82] 马林的《富民策》中也专门用"论分工合工"一章介绍此分工理论,与斯密的分工三益说一致。[83]

4. 财富交换中的价值、价格概念、市场供求原理

要讨论这些概念及原理,就不得不追溯到亚当·斯密的解释。《国民财富的性质与原因的研究》称价值(value)有两种:使用价值(value in use)和交换价值(value in exchange)。交换价值由劳动决定,工资、利息、地租等因素亦决定交换价值。[84] 对于市场上商品价格(price)不断变化的现象,斯密提出著名的市场供求理论(supply of commodity/demand of commodity),其认为商品的市场价格由市场上该商品的供求关系影响,此供求平衡理论被后来学者评价为几乎被每一个经济学家不加以重大修改而袭用的政治经济学最重要的理论之一。[85]

福赛特不同于斯密有时将价格、价值二词混同,其在关于财富的交易中首先严格地说明价值与价格(price)的区别,价值"implies the comparison of one commodity with another",是两种商品交易时表示其无差别的一种标准,而价格就只是价值通过使用金钱、货币的一种衡量形式。福赛特的价格概念与斯密的区别在于不再有真正价格(交换价值)与货币价格之分,价格只指货币价格。福赛特借鉴了斯密商场供求影响价格的理论,提出市场上该商品供应与真实需求之间的比率(ratio)影响该商品的价格变动。另外与斯密不同的是,福赛特认为需求应该是有条件购买的需求,而非仅仅只有意愿的需求,所以真实的需求(effectual

---

[81] Amasa Walker, *Science Of Wealth: A Manual Of Political Economy*, 1ed. (Boston: Little, Brown, and company, 1866), pp. 84-89.

[82] 谢卫楼:《理财学》,第10页。

[83] 卓尔基亨利:《富民策》,第60页。

[84] Adam Smith, "Introduction by William Letwin," in *The Wealth of Nations*, pp. 24-26.

[85] 夏尔·季特:《经济学说史》,第95-97页。

demand)比需求(demand)更精确。[86]《富国策》以"价值之别"阐述此部分,将"value",译为"值","所谓值者以两物相较而言","设谷一石可易煤一千六百斤,则煤一千六百斤即谷一石之值"。将"price"译为"价","所谓价者,乃专以一物较金银钱币而言,如云谷一石可易银三两,则三两银为一石谷之价也"。解释"价"与"值"之概念,并强调两者不同。对于福赛特书中供需比率影响价格之说,丁韪良、汪凤藻在《富国策》中称"物价"以"应求为准"(The price is regulated by the ratio which exists between the supply and the demand for them),并将"effectual demand"译为"实求",称"物价即视之众寡而定"。[87]

杰文斯在《政治经济学入门》一书中对价值、价格、供求关系影响价格都有解释,有关于价值、价格的概念与福赛特的差不多,但强调价值并不是起源于劳动,而是受人们需求的影响。而关于供求关系影响价格原理,其除使用"demand"一词而非"effectual demand"外,其他解释也同福赛特一样,不出斯密对该原理的解释。[88]《富国养民策》将"value"译为"货值",将与英文书中"value means proportion in exchange"译为"货值即此货应得彼货若干",以"货价"对应"price",称"货价"即"购物时,所应缴出奉上之金银铜等钱也",将杰文斯"the laws of supply and demand"对应译为"货物贵贱之理",所阐述的各概念、原理、内容与杰文斯的意思一样。[89]

马林《富民策》中的《论价》一小节对此有所讨论,不过在《富民策》中,"价"似是价格和价值的合体,"价"是贵贱(商品的价格),又以"人工""为准"(劳动决定价值)。[90]

沃克在《财富的科学:政治经济学》中除对价值有所解释外,在《交易》一章中也并未解释价值、价格、供求平衡原理,沃克所说的价值与福

---

[86] Henry Fawcett, *Manual of Political Economy*, 8th ed. (New York: Macmillan Compony, 1907), pp. 321-327.

[87] 法思德:《富国策》(卷三),丁韪良、汪凤藻译,上海:宏宝书局石印,1902年,第2-3页。

[88] William Stanley Jevons, *Science Primer: Political Economy*, pp. 96-103.

[89] 哲分斯:《富国养民策》,第46-48页。

[90] 卓尔基亨利:《富民策》,第55-59页。

赛特等人差别不大,都被描述为商品能够与其他商品交换的一种内在形式。[91] 谢卫楼的《理财学》却专门区分价格与价值的区别,称“各物所值,即在交易之时,以此物衡彼物之轻重或衡人工之多少”,“价”则是“诸物之值金银几何也”,但将“价值”与“值”二词混用。谢卫楼的价值概念更接近杰文斯的观点,既认为劳动是价值的起源,同时“物于人有益”(效用)也是物有价值的原因;阐述市场供求关系影响价格原理:“夫物价贵贱,一在其物之多寡,一在人欲得此物之心如何”,并称“人欲得此物之心”,“又必有购斯物之资”。与福赛特对于“demand”解释为有能力购买的需求类似,对物价与供求关系的阐述,则不出斯密左右。[92]

各译本有关财富的消费、分配还有更多内容,如工资、地租、利润等各种概念与关系,社会主义(socialism)关于财富分配的学说,各种译本都有所阐述,由于篇幅有限,本文不再一一介绍。

三、结　语

从上可见,19 世纪来华传教士的经济学著译实际已输入了内涵丰富、理论深刻的经济学原理,但从其在华传播的影响可见,大部分微观理论目眼所见的影响却微乎其微,最主要的原因是由于中国社会自身发展与教育发展的局限,当时中国并未形成能消化这些先进理论的社会环境。但是 19 世纪来华传教士的经济学著译并非对社会思想发展毫无作用,从整体而言,其将经济学领入国人视野,让士绅精英们率先认识到“富强”之策并非技艺,如何使国家富强也是一门学问,也需要专门研究,如果没有此前的铺垫,20 世纪初期的知识精英不可能提出普及国人的经济学常识来提升其素养的观点。其次,古典经济学强调劳动创造财富,极力宣扬利用人力开发大自然追求国家和国民的财富,成为近代中

---

[91] Amasa Walker, *Science Of Wealth: A Manual Of Political Economy*, 1st ed. (Boston: Little, Brown, and company, 1866), pp. 14 - 17.

[92] 谢卫楼:《理财学》,第 14 - 19 页。

国一百多年以来经济实践发展层面最重要的主旋律。第三,某些微观理论也并非毫无影响痕迹,如其中易被国人所理解的理论如生产性与非生产性劳动(当时为"生利分利之别"),经思想界执牛耳地位之人与报刊不断传播与讨论,在当时甚至能深入到底层社会,成为底层社会部分人士发表议论时所运用的经济学理论工具。[93] 第四,此时经来华传教士与中国人在经济学著作翻译过程中共同形成的某些概念与词汇的中文翻译,一直未被20世纪日本经济学词汇所覆盖,沿用至今。

---

[93] 参见李丹:《清末白话报刊与下层社会的经济思想启蒙》,载《历史档案》,2019年第1期,第111－117页。

调和东西文明的尝试：郭嵩焘使西时期（1876－1879）对基督教的想象与解读

张　乐

【内容提要】 郭嵩焘作为近代中国首位驻外公使，在考察西国风俗时为“古代世界”的观念所占据，认为西国文明乃是接续上古三代的遗制，这不单单是近代中国士人尚古情节的心理再现，试图藉以调和中西两种文明。郭嵩焘认为基督教不如儒释诸家精微且多为接儒释诸家之余绪，并在精神世界中坚持儒家思想的正统地位，同时以传教士为他者镜像，反观中国士大夫的道德缺憾与好言空论，这源于郭嵩焘自身对于儒家士大夫与东方身份的认同意识，因而郭嵩焘对基督教陷入了东方化的想象与误读的困境之中。通过考察郭嵩焘在出使时期对基督教的种种反应，可以看出晚清首批出使西洋的儒家士绅在面对基督教时的复杂态度，以及以教外身份调和中西两种文明的尝试。

【关键词】 郭嵩焘　基督教　传教士

郭嵩焘作为近代中国首位驻外公使，在使西时期（1876－1879），对于西洋政教风俗、地理人情观察甚为详细，不只是一般旅行者的“白描”。而且，郭嵩焘习惯于在日记之中对其加以分析与比较，因而梁启超认为郭嵩焘“晚乃持节英、法，周知四国之为”。而“国人知欧洲有文化道术治法，盖自筠仙始"。[①] 但是以往学界对于郭嵩焘出使期间的研究，多侧重于考察郭嵩焘任职驻外公使期间的外交活动、思想和技巧，甚至包括博物馆、博览会等新式机构的设置、国际法思想和现代政治观的介绍，以及郭嵩焘出使期间在洋务运动中所扮演的角色等方面。而学界对于郭嵩焘在使西时期对于基督教的认知与解读，及内嵌于此的关于东西文明与宗教间的相遇与想象等诸多问题却鲜有涉及。[②]

同治十三年(1874)，广东巡抚郭嵩焘奉旨还京，出任首任中国驻英公使。此时正是中国保守主义盛行、反教排外的高峰时期。[③] 因此，本文试图以郭嵩焘的知识体系与身份意识为出发点，探讨并追溯郭嵩焘对于基督教认知和解读的思想根源，即郭嵩焘如何看待基督教，以及如何使用自身知识和挪用"当地概念"对基督教作东方式的想象与解读，乃至在传教士和士大夫之间的比较中重塑自身的身份认同。郭嵩焘作为近代中国转型时期的关键性人物，其出使域外时期对基督教的认知、想象与解读，自身所承续的前人的知识体系及其所表现出的与前人所持观点(明清以来士人的传统表述)的差异之处，恰恰成为整个时代转型的预兆与萌芽，而这对于揭示19世纪70年代东西方宗教与文明之间相遇的真实场景有一定的意义与价值。

一、重返三代：郭嵩焘对西洋政教习俗的观感

从郭嵩焘个人的日记以及与友人来往的信件之中不难发现，郭嵩焘好谈洋务，且自身深受魏源等人著作中关于近代舆地学内容的影响，因而

---

① 梁启超：《近代学风之地理的分布》，载《饮冰室文集点校》，吴松等校，昆明：云南教育出版社，2001年，第3200页。

② 相关研究参见钟叔河：《走向世界：中国近代知识分子接触东西洋文化的前驱者》，台北：百川书局，1989年，第227－278页；徐麟：《略述郭嵩焘的宗教观》、杨代春：《郭嵩焘对基督教的考察》，载王晓天、胥亚主编：《郭嵩焘与近代中国对外开放》，长沙：岳麓书社，2000年，第463－470页；肖宗志：《郭嵩焘教案观及其实践论析》，载《船山学刊》，2005年第2期；赵广军：《西教知识的传播与晚清士流》，华中师范大学博士论文，2007年。

③ Mary C. Wright, *The Last Stand of Chinese Conservatism: The T'ung-Chih Restoration, 1862－1874* (Stanford: University of Stanford Press, 1962), p. 73.

在出使之前即对基督教有了一定程度的认识,包括基督教的基本宗派、历史沿革、西教各国的宗教信仰状况等等。但从另一方面而言,郭嵩焘对于基督教的认知与想象的思想源流甚至可以追溯到明末清初之际反教士绅的"辟邪言论"。如其曾在日记记录了阅读圣经的体验与感想:

> 夏弗斯百里见赠《新约》书,每读不能终篇。舟中奉读一过,凡传福音者四,曰马太,曰马可,曰路迦,曰约翰,皆阐扬耶苏[稣,下同]之遗言也。《使徒行传》五,曰保罗,曰雅各,曰彼得,曰约翰,曰犹太[大],则各述所传教之意。路迦叙事明爽,约翰所传多指证语,与诸家稍异。保罗是基督教门第一大辩才,犹佛氏之有迦叶也。耶苏始受洗礼于约翰,而卒为使徒。然约翰为犹太王所戕在耶苏前,当别有一约翰。……大抵基督教门原本摩西,而西方佛氏之流传以慈悲为宗,以生死祸福为说,其教流遍西土,虽各自立宗主,而宣播推衍不离此旨。其诸神异之迹亦多祖佛氏之说,倚托幻想,命之曰神通。而援天以立教,犹近吾儒本天之意,视佛氏之广己造大,受天人供养者,亦有间焉。④

总而言之,郭氏主要接受的还是近世学者的二手资讯和前人著作中带有误解性的知识。但郭嵩焘自出使之后,由于其自身对于西方的好奇心与求知欲,与传教士乃至整个西方社会接触甚多,考察西教风俗,⑤

④ 郭嵩焘:《郭嵩焘日记》(第三卷),长沙:湖南人民出版社,1982年,第773-774页。

⑤ 学界关于此类研究成果丰硕,重点参见胡宗刚:《清朝末出使大臣郭嵩焘游邱园:兼述中文"植物园"一词的来源》,载《中华科技史学会学刊》(第12期),2008年12月;尹德翔:《郭嵩焘使西日记中的西方形象及其意义》,载《社会科学战线》,2009年第1期;杨汤琛:《郭嵩焘"越界"的域外书写与现代性体验的发生》,载《文艺评论》,2011年第12期;余冬林:《试析郭嵩焘〈伦敦与巴黎日记〉中的议会形象》,载《理论月刊》,2012年第1期;张俊萍:《晚清去"夷"化后的英国形象——比较郭嵩焘与薛福成出使日记中的英国》,载《江南大学学报(人文社会科学版)》,2013年第2期;庞雪晨、杨小明:《郭嵩焘三观英法天文台及其感知》,载《自然辩证法通讯》,2013年第6期;庞雪晨:《19世纪金星凌日天象在中西方的反响——从郭嵩焘使英日记切入》,载《自然辩证法通讯》,2014年第4期;曹凯云:《郭嵩焘眼中的西方博物馆形象》,载《博物馆研究》,2015年第3期;(转下页)

甚至还亲自研读基督教经典，郭嵩焘笔下西洋诸国呈现出一个带有某种乌托邦式的异域形象。但是，此种形象多为一种文化想象与浪漫主义式的东方化解读。

郭嵩焘在参观西方国家监狱时，即注意到监狱内设置礼拜堂，礼拜堂分为左右两间，里面有长椅 50 条，每条长椅可坐 10 人，两堂共可容纳千人，规模宏大。监制礼拜堂的目的在于使得“犯人日一诵经，礼拜日则再诵，以耶苏立教，专示改过，务使犯人领解此义”。⑥ 此外，“凡听讲，狱官必高坐临之，纠其不恭者。讽经协以洋琴，琴一而五音皆备，熏陶以礼乐也”。⑦ 国家希图借耶稣立教之旨，使犯人领会耶稣教人悔过、改过之意。对于西国在监狱中诵经并辅之以洋琴熏陶犯人的做法，给郭嵩焘使团人员留下深刻的印象，以至于刘锡鸿等人皆在其日记之中记载此事，且对西方国家此举深表钦佩。

郭嵩焘还多次参观西方学馆，诸多学馆的掌馆者实际上仍是教士，且对于学校的生源、考试制度、资金来源等都颇为重视。其中不少学校都是教会或教士个人甚至教徒捐款所建，管理方式也暗含并承袭基督教的宗教习俗与礼仪，并多招收贫寒子弟入学，至于资金，则多为教徒绅士所捐助。光绪三年(1877)二月初一，郭嵩焘携带副使刘锡鸿等人前往客来斯阿士布达洛(Christ Hospital)学馆参观学生就餐礼仪。此学馆实际是一所义塾，有小学生 700 人，所招收学生大都是 15 岁以下，且来自贫困之家，教授天文、数学、兵法等科。15 岁之后，送入大学馆，每日三餐依旧由该学馆接济，每年耗资 7000 英镑。尽管已然存世达 350 年之久，但衣服礼制等都未改。每逢礼拜四晚上，学馆皆要召集学生奏乐，朗

(接上页)范广欣：《从三代之礼到万国公法：试析郭嵩焘接受国际法的心路历程》，载《天府新论》，2016 年第 4 期；庞雪晨：《循环与进化：郭嵩焘的“生物-社会”演化径路》，载《自然辩证法通讯》，2017 年第 1 期；杨小明、庞雪晨：《论郭嵩焘与近代天文算学教育的引入》，载《自然辩证法通讯》，2018 年第 12 期。

⑥ 郭嵩焘：《郭嵩焘日记》(第三卷)，第 176 页。

⑦ 刘锡鸿：《英轺私记》，长沙：岳麓书社，1986 年，第 123 页。按：曾纪泽在出使期间也曾多次参观教堂、教会学校和教徒的婚礼，并在日记中对于其中的基督教仪式也描述得相当详细。参见曾纪泽：《曾纪泽日记》，刘志惠点校，长沙：岳麓书社，1998 年，第 857－858、898－899 页。

诵圣经,且依序班次以行礼,而观者甚众。[⑧] 具体仪式是:“前设食案十六,凡七百人,分列十六堂,堂共一食案。计设食案四行,每行相连四案,左右环坐三四十人。教士宣讲,鼓琴作歌以应之。歌三终,皆跽而持经,乃起坐就食。食毕,教士复宣讲,鼓琴作歌如前,乃分堂而出。”手持乐器有几十上百人,两两并行,别为一队。而学生所唱之歌词,乃“先祝君主天佑,次及大太子,次及诸子及公主,次及百官,次及绅士,又次则云始创建此馆者,为渠等就学之源,其德不可忘也,愿天佑之”。郭嵩焘盛赞此馆鼓琴作歌的礼乐制度,并认为“中国圣人所以教人,必先之以乐歌,所以宣志道情,以和人之心性”。至于该馆学生所诵之歌词则大抵为祝颂君王百官乃至建校者之意,郭嵩焘亦感慨道:“闻此歌辞,亦足使人忠爱之意油然而生。三代礼乐,无加于此矣。”[⑨]

同年十月,郭嵩焘在波里安书堂考察学位授予与考试制度时,他发现“举人九人,前跪受戒,起着长衣后,披厢红背兜巾,仍环跪受戒而退。英国此礼惟施之耶苏堂,考试给冠服”。至于在考察西方的秀才笔试考试时,郭嵩焘再次挪用中国式概念想象西式传统:“笔试则监试一人高坐,试者四十余人,各以一小案相向坐,随所艺试之。凡三试。初曰博秩洛尔(Bachelor,学士)犹秀才之意,次曰玛斯达(Master,硕士)犹举人之意,次曰多克多尔(Doctor,博士)犹翰林之意。”[⑩]而且翰林每年皆得考试一次,考试者经历三年者方能成为翰林,且重视翰林前三名,分别命名为西尼尔朗克勒(Senior Honorary,最高荣誉学位),色根得朗克勒(Second Honorary),色尔得朗克勒(Third Honorary),统称得来波斯(Tripos),正如中国科举中所言之鼎甲。考得翰林者,可以充当教师,即卜鲁非色(Professor)。郭嵩焘认为:“三试章程,盖亦略仿中国试法为之。所学与仕进判分为二。而仕进者各就其才质所长,入国家所立学馆,如兵法、律法之属,积资任能,终其身以所学自效。”西方此种教育制度实际上是

⑧ 刘锡鸿:《英轺私记》,第106页。

⑨ 郭嵩焘:《郭嵩焘日记》(第三卷),第159页。

⑩ 同上,第351页。

"中国三代学校遗制，汉魏以后士大夫知其义者鲜矣"。[11] 以西国政教制度比附三代之理想，并二次投射当时中国社会教育务虚不务实的社会风气。同时，郭嵩焘又认为西洋诸国之文明，大都源出于中国，并且较后世中国更能延续上古三代习俗、礼制与法度，"大抵规模整肃，讨论精详，而一皆致之实用，不为虚文"。欧洲"一洲数千万里地，立国十馀，大者不过二千里，民众易通，政教风俗犹为近古，非中国所能及也"。[12] 但在此必须注意的是，郭氏此处所言之"中国"，为当时之中国，而非上古黄金时代的中国。

郭嵩焘在出使域外之后，对于基督教形成了一种新的感知，而将西方想象成为优于中国的对象：西教习俗在诸多方面胜过中国，且不乏暗含中国上古黄金三代遗制之处。[13] 另外，薛福成在论及西洋政教之时指出："西洋各国经理学堂、医院、监狱、街道，无不法良意美，绰有三代以前遗风。至其所奉耶稣之教，亦颇能以畏天克己、济人利物之心，不甚背乎圣人之道。"[14]但是，当郭嵩焘"携带其'当地概念'去解释作为他者的西方时"，[15]能否免于反西方的偏执，很是重要，但更为重要的，是郭嵩焘所"白描"的西教习俗背后的政治诉求：即通过强调西教习俗的优越性以间接突出上古三代的政治与社会遗产的实用性与适用性，并通过针砭"当下中国"(论述者所处的时代)的道德堕落与不务实学，"发明"上古三代的社会意象与文化资产，[16]意欲通过富国强兵式的洋务运动使中国

---

[11] 郭嵩焘：《郭嵩焘日记》(第三卷)，第 352 页。

[12] 梁小进主编：《郭嵩焘全集·书信》(第 13 册)，长沙：岳麓书社，2012 年，第 288 页。

[13] 李欣然同样指出，同治光绪朝的士绅多认为中西之间存在道器之争，但在郭嵩焘的精神世界中，中国上古时期的叙述与西方的富强现状之间是兼容而非冲突的，故向西方学习"器物"之术，正乃是对先贤之"道"的回归。参见李欣然：《文明竞争思路的开启：郭嵩焘西洋立国本于政教说的时代语境与历史意义》，载《清华大学学报(哲学社会科学版)》，2017 年第 5 期；李欣然：《道器与文明：郭嵩焘和晚清"趋西"风潮的形成》，载《探索与争鸣》，2018 年第 8 期。

[14] 薛福成：《出使英法义比四国日记》，长沙：岳麓书社，1985 年，第 272 页。

[15] 王铭铭：《西方作为他者：论中国"西方学"的谱系与意义》，北京：世界图书出版公司，2007 年，第 150 页。

[16] 关于郭嵩焘对于"三代"的理想追求与塑造，参见王俊桥：《知识·思想·信仰：郭嵩焘"回向三代"的理想诉求》，载《船山学刊》，2016 年第 2 期。

摆脱时局困境,并重返上古三代的政治抱负与社会理想,而这也是中国改革者托古改制的政治惯例。

二、西方主义:郭嵩焘对基督教的认知与理解

郭嵩焘出使英法,亲身感受基督教的冲击、阅读宗教经典及与他人交流学习,加以出使之前的知识积累(主要是明清以来的传统反教典籍及开埠以后魏源等人编撰的《海国图志》等书),因而对基督教有了一定程度的认知。但是,郭嵩焘在阐述基督教时,潜意识中有种"西方主义"和文化想象的倾向,即以东方文明(主要是中、印文明)为基点或主体,而将以基督教为代表的西方文明视为探讨对象的"他者"(the other),携带"当地概念"/"东方概念"去解释基督教,即作一种东方化的再解读或再创作。而郭嵩焘之所以能够如此做,乃在于"其于旧学亦邃",[17]甚至钟叔河认为在郭嵩焘出使英国之前,亲历欧美并留下记述的人,由于各方面的限制,"都谈不到对西方的历史文化进行系统考察和比较研究,只有郭嵩焘才有可能开始这样做"。[18] 但郭氏对于西方文化的记述与思考,尤其是对基督教的认识亦多承袭前人观点,并无多大创见。

郭嵩焘认为东方的文明历史悠久,基督教的众多观点皆是对东方文明(主要是佛墨两家)模仿和吸收,进而以宗教起源为切入点来阐释基督教。关于基督教的起源,郭氏秉承前人"西教东源说"的观点,但其语境中的"东方",并非传统地理学中的"近东地区",而是比"近东"更"东方"的印度和中国,即佛教与儒教文明的发源地。[19] 郭嵩焘认为基督教之学说不仅没有佛教的精微,而且在很多地方都窃取了佛教和墨家的思

[17] 梁启超:《近代学风之地理的分布》,第 3200 页。

[18] 钟叔河:《走向世界:近代中国知识分子接触东西洋文化的前驱者》,台北:百川书局,1989 年,第 258 页。

[19] 曾纪泽认为基督教与东方佛道等相似,是承续佛道思想与仪式,甚至老子西出流沙之后中国上古三代的思想西传之说亦不无道理。为了比对中西文化,曾纪泽还特意"将二十八星宿,生肖禽兽写记一图,以证西洋礼拜七日分配日月五星之恰相符合也",参见曾纪泽:《曾纪泽日记》,第 1234 页。

想与学说，如生死轮回、舍身救世等观念，故曾说道："西洋基督之教，佛氏之遗也。"[20]而"基督教门原本摩西，而西方佛氏之流传以慈悲为宗，以生死祸福为说，其教流遍西土，虽各自立宗主，而宣播推衍不离此旨"。[21]至于基督教的诸多神迹，在郭嵩焘眼中，"亦多祖佛氏之说，倚托幻想，命之曰神通"。[22] 事实上，明末清初，基督教(天主教)与佛教发生论争时，此种观点既已被提出，作为捍卫佛教的理论依据。[23] 近代开埠之后，以魏源为代表的经世致用派在其书中内含极强的宗儒意识与对东方身份的认同，也使魏源等人陷入了对基督教的极度恐慌与想象之中。[24] 因而郭嵩焘在吸收魏源等人书籍知识的同时，也间接地承袭了魏源等人对于基督教的观点。

郭嵩焘还认为基督教"视人如己"或"爱人如己"的原则，为墨家"兼爱"宗旨。[25] 但同时，郭嵩焘也批评基督教，因其信徒皆以兄弟姊妹相称，而与墨家的"兼爱"思想相似，而最终导致的结果就是中国出现名分不分，乱人道之本的局面。自战国儒墨相争起，墨家"兼爱"即常被儒教徒认为是有违伦常，无君无父，人伦不分，郭嵩焘亦以此非议基督教。事实上，墨家学说确实在一定程度上吸引了基督教传教士，并促使早期的传教士论证墨子学说与基督教教义别无二致，引导教外人士重视基督教

---

⑳ 郭嵩焘：《郭嵩焘日记》(第三卷)，第 548 页。康有为甚至从 20 个方面进行比较，证明"耶教全出于佛"，参见康有为、梁启超、钱单士厘：《欧洲十一国游记二种·新大陆游记及其他·癸卯旅行记·归潜记》，第 182－183 页。

㉑ 郭嵩焘：《郭嵩焘日记》(第三卷)，第 774 页。

㉒ 同上。

㉓ 邹振环：《明末南京教案在中国教案史研究中的"范式"意义：以南京教案的反教与"破邪"模式为中心》，载《学术月刊》，2008 年第 5 期，第 127 页。

㉔ 魏源：《天主教考》，载《海国图志》(中)，长沙：岳麓书社，1998 年，第 838－840 页。

㉕ 郭嵩焘：《郭嵩焘日记》(第三卷)，第 790 页。近代的墨耶对话，参见范大明：《墨耶对话：张亦镜的墨耶观》，载《理论月刊》，2012 年第 10 期；褚丽娟：《人心改造：重塑国民性的基础工程：以民国时期基督徒知识分子的墨耶对话为逻辑起点》，载《甘肃理论学刊》，2014 年第 1 期；褚丽娟：《追问"上帝"之爱：评墨子与耶稣"对话"史》，载《基督教文化学刊》，2017 年第 1 期；谢启扬：《大乘佛教视域下的墨耶比较研究：以张纯一〈墨学与景教〉为例》，载《哲学与文化》，2019 年第 46 卷第 12 期。

的“博爱”。[26] 至于儒教(郭氏常以“吾儒”自称)则远非佛耶等教所能比拟：儒家亲亲仁民，推而放之四海，即与基督教之“主于爱人”和“墨氏兼爱”性质相同，然而“凡同为人以并生于天地之间者，皆兄弟也”的观点是“不达其分之殊”，因为这样会使“人人引而亲之，而终不足与治天下”。[27] 因此，必须有家、国、天下之分，这是自然之理：由近及远，由己及人，即为仁义之说。而佛教只知仁而不知义，因此有舍身救世之说，而耶稣救世之言是效法佛教。[28] 郭嵩焘此举似乎“有点神话由人际关系所产生的社会伦理义务”[29]的嫌疑。杨墨学说是佛老的先声，孟子曾言：“逃墨则归于杨，逃杨则归于儒。”杨氏“为己”之说，接近儒家思想，但儒教不“以兼爱乱人道之本，其道专于自守”。[30] 郭氏还从中外各国的宗教境遇论证了“中”胜于“西”：西方各国，常发生宗教战争，荼毒生灵，且信教者“各有所总尚，不相儳越”；只有中国的儒教，“广大精微，不立疆域”，而且佛教、天主教和回教在中国并行不悖，“礼信奉行，皆所不禁”，[31]并不将对方贬斥为异端而禁止传布，进而论证中国是自古没有宗教战争，且为奉行宗教自由的国度。

王韬在讨论西教中源的问题时，曾明确指出：“我国所奉旨者孔子，儒教之宗也。道不自孔子始，而孔子其明道者也。今天下教亦多术矣，儒之外有道，变乎儒者也；有释，叛乎儒者也。推而广之，则有挑筋教、景教、祆教、回教、希腊教、天主教、耶稣教，纷然角立，各自为门户而互争如水火。耶稣教者近乎儒者也，天主教者近乎佛者也，自余参儒、佛而杂出

㉖ 牟复礼：《中国思想之渊源》，王立刚译，北京：北京大学出版社，2009年，第91页。

㉗ 郭嵩焘：《郭嵩焘日记》(第三卷)，第791页。关于墨耶之间的比较，薛福成认为：“余常谓泰西耶稣之教，其原盖出于墨子，虽体用不无异同，而大旨实最相近。”康有为甚至强调墨家的尊天、明鬼、尚同、兼爱，“无一不与耶同”。参见薛福成：《出使英法义比四国日记》，第252页；康有为、梁启超、钱单士厘：《欧洲十一国游记二种·新大陆游记及其他·癸卯旅行记·归潜记》，第184页。

㉘ 郭嵩焘：《郭嵩焘日记》(第三卷)，第791页。

㉙ 马克斯·韦伯：《儒教与道教》，洪天富译，南京：江苏人民出版社，1995年，第270页。

㉚ 郭嵩焘：《郭嵩焘日记》(第三卷)，第548－549页。

㉛ 同上，第119页。

者也。”[32]而在郭嵩焘眼中，至于各教之优长，大抵为：耶不如佛，佛不如儒。[33] 郭氏主要是从哲学与宗教伦理角度来判断儒释耶各教的高低，而在郭嵩焘使西之前30年，魏源即认为基督教“所云五经十诫，大都不离天堂地狱之说，而词特陋劣，较之佛书尤甚。……特其俗好奇喜新，聪明之士遂攘回回事天之名，而据如来天堂地狱之实，以兼行其说”。[34] 与依靠剪辑二手材料编辑成书的魏源相比，30年后的郭嵩焘亲临基督教世界，直接与传教士和基督徒接触、交流，甚至亲自阅读基督教经典，然而却仍未触及到基督教的内核。郭嵩焘所持之观点多数是对《海国图志》《瀛寰志略》等书内容的复制，郭氏对于基督教所获得的新知基本上可以看作是对来源于生活实践的感性认识，或是对异域生活方式与风俗的一种猎奇心理和文化想象。而身为郭嵩焘随行人员的黎庶昌也认为：“耶稣窃释氏绪馀亦设教，其立言虽以劝人行善为主，而词皆肤浅，远不如释理之深”，并进一步指出：“西人虽阳为遵从，实迫于习俗使然，不过奉行故事而已，非真于此心折也。”[35]事实上，郭嵩焘使团成员，乃至整个时代的国人对于基督教的认知都是想象与误读成分居多。

即便如此，郭嵩焘依然认为基督教尚有几分可取之处。郭嵩焘甚至还洋为中用，化用“摩西十诫”。郭嵩焘在抵达英国之初，即仿照“摩西十诫”设立“五戒”规束使馆人员：“一戒吸食洋烟，二戒嫖，三戒赌，四戒出外游荡，五戒口角喧嚷。”其认为“摩西十诫”是西洋立教之祖，遂自诩

---

[32] 王韬：《原道》，载《弢园文录外编》，上海：上海书店出版社，2002年，第173页。

[33] 关于儒教的优越性，时人薛福成自信地写道：“西人之恪守耶苏教者，其居心立品，克己爱人，颇与儒教无甚歧异。然观教会中所刊新旧约等书，其假托附会，故神其说，虽中国之小说，若《封神演义》《西游记》等书，尚不至如此浅俚也。其言之不确，虽三尺童子皆知之。余偶遇西国积学之士，与谈耶苏教旨，似皆已觉之而不肯明言；亦竟有言一二百年后，西国格致之学日精，必多鄙弃教会诸书者。及论孔子之教，则皆同声推服，并无异言。虽西人亦雅善酬应，然余察其辞色，似处于中心之诚然。盖圣人之道，不偏不易，深入人心。以耶稣之说比儒教，不仅如水晶之比玉，虽洋人未尝不知。从前中国之杨墨佛老，非不鼓动一时，积久已自衰息；孔子之教，则如日月经天，阅万古而益明。欧亚诸洲，不与中国相通而已；通则其教未有不互行者。余是以知耶稣之教将衰，儒教之将西也。”参见薛福成：《出使英法义比四国日记》，第124－125页。

[34] 魏源：《海国图志》(中)，第823页。

[35] 黎庶昌：《西洋杂志》，长沙：岳麓书社，1985年，第500页。

其所立"五戒"乃中国出使西洋立教之祖。[36] 郭氏日记中常出现"摩西十诫",郭氏甚为佩服摩西立教的苦心,因为认为当时西方习俗顽犷,礼教未兴,摩西订立"十诫"确立了一套颇为良善的行为准则,且"十诫"内容很多与中国传统伦理一致,亦多为劝人为善,敬守本心。[37]

郭嵩焘在出使时期对于基督宗教的各大宗派的历史有了基本的认识。他曾在奏折中在批评地方官吏处理教案时"多未如法",导致各地"教案叠出",原因在于未能知悉基督宗教之本末,为此特在奏文中梳理了各大宗派的历史与区别:

> 查天主教创自摩西,耶稣基督始立教名。数百年而阿剌伯回教兴。又千余年,日耳曼路得,演立西教,而耶稣教兴。希腊为西洋文字之祖,亦缘饰基督之教为希腊教。其原皆出于摩西。各教教规互异,而礼拜诵经敬奉天神实同。天主教传自犹太,而盛行于罗马,西洋奉旨,以为教皇,实在各教之先。愤各教之互起争胜也,遂一以行教为业,求使人宗主其教,以示广大积久,而奉耶稣教者亦仿而行焉。盖西洋立教,各有宗主,法、义、日、比,附近罗马,皆习天主教,德、瑞以西至英、美,皆习耶稣教,土耳其以东习回教,俄国最北,自习希腊教,截然各立界限。或君民异教,强使从之,辄至滋生事端。如土耳其本天主教地,而习回教各部时有叛者。然同在一城之中,建立礼拜堂,必归一教,无相搀乱。[38]

郭嵩焘与二百年前的来华耶稣会士"穿凿附会地证明中华民族、宗

---

[36] 郭嵩焘:《郭嵩焘日记》(第三卷),第98页。

[37] 王韬对于儒耶合流充满信心,如其曾写道:"天之理好生而恶杀,人之理厌故而喜新。泰西之教曰天主、曰耶稣,皆贵在优柔而渐渍之,于是遂自近以及远,自西北而至东南,舟车之制,至极其精,而遂非洪波之所能限,大陵之所能阻。其教外则与吾儒相敌,而内则隐与吾道相消息也。西国人无不知有天主、耶稣,遂无不知有孔子。其传天主、耶稣之道于东南者,即自传孔子之道于西北者。将见不数百年,道同而理一,而地球之人遂可为一家。"参见王韬:《〈地球图〉跋》,载《弢园文录外编》,上海:上海书店出版社,2002年,第232页。

[38] 薛福成:《出使英法义比四国日记》,第162-163页。

教、语言的神圣同源性"[39]颇为相似，即力图从中国的"文字"和"经典"中找到"中文之钥"，并认为道成肉身、耶稣的生死及传道等都存在于中国经典之中。[40] 在这一方面，郭嵩焘接过明清之际耶稣会士的注解工具，亦证明了基督教与中国宗教的神圣同源性。但不同的是，此时的主客体已经易位，而郭嵩焘作为基督教的观察者与解读者，却未能"采取一种移情(Einfühlung)的方式"，[41]因而对基督教的认识尚存在一定程度上的偏差，并不能完全矫正前人对于基督教极端化的叙述与想象，即对儒释文明的浪漫想象与对基督教的讽刺、揶揄。郭嵩焘身处西方基督教世界，有很强的儒家士子与东方身份的认同意识。但是，正是以郭嵩焘为代表的"西方主义"者强行试图以儒释文教想象基督教，反而可能陷入一种对"他者"的想象和对"自我"构建的困境之中。

三、以他者为镜像：郭嵩焘对士大夫的反观与内省

郭嵩焘在出使域外期间，考察西国政教风俗以寻求强国之道一直是其主要目标，并形成了一套自己的西方政治观。[42] 而传教士作为近代中西文化遭遇与想象的载体，在教案、洋务运动等事件中并不乏传教士的身影，因而在当时国人眼中呈现出一种十分复杂的面向。当郭嵩焘远赴西国时，由于时空两方面同时发生位移，传教士在郭嵩焘眼中的形象也发生了一定程度的改变。传教士在教案与洋务运动中呈现的极端冲突的双面形象，逐渐让位于在本国承担社会教化、引导国人"尊教事主"并维系"师道"的知识群体与在异域"传教与国事相因"，并力图"化异己使之同"的自身文化传播者。

尽管如此，出使期间传教士与教案的复杂关系，也影响了郭嵩焘对

[39] 周宁：《西方的中国形象史：问题与领域》，载《东南学术》，2005年第1期，第102页。

[40] 孟德卫：《奇异的国度：耶稣会适应政策及汉学的起源》，陈怡译，郑州：大象出版社，2010年，第359页。

[41] 萨义德：《东方学》，王宇根译，北京：生活·读书·新知三联书店，1999年，第153页。

[42] 顾春：《"中本西末"乎？"政教为本"乎？：论郭嵩焘的西方政治观》，载《北京科技大学学报(社会科学版)》，2018年第3期。

传教士的判断。为妥善处理传教之事,郭嵩焘曾上奏清廷建议道:

各种教士传习异教之国,西洋所必不能行者也;中国不禁异教,可以勉强行之。纵教民为奸恶,动辄挟制地方官,枉法宽容以屈抑良民,亦现立之条约所必不能行者也。亟应设法补救,以求与人民相安,除去彼此猜嫌之见。伏恳皇上通饬各省督抚,明定章程,晓喻所属地方,一应教民人等,无得歧视;各州县交涉教案,据理为判,稍有徇庇,立予参办。洋人犯案,应依洋律处理;中国人犯案,应依中国律处理;不得因习天主教,稍分轻重。抑臣闻西洋教士传习天主教者,谓之神甫;传习耶稣教者,谓之牧师。其人皆博学多能,勤勤向善。凡传教中国者,皆神甫也。其传教,以人数多少为课最。盗贼奸民,能招致多人,即授以神甫之名。所收奸民愈多,则良民亦愈以为耻,稍有知识,皆远避之。是以传教二十年,所立神甫,徒为士民所贱恶。并恳敕下总理衙门,会商驻京公使,斟酌妥议。必保传教信士,确守教规,不至恣行奸恶,始准充为神甫。庶使地方昭然于教堂劝善防恶之心,不生嫌怨。若无故干犯教堂,地方官亦得按例惩办,责成赔修。其与百姓为仇者,但能照案轻重处理,不得托辞赔修以相诘难。[43]

[43] 薛福成:《出使英法义比四国日记》,第163－164页。关于此点,王韬比郭嵩焘走得更远,曾经提出"杜异端以卫正学"之法:"当今之世,而欲使正学光昌,异端衰息,则请以明许暗禁之说进,一曰别编教民户册,二曰贻以匾额,三曰异其服色。此三者皆所以彰其羞恶之心,而绝其招徕之路。或虑西国传教之士,将阻滞不能必行,是或不然。盖在我必先有说以折之,然后彼乃无辞以拒我。入教之人必求表异于众,如承之于教会之前,而不承之于群众之地,是为耻教,耻教者心不诚,西士所不许也。入教之人与众无所区别,地方官虽欲保卫之而不能,是故编户册以阴识之,给匾额以明旌之,服色既异,则人人一睹而便知。且此法可使教民激励其所为,而果于为善,人人将钦服教民之不暇,而足为教中光。不然,对牧师入会堂,则自命为入教,而一转瞬间作恶为非,无所不至,人或诘之,必讳匿而不言,甚且以为大辱,西士又何贵有此入教之人,此皆所以折西士而行其说也。要之,此法一行,既入教者可以戢其肆凌,未入教者亦将惮而不敢前。……此外宜在各处宣讲圣谕、善书,仿古者读法悬书之意,尤宜与天主、耶稣教堂比邻鼎峙,用以维持风教。如是十余年之后,患其可少息也。"参见王韬:《代上广州府冯太守书》,载《弢园文录外编》,上海:上海书店出版社,2002年,第254页。

不过，郭嵩焘想象西教文明与传教士的方式，恰巧重复了此前在华传教士想象东方文明的思维模式。二者同时都包含了极强的意识形态色彩。然而，西国传教士在郭嵩焘使西时期对于中国灾难所表现出的仁爱与友善，即在赈灾与禁烟运动中扮演的角色亦深深地刺激了郭嵩焘，作为士大夫的社会责任意识迫使其自身开始反思与内省，在国家遭遇灾难、面临困境之时如何挽救民众，维系"世俗人心"，[44]因应基督教的挑战与时代的变化。

郭嵩焘认识西国传教士的方式也是从传统思维模式的路径发微，以"君道"(治统)和"师道"(道统)的关系作为切入点，实际上可以看作是一种变形的政教关系。[45] 关于此点，郭嵩焘认为："天降下民，作之君，作之师，二者并尊。无君则人伦无所统属，无师则聪明智慧者无所诱启。"[46]在中国三代之时，圣人兼任"君""师"之职。周朝衰微之后而孔孟出，"君道"与"师道"并存。从战国时代七国争雄至秦国统一六国，"君道"即遭废弃，汉武帝广兴学宫，"师道"也不复存在。而后程朱理学兴起，风靡一时，但仅接近"师道"却非成为"师道"。宋明理学之士之所以也未能救世，是因为"君道"已废，"师道"无法独立存在。西洋诸国则由教士所创立，教权并未完全屈从于王权，而是教权与王权并立不悖，虽然亦不能称之为"师道"，西国此种状况仍然略胜于中国。[47] 尽管如此，郭嵩焘仍然认为"西洋诸国开辟之初，人民风教，多原始东土"。[48] 关于

㊹ 郭道平：《19世纪后期关于"富强"的本末观——以郭嵩焘和严复为中心》，载《北京大学学报(哲学社会科学版)》，2014年第2期；李会军、付红梅：《道德、学术、政治：郭嵩焘"人心风俗"论的三重视域》，载《船山学刊》，2016年第5期。

㊺ 关于传统中国政教关系的本质，参见张灏：《政教一元还是政教二元：传统儒家思想中的政教关系》，载《转型时代与幽暗意识》，上海：上海人民出版社，2018年，第125－148页。

㊻ 郭嵩焘：《郭嵩焘日记》(第三卷)，第373页。

㊼ 同上，第549页。按："君"与"师"的关系，郭嵩焘的观点类似冯友兰提出的"君师分工论"。冯友兰之观点引起学界的广泛讨论，尤其是在政治环境主导下的学术争鸣，出现了较大的分歧。参见冯友兰：《关于论孔子"仁"的思想的一些补充特征》，载《三松堂全集》(第13集)，郑州：河南人民出版社，1994年，第282－283页；汤一介、庄印、金春峰：《论"道统"与"治统"》，载《北京大学学报(人文科学版)》，1964年第2期；张立文：《论"治统"与"道统"的关系：评冯友兰的"君师分开"论》，载《江汉学报》，1964年第4期。

㊽ 郭嵩焘：《郭嵩焘日记》(第三卷)，第373页。

此问题,郭嵩焘还曾在日记中写道:

> 传曰:“天降下民,作之君,作之师。”三代以前为君者,皆兼师道而为之,名曰天子,继天以统理下民者也。西方榛蒙始辟,无君师之统,而为民信从者,民辄归之。摩西因以列色[以色列]一族,而王有西土。耶苏继之,以代阐教为言,而终以自毙,亦当时情势之必然者也。天子者,承天以统理百姓,而固不敢私天以为之父,为夫万有之生,皆天主之。私天而名之父以行教,而擅作君之权,且欲尽四方万国而统治之;赖有一死,其徒一附之耶苏,无敢更自托为天之子者,其名乃至今不废。自来行教者被祸之惨无若耶苏,而西方服其教,千八百余年君人效其职,百姓亦以遂其生。其精深博大,于中国圣人之教曾不逮其毫厘,而流弊固亦少焉。乃相与竟奉耶苏以为天之子,而君人皆退听,其教亦以大昌。诚哉,无以易也。[49]

由上可知,郭嵩焘本宗经世致用之学,强调“师道”的教化作用,是拯救“世俗人心”的根本。而郭嵩焘关注“师道”与“君道”的背后,是其作为传统士大夫,试图接续儒教道统的政治社会理想和自省式的道德情怀。[50]

郭嵩焘在使西期间一直致力于探寻强国之道,而此时的英国已然完成工业革命,成为世界工厂,并开辟海外疆土数万里以倾销其过剩产品,因而成为郭嵩焘的重点考察对象。当郭嵩焘向傅兰雅请教“英国建属部数万里外,创始经营,以何为先?”之时,傅兰雅回答却是:“是有本源。大率创始教师(士),经营缔造者皆商民也。教师(士)行教,专务搜辟荒远之地,导民以从之。……所收各部属情形大略相同,而原其觅地之由,一皆自教师(士)始也。”[51]由此郭嵩焘感慨:“教师(士)传教与国事相因,亦使狉獉[榛]顽犷之习,一变而为富庶。中国章句之儒,相习为虚

㊾ 同上,第 774 页。

㊿ 关于郭嵩焘的天道论与人道论,参见李会军、朱汉民:《郭嵩焘道论的哲学精神》,载《湖南大学学报(社会科学版)》,2017 年第 2 期。

51 郭嵩焘:《郭嵩焘日记》(第三卷),第 788 - 789 页。

骄无实之言，醉梦狂呼，顽然自圣。宋、明两朝之终于衰弱，澌然以尽，诸儒议论之力过多。”因此，郭嵩焘得出结论：英国在近世之所以能够迅速崛起而中国却一直国势不振，乃在于“教师(士)化异己而使之同，中国士大夫议论则拒求同于己者而激之使异”。[52] 由此不惟指出中国士大夫好作空论，且多为虚骄之言，乃至渐趋于自守的社会通病，甚至指出中国士人缺乏“以夏化夷”的文化自信与精神追求。

事实上，正是在郭嵩焘出使域外的三年中，西国传教士(主要是英国)成立禁鸦片烟会，推动禁烟运动，其中以英国传教士丹拿(东方禁止鸦片协会秘书)出力尤勤。中国的士大夫们则“甘心陷溺，恬不为悔。数十年国家之耻，耗竭财力，毒害生民，无一人引为疚心”。[53] 郭嵩焘对于社会的失范与士大夫的不作为甚为痛心，希冀传统士人出仕以挽救世俗人心，拯救国家于危难之中。与此同时，华北地区发生了“丁戊奇荒”，传教士在外募集资金赈济中国灾民及救济灾荒之法，并且奋力捐助，不分畛域。[54] 在英国，不乏教士开会商讨赈济灾民，并认为施救者乃灾民平日所憎恶的洋人，今后灾民必定不会非议洋人，也不会听信官府之言而反对洋人。官府置百姓于不顾，而百姓往常所怨恨的洋人，反倒不顾性命救济灾民。这是洋人用诚心与友谊，改善与中国百姓关系的时刻。甚至主张以德服人，正值中国急难，捐资赈济，不仅耗费少，亦可“固华民之友谊”。不惟如此，还针对灾荒原由，提出多栽种树木，因为树木茂盛，“能引天上之水气以兴云作雨，亦能留地下之水气以涵育万物”。[55] 甚至有教士直接寓书郭嵩焘，询问“汇寄款项之地”，[56]拟为中国筹措赈款。以至于郭嵩焘认为西人尤其是传教士的赈灾之举，“足征忧人之忧，视四海如一家也”。[57] 但是，郭嵩焘亦认为传教士此举之背后有其内在

---

[52] 郭嵩焘：《郭嵩焘日记》(第三卷)，第789页。

[53] 郭嵩焘：《郭嵩焘诗文集》，长沙：岳麓书社，1984年，第189－190页。

[54] 《各口西人认真捐资灾黎》，载《万国公报》，1877年3月31日，第444页。

[55] 郭嵩焘：《郭嵩焘日记》(第三卷)，第427页。

[56] 同上，第567页。

[57] 《驻英郭星使致谢英国助赈启》，载《万国公报》，1879年1月11日，第301页。

的目的："谋急起布惠施济，以收中国之人心。"[58]并进一步反省作为士大夫的经世济民的社会责任，感慨士绅尚"虚骄之气"而不重实学，不断重申作为士大夫的责任，以挽救世俗人心，防止基督教夺孔孟之席，再次陷入了"以他者为镜像"的思维困境，使传教士成为一面郭嵩焘借以反观"本土文化"之道德缺憾的镜子。

四、结　语

在晚清时期，当儒家士大夫再次面对基督教时，已与明末清初时大不相同。他们一方面要接续明末清初之季士绅的反教思想，以自身儒家思想为本位，基于"西方主义"的立场，坚持"西教中源说"，力图在儒耶对峙的过程中稳固传统儒教在中国知识分子心中的地位；另一方面，他们又必须面对西学东渐、中外海通的现实，甚至有部分成员或游历泰西诸国，或阅读西学书籍，在此过程中又不断加深对基督教的认识与理解。事实上，晚清出洋使节并未因为他们空间上的改变而改变其对基督教的认识，纵然他们也会亲自参观教堂、与传教士相交，甚至研读圣经经文。但是，他们关于基督教的知识来源，主要还是承袭明清之际儒生的反教作品。不过，晚清使节出洋，在一定程度上改变了以往传教士自西徂东、以儒释耶的对话路径，他们以儒生的身份亲临欧西诸国，并加入儒耶对话的这一场景，所得之结论虽差异甚大、异见纷呈，但仍不失为一次有益的对话（双方各带有自身偏见）。

郭嵩焘对于基督教的认知、想象与解读是中西方文明在19世纪70年代遭遇的一个缩影，郭嵩焘对西教文明做东方式阐释与解说，即将基督文明与中国上古三代相比附，以强化民众对于东方文明（尤其是中国本土文化）的认同，与基督教争夺"世俗人心"。但郭嵩焘所借助的"西方主义"的思想根源是明末清初天主教与儒释之间论争时"西学东源

---

[58] 郭嵩焘：《郭嵩焘日记》（第三卷），第485页。志刚出使法国时发现传教士在家乡募集资金来华，宣称拯救所谓的被溺之婴孩，志刚却对此大不以为然，参见志刚：《初使泰西记》，长沙：湖南人民出版社，1981年，第62页。

说”的遗产,中间经过魏源等人的改造或进一步推衍,反而陷入了西方主义的困境之中。

在郭嵩焘看来,基督教与儒释墨诸家之间的“文化比较”(事实上更多的是一种文化想象与阐释),在教义、教理及社会人伦方面,基督教的立教之旨虽然也有劝人为善、改良社会世俗人心的一面,但总体而言,毕竟是拾儒墨之牙慧、承接儒释诸家的余绪,不仅不如东方诸子百家文明之精微,而且祖佛老之说甚多。此外,郭嵩焘认为传教士能够“化异己而使之用”,与国事相因,改良道德人心。而中国士大夫是章句之儒,多习“虚骄无实之言”,议论则“拒求同于己者而激之使异”,中西贫富强弱差距缘由即在此。[59] 但是,郭嵩焘试图利用传统概念表征异质文明,并纳入中国特有的知识体系之中的方法,称不上是真正的文化比较或文明对话,此种认知途径充其量不过是一种试图以强制型的同化机制将基督教纳入其东方文化之中的策略。

总体而论,使西时期的郭嵩焘被“古代世界”的精神理念所占据,利用中国传统概念与范畴的“意会性”与“模糊性”,认为上古黄金三代是中国政治与社会文明的顶峰,而西国文明乃是接续上古三代遗制,而这也是近代中国士人的一种尚古情节与文化自信的心理再现。从另一方面而言,郭嵩焘又认为基督教的伦理与思想并未达到东方儒释墨诸家的精微程度,这源自于郭嵩焘自身对于儒家士大夫身份认同与社会责任意识,同时也是一种条件反射,因而陷入了对基督教极端化的叙述与想象之中。而郭嵩焘所承袭的“文化移植”观念和话语实践方式对于后人影响不可谓不深远,以至于他们大都也未能跳出此种话语论述模式。

---

[59] 郭嵩焘:《郭嵩焘日记》(第三卷),第789页。

张亦镜对非基督教运动的回应*

范大明

【内容提要】 在20世纪20年代非基督教运动时期,针对非基督教知识分子的指责,张亦镜站在基督教的立场上,从教会和教义方面进行了回应。在他看来,基督是全善无疵的,基督教传教的目的是善意的,基督教教义也与社会主义相吻合。但是在中国近代史上,基督教会"不能完全否认"基督教充当帝国主义侵略中国的手段,教会自身也带有浓厚的"洋化"色彩,因此基督教应当建立本色教会,这种本色化必须去除帝国主义的影响,并坚持"基督化"的原则。从张亦镜的回应来看,在民族主义高扬的非基督教运动中,"不能站在民族运动之外"的中国基督徒如何整合国家社会与个人信仰的问题成为了一个重大挑战。

【关键词】 张亦镜 非基督教运动 回应

1922年至1927年的非基督教运动非常复杂,"以已有信教自由约法之国家,而忽有灭教的运动发生自中国之知识阶级,复一唱百和全国鼎沸,实全球万国所未之前闻之事,而惟我中华民国乃有此特色",①这场运动的导火索是1922年初在清华大学召开的第十一届世界基督教学

---

* 本文是国家社会科学基金一般项目"基督教与近代中国墨学复兴思潮研究"(项目编号:17BZJ027)的阶段性成果。

① 张亦镜:《原序》,载真光杂志社编:《批评非基督教言论会刊全编》,上海:中华浸会书局,1927年,第1页。

生同盟会议。同年3月9日,社会主义青年团的机关报《先驱》第4号上发表"非基督教学生同盟宣言",号召青年学生起来抵制这一同盟,抨击基督教,得到爱国学生的纷起响应,于是上海各校学生组织了"非基督教学生同盟"。随着全国反帝国主义运动的高涨,1924年8月,上海各校学生重新组织了"非基督教大同盟",并出版《非基督教特刊》指导和联络各地非基督教运动。广州、北京、南京、长沙、青岛等地也相继成立了类似的组织,使之发展成为一场全国规模的学生运动。1925年爆发的"五卅惨案"使得这场运动与废除不平等条约和收回教育权运动结合在一起。在全面反帝国主义的浪潮中,基督教首当其冲,成为打击对象。该运动直到1927年南京国民政府成立以后才渐渐平息下来。② 面对教会空前的挑战,张亦镜③回应了这些尖锐的批评,发表数篇护教文章。然而目前就有关张亦镜与非基督教运动的研究虽然取得了一定的成果,但这些成果主要散见于有关非基督教运动的研究之中,作为单独的研究成果目前还没有出现。④ 因此,对于张亦镜在非基督教运动中的表现在研究者的视野中仅仅是笼统的或者标签式的,对于他为什么这样辩驳;如何辩驳;对外的辩驳是否一贯到底或者说有一定的改变,是否也有对

② 杨天宏:《基督教与近代中国》,成都:四川人民出版社,1994年,第423页。

③ 张亦镜(1871-1931),广西平乐人,字鉴如,名文开,笔名亦镜,民国时期的基督教知识分子。他曾经担任《中国郇报》《大光报》和《真光报》(《真光杂志》)等基督教杂志编辑。参见姜建邦:《张亦镜生平》,上海:中华浸会书局,1949年,第6页。

④ 目前比较有代表性的成果有:一是1992年台湾叶仁昌著的《五四以后的反基督教运动:中国政教关系的解析》(台北:久大文化有限公司,1992年),该著作在教会回应中提到了张亦镜,指出其"反驳方式,无疑是有效的途径";二是大陆研究非基督教运动的开山之作——1994年出版的杨天宏著的《基督教与近代中国》(成都:四川人民出版社,1994年),该书花了比较多的笔墨从保守的角度探讨了张亦镜对非基督教运动的回应;三是2004年段琦著的《奋进的历程——中国基督教的本色化》(北京:商务印书馆,2004年),该书简略地介绍了张亦镜的回应情况,对他的护教文章评价:"起到了宣传基督教的作用,从而使一些教外人士增加了对基督教的理解,扩大了基督教在华的影响";四是2001年香港建道神学院的朱秀莲写了《中国护教者对时代的回应:张亦镜研究》的硕士论文。该文从保守基督徒的角度探讨了张亦镜在非基督教运动期间,对非基督教知识分子的回应。综观这些研究成果,着重探讨了五卅前非基督教运动中张亦镜回应的表现,认为张亦镜作为基督教会的保守人士,在非基督教运动中并没有直接反省教会本身的问题,而对于在五卅及五卅后的非基督教运动中张亦镜的思想变化状况较少涉及。

内的自省等等,这些具体问题目前还没有很好解决。因此,本研究试图在解决这些问题方面有所突破。

一、"全善无疵"的基督:对"耶稣是什么东西"论的回应

在非基督教运动中,非基督教知识分子对基督教教义理论攻击的重点是信仰的核心耶稣基督,"耶稣的人格"成为了双方辩驳的焦点。1919年12月25日,国民党要人朱执信在《建设》杂志的特辑"耶稣号"刊登了《耶稣是什么东西?》一文,指责耶稣是"口是心非、褊狭、利己、善怒、好复杂的一个偶像",并具有"利己残贼荒谬的人格"和喜欢报复的精神。因此他是一个属性很简单、人格也不卓越的人,在历史上耶稣是无足轻重的。[5] 在20年代的非基督教运动时期,北京的《共进报》重刊该文,[6]其意义和作用与当时发表时不可同日而语,它被非基督教的人奉为经典,攻击基督教信仰,严重影响了民众对教会的态度。[7] 面对此等情况,张亦镜挺身而出,在《真光》杂志上发表文章,为耶稣的人格辩护。他指责说:"竖划千古,横画五洲,怕不能有人像朱执信这么样不要良心来批评基督教吧!"[8]

张亦镜认为朱执信的这篇"攻教最力、骂教最毒、辱教最甚"的非基督教文章是"颠倒黑白""吹毛求疵,以辞害意""含血喷人""欲加之罪,何患无辞"。他还认为朱氏所持的"耶稣是口是心非、褊狭、利己、善怒、好复杂的一个偶像"观点毫无凭据,并从"心正公薄""利他主义""绝对温和""主张爱敌"四方面着力批驳朱执信对耶稣人格的诋毁。张亦镜认为以上四个方面完全可以证明耶稣是"全善无疵的",但是朱执信"还要拿这些与他德性极端相反恶名来污蔑他,当他是偶像,要打倒他",这

---

⑤ 朱执信:《耶稣是什么东西?》,载张钦士选辑:《国内近十年来之宗教思潮》,北平:燕京华文学校,1927年,第23-37页。

⑥ 朱执信:《耶稣是什么东西?》,载《共进报》,1922年第21期,第3-4页。

⑦ 梁均默:《批评朱执信著耶稣是什么东西之谬妄》,载张亦镜编:《关于朱执信耶稣是什么东西的杂评》,上海:中华浸会书局,1930年,第4页。

⑧ 同上,第19页。

比“盗跖骂孔”还恶毒。更何况基督教布道时，无不以力戒“口是心非、褊狭、利己、善怒、好复杂”来训导人，教会中除那些没有“真信仰的”伪基督徒外，教徒“无不以诚实宽厚仁爱忍耐和平见称于世，也叠叠有这种果子结出，成就了无数伟大事业”。张亦镜还进一步指出，基督教的初期文献已经清楚记载耶稣的生平事迹，耶稣在官府面前受审判、被钉死和复活的事，早期基督徒走遍各城镇传教，他们不愿敬奉罗马皇帝而受迫害，但其中亦有不少人因不肯放弃对耶稣的效忠而牺牲。由此可见，圣经及早期文献所描绘的耶稣肖像，皆与朱氏的文章有别。⑨

为了支持他的反驳，1922 年 5 月，张亦镜在其主编的《真光》杂志刊发了他的好友梁均默的文章——《批评朱执信耶稣是什么东西之谬妄》，指出朱氏文章“全是污蔑、妄证，绝没有半句平心公道底说话”，并从六个方面进行逐层批驳。梁氏认为“自古至今，绝不曾寻着一个比基督人格更高或与基督相等底圣贤；由中到外，也绝不曾寻着一个能力比基督更大或与基督相等的豪杰”。⑩ 张亦镜认为梁均默批评朱执信此文之谬妄“着实切中了朱执信的毛病”。⑪

朱执信对耶稣的攻击直接动摇了基督徒人格的道德根基，也就直接影响了教会正在推行的基督徒人格救国的运动。从护教的角度看，张亦镜从圣经里努力寻找历史依据以捍卫耶稣完美的人格，这是无可厚非的。无疑“基督教者，基督也”。他所传讲的福音信息，是要归返“耶稣本人所讲的单纯的福音”。这种耶稣基督神学的反省工作将基督教简单化为以耶稣基督为主，事实上是把信仰里面最直接最扼要的内容说出来了。这样鲜明的福音信息，对当时未听福音或少受教育的广大群众，是一个极有效的传教方法。⑫ 因此，他的这种耶稣基督神学具有浓厚的护教色彩，正如香港的基督徒学者林荣洪所说：“一方面，外来的反教思潮和动荡的时局，促使教会领袖回应面前紧迫的问题；另一方面，基督教会

---

⑨ 张亦镜：《论广州大布道》，载张亦镜编：《关于朱执信耶稣是什么东西的杂评》，第 10 页。

⑩ 梁均默：《批评朱执信著耶稣是什么东西之谬妄》，第 4－8 页。

⑪ 张亦镜：《读了江苏省党务整委会宣传部印朱执信“耶稣是什么东西”的卷头语以后》，载张亦镜编：《关于朱执信耶稣是什么东西的杂评》，第 17 页。

⑫ 林荣洪：《风潮中奋起的中国教会》，香港：天道书楼，1985 年，第 82 页。

从神的话语获得信息,并针对时代的需求,提出信仰的宣告。于是被动与主动的角色互相配搭,构成了中国教会当前的信仰责任。”⑬

二、“传教是善意的”:对基督教有毒论的回应

1922年北京的非宗教人士指责宗教流毒中国社会:“教毒日炽,真理易泯,邪说横行,人道弗彰。我国本为无教之国,乃近代受害日趋日深。”⑭宗教毒害中国越来越深越广,数教中又算基督教毒害最大:“无奈近数十年来,基督教等一天一天的向中国注射传染。最近数月,气焰更张,又有什么基督教学生同盟,于光天化日之下,公然要到中国的首都北京来举行。回想我们人类所受过基督教的毒害,比其他诸教都重大些。他们传教的方法,比起他教,尤算无微不入。”⑮非宗教人士批判所谓的“毒害中国社会最深”的基督教是与自由平等和人道相悖,具有束缚思想、崇拜偶像,党同伐异、好生乐善等毒害。张亦镜对此认识截然相反,告诫非宗教人士“稍安勿躁,真基督教是没有毒害,真基督教也不是你这些胡说瞎闹的话所能动摇。且莫要讲多错多,徒闹笑话”。⑯

关于自由平等,张亦镜认为基督教教义一贯提倡人类自由平等,它是“造物所赋,耶稣之精义”。他引用耶稣经常教导门徒:“你们当常在我道中,你将识真理,真理必叫你们自由。”又说:“你们不可受师尊的称呼,你们都是弟兄。”又说:“你们知道外邦人有君王为主治理他们,有大人操权管束他们,你们不可这样,你们中间谁愿意为大就必作你们的佣人,谁愿意为首就必作你们的仆人。”张亦镜进一步解释道:耶稣的这些话清楚地表明人类应该自由平等,基督教教义是现在民治的源泉。从而进一步表明基督教没有束缚思想、摧残个性。“不知他的道,即无自由路”,这点就好像火车的铁轨,反问道:“难道火车也要嫌铁轨束缚,须逸

---

⑬ 林荣洪:《风潮中奋起的中国教会》,第206页。

⑭ 张亦镜:《北京非宗教大同盟宣言及通电》,载张钦士选辑:《国内近十年来之宗教思潮》,第193页。

⑮ 同上,第193-194页。

⑯ 同上,第194页。

出轨外行动,就是自由么?”[17]

关于崇拜偶像,张亦镜声言:基督教是严厉禁止崇拜偶像的。如果硬是说基督教崇拜偶像,那就是上帝了,而上帝是人类理所当然崇拜的偶像。“上帝本是独一,其尊无对,又是神而非人。”全人类都崇拜上帝,主乎一尊,不但无害于人类的平等,而且在人类中就没有尊卑上下的阶级,就是“真平等”。这也是基督教能够持平等主义见称于世的根本原因。[18]

关于伐异党同、引起战争,张氏告诫非宗教人士不要否认在基督教传入以前,中国历史上曾经发生多起与宗教有关的战争。在历史上由于基督教伐异党同、引起战争的事确实有,但那是指欧洲中世纪回教、罗马旧教和一些以国王掌教政的教会所引起的,与基督教自身无关。对于这一点,基督教人士也是经常批评他们违反教理。即使基督教确实有这一点不好,“你们现在既个个没有信教,何以也这样党同,这样伐异,联起大同盟来与他作对?万一也因此引起战争,难道也可说是宗教之罪?”非宗教人士持此观点刚好印证了耶稣和保罗的讲话:“己目中有梁木不自觉,而议人目中有草芥”;“躬自蹈己之所非”。[19]

关于好生乐善,张亦镜认为这是人类的本性,但是在现实中,有一些是“好杀的”“乐于为恶”的人,史书中所记载的“杀人越货”“杀人不眨眼”及“教而不善”“从恶如崩”等等就是最好的明证。天堂地狱,是上帝所设置,既是为善恶两类人的归属所设,也是人类身后所必有的两去处,并不是宗教家造起来诱惧人的。耶稣的门徒自己必先信,“然后以其由衷的诚恳之言,感人以共信,倘使此道能普及,又没有旁的势力为伪徒所利用,我相信人类好生乐善的本性,当必会渐渐的尽数回复起来。这是基督教改良社会造福人群的根本办法”。当然即使非宗教人士并不相信这些事,张亦镜亦表示理解。但是他们应该因为基督教能够“感化恶

---

⑰ 张亦镜:《附评北京各学校非宗教同人霰电及宣言》,载真光杂志社编:《批评非基督教言论汇刊全编》,第 34 页。

⑱ 同上,第 34－35 页。

⑲ 同上,第 35 页。

人”,而“听他推行,为我国教育之一助。”他警告非宗教人士“以有涯的生命而武断永存的上帝的公义律法为非有”是很不明智的。[20]

北京的非宗教人士在指责基督教毒害中国社会时,特别强调青年学生中毒最深:“他们最可恨的毒计就是倾全力煽惑青年学生。……伤心呀、可恶的基督教徒将置我们青年学生的人格于何地”。张亦镜对这种辱骂攻击感到非常气愤,他辩解说,青年会诱导青年学生信教,这是青年会的好处,也是学生的自由,我们应当可以理解。基督教青年会有向入会的青年学生传达教义的必要,入会的青年学生见所讲的教义紧要,更进一步信教也是情理之所许。更何况“教是本,一切的会务都是末,又教是树,一切的会务都是果,果善树自必善。既许他入会,而又伤他信教,天下有如此爱果而恶其树的道理?”[21]

在北京的非宗教大同盟宣言发表青年学生受基督教毒害的攻击后,时任广东省教育会长的汪精卫在南方摇旗呐喊,他应北京非宗教大同盟发起人李石曾之命特意作《宗教毒民论》在广东群报上发表,把基督教的“毒害”称为传教者“无理的侵袭”,具体来说有两种:“第一,教会学堂引诱学生入教纯是利用他的恐怖心……人临睡的时侯,往往有魔鬼来吸魂魄,如果临睡时求上帝保护,魔鬼便近不得了”;“第二,教会学堂所敛的有大部分是不信教人的钱,所容的有小部分是不信教的学生,他却时时刻刻强迫或引诱不信教的去信教,每日按时按刻的祈祷,不信教的学生同信教的一样,不然便罚……种种虐待,令人发指”。因此对于这种“无理的侵袭”,人人应该要采取“抵抗的态度”。[22]

首先,张亦镜从耶稣门徒身负的职责角度进行了反驳,他说:“传教士——耶稣教士——职在传教,无论人怎样抵抗,他都是要传,因为他是奉了耶稣最后的遗命。他除了不觉得这遗命重要,如觉得是重要了,知道人个个都是上帝的子类,个个都应该受上帝所特立的救世主拯救,就一定要拼命去传,不传就是不爱人。”这就类似孔子讲的话——己欲立而

---

[20] 张亦镜:《附评北京各学校非宗教同人霰电及宣言》,第 36 页。

[21] 张亦镜:《北京非宗教大同盟宣言及通电》,第 194 - 195 页。

[22] 转引自张亦镜:《驳汪精卫的宗教毒民论》,载真光杂志社编:《批评非基督教言论汇刊全编》,第 118 - 119 页。

立人,已欲达而达人。如果把向人施其爱人之仁为“不尊重人”为“无理的侵袭”,那么孔子的“立人”“达人”也是“不尊重人”,也是“无理的侵袭”了。要知抵抗传教特别是传耶稣教,那是人类没有知道这个教的重要性,不足为怪,既然已经知道它的重要,就断不可有这样“抵抗的态度”和对基督教传教者加以“无理的侵袭”的恶名言论了。㉓

其次,针对汪精卫所指责的教会学校两条具体的基督教“毒害”,张亦镜进行了详细的辩驳。第一,张亦镜说自己信基督教已有二三十年,并没有听说过“教会学堂引诱学生入教纯是利用他的恐怖心”的话。至于“临睡时魔鬼吸魂魄”,张亦镜通过考察圣经也是不存在的。在《圣教日课》的晚祷文中,有这么几句话:“迷惑颠仆”“心妄思”“意妄动”的话,姑且看作“吸魂魄”是“诱惑”的“讹看”。如果临睡时求上帝保护使自己免受魔鬼诱惑以达到“心勿妄思、意勿妄动”的目的,这是何等重要的修身省力的方法呀,“教童子就这样教,叫他‘少成若天性,习惯成自然’,到了长大的时候又能身体力行,‘不敢告者不敢为’”。第二,张亦镜驳斥对教会学校管理的攻击。关于“教会学堂所敛的有大部分是不信教人的钱”,张亦镜是这样解释的:教会学校办有成绩、名誉卓著之后,家长慕名而来,认为把自己的子弟送入教会学校读书比在非教会学校强得多,于是就有捐钱的帮助,他们完全是自愿的。而且捐出去的钱“权即在受者,不在捐者”,捐钱给教会办学的人,并没有一个捐者向教会声明:“我是不信教的人,你要我捐钱帮助你,我倒不拘,但你千万不可向不信教的学生说教。”如果有声明,我们教会必不敢收他的钱,他不这样声明,他只一味乐助,那么“我们教会尽我们应尽的义务,贡献以我们所视为宝贵的教理于学校来学习的学生,捐钱者自无权干涉”。毫无疑问,“我们也不用顾忌这钱是有大部份敛之于不信教的人的,就收缩我传教的范围,对信教的学生就说教,对不信教的学生就不说教。耶稣说‘你白白得来,应该白白施出去’”,更何况受了人家的惠,反而不把这些比金钱还要宝贵的基督真理施给他的子弟,这样岂不是对不起耶稣,也对不起那

㉓ 转引自张亦镜:《驳汪精卫的宗教毒民论》,第 122 - 123 页。

捐钱帮助的人了吗?[24]

关于"时时刻刻强迫或引诱不信教的去信教"的观点,张亦镜认为汪精卫根本就不了解教会学校的真相。于是他引用当时广州的《大同报》(1922年6月23日)登载的教外人士台山余敬一写的《基督教是明心见性的非毒害的》一文来证明汪精卫的"荒谬"观点。该文叙述了一位非基督徒中学生在一所教会学校学习生活的情况,在校中信教选择是完全自由的,不存在"迫人入教"的现象。关于"惩罚学生",张亦镜认为不管是信教的还是不信教的学生一视同仁,只要违反校规自然该罚。至于惩罚的方法,以广州培正中学为例,只有"托枪站立""在校门口坐一点钟竹椅"两种罚法,这些罚法并不会伤害学生的身体,因此说教会学校至少是培正中学采取"虐待""令人发指"的惩罚方法是不可能的。[25]

从宗教有毒,到基督教最毒,再到青年学生中毒最深,可以看出非宗教人士的矛头直指基督教,而且对基督教有毒的指责是一步一步深入具体,从教义有毒直到教会学校的管理都受到指责,可以说是欲拔之而后快。但是张亦镜深信"传教是善意,信教——真心信仰是人们一件最可嘉的事,绝对的没有罪恶和毒害之可言"。[26]

三、"与社会主义相吻合":对基督教勾结论的回应

1922年3月上海的《非基督教学生同盟宣言》运用马克思主义的阶级观点来批判现代国家的资本主义,指出基督教与资本主义"勾结",对中国实施政治、经济、文化侵略,基督教传播的地方就是外力延伸的地方,传教士所到的地方就是洋货流通的地方,攻击基督教是资本主义的"恶魔""先锋队""走狗"等。[27]

张亦镜完全否认基督教与资本主义有任何关系,"此次世界基督教

㉔ 转引自张亦镜:《驳汪精卫的宗教毒民论》,第128页。

㉕ 张亦镜:《驳汪精卫的宗教毒民论》,第129页。

㉖ 张亦镜:《附评北京各学校非宗教同人霰电及宣言》,第40页。

㉗《上海非基督教学生同盟宣言》,载张钦士选辑:《国内近十年来之宗教思潮》,第194页。

学生同盟大会,所讨论之问题,共55条,没有一条是夹有资本主义的臭味在内。维持和发展,更非基督教学生所屑挂齿。……因为我们基督教学生,没有一个不服膺基督的平等自由主义,而反对资本主义和反对拥护资本主义的人的";"基督教学生同盟绝对的与资本家无关,也绝对的不是讨论支配你们"。[28] 针对非基督教知识分子对基督教的"歪曲"指控,他进行了具体反驳,首先寻找历史依据,他说基督教自古以来就是"宣传基督的平等自由真理,鼓动劳工与恶政府和资本家,并当时的专制教会作对,……约翰·维克烈夫(John Wycliffe)就是其中的一个例子。他是教会先哲,也是社会主义家的鼻祖。那时候,听他的教训而与掠夺压迫阶级决战的不知道死掉多少"。从历史上看,"基督徒与资本主义和与助纣为虐的恶魔决战,何等勇猛!"张亦镜指出:"你们遇着你们的仇敌能够这样与他决战,我很钦佩!"于是他告诉非基督徒知识分子:"你现在反对的基督教与基督教会不是你的仇敌,倒是你的同心好友,因为他的祖宗已与你的仇敌决过死战,今还是坚抱这个主义,是你的仇敌即是他的仇敌。"[29]

其次,从教义上看,张亦镜指出"基督教的教义是与资本主义为敌的","资本主义制度本来是不应该存在的"。地上的财富是短暂的、可损的,而天上的财富却是不朽的、永恒的,所以耶稣教人不要积财于地,乃要积财于天。不但如此,货财很容易混淆我们人生的优次,使人偏离上帝,因为"一个人不能侍奉两个主,不是恶这个爱那个,就是重这个轻那个,你们不能又侍奉上帝又侍奉玛门"。[30] 张亦镜更指出,耶稣是个"无产阶级",是"专制政府执政贵族资本制度掠夺阶级的仇敌;是君主革命社会革命经济革命士大夫世界革命的革命党魁"。[31] 在中国设立青年会的一个重要的责任就是使用从各方面捐来的款项为社会服务的,其中就包括资本家所捐的款,使用这些捐款来改良社会,利益群众,"深刻

---

[28] 张亦镜:《批评非基督教学生同盟宣言》,载真光杂志社编:《批评非基督教言论汇刊全编》,第20-21页。

[29] 同上,第16-17页。

[30] 张亦镜:《批评非基督教学生同盟宣言》,第18-19页。

[31] 张亦镜:《附评北京各学校非宗教同人霰电及宣言》,第37-38页。

点来说,与无产阶级掠夺有产阶级的行为不差上下,正和你们讲共产的社会主义相吻合,也可以说是你们共产党推倒资本制度的先锋队"。[32]

为了增强自己的反驳态势,张亦镜力邀同在《真光》杂志上做编辑的梁均默撰文以支持。梁均默在《批评卢淑的基督教与资本主义》中发表了类似的观点,指出基督教丝毫没有"资本主义的臭味","与资本主义绝无因缘"。耶稣是历史上实行反抗资本主义的最佳榜样。"基督是一个做木匠的劳工,他所招十二门徒,大多是渔人税吏一流,为当时社会所瞧不起的,他终生的言论不曾有半句劝人做官发财底说话"。基督教自始就是平民的宗教,"古今中外底基督徒十之八九是无产阶级,而不少人因贪财之故,丧失了他们作基督徒的资格"。从基督徒管家的观念看,全人类都是无产阶级,因为一切财物皆属于上帝。梁氏甚至说"基督教实是社会主义底来源,基督教只能替社会主义张目帮手,而决非社会主义底仇敌"。[33]

从上面可以看出,张亦镜、梁均默在向非基督教知识分子申辩基督教与资本主义毫无关系时,都主张基督教与社会主义相联系。毫无疑问,当时的教会人士受到政局的影响。在非基督教运动时期,共产党的运动日益壮大,尤其在华南一带,不少学生、工人和农民都趋之若鹜。若干教会人士对"共产党徒的言论之批驳,只有下气向之解释,不敢斥言其非"。在这种政治氛围下,张亦镜、梁均默等人尝试寻求与共产主义对话的机会,避免不必要地非难他们的论调,他们批评资本主义,期望借此纠正反教人士对基督教与资本主义关系的误读。[34]

四、"不能完全否认":对基督教"手段"论的回应

分析 1924 - 1927 年的非基督教运动言论,主要是围绕反对帝国主义展开的,在非基督教知识分子看来"帝国主义附丽于基督教","神父

---

[32] 张亦镜:《批评非基督教学生同盟宣言》,第 19 页。

[33] 梁均默:《批评卢淑的基督教与资本主义》,载真光杂志社编:《批评非基督教言论汇刊全编》,第 64 - 74 页。

[34] 张亦镜:《目录》,载真光杂志社编:《批评非基督教言论汇刊全编》,第 2 页。

牧师里头走,军舰兵队后面跟","至近世纪欧美帝国主义强烈的发达,遂借基督教为侵略东方弱小民族的手段",造成了"基督教会在中国的罪恶","教堂所在地,即为租界"。[35] 针对非基督教知识分子指责基督教是帝国主义侵略的"手段",张亦镜起初不以为然,甚至认为这是"中国人自己播下的恶因结出来的恶果"。[36] 但是,五卅运动后,张亦镜亲眼看到英帝国主义的暴行,深深地触动了他内心深处的民族主义情感,他反思道:在近代中国,基督教会"不能完全否认"基督教充当帝国主义侵略中国的手段。[37] 于是他重新审视基督教与帝国主义的关系,对帝国主义进行强烈的批评,指出五卅惨案是英帝国主义这只"疯狗"在中国土地上恣意妄为的表现,"呜呼!斯世而尚有公理者,其能许彼强权者在人之国欺压其地主若斯之甚乎?假使易地而处,中国人在英及任何一国,而有此疯狗般之暴行,其能不全数被地主捣成肉粉,并声罪致讨,举大兵来倾覆其国乎?"[38]帝国主义只知自己的强权利益,而绝不会考虑他人之利益。为了达到自己最大利益,帝国主义利用各种手段来扩展自己的利益,基督教就是其中的手段之一,所以基督教与帝国主义在近代中国扯上了关系。他说西方"各强国曾因前清之季中国有几处地方的暴徒误认他们的传教者是不怀好意,把他戕害了几个,并庚子年京津拳匪杀教的惨剧,借故强割了中国若干膏腴土地,和威胁中国认赔了若干千万款子(按庚子赔款为四万五千万两,加上利息,合计共平银九万八千二百二十三万八千一百五十两),还附带有很多优越的权利"。[39] 针对非基督教知识分子攻击基督教是帝国主义对外侵略的"手段",张亦镜指出必须废除传教条约,割断基督教与帝国主义的联系。传教条约是非基督教知识分子攻击的主要目标。鸦片战争后,这些传教者的祖国与中国立约通商

---

[35] 秋霖:《论反基督教运动》,载张亦镜编:《最近反基督教运动的纪评》,广州:美华浸会印书局,1925 年 3 月,第 15 页。

[36] 张亦镜:《〈读秋霖先生的论反基督教运动〉书后》,载张亦镜编:《最近反基督教运动的纪评》,第 24 页。

[37] 张亦镜:《基督教与帝国主义》,载《真光杂志》,1927 年 4 月第 26 卷第 4 号,第 22 页。

[38] 张亦镜:《随感录》,载《真光杂志》,1926 年 7 月第 25 卷第 4、5、6 号,第 235 页。

[39] 张亦镜:《基督教与帝国主义》,第 22 - 23 页。

时,附带一条传教的条约,《中英南京条约》《北京条约》就是其中的二个例子。使他们在中国传教的侨民,得着平安,这原没有什么不对。但是他又指出传教条约是一把双刃剑,“良儒赖有此可以御暴,歹徒也赖有此可以为暴”,可以说是“一法立,百病生”。历年来教会因这传教条约,已弄得天怒人怨,莫能为讳了。对此,张亦镜认为传教条约应当有取消的必要,因为它既是“碍石”又是“目无中国者”,“今人既以有传教条约目基督教是帝国主义侵略人国的工具,而群起反对,则这传教条约实反为今日传教福音的碍石”。“在中国传教,当受中国的政府保护,从前的不说,如今若仍要保留传教条约,实属目无中国者。信徒在有条约的教会,也再没有脸面见中国同胞”。“传教当倚赖神过于倚赖人。”㊵

张亦镜笃信圣经,他从圣经的教义中寻找废除传教条约的理论,他说订立传教条约“与圣经相违,与教义相背”。㊶“从历史的事实看来,这传教条约之成立,对教会也未尝不发生多少效力;但功不补患,传教条约所造的罪孽,实比所成就的功勋多百千万倍”。传教条约“已成了阻塞传道门的绝大碍石,尚乌容听其存在?”㊷因此,张亦镜认为,完全可以“赶速联请外国教士们去电各该祖国政府,早日将这条约取消(最近美国教会已知注意及此),免留为教会之玷”。张亦镜固然知道废除传教条约是两国政府的事,但是“实为西教士,不是自为”。只要教会中的传教士能够以鲜明的态度向其本国政府请求废除传教条约,即可表明基督教与帝国主义无关,外面的非基督教者也就没有众矢之的了,可以肯定的是,也就自然不会有以帝国主义的名义来攻击基督教,这将大大有助于非基督教运动的平息。如果传教士非要保留传教条约,“别说政府不禁人骚扰,即素具热心的基督徒也有大部分要倒戈相向哩”。㊸

传教条约为列强对华不平等条约之一。传教士在近代中国传教因受不平等条约中传教条约的保护,成为国人攻击的重点,因此,必须切断

㊵ 同上,第 24 - 25 页。

㊶ 张亦镜:《今日教会思潮之趋势》,载张西平、卓新平编:《本色之探》,北京:中国广播电视出版社,1999 年,第 366 - 367 页。

㊷ 同上,第 367 页。

㊸ 同上,第 369 页。

教会与不平等条约的关系,方可割断基督教与帝国主义的联系。但是张亦镜的认识似乎不是很彻底,他指出:“中国的一般有国家思想者,就认基督教是帝国主义利用来侵略人国的工具,传教者是帝国主义侵略人国的先锋队,信徒就是帝国主义的走狗。因此基督教与帝国主义在他们眼中就好像发生了很密切的关系了。”[44]实际上,废除传教条约具有浓厚的反对帝国主义侵略的政治色彩,而思想文化运动色彩是较弱的。张亦镜“不能完全否认”的态度,其认识的局限性就在于没有看到近代基督教是伴随帝国主义侵略中国而传入的,基督教与政治“结了伙”,第二次鸦片战争爆发,法国的借口就是“马神甫”事件,英国借“青浦教案”扩张上海租借就是其中活生生的例子。

五、“基督化”的本色教会:对基督教“洋化”论的回应

非基督教运动爆发后,民族主义进一步高涨,特别是五卅运动后,非基督教人士攻击中国基督教过度的“洋化”,[45]张亦镜说:“洋化本没有什么不好的地方,假使基督教是从世界各弱国传来,或虽非弱国,而他的国不是帝国主义,没有侵略践踏过我们中国,教会再洋化也不会招人恨恶,无奈他们的国——帝国主义者——在这一百年内外,叫我们中国吃了他无限的苦头。教会虽然是与他们政府无关,人但见他表面的形式,不暇去观察他内在的精神,目击这可憎恨的外观,难怪他要愤然作色,目基督教为帝国主义侵略中国的工具。”[46]因此,“洋化”直接促成了20年代的教会本色化运动,“本色教会四个字为近年中国基督教最时髦的

---

[44] 张亦镜:《基督教与帝国主义》,第22-23页。

[45] 张亦镜在《基督教与帝国主义》一文中列举了非基督教知识分子攻击基督教会“洋化”的六种表现:(甲)教堂的建筑是洋氏而非华氏。(乙)教堂的乐歌是洋声而非华声。(丙)教堂的掌权者是外国人非中国人。(丁)教会的各种事业概是要受外国的经济支配。(戊)教会的华人领袖,常伈伈睍睍,仰外国牧师鼻息,受外国牧师指挥。(己)间有华传道员,且往往仿效外国牧师的口吻说出一种外国式的中国话。参见张亦镜:《基督教与帝国主义》,第25-26页。

[46] 同上,第25页。

名词",[47]在中国各处的教会都带有不同的帝国主义国家的"色彩"。这些带有各帝国主义"色彩"的教会自然也就成为了非基督教人士攻击教会的材料,因此必须提倡本色教会。[48]

张亦镜的本色教会论比较丰富,他谈到了本色教会之责任在自己,不能"责备西人",[49]也谈到了基督教会该自立,"教会自始即应该自立,不应该到今日才讲的"。[50] 但是他更加强调本色教会的基本原则——"基督化"。[51] 他在《与唯情先生论本色教会》一文中对把教会本色化等同于"中国化""欧化"和"赤化"进行了批评。他认为本色教会按照"中国化"办理教会,确实完全符合中国人的风俗习惯,也确实本色了,但是这样会反失掉基督教的本色。"本色应该全是中国人自办的教会,就为名实相副,不能拿作外国人在内主持的教会作为我们的本色教会,也不能完全求合中国的风俗习惯而不顾与圣经所定的抵触。"[52]"本色必定要完全根据圣经,不参以任何国风俗习惯上的色彩。……不然,徒于合中国风俗习惯上求本色和于外国人主持的教会求实现本色,都不是求本色教会的道路啊。"[53]

主张基督教符合中国风俗习惯的本色化观点,其所持的理由是"张冠不适合李戴","来华传道的各公会,因为各自有其历史上环境上风俗上的不同,所以他的名义制度仪式当然各有其异点。但无论如何,拿他自己祖国的教会制度,而谓必贴合于中国的,那是必无的事,所以先觉的基督徒都感觉有本色教会的必要",[54]欲把教会中的名义制度仪式换成

---

[47] 张亦镜:《与唯情先生论本色教会》,载《真光杂志》,1926 年 9 月第 25 卷第 7、8 号合册,第 53 页。

[48] 张亦镜:《今日教会思潮之趋势》,第 364 - 365 页。

[49] 张亦镜:《赵紫宸先生的〈本色教会的商榷〉和我的感想》,载《真光杂志》,1924 年 11 月第 23 卷第 11 号,第 17 页。

[50] 张亦镜:《今日教会思潮之趋势》,第 363 页。

[51] 张亦镜:《与唯情先生论本色教会》,载《真光杂志》,1926 年 9 月第 25 卷第 7、8 号合册,第 57 页。

[52] 同上,第 53 页。

[53] 张亦镜:《与唯情先生论本色教会》,第 54 页。

[54] 同上。

中国的。对此,张亦镜认为要认真甄别名义制度仪式与所传国的关系。如果教会确实掺有传教士祖国的历史环境风俗的杂质于制度仪式中,“我们应该分别去取,不能尽量的把他容纳”。除了一些以地名人名命名的教会有问题外,制度仪式如果纯粹是本于圣经,现在教会所奉行这些制度仪式,仍然与使徒时代所奉行的没有区别,说明这些制度仪式并不是来自传道者的祖国自因其历史环境风俗之不同而制定的。那么这种行之于中国的制度仪式也不能说是“张冠李戴”。当然张亦镜进一步分析,基督教刚刚开始传入时,这些合符圣经的制度仪式必定也不能“贴合于中国”,但是时间久了,“就与之同化,视为固有的罢了。”我们不应该因为感觉不贴合而不接受,也不应该因为不贴合而归咎于传教士祖国“因历史环境风俗之不同而制定的教会制度,以李头自拟,把他一律当是完全不合戴的张冠,拒绝接受”,从而自己努力寻求基督教与“己国历史环境风俗上求贴合,另制定一种与西来的绝不同的制度来适应它,叫做本色教会”。[55] 张亦镜认为,这种本色教会确实与中国的风俗习惯相贴合,但是它会失去基督教的本色,与严格的基督教本色教会相去甚远,这是因为“我们应该把中国从渐改造成基督教化,不应该把基督教从渐改造成中国化”。[56] 因为中国化中包含了很多不好的风俗习惯,例如“赌博是中国化;多妻是中国化;抽大烟是中国化;拜偶像是中国化;社会无秩序是中国化;以能做诳言欺人为得计是中国化;讲说话无论在家庭在社会开口即不免要杂以粗言秽语是中国化”。[57]

张亦镜认为,如果本色教会中国化到了这种程度,那么可以下一个断语:本色教会完全是提倡者的“‘末色教会’,去本色尚不知其几千里”。[58] 而真正的本色教会要求加入教会之前,教徒必须“真心悔改,戒绝从前的嗜好和习惯,就许他入会”。[59]

除了批评本色化等于中国化外,张亦镜还反对“欧化”和“赤化”。

---

[55] 同上,第 55 页。

[56] 同上。

[57] 同上。

[58] 同上,第 56 页。

[59] 同上,第 55 页。

由于"近世一般有新知识的学者,多极力提倡欧化",他分析说如果本色化进行欧化就更要迁就别国的历史环境风俗习惯,更是"张冠李戴"。"教会只是基督化,退一千步一万步说,也只是犹太化,并不与来传者的祖国历史环境风俗有若何解不开的关系。"这些提倡欧化的学者比那些为了迎合中国人的心理和风俗习惯而进行"削足适履"的中国化的学者更要羞愧。令张亦镜更难以容忍的是,当时一部分基督徒受"一些拼命鼓吹与中国国情更冰炭不相容的赤化的青年"言论的影响而主张本色教会的赤化。张亦镜对此表示不满,"我不是赞成欧化,我更不是赞成赤化"。对主张"欧化"和"赤化"者持强烈批评态度的原因是"他们那么勇敢地与中国旧风俗旧习惯奋斗",而在张亦镜心中,中国的旧文化有些是"顶好的"。这两种本色教会立场都不是要拿基督教来改造世界的,而是"降格从世图适存,不基督教化中国,而中国化基督教"。[60]

张亦镜批评教会本色化等同于中国化,更加反对"欧化"和"赤化",他认为教会本色化一定要坚持基督教来改造世界的原则:"教会只是基督化[基督教化]。"[61]具体的原则就是"本色教会一要名实相副,二要不与圣经所规定的相抵触,这名实相副四个字,……但求它完全是中国人自办就对了,……经济、会政、宣传完全是本地人担负,不丝毫受外人辅助。制度仪式也可说能够不与圣经所规定的抵触,且可信与使徒时代所行的没有两样"。[62] 张亦镜主张本色教会必须以"基督化"为原则,因为他认为"不合圣经,不可行"。作为美南浸信会的保守基督徒,当然受其神学基要性的影响,该教会视圣经为绝对真理,最高权威,最重视个人的灵魂得救。

六、结语:回应之影响

张亦镜对非基督教运动的回应在教会界产生了很大影响,成为了基

---

⑥⓪ 同上,第 57 - 58 页。

⑥① 同上,第 57 页。

⑥② 同上。

督徒反驳的代表,他被教会界誉为“卫道明星”,[63]其所主编的《真光杂志》声名远播。以致经历过非基督教运动的教内人士在回忆这段历史时,对张亦镜及《真光杂志》均留有深刻印象,“笔锋锐利,气势旺盛,大有无敌不克的气概”。[64] 熟悉中国基督教出版界历史的汤因曾说:“在这个四十年(1911－1950)最活跃的杂志,要算张亦镜主编时期的《真光杂志》。”[65]广学会的资深编辑谢颂羔更是盛赞张亦镜主编的《真光杂志》:“使我不能忘记的,就是张亦镜先生主编的《真光杂志》,它善于为真道作辩护。……当时在基督教刊物,与《青年进步》《真理与生命》等可说是三大权威之一。可惜自张先生作古后,虽然继续出版,……远不及当年的精粹,因为要寻觅第二位张亦镜先生实不是一件容易的事。”[66]

虽然张亦镜的回应言论得到了教会内部积极的肯定,但是教会内部也有批评或者不同的意见。武汉《圣公会报》的一位记者发表了一篇名为《今日教会极要紧底两个问题》,此文是“为批评真光杂志的批评非基督教言论汇刊而作”。[67] 该文对当时教会回应非基督教文字有“三叹”,其中第二叹批评张亦镜及其主编的《真光杂志》:“审情度势,放眼一看,今日教会的辩才,即时兴起者,未必无人;但可虑的,就是恐怕一般恃才的人们,对内对外,将逞一种雄辩之风于表彰真理则不足,于引起纷争则有余。”[68]该文作者主要批评张亦镜在驳斥非基督教知识分子时激情有余而理性不足,容易引起纷争。针对张亦镜在非基督教运动中提出的爱国问题,基督徒陆博爱、同热与张亦镜进行了笔战。陆博爱说:“其实像张先生这样讲爱国,我实在不敢赞同,觉得实在不大好。”因为张亦镜“只知责备于人,而不知自责,只晓得对神诅咒人,而不晓得对神忏悔自

---

[63] 姜建邦:《张亦镜生平》,上海:中华浸会书局,1949 年,第 6 页。

[64] 应元道:《二十余年来之中国基督教著作及其代表人物》,载《文社月刊》,1926 年第 1 卷第 5 册,第 20 页。

[65] 转引自查时杰:《民国基督教史论文集》,台北:宇宙光出版社,1993 年,第 471 页。

[66] 谢颂羔:《四十年来我对于基督教出版界的一点回忆与感想》,载《金陵神学志》,1950 年 11 月第 26 卷第一、二期合刊,第 87 页。

[67] 转引自真光杂志社编:《批评非基督教言论汇刊全编》,第 297 页。

[68] 真光杂志社编:《批评非基督教言论汇刊全编》,第 299－300 页。

己国人的日日自相残杀的罪,这一点多少类乎犯了和军阀同一鼻孔出气的弊病”。“‘爱国’这两个字,实在不值得我们太过注意和恭维的。”同热也有类似观点,指责张亦镜没有运用“神之感化力”去转移改变爱国问题,而是与非基督教分子“同流合污,人云亦云的‘报复式’来爱国”,其结果是“冤冤相报”无了期。[69]

综观张亦镜对非基督教运动的回应,我们不难发现他的回应既有对外的辩驳,也有对内的自省。虽然他的对外辩驳并没有达到护教的预期目标,非基督教运动也并非由于他的辩驳而最终平息下来。但是通过他的这些护教性文章,起到了宣传基督教的作用,“他们这样的运动,可以说是倾全国知识界的力替基督教卖广告”,[70]使得一些教外人士增加了对基督教的了解,《真光杂志》销售量达到了历史的顶峰。对内的自省主要体现在主张建立“基督化”的本色教会,为试图寻找一条适合中国新基督教的道路建言献策。总而言之,从张亦镜的回应来看,在民族主义高扬的非基督教运动中,“不能站在民族运动之外”的中国基督徒如何整合国家社会与个人信仰的问题成为了一个重大挑战。

---

[69] 陆博爱:《与亦镜先生谈谈爱国》,载《真光杂志》,1926年10月第25卷第9、10号合册,第31－34页。

[70] 张亦镜:《读共进报〈非宗教运动与陕人解放〉感言》,载《真光杂志》,1923年4月第22卷第4号,第35页。

清末宗教自由请愿运动研究

张晓宇

【内容提要】 1910年末,受国会请愿运动影响,以俞国祯和诚静怡为首的中国基督徒领袖发起了宗教自由请愿运动,要求清廷在未来的宪法之中确立宗教自由原则。各省基督徒群起响应,多地成立了跨宗派的地方协会共襄盛举,教会舆论界还开展了关于宗教自由与宪政关系的大讨论,将"宗教自由"与"文明""立宪"相对应,指出追求宗教自由是从野蛮向文明的进步。然而反对声浪亦不少,有神学角度的反对,也有策略方法上的质疑,并且隐然体现了教会界"改良派"和"革命派"的路线之争。最终,辛亥革命爆发后,革命党人在法律上确立了宗教自由原则,而教会界亦迅速转向对革命的支持。

【关键词】 清末立宪　宗教自由　宗教请愿

晚清教案迭发,由此引发的中外交涉更是让清政府苦不堪言。义和团事件的爆发可以视为教案的最高峰。庚子事件之后,清政府发现惩凶、赔款、撤官等传统方式仍然无法禁阻教案的发生,中国官府和教内外知识分子都在思考消弭教案的良策。此时,西方之宗教自由、政教分离理论传入中国,教内外知识分子对此进行了宣传、讨论;受晚清国会请愿运动的影响,基督徒教会界还发起了宗教自由请愿运动,可惜既有的研究对这一问题的探讨并不多。有学者曾对1912年前教会界关于宗教自由的讨论、请愿等进行了简略的梳理,[1]不过其论文的论述重点在于1912年后的政教关系;学界也未将晚清宗教自由的讨论、请愿等置于清政府修律、立宪的大背景之下去考量。本文试图弥补上述缺憾,再现晚清宗教自由请愿运动的过程,揭示宗教自由在中国法律中得以确立的历史步骤。

一、宗教自由请愿的发起与组织

晚清宗教自由请愿运动,是中国基督徒受晚清国会请愿运动影响而发起的,要求在宪法之中确立宗教自由原则的请愿运动。1909年清政府下诏重申预备立宪,并且要求各省设立咨议局。次年各省咨议局代表纷纷进京请愿,请求速开国会。至1910年底,全国共发起了四次国会请愿运动。受此影响,已经逐渐成长起来的中国教会界也期望能够在未来的宪法中明确基督徒的信仰自由,以使消弭教案,保障宗教权利。1910年12月21日,中国基督教自立化的领袖人物俞国桢、柴莲馥和北京教会界领袖诚静怡等,联合发起了宗教自由请愿运动。在倡议书中他们称,在各种关于立宪和改革的奏章中,“除政治法律学术技艺,尚未闻提议宗教自由利益平施之条”,而宗教自由之确定与否,事关治乱之道和国家安危,因此“联络国内外基督教同胞,结合群力”发起宗教自由请愿运动,期望使得基督徒可“获享国民同一之看待,道扬宗教之光辉”,[2]则上可永息教祸,下造民生之福。

诚静怡还传文各省教会,并在全国各地如广东、福建等多处巡讲,宣传宗旨,呼吁各地教会和基督徒的支持。其中尤以湖南益阳信义宗的梁集生、刘春舫等最为支持。他们连续于《真光报》撰文宣传,呼吁全国基督徒有资出资,有力出力,务必实现宗教自由之宗旨。刘春舫还提议,各省应选派代表进京向朝廷提交请愿书,同时在地方上向本地咨议局提交

① 刘义:《基督教会与民初宪法上的信教自由——以定孔教为国教之争为中心(1912-1917年)》,上海大学硕士论文,2005年。

② 《专件附录·发起宗教自由请愿会缘起》,载《真光报》,1911年第10卷第2期,第54页。

请愿书，一次不成则两次，如此往复，直至成功。[③] 香港伦敦会基督徒尹文楷医生特地致信请愿会诸人表示支持，并建议诚静怡联络朝中任职之著名基督徒，如伍廷芳、陈振先、颜惠庆等人，这样能够增强对清廷之影响力[④]。

在诚静怡的巡讲和教会报刊的鼓励下，各地开始响应，不少地方成立了宗教自由请愿协会。1911 年 4 月，广州教会成立宗教自由请愿协会，即开始着手登记教徒姓名，预备在 9 月份资政院和咨议局开会时提交请愿状。8 月 5 日，长沙各会代表在长沙南正街信义会教堂举行第一次会议，宣布成立湖南请愿协会，以益阳信义会的刘复生为临时主席总司其事。河南省的请愿协会由长老会、内地会和浸礼会中的华人教徒发起，[⑤]湖北省的宗教自由请愿活动则由武汉恳请会发起，举李品三为协会主席。各地方协会还发布了协会章程，明确此次请愿的目的就是在将来发布的宪法之中加入宗教自由明文，如湖南协会的章程即言：

> 一、命名　名曰中国宗教自由请愿湖南协会；
> (甲) 以明其为中国宗教自由请愿协会之一部分；
> (乙) 以明其专为请愿宗教自由一事而设也。
> 二、宗旨　联络各信徒以协同请愿宗教自由；
> 三、目的　在将来宪法上能有宗教自由明文。[⑥]

各地请愿会都在积极运作，筹备当年 10 月份的请愿上书。直至武昌起义爆发前，北京的发起协会共收到了来自 16 个省和海外诸多基督

---

③ 刘春舫：《论宗教自由请愿最要之方针》，载《真光报》，1911 年第 10 卷第 4 期，第 5 - 14 页。

④《新闻：教会之部：香港尹文楷致发起宗教自由请愿诸君函》，载《真光报》，1911 年第 10 卷第 4 期，第 59 - 60 页。

⑤《记事：组织河南请愿宗教自由协会公启》，载《中西教会报》总第 232 册，1911 年 12 月，第 53 - 54 页。

⑥《新闻：教会之部：中国宗教自由请愿湖南协会公启》，载《真光报》，1911 年第 10 卷第 8 期，第 53 - 54 页。

徒的支持信件,教会报刊广泛关注,讨论热烈。

请愿组织和宣传最重要的问题是,向教会界说明为什么请愿,请愿的理由和依据何在,以及选择此时请愿的原因。围绕这些问题,教会报刊发起了关于宗教自由与宪政关系的大讨论。湖南益阳信义神学院教授梁集生在湖南请愿协会成立大会上演讲,详细陈述了宗教自由请愿的理由。他指出,宗教自由请愿是关乎中国教会前途成败,关乎中国基督徒国民权利之取得,关乎教徒灵魂能否得救的大事;在专制时代中国基督徒荫蔽于外国条约之下,受其保护;今日预备立宪时代,实在是请愿千载难逢的机会。梁集生认为基督徒亟需明白何为政治上的宗教自由:其一,宪法是国家各种法律之根本,无论君民皆不能违反。各国人民之权利,无不是争取而来,少有不劳而获者,中国基督徒不知宗教自由之宝贵不知争取,以至当局在借鉴欧美日宪法后发布的《钦定宪法大纲》之中,唯独删去了宗教自由条款。所幸该大纲只是预备立宪的暂行条文,并非宪法的永久性正文。各国对宪法条文的修改都极为严格,如果中国基督徒再不抓住机会争取,待正式宪法文本落实之时仍未确立宗教自由原则,则大大不利于基督徒。其二,当前中国官府虽然声明保护各处教堂,但无不申明是由于"传教载在条约",这表明当局是迫于国际条约不得不如此,并非依据本国法予以保护。一旦中国法律改革成功,收回治外法权,教徒将不再能栖息于外国条约之下。只有在本国宪法中明确规定国民享有信教、传教和设堂之权利,则国民信仰自由之合法性方来源于本国法,而非外国条约。其三,各国对于宗教问题有两种政策,一种为国教主义,一种为宗教自由主义。前者不奉国教即不能享有国民之完整的权利,后者则强调国民不因其宗教信仰差异而在学业、仕途、工商等方面受到任何之歧视和限制,当世文明国家大多都采取后者。而近年来中国却有定孔教为国教的倾向,如学堂设立孔子牌位,不参拜者不得入读,因此中国基督徒亟需请愿设立宗教自由原则。⑦

关于宗教自由与宪法的关系,蒋茂森提出,首先,国家无宗教自由之宪法则不能作完全之帝国。只有基督真理方能救中国,只有基督真理方

⑦ 梁集生:《论请愿宗教自由之理由》,载《真光报》,1911 年第 10 卷第 8 期,第 1 - 4 页。

能开启民智,唤起人心,激发爱国热忱。基督徒在各国被视为上宾,而只有在中国被视为莠民,遭到迫害、歧视,这就是列强将中国视为野蛮国家的原因。[⑧] 其二,教徒不争宗教自由之权利不为完全之国民。蒋茂森指出,如果不乘此宪法将成未成之时争取,将来宪法一定,国会中保守派人数必定占多数,那时以弱小之基督徒的力量,前途实在堪忧。教徒如果无法获得国民之平权,则将继续被人视为洋教,视为媚外;民教不能获得平权,则教祸和排外之风永远难除。因此不能因为一两个人之反对而停止,更要抓住时机,舍此机会则悔之晚矣。[⑨]

对请愿此事,教会界不乏寄望于西方传教士者。早在诚静怡于广东巡讲时,即有人提出,在请愿之同时,也应当经由外交途径,由西方传教士通过各国领事向中国政府正式提出。此时,英国伦敦会的祁理信(W. W. Clayson)牧师提出,宗教自由一事必须先由华人自己上书请愿。[⑩] 这一建议甚为关键。宗教自由问题本属一国之内政,而基督教向来被视作"洋教"的一大因素,亦在于教徒有事即声诉于外,由洋人而为之出头。尽管在华西人大多对此运动表示支持,但保持适当距离的审慎态度方为正道。因此,诚静怡坚持强调不依赖外国教会势力。他指出,此次请愿仅限于中国教友之内,是中国基督徒自己的事情,因此在请愿诸人中不列西方传教士、牧师之名。诚静怡等非常清楚,如果西教士也参与到该事件中的话,会被清政府视为"挟洋自重",不仅于事无补,反而可能会加深政府对基督徒的恶感。[⑪]

二、一则电文引发的讨论

在请愿刚刚发起的初期,清政府一则似有非有的电文,使得教会界

---

⑧《论说:宗教自由为宪政之要则(续)》,载《中西教会报》,第 232 册,1911 年 12 月,第 3-4 页。

⑨ 同上,第 4-5 页。

⑩《新闻:教会之部:中国宗教自由请愿广东协会布告》,载《真光报》,1911 年第 10 卷第 5 期,第 49 页。

⑪《问答:宗教自由请愿公启问答》,载《中西教会报》总第 230 册,1911 年 10 月,第 62-64 页。

知识分子更加意识到了宗教自由入宪的重要性,激发了众多新教界对于宗教自由入宪的激烈讨论。宣统三年(1911),上海《时报》刊录了3月初六外务部致上海道的一则电文,被教会界《通问报》和《中西教会报》争相转载,引发了教会界的轩然大波。电文称:

> 各属教堂林立,时有无赖之徒冒教犯法,甚有入教投籍,恃为护符,官吏不察,乃遂抑民袒教,因有恃教传徒,设堂勒捐,以及诈骗财产,酿成重大交涉。虽由各国传教载在约章,势难严禁。惟华民设教传徒,有干例禁,应即该道饬属照约章禁止,如有华民违章私设教堂,勒捐平民银钱,立即查封。一面并提该犯,按律重惩。特电该道,著即饬知各地方官随时查察,勿稍疏虞。⑫

这一电文的主要意图是意图禁绝华人传教、设堂之权利,清政府官员开始试图通过对条约文本的严格解释,限制基督教在华的发展。在他们看来,传教条约赋予的是外国人在华传教之权利,中国人获得信奉之权利;但条约中并未明文规定允许华人设堂传教,据此,外务部指令上海道按照条约,禁止华人设堂传教,否则"按律重惩"。⑬ 可见这表明清政府当局仍旧有人秉持着对基督教深深的不信任。这一条文若予施行,将极大地打击刚刚萌芽之中国教会自立化运动,而教会界信教自由之期望更属遥遥无期。

由于该电文涉及华人传教自由和教会自立化等诸多问题,立场甚为倒退,教会界对此甚为惊骇,以至于怀疑该电文的真实性。《中西教会报》也刊文向教会界中西各教会领袖传达该电,并且逐条批驳该电文的内容。⑭ 湖

---

⑫《教务:信教自由之限制》(录上海报),载《中西教会报》总第226册,1911年6月,第41-42页。

⑬《书外务部三月初六日致上海道电后(续)》,载《真光报》,1911年第10卷第5期,第40页。

⑭《教务:读信教自由之限制书后警告中西各牧长》,载《中西教会报》总第226册,1911年6月,第40-41页。

南信义中学的毕业生刘春舫[15]在《真光报》发表长文，指出禁锢宗教自由于立宪政体百害而无一利。作者称，当下国家危难，能救国家政治者，只有立宪；能救国民之精神者，只有确立宗教自由；宗教能够补政治之不足，完善人民之道德，实为政治之基础；而基督教锐意进取，可以激发国民之爱国热忱；但是朝廷上下对于政治立宪甚为欢迎，而对宗教自由却绝口不言。作者详细列举了禁锢宗教自由的诸多坏处：

其一，禁锢宗教不符合立宪之精神。宪法的精髓在于天赋人权与国民之义务，基督徒对于纳税、兵役等与一般人民同等地履行了义务，但却享受不到参政议政和教育之完整权利，这是违背宪法的精神的。因此如果立宪，必须确立宗教信仰自由。其二，禁锢宗教抑制了人才的择取。基督徒中有着各种通晓学术、政治、技艺之人才，但是却为跪拜之礼仪和春秋之祭典而阻碍，不能在仕途上获得较好发展，不能报效国家。其三，禁锢宗教会导致社会矛盾。中国基督徒食毛践土，本为中国人民，但政府歧视宗教，不将基督徒视为中国人，导致民教不和。欧洲因宗教冲突损失巨大，中国不应再蹈覆辙。其四，禁锢宗教是立法之障碍。一国之公民本应平等适用一国之法律。如果民教地位不同，则国家需要对教徒特别立法。否则教徒守国法而无国权，权利义务不对等。其五，禁锢宗教会导致审判不公。如果平民和教徒身份不一，地位不一，诉讼之中所适用的法律也需不同，这必然导致审判不公；如果偏向平民，则外国人就会以此为理由干涉中国内政。其六，禁锢宗教将会剥夺教徒爱国之权利。如果立法不赋予教徒以平等的国民权利，则教徒亦失去对国家之希望而铤而走险。其七，禁锢宗教将会导致宣传上之失败。传教载入条约，洋人进入中国内地，引发众多猜忌和教案。而政府既不能禁止西人来传教，又不能禁止民众之信从，所以更应当提倡开明教化以消除疑虑，而不是压抑之。其八，禁锢宗教会导致国际社会的耻笑。基督教为世界各国所公认之宗教，我国政府若对之采取禁锢之心，必然会引发世界各国之耻笑，遗人笑柄。因此作者提出，希望政府能够去除宪法上之障碍，

---

⑮ 根据《谈屑》一文可知，刘白即刘春舫，刘白可能是其笔名，载《真光报》，1911 年第 10 卷第 10 期。

允许人民宗教自由,使人民享平均之权利,社会方可安宁。[16]

由于该电文在教会界引发了汹涌之反对,清政府特别派遣同为基督徒的外务部丞参颜惠庆出面辟谣。颜代表外务部致函上海自立会牧师俞国桢,声明外务部从未向上海发过该电文,不知该电文是从何处得来。至于说该电文之出台是由俞国桢呈递圣经而起,更是捕风捉影,毫不确切。[17] 但是这种辟谣依旧不能消除教会界对于政府之疑虑,教会界诸人普遍认为,该电即便并非属实,亦非空穴来风。《真光报》即认为,即便外务部未有此电,"而官场却常有是言",[18]其中内容事实上也代表了清政府中许多保守派官员对于基督教的看法。

此次宗教请愿运动的理论来源,固然主要是西方传入之宗教自由理论。然而外务部致上海道的电文,通过对条约进行解释的方法来禁阻华人教会的自立和传教,使得单纯引用外国条约和外国宪法文本来论述华人传教自由的合理性,已经显得不那么充分了。此时,教会界亟需新的理论武器来有力地驳倒外务部这个似有非有的电文。能够让清政府自己哑口无言的,无疑是清政府自己的立法。于是即有基督徒开始从中国本土法律惯例之中,寻找宗教自由的合法性依据。他们翻出了雍正皇帝的上谕来证明电文内容的非法性。雍正八年(1730)时,署安徽按察使鲁国华奏称,回民居于中国,但其服饰、历法、神祇皆非圣朝正朔,因此应将回民之服制礼拜等一体禁革。[19] 雍正皇帝对鲁国华的奏折逐条进行了批斥,指出回民亦属国家赤子,应当一视同仁;回民果有干犯法纪之处,国宪具在,自当按律惩治。[20]《真光报》刊文称,雍正皇帝的这一上谕

---

⑯ 刘白:《论荟:论禁锢宗教于立宪政体有百害而无一利》,载《真光报》,1911 年第 10 卷第 4 期,第 1－5 页。

⑰《教务:外务部致上海自立会牧师俞宗周函》,载《中西教会报》总第 227 册,1911 年 7 月,第 44 页。

⑱《书外务部三月初六日致上海道电后(续)》,载《真光报》,1911 年第 10 卷第 5 期,第 46 页。

⑲ 中国第一历史档案馆编:《雍正朝汉文谕旨汇编》第 5 册〈上谕底册〉,桂林市:广西师范大学出版社,1999 年,第 82 页。

⑳ 同上,第 83 页。

证明,宗教自由之道在本朝立国初期即已为"大圣人"㉑所允许;㉒而最新的修正刑律第257条的按语也显示出了官府已经同意允许信教自由,因此这一电文是错误的。

三、政治角度的反对

而教会界对于宗教自由请愿的态度,也并非铁板一块。《通问报》记者天路客撰文指出,诚静怡周游各省宣传宗教请愿主张,尽管各省教会对于请愿赞成者众多,但也有某处教会对此并不以为然,反对理由有三。其一,中国瓜分在即,中国人即将成为他国之人,届时宗教自由自然取得;其二,坚决不与满洲政府有所交涉;其三,由于此次请愿需要教友具名,呈递给政府,这恐非教徒之福。㉓ 这三种观点也从另一个侧面,反映了教会界对中国时局的不同态度。

第一种观点实为悲观论和媚外者之态度。有信徒认为,当今局势,瓜分在即,中国必亡,迟早成为各国之殖民地,若亡国则成别国公民矣,届时宗教自由自然获得;即便国家侥幸未亡,请愿也毫无益处。麦聘臣指出,中国人民千方百计要阻止的,就是亡国之祸;今日国家尚在而华侨已经遭人凌虐,他日成亡国奴,岂不是任人宰割!国家兴亡匹夫有责,基督徒欲挽救危亡而求国家之复兴,除了宣布立宪时加入宗教自由外,别无他法。㉔ 诚静怡认为所谓列强瓜分中国应属谣言,不可能是事实。㉕《真光报》的批评则非常严厉。作者称这种人实在是教会的耻辱:谤教者日夜猜忌基督徒有向外之心,以亡国而获宗教自由的想法,只会坐实这种指控,为攻击基督教的人提供了绝佳之理由。实际上,《真光

㉑ 系指雍正。

㉒ 该作者似乎忘却了康雍乾三朝对天主教之禁教政策。

㉓《读天路客所志某教会反对请愿之三说感言》,载《真光报》,1911年第10卷第6期,第1-3页。

㉔ 麦聘臣:《论说:论宗教自由请愿宜决勿疑》,载《中西教会报》总第230册,1911年10月,第3页。

㉕《问答:宗教自由请愿公启问答》,第65页。

报》的批评也有点过分严厉,上纲上线。例如陈观海[26]即认为,这种话语实际上只是个人私下口头上的一种抱怨或者笑言,公堂之上无人敢如此称呼。而教内竟然把这种话语当做正式观点刊登在报纸上,这只会成为官府批评教徒的好把柄,时报所刊登的限制传教的电文即是例证。[27]

第二种观点则实际包含了教会界同情、倾向革命,对清政府不抱希望,采取消极态度的表现。即便在教会界,对时局也存在着"立宪派"与"革命派"的路线斗争,基督徒中的温和改良派对请愿抱有极大期望,而相反,革命派对此次请愿颇为冷淡。据论,前文所称之香港伦敦会的华人基督徒尹文楷医生,尽管是孙中山先生之好友,但却对孙中山的革命方式持保留意见。[28]《真光报》对此的评价较为复杂,既含暧昧成分,但更多则是讥讽、批驳之意。在批评第一种观点时,作者即称,革命派尽管被朝廷视为大逆不道,但是至少也可以"谋光复"三字而自圆其说;[29]只是自中国并入满洲以来,当前满政府即中国之政府,在满政府权下栖息[30]之人民也即满政府之人民;人民不自由而联名向政府请愿,自然之理也。况且信仰基督教之宗旨并不在于排满,[31]既无法遁入深山避世、如"猺民"般仍服大明正朔,又无法逃亡海外、转隶革命军旗下,而平日食毛践土、诉讼纳税,处处皆是与满政府交涉,何以对于宗教自由请愿就不愿与满洲政府交涉了呢?

㉖ 陈观海(1851-1920),字赐昌,号贡川,广东省归善荷坳村(现深圳市龙岗区横岗镇)人,曾留学德国,也是信义宗第一位华人牧师。其生平参见陈志强:《近代中国最早的留德学生陈观海》,载深圳市政协文史和学习委员会编:《深圳文史》第7辑,深圳市:海天出版社,2005年,第91-98页。

㉗ 陈观海:《记事:自由请愿之劝和》,载《中西教会报》总第231册,1911年11月,第49页。

㉘ 陈晓平:《孙中山的"诤友"尹文楷》,载《信息时报》,2014年1月13日,C11。

㉙ 原文为:"其心术在朝廷视之虽大逆不道,而尚可以谋光复三字自文其说。"此处颇值玩味的是,作者并未采取"政治正确"之态度直接指斥革命派为大逆不道,而是婉转使用,称朝廷视之为"大逆不道",后半句"尚……自圆其说"方为作者对待革命派之真实态度。

㉚ 此处"栖息"二字的使用也颇值玩味。人民"栖息"于满政府权下,这一语句也体现出了作者微妙、复杂的心态。

㉛ "排满"实为当时革命派最为明确的目标之一,也是最为外界所熟知的。作者这一针对性的论述,也从另一个侧面证明了持有第二种观点之群体倾向革命的政治立场。

第三种观点则体现出了教徒对于清政府的不信任和对条约的倚重心理。一方面,全体基督徒具名请愿,会将各地教会发展情况、教徒人数等重要信息尽数暴露于清政府之下,另一方面,教徒实名请愿,有人即深恐清政府"秋后算账",按单查拿。诚静怡解释称,宗教调查与户口调查一样,本是寻常之事;而且,政府真要对教徒采取不利,调查与否皆无关紧要,如庚子之事即可例证。《真光报》则直指这种教徒实为软弱。作者指斥,往日教徒在诉讼之中唯恐官府不知其教民身份,具状之中定要列明"教民"字样以求"速直",官府若不许则批评官府歧视教徒,搞宗教迫害;这些人在此未开通时代是唯恐别人不知其教徒身份,而在此预备立宪时代反倒忧虑别人知晓其教徒身份,其思想本质,不过是因为前者可以依仗洋人之条约,后者则无所藉靠,实属可悲。[32]

《真光报》认为,前述三种反对宗教自由请愿者根本不是真正的基督徒,"斯人也不能指之为革党,不能目之为'猺民'",[33]只有"洋奴"二字配享其身份;所幸上述人数较少,否则妨害请愿事小,败污教会名声事大。[34] 除此之外,还有教徒认为立宪之实现遥遥无期,治外法权之收回更属无望,反正中国迟早必亡,亡国则自有信教自由。梁集生听闻前述观点也甚为愤怒,认为这些人"其心可诛"——希望国家立宪不成,治外法权不能收回,或坐待瓜分亡国,以及不愿与政府交涉——这是何等"不祥之言",不愿与本国政府交涉,反倒愿意荫蔽于外国政府之下?梁集生称,无怪乎教外人指斥教徒为洋奴、卖国贼;而事实上,爱国、祝福国家强盛,方为信徒之本分,因此这些人实为不忠不信之人。[35]

第一种、第三种观点中之媚外和依仗条约者确实符合"洋奴"之称谓;而悲观论者和倾向革命派之基督徒因为对满清政府失望透顶,对于请愿这种遵循合法途径,在既有政治体制基础上进行改良的做法,实在不抱有期望,因此他们对政府和请愿采取消极态度。1911 年 4 月之"三

㉜ 《读天路客所志某教会反对请愿之三说感言》,第 1 - 3 页。

㉝ 同上,第 2 页。在某种程度上,这一批评也颇与前苏东国家思想界论战中,政府的支持者打击反对派的逻辑形式相似:既然不喜欢这个国家和政府,又何必留在这个国家呢?

㉞ 同上。

㉟ 梁集生:《论请愿宗教自由之理由》,载《真光报》,第 8 页。

二九起义”[36]失败后,清政府在全国大力捕杀革命党,同盟会损失巨大。教会中有着诸多同情革命,憎恶清政府的信徒,因此秉持着不与清政府交涉之立场,只是限于当时之环境而不能尽言其身份和观点,从这一角度言之,《真光报》诸作者尽斥其为“洋奴”也未免太过。刘春舫的《论宗教自由请愿最要之方针》一文刊出后,既有革命党人“见之笑曰:不久即有新政府出现,何必尔”,而随后之历史发展也让教会界的“立宪派”恍然大悟。[37]

四、神学上的怀疑

除却前述三种意见之外,教会界有从信仰、灵性的角度,对宗教自由请愿运动保持距离,甚至是严重反对的。如武昌一位基督徒胡某即认为,请愿者实为“魔鬼之徒,假光明之天使”,[38]这种指控的严重程度,已经远远超过了政治上的反对,也凸显出了教会内部对此问题的分裂立场。因此,除了需要扫除政治角度上的反对观念外,教会界亟需回应的是这种神学上对请愿行为的质疑。对于虔诚的教徒而言,这些质疑更可能从根本上对运动的合法性形成消解。

较早从神学角度对请愿的必要性进行论述的,是来自湖南信义宗的刘春舫和梁集生。他在《论宗教自由请愿最要之方针》一文中从神学的角度分析了宗教自由对于教徒之意义。他指出,基督徒在灵界尚有审判天使之特权,何以在人间则为国法所禁锢?不自由即不能完成信徒之位格,不自由即不能尽传道之责任,不自由即不能施展爱国之才华,不自由不能保基督徒之国民权利,不能保无疆之产业。因此,宗教自由请愿势在必行。[39]

有教徒认为,基督徒信奉了耶稣真理,已经释放了内心之自由,又何

---

[36] 即后来所称之黄花岗起义,因于农历三月二十九举事,故称“三二九起义”。

[37] 《谈屑》,载《真光报》,1911 年第 10 卷第 10 期,第 36 页。

[38] 陈观海:《记事:自由请愿之劝和》,第 49 页。

[39] 刘白:《论宗教自由请愿最要之方针》,载《真光报》,1911 年第 10 卷第 4 期,第 5 - 8 页。

需向政府请愿自由呢?[40] 这一观点过于强调基督徒灵性上之自由,信义神学院的梁集生对此进行了详细的论述。他明确指出,若无政治上之宗教自由,则灵性上之宗教自由万难以实现。他称,专制时代以人治为主,督抚大员个人对于宗教之喜好可以影响宗教之生存境况,而立宪政体下行法治主义,若宪法确立宗教自由,则国策不因官员个人好恶而变更,官员即不能违宪而限制宗教自由。梁集生又将政治上之宗教自由与灵性上之宗教自由的关系细分为如下两个方面。其一,宪法不许信教自由则信教之人不能生存。专制政体之下,教徒之生命财产安全全系外国条约来保护。而立宪之后,中国总有一日收回治外法权,若国家宪法之中没有宗教自由条款,求学、仕途之中又屡设限制,则中国基督徒将无法享有国民之权利。即便基督徒愿意舍命殉道,然而从福音之角度言之,教徒之子孙后世,及中国之同胞即失去了归主得救的机会。其二,宪法不许宗教自由则教会不能存在。中国当前之教会本来为西方差会,传教设堂权利皆来源于列强强迫签订的条约,即便是自立教会,事实上也是间接受到外国条约的保护而存在的。但外国之保护极有可能因为国势变更而消失。梁集生以马达加斯加为例,指出该岛隶属英国之时,英国伦敦会和挪威信义会皆在该岛传教,该岛转予法国后,因得不到政府支持,伦敦会已经被迫撤出该岛,信义会旗下学堂也大多关闭。若宪法不能保证宗教自由,中国有朝一日成为强国,废除了列强所加之条约,即有可能走上限制宗教之路,一如俄罗斯般秉持国教主义,则基督教无法立足也。[41] 对于教会界从属灵角度称请愿并非紧要的说辞,梁集生反问:“设谋使本国人在本国法律之下得有新教传教自由,不致仰赖外国条约,此而非紧要,孰为紧要?”何况上帝赋予信徒的责任,每个时代皆有不同,当代之基督徒应当勇敢地承担起自己的责任,否则即是对上帝公义之违背。[42] 梁集生的论述已经深刻地反思了政治权力和不平等条约给教会发展所带来的危害,指出了中国基督教之存在必须尽早依据中国本国法,继续依

[40]《读天路客所志某教会反对请愿之三说感言》,第 2 页。

[41] 梁集生:《论请愿宗教自由之理由》,第 6 - 8 页。

[42] 同上,第 8 - 9 页。

赖传教条约并非明智之举。

香港麦聘臣也刊文指出,信仰不自由对于国家、对于信徒百害而无一利,如庚子之乱就是信仰不自由所引发的宗教迫害。麦聘臣坦陈,尽管此次宗教请愿赞成者为多数,但是反对者也不少。他特地著文劝导反对者转变立场。[43] 他也从神学上对诸多质疑进行了回答,并且呼吁教会之团结。

有信徒认为,上帝是全权的主宰,断然不会让教会所受的苦难了无期日。而教会的苦难,是上帝用以考验信仰软弱之人的。但向世俗之政府请求自由、保护,只会证明信徒对于上帝全能的怀疑,使得信仰软弱。麦聘臣指出,信徒应当尽人事而听天命,将一切事情尽委付于上帝,如同生病而不就医,寒冷而不加衣般荒谬。有信徒认为,基督徒所求之国当在天上而非地上,麦聘臣即指出,如果信徒连祖国都不知自爱,则将以何来爱看不见之天国?[44] 有信徒称,之前即曾向皇室呈递圣经,结果惨淡,因此基督徒成事应当靠上帝而非靠向人请愿。麦聘臣认为,谋事在人成事在天;基督徒应该做事,但问耕耘,不问收获。[45] 有信徒称,国会请愿尚且未能成功,更何况政府歧视之教会;而且当此国家存亡危急之时,政府百事待决,哪有闲暇顾及宗教自由问题。麦聘臣言,请愿在我,基督徒只需做好自己的本分,允许与否由政府定夺。[46]

即便是在华西牧区,信徒也并不是全部支持请愿。有一位英国传教士指出,宗教不自由则伪信者的存在余地少,可以使得教徒的信仰更为纯粹。如果实现了宗教自由,则伪信者就会增加,教义就会分化复杂,不仅于人心无补,教会也会面临分裂,变得如同美国一样教会林立。对此,麦聘臣回应道,信仰之真伪与自由不自由的关系不大。即便是在当前之专制时代,也有众多伪信者秉持"有奶便是娘"之理而"吃教"。[47] 至于"磨练"一词,尽管真正的基督徒是不怕上帝的考验的,但是各国新教徒

---

[43] 麦聘臣:《论说:论宗教自由请愿宜决勿疑》,第 1-6 页。

[44] 同上,第 1-2 页。

[45] 同上,第 2 页。

[46] 同上,第 2-3 页。

[47] 晚清因诉讼而投入教会的更是不知凡几。

也是付出了巨大的努力和牺牲才获得宗教自由的。德国在未脱离法国之束缚前,美国在未脱离英国的束缚前,难道能称之为宗教自由吗?而当今英国妇女尚且知道要争取选举权利,中国教徒如果只知噤若寒蝉,就连英国妇人都不如了。[48]

除却前述的反对立场外,还有一个群体的态度至为重要,这就是同为基督徒同胞的天主教界。陈观海即撰文指出,当今宗教自由请愿之事,只有我新教同胞26万人向"不同道"之政府、官绅请求平权,而天主教会坐拥120万信众却不发一言,言语之间,对天主教的不满态度跃然纸上。[49] 既然天主教界不甚积极,那么新教界也不想让他们就这么搭上自由的便车。诚静怡等发布的《宗教自由请愿公启问答》在宗旨中开宗明义地指出,"宗教"二字意义本来极为广泛,但是此次请愿之宗教只为"耶稣教",所以既不含天主教,更无论僧、道等。而"自由"二字本意也极为宽泛,但此次宗教请愿之"自由"仅为"获得有随意信奉耶稣圣教的自由",无需作有悖于教规之事等。[50] 换言之,本次请愿所追求的并不是一切宗教在中国的合法传教、信教权利,而是仅限于新教徒在中国的合法权利。对于新教界诸人而言,他们既然无法代表其他宗教,那么请愿时也就只能请求自己的权利;除却宗教自由入宪的最高期望,基督教界还有他们的最低期望——"不求有所得只求有所免",即是希望清政府在最低限度上免除教徒在为官和就学中不符合教规的礼仪,即实现信仰平权。实际上只要宗教自由的条文一入宪法,各宗教自然会引用,从而为自己争取合法权利,其影响将不仅仅限于基督教之范围,更将惠及天主教、回教,甚至佛道等,这是新教界所无法禁阻的,香港麦聘臣对此即有深刻之认识。[51]

五、方法策略上的争议

即便在原则上赞同、支持请愿的人之中,对于请愿之时机、策略、所

---

[48] 麦聘臣:《论说:论宗教自由请愿宜决勿疑》,第3-4页。

[49] 陈观海:《论说:论自由请愿之难易》,第5页。

[50] 诚静怡等:《宗教自由请愿公启问答》,第61页。

[51] 麦聘臣:《论说:论宗教自由请愿宜决勿疑》,第6页。

要求的权利等考量也并不相同。如陈观海即认为,此次请愿的时机并不合适。他认为,中国政府、社会对于基督教的接受有其循序渐进的过程,首先是允许传教、习教,所谓信仰自由,指的就是这个;其次是实现信仰平权,即教徒被允许在官场、社会之间与普通民众利益均沾;联系后文即可知,此处陈观海强调的官场意义上的权利,主要是选举权。第三步是实现完整的参政权,教徒亦能够出将入相,获得“操权”之机会,即被选举权。陈观海认为,任何超出现有时势阶段的行为,都可能是偃苗助长,损害教会之发展。在他看来,自由请愿所求之价值,恰好就是第二步,信仰平权的实现。而这种的实现,亦属不易。他凡列了英德法三国自宗教改革以来新教所受到天主教和政府的种种迫害、屠杀事件,以及新教徒为争取合法平权而付出的流血历史。这尚且是信奉耶稣的天主教对福音派的做法,陈观海反问,难道我国的儒释道就会愿意与新教共享平等之权吗?当然陈观海并不是倡导宗教战争,他的认识可与谭嗣同之于维新运动的态度相类:各国新教取得合法之存在地位莫不经流血而得,今日我教会界想仅凭一纸文书递送进京就想实现民教平权,就想实现宗教自由入宪,岂非太过容易?陈观海也从国会请愿代表所受之遭遇上,看出了宗教自由入宪的难度。连进京进行国会请愿的士绅都被清政府再三驱逐,这很让人怀疑政府立宪的诚意。当局本来就对教民不满,连对立宪、开国会都“搔首踌躇”,就别说对宗教自由入宪的事情了。不仅人心观念并不占优势,更何况政府在立宪之初,诸事繁杂,也无闲暇顾及教务。(清政府教务政策的最大宗旨不在于废除传教条约,而是从维持统治稳定的角度出发,不求其他,但求无事——不生教案即可,但也仅止于此。)更何况,如果资政院通过的决议不利于教会,反倒可能给素来歧视教会之官府以相当程度上的鼓励,认为民气可乘。[52]

陈观海的前述论述并非为反对诚静怡的请愿,实际上是对请愿目的的达成不抱有过多希望,他对清廷态度的认识实属清醒。陈观海本人自从德国留学归国后,即在清政府学堂、官府中转任各种职务,并曾充任周馥幕僚,办理过相当多的交涉事件,所以对清政府官场的做事风格和政

---

[52] 陈观海:《论说:论自由请愿之难易》,第 3－6 页。

府对教会的态度,有着深刻的洞见。陈观海甚至以文学的笔法来讽刺教会界向清政府之请愿的无望,以及因此引发的教会界争吵的无聊。他杜撰了一个文学故事,言两个水手在船[53]中日日无事,大呼"不自由不自由",于是请假一同上岸去纵酒玩乐。酒醉晚归,路遇一水塘,月亮倒影大如圆盘。二人相约跳入水中捞取月亮而不得,于是互相指责对方坏了彼此的好事,为此拳脚相加大打出手。陈观海直指请愿这种事实在是属于"水中捞月",毫不切题。呈递圣经一事已经使得教会界之矛盾公诸于众,而因请愿引发的教内之争吵、分裂,既会贻笑于教外之人,更违背基督"信徒皆兄弟""宜相爱"之教导。[54]

六、革命之达成

当教会界诸人还在全国联署准备上书资政院时,武昌起义爆发了。随后南方各省群起响应,局势迅速更改。1911 年 11 月 9 日,革命爆发后不足一个月,湖北革命军政府即发布由宋教仁起草的临时宪法《中华民国鄂州临时约法草案》,其中第八条明确规定,人民自由信教。[55] 这一消

---

[53] 陈观海在其故事中,将船的背景设置为从北美加拿大来,停泊在香港。加拿大当时尚为英国殖民地,用其指代西方;而香港指代东方。从西方泊到东方,代表了基督教西来传华之大背景。其后陈观海形容两个水手抱怨船员生活之艰辛,在海上漂泊六月,到香港居船上六月而"无货久泊"。"久泊"指代基督教来华时日已过百年,"无货"实乃代指传教士西来,所得信徒实在有限。船员每日居于船中,称"毫无自由"。"困于船中",指代教会认为自身之行为和权利受到了限制、束缚。(如果再进一步,水手若将"无货"之责归因于总是"困于船中",那么就是指代将教会发展之不壮归因于中国对于教会之限制——当然,这句陈观海没有说,这只是笔者从逻辑上的推断。作为信义宗第一个华人牧师,陈观海不会将福音不旺盛的原因归之于外界,这也是他质疑诚静怡请愿运动的神学考量之一。)于是两个水手"请假"要求上岸,此处之"请假"恰好对应"请愿",船员向船长,教会向政府,前者本都是被后者管理的角色。"要求上岸"对应"困在船中",指代"获得宗教自由"与"限制宗教自由",而两水手大打出手则指代基督教内部对宗教自由请愿的巨大争议。随后,陈观海就抛开文学讽刺直接进入了对宗教自由请愿的评价中。(近代教会报刊中的文学、小说数量巨大,许多都具有深刻的隐喻,有着其对时局和神学上的看法,值得深入探析。)

[54] 陈观海:《记事:自由请愿之劝和》,第 48 - 49 页。

[55]《章程:中华民国鄂州临时约法草案》,载《中国革命记》,1911 年第 7 期,第 1 - 8 页。

息随着各大报纸的消息而广播全国:

> 武昌民军领袖已宣布湖北暂定宪法,其大要皆采取美国之宪法,国民均有言论、集会、宗教之自由,并担保国民及财产之安宁……[56]

北方之清政府忙于镇压革命,无暇他顾,汲汲于请愿十多个月的教会界,注意力也马上被革命所引走。一直支持请愿甚为得力的教会报纸《真光报》也刊发了广州革命的消息。由于《真光报》为美国南浸信会传教士所办,原则上第三国人应当遵行"严守中立"的立场,不便公开对时局发表意见,但是该报中国记者也刊文表达了中国基督徒在革命成功后难以抑制的欣喜、快意之情。文中称,当初刘春舫作《宗教自由请愿》时尚有革命党人哂笑,而今"不数月而起言果验",令人有恍然大悟之感,"真佩服其进行之锐"。而革命派首领孙中山为基督徒的消息,也使得基督徒甚为喜悦、亲切。该文甚至以轻松的口吻调侃道,革命党欲推举孙中山为大统领,有人说不如继续做医生的好,在他看来,还是继续做传道人更光荣。广州民军在街头撕扯穿满洲服饰者,记者称,恨不得所有穿满洲服饰者俱有此报;而革命成功,亦再无需薙发,"使吾头与凡已为独立国民者之头";满清覆亡,对皇帝姓名之避讳也再无需要,甚为方便。由于受报刊主国籍之限制,记者表示不能与国人一同发表欢迎新政府之辞,以"发抒吾与众同胞共同之忧喜,以完成吾为独立国民之自由",恼极;因"严守中立",报刊年号既不能用黄帝纪年,又不能用宣统纪年,只好用辛亥字样,恼极。连续两个恼极,表达了中国基督徒对革命政府的极大支持。作者还将脱满归汉比作脱撒旦而归耶稣。[57] 一个前一期还在刊文大力呼吁请愿的教会报刊,在这一刻表达出了他们对革命的欣喜之情。

一直关注请愿事件进展,刊登了大量宣传宪政与宗教自由关系讨论文章的《中西教会报》,于上海光复后改名《教会公报》。该报表示,现在

---

[56] 《译电:初六日汉口电》,载《申报》,1911 年 11 月 28 日,第三版。

[57] 《谈屑》,第 36 - 38 页。

"时转世移",民国已经成立,"宗教自由似不用请愿了"。[58] 早在1906年联名向出洋大臣请愿的基督徒华侨伍盘照也在美国浸信会教堂的集会上发表演说,指出中国革命采用美式民主,美国应当支持中国革命。集会决定致函美国政府,请求美国政府帮助中国革命之成功,至少保证各国严守中立,勿要插手干预。[59]

独立省份的基督徒不仅仅在报刊上对革命表示支持,许多基督徒直接参与了辛亥革命。如发起呈递圣经、请愿之俞国桢,在上海光复之中发挥了积极的作用,甚至还有人认为俞国桢本就是同盟会会员。[60] 基督徒徐宗鉴即撰文指出,正是假立宪、皇族内阁、铁路国有、大借外债和格杀勿论等五大因素,"政府之假面具逐渐为我国民所揭破",[61]革命愈发猛烈。他指出,"专制政体之下,未有完全信仰宗教之自由者也。异族临于上,他族之屈伏于下者,未有完全国民之权利者也。"[62]他用澎湃激昂的语气著文,鼓励基督徒投身革命,舍身忘死,戮力推翻清廷,确立共和政体,才能"同享文明"。[63] 请愿派心态的转换,与立宪派在起义爆发后迅速支持革命的转变,如出一辙。

1912年3月颁布的《中华民国临时约法》第四条规定,"人民有言论著作刊行及集会结社之自由",第七条规定,"人民有信教之自由",证实民国政府在宪法中正式确立了宗教自由原则。已就任临时大总统的袁世凯也在多个场合向教会界保证"除去信教自由之种种妨碍"。[64] 5月1日,袁世凯在参议院发表演说,允诺"国民悉有宗教自由各宗教一律平等"。[65] 1912年5月9日,孙中山先生在广州耶稣教联合会欢迎会上发

---

[58] 蒋茂森:《宗教自由请愿之大概》,载《教会公报》,1912年1月,总第234册,第10页。

[59] 《美教士之赞助革命党》,载《教会公报》1912年1月,总第234册,第71页。

[60] 参见张化:《投身辛亥革命的牧师俞国桢》,载上海市社会科学界联合会、上海市人大教科文卫委员会、上海市历史学会编:《辛亥革命与中国近代化学术讨论会文集》,上海:上海人民出版社,2012年,第258-270页。

[61] 邃盦(徐宗鉴):《论说:哀哉湖北同胞,哀哉我四万万同胞》,载《圣报》第3期,第1页。

[62] 邃盦(徐宗鉴):《敬告信仰宗教同胞》,载《圣报》第5期,第1页。

[63] 同上,第2页。

[64] 《袁大总统自由信教之宣言》,载《教会公报》,1912年3月,总第236册,第47页。

[65] 《袁总统在参议院之演说词》,载《申报》,1912年5月1日,第二版。

表演讲称,清政府时代,教会"不能自由信仰、自立传教,只是藉条约之保护而已",而民国成立则教会完全独立,信仰自由。[66] 1912年孙中山先生在法国教堂发表演说时称,临时约法保障了信仰自由,可以免除满清时代的民教之冲突。[67]

而革命之所以能迅速确立宗教自由原则,与基督徒在辛亥革命中的重要作用是分不开的。除却孙中山先生是基督徒之外,早期参加兴中会的,不少是基督徒,甚至兴中会的宣誓仪式一度要手按圣经宣誓。[68] 广州起义牺牲的陆皓东,早期兴中会的领导人之一陈少白,惠州起义的郑士良等都是较为人熟知的基督徒。据称,黄花岗起义之72烈士之中有24位为基督徒。[69] 而教会因其外国背景,清政府投鼠忌器,这一因素也使得教会经常成为革命者得以活动的掩护,革命者常以教会为据点进行革命活动,如广州双门底的圣书楼,河南巴陵会的福音堂,[70]武昌圣公会的科学补习所,长沙圣公会的日知会等。而教会牧师和基督徒也保护过众多有名的革命家,如黄兴、宋教仁、曹亚伯等革命党人即多次蒙教会牧师相救,方免遭清廷之捕杀。而武汉革命党人刘静庵因事泄而被捕后,美国圣公会牧师黄吉亭、孟良佐、吴德施积极奔走救援,青年会总干事穆德也参与营救,教会的交涉也终于使得刘静庵等免于死刑。[71] 曹亚伯即称,"因教会关系,官场尚不敢十分猖狂,否则九人生命尚不知有何希望也"。[72] 因此,无论从辛亥革命的主要领导人孙中山的个人信仰角度而言,还是从黄兴、宋教仁等革命者的个人遭遇而言,以及从基督徒为革命

---

[66] 孙中山:《在广州耶稣教联合会欢迎会的演说》,载《孙中山全集》第2卷,北京:中华书局,2006年,第360－361页。

[67] 孙中山:《在法教堂欢迎会上的演说》,载《孙中山全集》第2卷,北京:中华书局,2006年,第568页。

[68] 陈少白:《陈少白自述1869－1934》,北京:人民日报出版社,2011年,第162页。

[69] 王利耀、余秉颐主编:《宗教平等思想及其社会功能研究》,合肥:安徽大学出版社,2006年,第90页。

[70] 王治心:《中国基督教史纲》,第254页,载沈云龙主编:《近代中国史料丛刊》(第64辑),台北:文海出版社,1974年。

[71] 曹亚伯:《武昌革命真史》(上),上海:上海书店出版社,1982年,第144－145页。

[72] 同上,第163页。

的贡献而言，民国政府确立宗教信仰自由原则都是水到渠成之事。更何况，革命者深受美国民主共和观念之影响，所创立之政治制度主要效法美国、法国，加之庚子之后关于宗教自由与政教分离原则的讨论，使得知识分子对前述概念甚为熟悉，宗教自由的确立亦属题中之义。

早在1905年的《民报》第1号文《民族的国民》中，汪精卫在论述同一民族的特征时，即认为同一民族应当有同一宗教信仰，但是近代倡导宗教信仰自由，因此这一标准可以稍微放宽；[73]汪精卫在《驳革命可以生内乱说》一文中也指出法国大革命有着尊人权贯自由平等之精神，确立了宗教自由原则；[74]在《民报》第15号刊登的宣传法国大革命的文章中，也有"召还新教徒许其信仰自由"[75]"公认信仰自由"[76]之言论，这些都表明革命党人已经对法国大革命以来确立的宗教信仰自由原则较有了解。在1908年介绍印度革命的文章中，革命党人还简要探讨了宗教革命与政治革命之间的关系，作者指出，对信仰自由的追求也是实现政治自由的间接途径之一，如英国的清教徒革命即是以追求宗教自由开端的；而在遭受异族政府统治的国家里，政府不允许国民过问政权，此时"宗教之信仰自由逮及政治之主张"，[77]而宗教自由也就只能通过政治革命来获得了，这一论述也道出了教会界从请愿转向革命的根本原因。

当然，宗教自由写入宪法并不意味着基督教即已在中国获得广大民众的认可，即便是在革命党人内部，对教会心存不满的也是大有人在。有革命党人即认为，"信耶教者为少数之无赖子，此等人或怠惰成性，或急于谋生，或藉此意避祸抱怨，鱼肉乡里"。[78] 陈天华也对不法教民之媚外感到痛心，他批判许多中国人一入教门即背根忘祖，恃教欺压中国人，因此他呼吁教民"信教是可以信的，这国是一定要爱的"。[79] 章太炎则从

---

[73] 精卫：《民族的国家》，载《民报》，1905年第1号，第2页。

[74] 精卫：《驳革命可以生内乱说》，载《民报》，第9号，第43页。

[75] 寄生：《法国革命史论》，载《民报》，第15号，第103页。

[76] 同上，第43页。

[77] 公侠：《阿赖耶娑摩其所遭之反动力》，载《民报》，第23号，第85页。

[78] 尊周：《大同报满汉问题驳论》，载《民报》，第18号，第110页。

[79] 陈天华：《猛回头·警世钟》，朱钟颐评注，北京：华夏出版社，2002年，第104页。

学术的角度表达了对基督教的反对:"惟神之说,崇奉一尊,则与平等绝远","欲使众生平等,不得不先破神教"。[80] 革命派内部对于基督教的反对,也为民国时期的非基督教运动埋下了伏笔。

七、结语:宗教自由原则的确立

庚子之后,曾经只存在于传教士之间和教案交涉后的宗教自由讨论,终于成为中国基督徒自己的要求。基督徒不仅仅存有教会自立化的愿望,还要求法律上的合法地位,与政治、经济、社会活动中的平等待遇。然而1908年宣布的宪法性文件《钦定宪法大纲》中却未能确立宗教自由,教会界对此甚为紧张。有识之士深知立宪时代宪法对于公民权利的重要性,受到同时期国会请愿运动的影响,以俞国桢进京呈递圣经为契机,俞国桢和诚静怡等北京、上海的华人基督徒领袖发起了宗教自由请愿运动,目的就是要求清政府在将来出台的宪法中写入宗教信仰自由之条款。为了宣传宗旨,诚静怡在全国各地四处宣讲,教会界报刊也大力宣传,各地基督徒群起而响应,教会舆论也掀起了关于宪政与宗教自由关系等的大讨论。

然而这并非教会界的集体群像。尽管支持者较多,但是反对者也不少。神学角度的反对是最严重的,反对者甚至将请愿者指斥为"魔鬼之徒"。对此,诚静怡、梁集生、麦聘臣等对上述反对做出了积极回应,指出若无政治上之自由,则灵性上之宗教自由万难实现。政治上的反对也甚多,动机复杂。有对时局持悲观论者,也有习惯性媚外者,还有对清政府深怀不信任者。此外,教会中倾向革命的教徒也对请愿甚为冷淡。

而国会请愿运动的失败,给教会界的请愿也投下了浓重的政治阴影,教会界不少人已经对清政府失去希望。陈观海用辛辣的语言直指这种请愿是"水中捞月"。天主教徒对本次请愿也反响不大。从根本上言之,教会界并不是因为"保皇"而去向清政府请愿的,而是教会界的有识之士已经认识到,基督教在华想要摆脱"洋教"的身份,真正被认可为中

---

[80] 章太炎:《无神论》,载《民报》,第8号,第2页。

国宗教之一部分，已经不能再依靠不平等条约和外国势力的保护了；中国基督徒要想获得平等权利而不再因其信仰身份受到歧视，也只能基于中国本国法之认可。在教会内外关于宗教自由与宪政的大讨论之中，时人明确将“宗教自由”与“文明”“立宪”相对应，将“限制宗教自由”与“野蛮”“专制”相对应，指出追求宗教自由是从野蛮向文明的进步；确立宗教自由，可以消弭教案，实现民教调和，进而实现收回传教特权之目的。最终，《中华民国临时约法》中确立了宗教自由原则。

在关于宗教自由请愿的讨论中，基督徒在对待清政府的问题上还涉及到了“请愿派”与“革命派”的路线之争。改良与革命“赛跑”的情形并不仅仅出现在政、军、商、学各界，同样也出现在教会界。传统中国基督教史的研究较少注意到教会界在晚清新政、修律和立宪等要务上的态度及面向；而事实上，中国基督徒和中国基督教，从未自绝于近代中国的任何一场大事件。这也提醒我们，中国基督教史的研究绝不能单纯堕入“自说自话”般空洞乏味的理论叙事中去，积极探寻传教士和中国基督徒在中国历史事件中的参与性，方是中国基督教史研究的破局关键。

华北教会基督化经济关系活动述论(1930-1937)*

张德明

【内容提要】 1930年,五年运动发动后,各基督教会在华北积极开展基督化经济关系活动。1932年,华北教会与燕大等大学合作成立华北工业改进社,开展了毛织、陶瓷、炼铁等工业试验;在华北的基督教男女青年会成立劳工部,组织许多改善男女劳工境遇的活动,还发起各种经济运动;华北教会也针对人力车夫进行了服务,并设立了消费合作社、工厂等机构;华北教会还重视工读教育,设立各种工读学校及工艺培训班,部分教会中学也开设有工读课程。纵观华北教会在1930-1937年间的基督化经济关系活动,一定程度上提高了当地的经济技术水平,增加了民众的收入,但仅靠单纯的改良无力改变华北的整体经济困境。

【关键词】 华北教会 华北工业改进社 经济改良 工读教育

1930年,中华全国基督教协进会发动旨在振兴教会的"五年奋进布道运动"(以下简称"五年运动")后,基督化经济关系成为该运动的八大事工之一,并得到了全国教会的积极响应。目前学界对基督教在20世纪30年代乡村建设中的工作研究较多,但对其在基督化经济关系方面

* 本文是国家社科基金青年项目《五年运动与1930年代基督教中国化研究》(项目编号:17CZJ013)的阶段性成果。

的活动却关注较少。[1] 本文将利用教会报刊、档案资料,对 1930－1937 年间华北教会的基督化经济关系活动进行论述,[2]重点考察其在工业试验、经济改良及工读教育方面的活动,以求对基督教与华北经济的关系有所认识。

一、基督化经济关系活动开展的背景

在 20 世纪 30 年代,从美国基督教传入的社会福音思潮对中国基督教产生重要影响,该思潮强调基督教应将工作重心从个人拯救转向社会拯救。在此形势下,中国社会福音派人士认为在华基督教应当着重参与改良中国社会的活动,并指出:"基督教的已往,趋重宗教与教会的本身,趋重个人修养;基督教的现在应注意生活与整个的社会,注意个人在生活中对于社会的贡献。"[3]在五年运动发动后,部分在华传教士及教会领袖希望将基督教社会伦理教导与民众的希望相结合,积极参与社会改良活动,使基督教成为正在建设的国家的不可或缺的一部分,以此彰显基督教的特殊价值,并在中国践行社会福音思潮,而基督化经济关系活动又是其中的重要内容。同时,1929 年世界经济危机发生后,西方差会对在华教会的资助均有不同程度下降,导致在华教会经费紧张。故教会更加重视教会的自养,也希望通过建设基督化的经济关系,来增加教会收入。

早在 1927 年 8 月,基督教协进会曾在上海召开基督化经济关系全国大会,讨论了工业改造、乡村经济、劳动问题、基督教与经济等诸多事项。在此次大会上,基督教协进会决定专设基督化经济关系委员会负责经济改良,因基督教协进会对乡村建设有专门的部门负责,此委员会实

① 对于该问题的研究,参见秦武杰:《基督教与近代中国工业改良》,载《南方论刊》,2008 年第 10 期;《基督教与近代中国乡村工业》,载《今日南国》,2009 年第 2 期;钮圣妮:《近代中国的民众团体与城市女工——以中华基督教女青年会的劳工事业为例(1904－1933)》,载《东岳论丛》,2005 年第 3 期等文章有所关注,但对华北基督教在此方面的活动的论述薄弱,且史料有待进一步挖掘。

② 本文中的华北地区,特指北平、天津、河北、山东、山西。

③《北平米市中华基督教会报告书》,北平,1930 年,第 2－3 页。

际上主要进行工业改良活动。[4] 这也在于来华基督教会鉴于中国经济效率低下,劳工生活恶劣,工业化次生问题严重,教会人士感到有责任去改良工业,并认为“教会之能否有存在的价值,即在其能否把基督教理想社会的原则,施行到现世界去,而解决此扰乱纠纷的工业问题”。[5] 在华教会看到西方工业化带来的弊病正在中国重演,决心“根据西方以往的经验,减轻东方因工业革命所产生的痛苦”,“用科学的方法改良固有的工业,并用科学的方法,增进工人生活的状况及待遇”。[6]

五年运动中,为继续落实基督化经济关系工作,在1931年基督教协进会第八届大会召开时,大会认为基督教会担负着服务中国的使命去从事社会的工业与经济改造的时机已经成熟,故曾建议教会当在可能范围内,“研究并提倡乡村副业及其他小工业;研究并提倡合作事业,又提倡组织互助社以谋疾病保险和其他类似的利益;研究工业问题与劳工状况,提高工人福利,实行工人教育,促进工业改良等”。[7] 该委员会的经济活动还带有强烈的宗教使命,其最大使命“就是要使人人明了做基督徒的本分,并且要促成一种教会能在团体的合作事业与教友的日常生活中表现出它的责任来”。[8] 在此背景下,华北教会也于1932年成立了基督化经济关系委员会华北分会,开展了各种相关活动。

二、华北工业改进社的活动

五年运动开始后,在华教会认为运用合作组织以提倡乡村工业,“不

---

④ 该委员会的前身为基督教协进会1922年成立的工业委员会,当时工业委员会着手进行了各项工业改良,还主办了《工业改造》期刊,详情可参见赵晓阳:《福音与社会的契合:以中国基督教青年会与劳工问题为例》,载《民国研究》,2009年第2期。

⑤ 基督教世界战争调查委员会编:《教会与现代工业问题》,谢颂羔等译,上海:广学会,1923年,序言第1页。

⑥ 美国平信徒调查团编:《宣教事业平议》,徐宝谦等译,上海:商务印书馆,1934年,第211－212页。

⑦ *The Eighth Meeting of the National Christian Council of China* (Hangchow, April 10－17, 1931), pp. 23－25.

⑧《基督化经济关系委员会报告》,载《中华归主》,1931年第116期,第30页。

但可以救济农村生活的困窘,并能为乡村经济树立一稳固基础,从而为整个中国社会多开一新的局面,而达经济平等的境地"。[9] 为此,1932 年 9 月 17 日,由华北基督教农村事业促进会及燕京、南开、齐鲁三所大学在北平正式成立华北工业改进社,南开大学校长张伯苓任社长,燕京大学教授戴乐仁(J. B. Tayler)任干事。[10] 华北工业改进社的使命是设法发展乡村手工业,以提高乡村民众的经济生活,"并辅之以合作组织,俾能与都市中工商业去平衡发展,而为中国社会树立一个新的经济制度"。[11] 该社会员分个人与团体两种,二者皆可为常年、永久及赞助会员,缴纳不同会费,并成立乡村工业协进会作为会员联络组织。该社经费除由发起单位及基督教协进会承担部分外,其余则向国内外募集,特别是美国罗氏基金会曾资助 4000 美金。[12] 还有部分中国银行家也捐款支持该社工作,因为他们明智地看到了广大农村地区日益增长的购买力,而这能助长他们的商业贸易。[13] 而且该社还注重与研究机关的合作,发挥它们的学术优势,如请地质调查所对数种矿物的经济性进行分析;请南开大学经济学院研究河北高阳的纺织业;请燕京大学化学系研究羊毛染色及制革业的训练,[14]并根据研究结果投入试验。

华北工业改进社目的在以研究、训练及合作组织等方法,促进乡村工业及小工业,以期改善人民之生活情形。[15] 为此,该社曾详细计划工作方向,初期曾涉及地方工业、羊毛、铁业等项目。如该社曾举办一种毛织工业设计实验,华北工程学校校长丁荫(S. M. Dean)对此贡献甚多。

⑨《华北工业改进社事工进行状况》,载《消息》,1933 年第 6 卷第 5 期,第 34 页。

⑩ *North China Industrial Service Union*, Peiping, China (Tientsin: The Chihli Press Inc., 1933), p. 3. 上海市档案馆藏,档案号: U123－0－31。

⑪ 卢广绵:《华北工业改进社事工进行概况》,载《乡村建设实验》(第 1 集),上海: 中华书局,1934 年,第 167 页。

⑫《华北工业改进社昨开会》,载《京报》,1932 年 11 月 27 日,第 6 版。

⑬ "Improving Rural Life in China," in *The Christian Century*, vol. L, no. 26, June 28, 1933, p. 836.

⑭《华北工业改进社之工作与计划》,载《大公报》(天津),1933 年 3 月 26 日,第 6 版。

⑮《华北工业改进社之缘起及其工作与计划(1933 年 3 月)》,山东省档案馆藏,档案号: J109－01－035。

早在1932年6月,基督教协进会出资3000墨洋,资助丁荫进行了乡村毛纺工业的初步实验,[16]该社成立后则继续请丁荫推行。因乡民们缺乏工具与资金,故毛纺工业试验首先需要把简单和廉价的工业用具提供给他们,使他们能运用自己的手脚去从事织造的工作。[17] 为此,丁荫根据羊毛制品的社会需要,调查羊毛加工,一方面试验合乎乡村情形之最简单的毛织用具,一方面研究如何逐渐改良乡村毛织事业,使能由简而繁,由粗而精,[18]后其试验梳毛板、梳毛机及分毛机成功了,并向社会公开售卖推广。在前期试验的基础上,1932年10月,华北工业改进社在北平成立毛织部训练班,华北各地大中学校、基督教会和邹平乡村建设研究院、华洋义赈会等社会团体都派送学生前来学习布样设计、梳毛方法等毛织技术。该班学期为3个月,前来学习的学生须在该社毛织工厂实地工作,不收学费且不限学生年龄,但须教育机关或社会机关保送,毕业后返回该机关服务,学生主要学习纯手工式和半手工式之毛织方法。[19] 在学生人数上,第一期学生14人,到1933年6月已有3个班学生毕业,共37人。[20] 后学生渐多,到1934年1月,该班已先后有5班学生受训,总数达到74人,其中妇女16人。[21] 另在1933年5月,该社与北平长老会开办的崇慈女校商定,每月资助该校50元,在校中训练少数女工,进行3个月的实习,但效果不佳,开办10个月仅有10名女生受训。[22] 但毛织工作的开展,因牵涉到资金、市场及技术等问题,各地的开展效果不尽相同。

---

⑯ "The North China Industrial Service Union," in *The Bulletin of the National Christian Council*, no. 46 (March 1933), p. 5.

⑰ 戴乐仁:《乡村工业与农村的生计》,载《中华基督教会年鉴》,第12期,上海:中华基督教全国协进会,1934年,第98页。

⑱ *The Tenth Meeting of the National Christian Council of China* (Shanghai, April 25-May 2, 1935) p. 65, Asia Committee (Inter Documentation Co., 1984), N. C. C. China, Box. 348, 1931 - 35, no. 20.

⑲《华北工业改进社乡村工业协进会会友通信》,1934年第6期,第20页,山东省档案馆藏,档案号:J109 - 01 - 035。

⑳ 卢广绵:《华北工业改进社事工进行概况》,第171页。

㉑ *North China Industrial Service Union: The Wool Work of the Union*,山东省档案馆藏,档案号:J109 - 01 - 035。

㉒ 同上。

此外,山西沂州的宋教士亦在乡村教友中提倡毛织工业,鼓励村民合作购置用具梳毛机等,纺织羊毛梳毛加工。[23]

在华北工业改进社毛织训练班学习毕业后,毕业学生多返回各地,实地协助农民进行毛织工作。到1934年初,受训的学生已在北平、保定及山西、山东等地成立了18个中心,推进毛织工业。[24] 其中有相当成效者如燕大清河实验区开办的毛织试验工厂,设有织机四架,训练农民学习;丁荫还组织华北工程学校的受训学员在北平西山门头村于1933年6月设立毛织训练工厂,添置各种毛织机器,前去学习的农人十分踊跃。[25] 山西铭义、铭贤、保定同仁诸学校选派送来的学生,学成归来后均在各该校附设职业科,训练学生,实习毛织工作。[26] 除了毛织试验外,因华北地区种植棉花较多,1933年,华北工业改进社还出资7705墨洋,用于改进棉花纺织设备的试验,以增加产量。[27]

在炼铁试验上,早在1930年,基督化经济关系委员会曾请燕大教授陈其田、戴乐仁从事关于炼铁工业的研究。[28] 在具体实践上,当时山西炼铁方法极为幼稚,虽费许多力量,但炼铁效率仍极低,故该社请戴乐仁在山西试办一种改良土法的冶铁工业,太谷铭贤学校与燕大化学系事先调查和布置,给予很多协助,才得以实行此炼铁改良计划。[29] 戴乐仁鉴于土法炼铁弊病多,于1933年聘请英国伯明翰大学炼铁专家倭立德(Walters)来华,赴山西平定一带实地工作,一方面帮助太谷铭贤学校试做一小规模炼铁炉,同时并就现存炼铁方法,尽量予以技术上之改良,以

㉓ 卢广绵:《华北工业改进社事工进行概况》,第168页。

㉔ *North China Industrial Service Union*: *The Wool Work of the Union*,山东省档案馆藏,档案号:J109－01－035。

㉕《华北工业改进社事工进行概况》,载《乡村建设旬刊》,1933年第2卷第22－23合期,第40页;J. B. Taylor, "An Industrial Experiment," in *The China Christian Year Book*, *1932－1933* (Shanghai: Christian Literature Society, 1934), pp. 410－411.

㉖《华北工业改进社工作报告》,载《大公报》(天津),1933年11月3日,第9版。

㉗ "The North China Industrial Service Union," in *The Bulletin of the National Christian Council*, no. 46 (March 1933), p. 6.

㉘ *North China Industrial Service Union*, Peiping, China (Tientsin: The Chihli Press Inc., 1933), p. 9,上海市档案馆藏,档案号:U123－0－31。

㉙《华北工业改进社事工进行状况》,载《消息》,1933年第6卷第5期,第31页。

节省人力并提高产量。[30] 但是因当地制造泥罐之原料,不能蒙强烈之燃烧,“以致此种试验,未能完全成功,殊属可惜”。[31]

为提高农民合作意识,1932 年秋,华北工业改进社干事卢广绵前往河北南部深泽、束鹿两县,协助农民倡办棉花运销合作,并指导农民如何检摘棉花,划分等级,由农民自己用船将棉花运至天津,售与出口商人,免去许多人从中剥削,比在当地出卖能多获百分之十的利益。[32] 该社在进行此项试验时,劝导农民改良棉花的成色,挑出棉子,特别注意轧棉及打包等,但有些农民立时觉悟,有些农民则尚需监督。[33]

在陶瓷试验上,1933 年,该社还支持齐鲁大学对博山玻璃制造业的改造,并拨款 1000 墨洋支持此项试验。[34] 同时,燕大教授戴乐仁还致力于河北陶瓷工业的研究,曾写有专著探讨河北陶瓷工业的技术改良问题,以提高产业效率。[35] 燕京大学还设有陶瓷工业课程,并于 1935 年设立陶瓷研究室,致力于陶瓷改良工作,培养相关专业学生。此外,该社还在开矿与制造、化学工业等方面进行了初步改良,并计划创办乡村模范铁工厂,[36]及至抗战全面爆发而中断。

纵观华北工业改进社的基本工作,涉及毛织、制铁、棉纺织、陶瓷及其他金木纸草等工艺,并同齐大、燕大、南开等大学进行了充分合作。该社之所以特别提倡乡村工业改良,是“因为农人们在本地从事工业,完全是利用农闲的时候,所以制造出来的成品,即令售价较低,也不至亏本。他们彼此间如能再有很坚固的合作组织,就是城市工厂的大量生产,也

㉚《华北工业改进社工作报告》,载《大公报》(天津),1933 年 11 月 3 日,第 9 版。

㉛ The Tenth Meeting of the National Christian Council of China, Shanghai, April 25 - May 2, 1935, p. 65, *Conference of British Missionary Societies Archives*, Asia Committee, Inter Documentation Co., 1984, N. C. C. China, Box. 348, 1931 - 35, No. 20.

㉜《华北工业改进社事工进行概况》,第 41 页。

㉝《介绍华北工业改进社》,载《海王》,1933 年第 5 卷第 26 期,第 223 页。

㉞ *North China Industrial Service Union*, Peiping, China (Tientsin: The Chihli Press Inc., 1933), p. 9. 上海市档案馆藏,档案号: U123 - 0 - 31。

㉟ 参见 J. B. Taylor, *The Hopei Pottery Industry and The Problem of Modernisation* (Peiping, 1932)。

㊱《华北工业改进社工作报告》,载《纺织周刊》,1933 年第 3 卷第 47 期,第 1424 页。

不致影响他们的销路”。[37] 华北工业改进社一定程度上促进了华北少数地区工业的改良,提高了经济效率,但毕竟实验地区有限,未能产生广泛影响。

三、华北教会的经济改良

在五年运动时期,华北教会在调查劳工与工业问题的基础上,通过改善劳工境遇,提倡经济合作,设立工厂,增强民众经济收入等形式来推动中国经济的改良,尤其以基督教男女青年会、华北公理会的成效最为显著。

因中国工人工作收入低,工作环境恶劣,基督教青年会故尤其重视劳工事业,济南、北京、天津及烟台等地青年会都成立了劳工部。青年会根据基督教的服务、友爱、公平、正义的要义,阐扬工业之真义即工业为服务社会之高尚事业,增进雇主与工人的感情;以基督教的训育提高工人之文化程度。[38] 就具体活动看,华北各地青年会劳工部通过编印各种劳工问题书籍,联络各地劳资领袖及劳工事业职员,提倡合作运动,调查各地劳工状况,训练劳工干事人才,并提倡劳动立法、研究劳动法规,以推动劳工事业开展。[39] 如 1932 年,保定青年会组织学生会员到工厂服务,曾到泰记手巾工厂调查一次,共去 4 人;到东亚运动品工厂调查 1 次,共去 3 人。[40] 1937 年,太原青年会在平民工厂设立劳工服务部,并于每月 1 日及 15 日为工友开办俱乐部,有讲解新知识、唱歌及音乐等活动。[41]

在华北的基督教女青年会针对女工面临的种种困难,切实调查女工实况,专为女工设立职工团体进行服务。如烟台女青年会成立劳工部,组织了劳工华光团、劳工教育研究班、劳工午憩所、劳工新剧团等团体,

---

㊲ 卢广绵:《华北工业改进社事工进行概况》,第 177 页。

㊳ 基督教世界战争调查委员会编:《教会与现代工业问题》,第 92 页。

㊴ 傅传华:《中国青年会之劳工事业》,载《同工》,1933 年第 121 期,第 3 页。

㊵《本会学生部工作》,载《保定青年》,1932 年第 18 卷第 5 期,第 1－2 页。

㊶《市会消息拾零》,载《同工》,1937 年第 162 期,第 31 页。

为烟台各工厂的女工服务。[42] 天津女青年会则组织工民团,主要演讲讨论女工的各种问题,并进行卫生家庭及工厂法等知识的宣讲。该团在天津成立有3处,成员逐年增加,“1930年为91人,1932年为190人,1933年则达到220人”。[43] 天津女青年会职工部干事和女工夜校教员还经常访问女工的家庭,解决其生活困难;率领大学及中学生前往各工厂参观,研究工人状况,使她们对于服务劳工方面有极大的志愿兴趣。[44] 女青年会的上述活动,一定程度上改变了职业女工的工作与生活状况。

华北各地青年会还发起经济生活、节约储蓄及提倡国货等主题的经济运动,为民众生活服务。如北平青年会1933年11月举行经济生活运动,于11月17日-20日每日早9点到晚7点有各项图表展览,每晚7点半公开演讲,内容涉及消费合作社在经济生活上的地位,国人对于保险事业应有的认识及个人经济生活的基础与储蓄等问题。[45] 青年会还提倡民众节约,养成储蓄习惯。如1935年3月31日-4月7日,青岛青年会举行节约储蓄运动,运动期间每晚举行演讲会,并组织演讲团出外讲演,后出版节约储蓄运动特刊;[46]保定青年会则组织儿童储蓄会,鼓励平民学校儿童自由储蓄,在每日零用之余,不拘多少,交储蓄会,月终结算,任儿童支取,以培养儿童储蓄意识。[47] 青年会还响应政府号召,提倡国货。如1933年10月10日-25日,天津青年会举行提倡国货大会。大会上的国货出品甚多,供人观览,并于每晚敦请名人演讲,唤起市民对于经济救国主义的注意,前来参观、听讲者颇多。[48] 青年会举办的各类经济

---

[42] 《烟台中华基督教女青年会特刊》,1933年6月,第17-18页,上海市档案馆藏,档案号:U121-0-75-1。

[43] 邓裕志:《女青年会的劳工教育》,载《教育与民众》,1934年第5卷第6期,第1108-1109页。

[44] 女青年协会编辑部:《两年来之基督教女青年会事业》,载《中华基督教会年鉴》第11期,上海:中华基督教全国协进会,1931年,(肆)第80页。

[45] 《会员诸友请踊跃参加经济生活运动》,载《北平青年》,1933年第25卷第10期,第1页。

[46] 《青岛市市民节约储蓄运动计划说明(1935年)》,青岛市档案馆藏,档案号:B0038-003-01013。

[47] 《会务纪闻》,载《同工》,1935年第142期,第48页。

[48] 《会务纪闻》,载《同工》,1933年第126期,第50页。

活动,因组织计划得当,适应了民众的需要,吸引了部分民众参加,取得了一定的积极效果。

因当时人力车夫收入低微,教会还组织为人力车夫服务的活动。北平青年会曾专门开展人力车服务,由会员每人集股10元集金1000元,定制人力车10辆,征求贫苦无力者10人,分别赁出,每日收费2角,一年半收足车价时,即将该车赠予车夫;[49]另该会还开展对人力车夫的生活服务,如有平民寿险互助会、人力车夫子弟工读学校及小生意借贷处等团体。保定教会亦有类似救济车夫组织,因当时民众生计困难,城市萧条,尤其是洋车夫大受影响,故在1930年初,保定公理会特试办贷款买车,即先由教会出资买车以借给车夫使用,待车夫还清车价后,车即归其本人。[50] 烟台青年会则为解决因人力车夫与外国人语言不通,而导致常有误会的问题,专门为他们开办了洋车夫英语速成班,不收学费,专授普通问答英语及欧美习惯,参加者达120余人,成绩颇佳。凡在该班毕业者,据本人报告,拉车时,对美兵谈话均可达意。[51] 此外,天津青年会效仿合作社办法,1937年初征集捐款购置人力车,廉价出租给车夫,且其付的租金累积达到车的购置原价时,即以1元价格永久卖给车夫,为人力车夫谋福利。[52]

华北教会内还成立消费合作社,信用合作社等组织,解决教徒的经济困难,促进内部合作。如1930年,保定青年会成立消费合作社,联合青年共同采办日用品、必需品,以除掉商人的赚利为目的。年满20岁即可入股该社,每股银额10元,各社员所负经济责任,以所认股银为限。该社股息均照年利6厘计算,每半年分派一次;[53]因农民资金困难,部分教会还成立信用合作社,以帮助民众筹集资金,进行生产。如1934年1

---

[49]《经济生活运动举办十辆人力车服务事业办法说明》,载《北平青年》,1933年第25卷第10期,第2页;《会务纪闻》,载《同工》,1933年126期,第50页。

[50] 张国栋:《保定公理会救济洋车夫的一种办法》,载《华北公理会月刊》,1930年第4卷第5期,第24页。

[51] 烟台中华基督教青年会:《力的创造:烟台中华基督教青年会第十九届征友特刊》,烟台,1935年6月,第39－40页。

[52]《本市青年会为人力车夫服务》,载《益世报》(天津),1937年1月28日,第9版。

[53]《保定青年会近闻》,载《同工》,1935年第95期,第22页。

月,山东临清公理会成立信用合作社,在成立之初,该社有社员31位,社股53个,股金53元,社费3元,社员储蓄25元,共集81元为该社之资本金。[54] 当时每月阴历15日为该社营业之期,为发展该社经济起见,决定社员每月必须储蓄至少两角;为增进社员合作教育起见,还决定每年春冬农暇之时开社员训练班两次。1936年3月时,社员及非社员之储蓄额约900余元,再集合其余资金已足千元。[55] 该信用社因准备得当,营业非常顺利,信用也渐昭著。该社用低息帮助农民借款,有助于缓解他们的生产生活困境,摆脱"高利贷"带来的不利影响,也吸引了众多农民的参与。

华北部分教会还成立工厂,而尤以华北公理会的工厂最为成功,且早在1920年代即已开办,并在1930年代继续开办。如华北公理会在天津创办西沽裕民工厂,招募妇女加工西人所用的日常生活用品。该厂于1920年创办,到1932年时,有工友120余名,每人每星期可挣到1.5-1.7元,所制之物品,除少数售给中国人,其余均售给外国人。[56] 为解决民生疾苦,1926年,华北公理会开办的山东德县博文中学学生李颖等在德县南关成立济贫工厂,初设织布科,后又添设缝纫科,工人由10人增至1930年时的30人,所收工徒皆系贫家子弟,入厂后尽则习艺,以求将来能自谋生活。[57] 华北公理会1928年还在天津武清县成立贫民织布工厂,专门招募武清县贫苦儿童,授以他们实业技能以达到自立谋生,年龄在12岁以上18岁以下,定额50名。该厂工徒除了织布外,还每日以两小时时间须授以千字课、算术、党义等课,使贫苦儿童得有普通知识。[58] 此外,燕京大学妇女会也于1927年开设了手工艺工厂,组织女工从事挑补花工艺,绣制各种产品,以解决附近村民的生活困难。燕大的外籍女教师则负责原料采购、图案设计、分发材料及收回制品,最后推销到国内

---

[54]《临清基督教公理会五十周年小史》,临清,1936年,第16页。

[55] 同上,第17页。

[56] 常德立太太:《西沽裕民工厂之概况》,载《华北公理会月刊》,1930年第4卷第8期,第23-24页。

[57] 张寿亭:《济贫工厂与民生问题》,载《华北公理会月刊》,1930年第4卷第2期,第40页。

[58]《武清县贫民织布工厂简章》,载《华北公理会月刊》,1930年第4卷第8期,第20页。

外售卖。[59] 华北教会通过工厂的设立,不仅增加了民众的收入,也为教会发展提供了资金。

四、华北教会工读教育的开展

华北教会在此时期还成立数处工读学校,或在教会中学内开设工读课程,将工艺与教育相结合,提高学生经济自养能力,也为教会获取收入。正如基督徒李承恩所言:“工读学校可以给正在学习的自助生们提供一个赚钱的机会;教我们教会会友的子弟以手艺,使他们能够以此谋生又能保持基督徒的身份;提高劳工地位并使它在中国文人眼中有更好的名誉。”[60]现择当时工读教育开展成绩显著的教会分别介绍。

在英国浸礼会方面,主要在山东设立了多处工读学校。如 1929 年,因山东青州守善中学未在政府立案而停办,英国浸礼会于 1930 年秋在守善中学校址成立了“守善农工院”。学校实行半工半读,学生上午学习中文、英语、算术、圣经等文化课,下午则学习手工工艺并劳动。农工院为此开办了铁匠班、木工班及染织班,帮助学生掌握谋生技术,此外还开设了专门的神学班。该院计划对学生实行两到三年的培训,起初学生很少,后逐渐增多。1931 年时,该院有 24 名学生,到 1933 年时,该院已增加到男生 37 人,女生 23 人。[61] 学生通过学习技术,可以获得稳定的收入,一定程度上解决了生计难题。“1933 年夏,守善农工院首届五名学生完成学业,其中两人留校继续深造,一名去山东乡村建设研究院工作,另一名在家从事丝织业经营,每天可挣 75 分,另一名到北镇的鸿文农工道学院工作。”[62]守善农工院每届学生学制三年,第一级学生毕业后,再

---

[59] 叶道纯、孙幼云摘译:《关于燕大手工艺工厂》,载《燕大文史资料》(第 9 辑),北京:北京大学出版社,1995 年,第 41－42 页。

[60] 陈学恂主编:《中国近代教育史教学参考资料》(下),北京:人民教育出版社,1987 年,第 43 页。

[61] H. R. Williamson, *Brtish Baptists in China, 1845－1952*(London: The Carey Kingsgate Press, 1957), p. 137.

[62] *Report of the Shou－shan Bible Industrial School, Tsingchou* (1934), p. 3, The BMS Archives of Angus Library of Oxford University.

招新生,先后招生三届,至"七七事变"停办。1930 年,英国浸礼会还在停办的北镇鸿文中学原址上开办了"鸿文农工道学院",学生们在学习宗教课程之余,还学习丝织、养蜂、果树种植等技术以增强谋生能力。1932 年时,该院有 16 名男童在学习,一些女孩子在学习丝袜编织。[63] 该院也在 1937 年因日军侵华而停办。

华北美以美会为提高农村妇女收入,也注重生计教育,设立短期讲习班或学校,教授她们刺绣,纺织及烹饪等实用技术。当时,该会在河北昌黎的马池口村设立妇女职员学校一处,教授妇女学习绣花等手艺,成绩大有可观。学员四个月毕业,不但使之能写会算,藉着刺绣,每天还有两三毛钱的进项。[64] 1926 年,美国北长老会还在北平成立华北工程学校,该校为高等专科学校,学生必须中学毕业且是基督徒,四年卒业,第一年进行实践,后三年集中课堂专门从事工程学习,学生还参与教会建筑的设计,[65]为华北地区培养了一批机械、建筑方面的人才,到 1937 年因日本侵华停办。

美国公理会在华北也建立多所工读学校。如早在 1927 年冬,美国公理会在保定成立工读学校,免费招收妇女学员实行半工半读,其中半天学习文化课程,半天进行缝纫手工工作。至于学校开办的目的,正如该校人士所言:"我们办学校的方针,是本基督服务的精神,去引领人,也要使他们充满了这样的精神。我们不以赚钱为目的,而以资助贫民为职责。学生做了工,也一样的得工钱,且能读书,真是一举两得。"[66]作为教会开办的工读学校,自然在授课中也讲授圣经故事,以引导妇女入教。如 1931 年时,保定工读学校"有 100 多名妇女加入工读学校,她们上午工作,下午则花费两个小时学习阅读和倾听圣经故事"。[67] 1930 年春,美

---

[63] A. E. Greening, *Notes From Shantung* (October 1932), p. 3, The BMS Archives of Angus Library of Oxford University.

[64] 田立功:《汇文神学昌平县工作实验》,载《兴华》,1934 年第 31 卷第 19 期,第 30 页。

[65] Orville A. Petty, ed., *Laymen's Foreign Missions Inquiry Regional Reports of the Commission of Appraisal, China*, vol. II (New York: Harper & Brothers Publishers, 1933), p. 44.

[66] 杨张心慈:《保定妇女工读学校状况》,载《华北公理会月刊》,1930 年第 4 卷第 5 期,第 25 页。

[67] *The Annual Report of the American Board of Commissioners for Foreign Missions* (Boston: Congregational House, 1931), pp. 38 - 39.

国公理会又在河北霸县成立南孟妇女工读学校,招收的妇女也是半日学习,半日进行毛织、缝纫等工艺。同时,该校亦注重宣传福音,训练学生领略基督仁爱的真谛,故每日清晨有朝会,每晚有团契、祈祷会、师生谈话及共同的游戏;[68]1935年秋,美国公理会还成立山东临清工读学院,在性质上以宗教、工艺、教育为原则,文化课程为小学,工艺有缝级科、线袜科、木科、鞋科、铁科、高级竹科及初级竹科。1936年时有学生55人。[69]至于工读学校的教学效果,则可传授学生生活技能,教以人生知识,"教出来的学生,无论是宗教上,学识上,品格习惯上,应人接物上,都在普通标准以上"。[70]

当时山东烟台的各教会组织多种形式的工艺活动,尤为著名。如美国北长老会开办的烟台启喑学校,主要接收聋哑学生实行特殊教育。该校为培养学生将来自谋生计的能力,也训练男生学做木工、农活及园艺等,女生学习编织和针线手艺。每年春季,高年级的学生还被指导学习养蚕和从蚕茧中缫丝,以备学校用来制做鞋底和其它衣物之用。[71] 英国传教士创办的烟台工艺会在当地成立花边学校,教授女学生编织花边,并销往欧洲盈利;烟台妇女圣经学校则规定学生在校皆须入实业班,以备生财,可以自立自助,不须依赖他人,其中有35人所得之利,可以支持学费而有余;[72]由烟台中外基督徒组成的工厂义工委员会,还经常在烟台的发网、花边以及其它工厂的女工中,开展健康卫生及家庭问题演讲,教授女工识字、手工等,其中一些女布道员还访问这些工厂宣讲福音。[73]

在男女青年会方面,因其开办的民众学校课程不能满足学员实际需要,故当时又开设工读学校或培训班,力求与现实生活发生密切关系。如1930年冬,天津女青年会对于失学子女,设有义务工读学校,学生除

---

[68] 程爱德:《霸县南孟妇女工读学校的概况》,载《华北公理会月刊》,1930年第4卷第8期,第34－35页。

[69] 《临清基督教公理会五十周年小史》,临清,1936年,第22－23页。

[70] 《南孟妇女工读学校》,载《消息汇刊》,1936年第3期,第13页。

[71] 阿美德编:《图说烟台(1935－1936)》,陈海涛等译,济南:齐鲁书社,2007年,第151页。

[72] 连警斋编:《郭显德牧师行传全集》,上海:广学会,1937年,第555页。

[73] A. G. Ahamd, *Pictorial Chefoo: 1935－1936* (Chefoo, 1936), p. 153.

学习文化课程外,还学习制作床单、绣花、手绢等手工课程;[74]保定青年会于1933年设立工艺传习社,以解决民生,经济自立为宗旨。该社教授学员生产肥皂、蜡烛、粉笔、皮鞋油、牙粉、新闻纸及生发油等,每样学费3元,足10人即开班。[75]此类团体的设立,既教授了民众的实用技能,又增加了他们的经济收入。

在华北教会开办的部分中学内,还开设了工读课程,教授学生工艺知识,以期提高学生在社会上的谋生技能。如北平崇实中学从1919年开始为贫困学生设立工读科,在1930年代初期还开有印刷、羊乳两个工读科目。该校还为工读学生制定了具体上课及工作时间,其中工读生每日工读时间之长短,计分两等,每日工作2小时者,免收学费,酌收杂费;每日工作4小时者,除免收学费,酌收杂费外,并按其工作之成效,每月予以相当之工资。[76]保定同仁中学1932年则设劳作科,规定该科在高中为必修课,初中为选修课,科目除了家事、农事、卫生外,还有化学工艺及织工,培养学生制作文具、化妆品、日用品的丝线及毛线的技术,[77]并办有化学工艺社、毛织工厂,学生可在此实习。

当时山西太谷铭贤学校开展的工科教育比较典型,专门成立了工科。该校1931年筹设工科,初名铭贤学校工艺部,分机械、纺织、化学工业三部,并社有临时工厂。1933年,该校在高中部开始实行"工读实用教育",以培养学生服务能力,并养成其生产劳动的习惯。当时规定高中学生总计3年时间,除了必修课程必须学完外,还必须每周6小时用于农工两方面的实习工作。此外,初中学生则规定每周2小时时间,用于农工实习。1933年春,工科实习厂告成,分金、木、锻、铸四厂,铭贤学生根据计划分批前往实习厂实习,"实习设施分实物讲述、画图及工作等,藉收工作与学理并重之效"。[78]同年,该校还增设毛织部,开班授课,该工艺部也改为铭贤学校工科。工科学生生产的铁床、科学用具、家庭用

---

[74]《附设工读学校》,载《天津基督教女青年会会务季刊》,1930年第11期,第12页。

[75]《青年会工艺传习社简章》,载《保定青年》,1933年第19卷第8期,第4页。

[76] 罗遇唐:《北平崇实中学概况》,载《教育季刊》,1931年第7卷第1期,第64页。

[77]《保定同仁中学乡村服务工作》,载《教育季刊》,1936年第12卷第3期,第56页。

[78]《山西私立铭贤学校一览》,太谷,1935年,第50页。

具、毛织与棉织物品、农家用具及肥皂等,不仅供校内之用,还推销到省内外,亦颇受欢迎。其中以农具一项推行最广,如广西农村建设委员会、浙江省政府、河南第四农林实验学校,亦多来函定购。[79] 铭贤学校更是于1932年10月成立铭贤合作有限公司,业务分生产、消费、信用三项,进行学校农、工两科产出品的推广合作,并发行股票,股本总额定为国币5万元;[80]1935年,铭贤学校工科还成立地方工业研究社,以改良本地工艺品及介绍客地适用工艺品为宗旨,分征集与调查研究两股,从事工业状况调查及工艺品研究,以为地方服务。[81] 铭贤学校出产的产品在山西颇为有名。如1934年,北洋工学院举行全国矿冶地质联合展览会时,山西省实业厅曾选送铭贤出品的若干产品用于展览。此外,山西汾阳崇道神学院还组织学生学习梳毛技术,男女两部的大部分同学在课余时间都到该校的毛织工厂去工作以赚取学费。学生纺织的货品也被用作产品出售,"1935年时秋季卖货钱数400元,三十五六位藉此生活"。[82] 华北基督教会通过开展工读教育,增加了教会及学校的收入,更增强了教会之信徒及学生谋生的能力。

五、结　语

社会福音思潮强调社会的救赎,华北教会开展的基督化经济关系活动正是将基督福音运用于社会服务和社会改造的实践,以建设所谓"基督化社会"。基督化经济关系是五年运动事工中较少提及的一项,这是因为当时教会将重心集中于乡村重建问题,对工业问题相对重视不足。因此,华北教会于1930－1937年间开展的各项工业试验、经济改良及工

---

⑲《太谷铭贤中学》,载《教育季刊》,1935年第11卷第1期,第104页;梅贻宝:《山西铭贤学校农工科概况报告》,载《乡村建设实验》(第2集),上海:中华书局,1935年,第332－334页。

⑳《铭贤合作有限公司章程》,载《铭贤周刊》,1932年第3卷第10期,第75页。

㉑《地方工业研究社》,载《铭贤周刊》,1935年第5卷第32－33合期,第187页。

㉒《汾阳崇道学院1935年报告书》,天津市档案馆藏,档案号:401206800－J0252－1－003019。

读教育工作,在全国教会中成为少数被效仿的典型,华北工业改进社的活动尤为突出。作为实践社会福音思潮的重要活动,华北教会为了改变中国经济积贫积弱的现状,在前期调查基础上,有针对性地进行基督化经济关系活动,对华北经济特别是工业的发展做出了积极贡献,提高了民众的职业技能,一定程度上改善了劳工的生活生产环境,也利于解决教会财政困难,提升教会的自养水平。但因此事工涉及财力、人力较多,各教会多是分散开展事工,缺少完整长期的实施计划。而且当时华北的工业基础较弱,技术水平落后,仅靠这些单纯的表面改良、教育,而不是作制度上的变革,无力改变华北工业的困境。特别是随着 1937 年全面抗战的爆发,华北相继沦陷,教会的各项改良活动被迫中止。值得注意的是,在华北教会基督化经济关系的活动中,宗教色彩日趋淡薄,除了工读学校及个别教会外,甚少有借机传教的活动,这也说明基督教在华活动世俗性的增强。

基督教本色化的正当性论述及其批判
——以1920年代以来的中国基督徒知识分子为例

王志希

【内容提要】 从1920年代初期开始,中国基督徒知识分子为回应中国人认为基督教是"洋教"的批评,撰写了大量关于"基督教本色化"的著述。本文以1920年代以来的中国基督徒知识分子为范本,探讨他们关于基督教为何应当或不应当本色化的论述。新约文本与基督教史常常成为中国基督徒知识分子论证基督教应当本色化的论述,而反对本色化者也同样从这两者出发,对本色化的正当性进行批判。

【关键词】 基督教本色化　正当性　新约文本　基督教史　批判

"逝者如斯,而未尝往也;盈虚者如彼,而卒莫消长也。"

——[宋]苏轼:《前赤壁赋》

一、导　论

从1920年代初期开始,为回应中国人认为基督教是"洋教"的批评,越来越多皈信基督教的中国基督徒知识分子开始思考,究竟该如何回应这种批评。中国基督徒知识分子对这一问题的思考,产生了大量关于"基督教本色化"的讨论。[①] 据笔者的总结,基督教本色化的内涵指的是西方基督教来到中国之后,如何与中国人的"文化""精神"或"风土"相融合,以至于最终可以成为"中华基督教"的过程;[②]其外延,至少包括"本色教会"以及"基督教与中国文化之调和"两个主要面向。[③]

在论证一个方案如何"可能"之前,一般需要论证该方案为何"必要";换言之,在讨论"应当如何"的问题之前,必须解决"为何应当"的问题。诚然,1920 年代以来的中国基督徒知识分子已经留下了基督教应当如何本色化的大量论述;但是,关于基督教为何应当本色化——即基督教本色化的正当性——这一前提性的论述,却比较少。就此而言,在数量众多的关于"应当如何"的基督教本色化既有研究之外,关于"为何应当"的基督教本色化之议题亦具有探讨价值。

因此,两个相互关联的研究问题便是:(1)1920 年代以来赞同基督教本色化的中国基督徒知识分子,如何不仅从直觉的层面(诸如洗刷"洋教"的污名),更从学理的层面,赋予基督教本色化以正当性;(2)在 20 世纪"旧派"和"新派"神学之争的历史脉络下,批判者如何从学理的层面反对基督教本色化?本文即围绕这两个核心议题展开分析。具体

① 谢扶雅曾回忆 1920 年代的时代处境与基督教的关系:"国内发生'非宗教大同盟'及'非基督教运动',斥基督教为西方帝国主义文化侵略的先锋,为麻醉人民的鸦片,并斥一般宗教为迷信。这是受了五四时代高举德(民主)赛(科学)两先生的影响,以及一些左倾分子中了苏俄宣传之毒所致……为了一扫被误认为'洋教'之弊,他们发起了中国本色教会运动,主张自立自传,自行创造仪式。他们认取基督教为东方人的宗教,耶稣为拿撒勒木匠的儿子,与西方列强帝国主义毫不相干。"参见谢扶雅:《五四运动与基督教》,载《谢扶雅晚年文录》,台北:传记文学出版社,1977 年,第 143 页。

② 应元道曾总结关于"本色教会"的定义。笔者不逐一引用每一个定义,只将每一个定义的关键词指出来:1922 年召开的第二次基督教全国大会的报告书所用的关键词是"文化精神上的经验";刘廷芳所用的关键词是"中华民族的精神"与"中华民族的心理";王治心所用的关键词是"中国文化"与"中国民族精神和心理";赵紫宸所用的关键词是"中华文化"与"中国风土";沈嗣庄所用的关键词是"中国基督徒自己的经验"。参见应元道:《近五年来中国基督教思想之时代背景及其内容之大概》,载《文社月刊》,第 1 卷第 9、10 册合刊,1926 年 9 月,第 16-17 页。

③ 应元道:《近五年来中国基督教思想之时代背景及其内容之大概》,第 16-17 页。

而言，有两类论述常成为讨论的重点：新约文本与基督教史。[④]

二、基督教本色化的正当性论述：新约文本

本节要分析的是，中国基督徒知识分子如何从新约文本的角度论证基督教本色化的正当性。新约文本是中国基督徒知识分子之为基督徒所倚重的论辩依据。尽管倾向新派神学的基督徒知识分子常对诸如福音书中超自然的论述表示怀疑，甚至否定之；但是，总体而言，他们仍然会从圣经中寻找基督徒应该如何思考、言说和行动的“背书经文”（proof text）。这一点在基督教本色化的正当性论述中也不例外。具体而言，中国基督徒知识分子从福音书中耶稣的教导与保罗书信中保罗的教导，找到基督教为何应当本色化的理据。

首先，福音书中耶稣的教导，常被用作支持基督教本色化的正当性论述。其一，福音书中耶稣的教导时常用比喻，证明“基督教自身”（“内容”）可以不变，但是“基督教的宣传”（承载“内容”的“形式”）却应时时变化。1920 年代，有反对“本色教会”者认为，基督教既然是“大同的宗教”，就“不可限于国界”；如此推衍出的结论便是，基督教本色化不但没有必要，而且违背了基督教之“大同”性质。但是，本色化论者高维廉在一篇讨论“教会自立”的文章中，不同意这种论调。高维廉没有否定反对者认为基督教具有“大同”性质的前提，但是他认为，“基督教自身”确属“大同”，然而“基督教的宣传”则不可“大同”；“基督教自身”与“基督教的宣传”，二者不可混淆。[⑤] 换言之，基督教之“内容”为不变之物，东西方并无二致，但是承载基督教之“内容”的“形式”，却须灵活变化、扎根本地。就这一论点，高维廉以福音书中耶稣传福音所用比喻常常变化为证据：

④ 与基督教本色化议题密切相关的处境神学理论，包括对圣经文本内部以及基督教传统的处境化特质所进行的阐述，参见 Stephen B. Bevans, *Essays in Contextual Theology* (Leiden and Boston: Brill, 2018)。

⑤ 高维廉：《谈谈教会自立的问题》，载《文社月刊》，第 1 卷第 5 册，1926 年 2 月，第 43 页。

> 主耶稣在世的时候,他传播福音常常借着譬喻来说明,对着农人呢,就用播种一类的譬喻来代表天国的真理,对于渔夫呢,就利用讨渔税的事实来阐明,对于商贾就比喻天国的真理像无价之珠宝等……四福音传中这一种的先例也不晓得有多少,倘是一班误会"宣传"做"基督教自身"的先生们看了,岂不骇然说:"天国的福音不是纯一的么?怎么耶稣在此处说是农夫的种子,在别一处又说是商贾的珠宝呢?"⑥

高维廉在此概括地引用福音书,试图证明耶稣教导方式的"本色化"。此处例举的三种比喻,包括"播种"(太 13: 3-23、24-30、31-32、36-43)、"讨渔税"(太 17: 24-27)与"无价之珠宝"(太 13: 44、45-46)。尽管单从福音书文本的字面上看,除了"讨渔税"一处可以直接读出耶稣的说话对象是彼得这名渔夫之外,其他两种比喻并没有告诉读者耶稣的说话对象是否确为农人和商贾;但是,这并不影响高维廉作出上述未必不合理的推论:福音书中的耶稣在以比喻来阐述何谓天国时,的确时时变化比喻之喻体。

耶稣之比喻的本体不变(天国),而喻体(如种子、珠宝等)因时、因地、因人而异的原则,成为基督教为何应当本色化的一个强有力的论述。高维廉亦使用"目的"和"方法"的关系,重述自己的主张。他指出,"基督教自身"是"目的","基督教的宣传"是"方法";"目的"始终如一,但"方法"却"要像韩非子所说的'论世之事,因为之备'"。在高维廉看来,基督教本色化所涉及的只不过是"方法"上的变化,而非"到天地毁亡也不会移易"的"目的"上的变化。⑦ 后文我们还会看到,批判者未必同意高维廉这种看似颇为乐观的见解,反而认为本色化所衍生的后果,绝不仅是"宣传"之"方法"的变通,而是动摇了"基督教自身"这一"目的"。但在本色化论者看来,耶稣自身使用比喻的灵活变通,构成了基督教为何应当本色化的第一类重要的福音书证据。

---

⑥ 同上,第 43-44 页。

⑦ 同上,第 44 页。

其二,《马太福音》5:17 被基督教本色化论者反复引用来证成本色化的正当性:"莫想我来要废掉律法和先知。我来不是要废掉,乃是要成全。"例如,谢扶雅在讨论"怎样做一个中国基督徒"的文章中指出:"耶稣明明说:'我来,不是要破坏律法,而是要成全律法。'同样,基督教对中国固有文化,只是要成全它。"⑧又如,胡簪云亦曾以一种假设的口吻复述耶稣在登山宝训中的这节教导:"如果耶稣今天到中国来,祂一定会说:'我来非废孔孟之道,而是成全之而已。'"⑨

引用该节经文作为基督教本色化之正当性论述的知识分子,背后的逻辑是这样的:耶稣来到犹太人当中,并非要"废掉"他们的"律法和先知",而是要"成全"之;那么,这节经文的原则,自然也适用于中国。因此,这些知识分子将"中国固有文化""孔孟之道"等概念代入该经文:正如耶稣来是"成全"犹太文化一样,他来亦是"成全"中国文化。既然如此,耶稣该如何"成全"中国文化呢?这就推导出基督教本色化的必要性,即将基督教与中国人的"文化""精神"或"风土"相融合,便是所谓的"成全"。否则,基督教与中国文化仍然相互分离、毫不相干,如何能实现耶稣所说的对某地之文化(无论是犹太文化还是中国文化)的"成全"?耶稣的"成全",成为基督教本色化的同义词。这便是基督教为何应当本色化的第二类重要的福音书证据。

其次,使徒保罗在《哥林多前书》中关于"向什么样的人,我就作什么样的人"的教导,也常被用作支持基督教本色化的正当性论述。萧炳实在一篇讨论"基督教道如何适应今日中国之需求"的文章中,提出这样一个问题:基督教本是东方宗教,为何能盛行于西土?他自己的回答是:"一言以蔽之曰,其能变化、进步,以适合于西土之需求也。"紧接于此,萧炳实引使徒保罗在《哥林多前书》9:20-22 说:"保罗曰:向犹太人,以吾欲得犹太人,故吾亦作犹太人;向法律下人,以吾欲得法律下人,故吾亦作法律下人;向无法律之人,以吾欲得无法律之人,故吾亦作无法

---

⑧ 谢扶雅:《怎样做一个中国基督徒》,载《南华小住山房文集》(第四辑),香港:南天书业公司,1974 年,第 280 页。

⑨ 胡簪云:《旧约与新约》,载《景风》,第 3 期,1959 年 9 月,第 31 页。

律之人。”他指出,保罗在此表达的即是一种“入乡随俗”的意思,并且这种含义于此段经文中“已昭然若揭”。[10]

在此,萧炳实将“福音化”和“本色化”联系在一起,强调指出基督教之所以盛行于西方(“福音化”),正是因为基督教来到西方之后,不断地“变化”“进步”“入乡随俗”(“本色化”)。“福音化”与“本色化”二者的因果关系究竟如何,并非本文所要讨论的重点;[11]我们要关注的是,萧炳实以保罗在《哥林多前书》中这一段对自己工作的说明,作为基督教为何应该本色化的证据。既然保罗面对不同特征、不同需求的人时,会成为他们中的一份子,即所谓“入乡随俗”;那么,基督教从西方来到中国,当然也要如此。“入乡随俗”,亦只是基督教本色化的另外一种说法罢了。不过,有中国基督徒知识分子,可以既认同保罗的这段自白,但同时又对基督教本色化进行严厉的批判。这点留待第四节详论。

三、基督教本色化的正当性论述:基督教史

以上讨论了基督教本色化论者如何引证耶稣与保罗的教导,作为基督教本色化的正当性论述。在本节中,我们要分析的是,本色化论者如何从基督教史的角度论证基督教本色化的正当性。这一论述的核心逻辑如下:基督教史就是一部本色化的历史(大前提),而入华的基督教亦是基督教史的一部分(小前提);所以,入华的基督教自然也应该呈现本色化的样貌(结论)。在这一推论之中,最重要的大前提成为许多中国基督徒知识分子论证的焦点。

本节所指基督教史的论述,可分为比较笼统的论述与相对具体的论述;在相对具体的论述中,亦可大致分为关于教会实践(制度史)的论述

---

⑩ 萧炳实:《基督教道如何适应今日中国之需求(篇三)》,载《真光》,第26卷第4期,1927年4月,第4页。连警斋在其《圣诞感言》一文中也引用此段经文的大意,证明在不涉及核心真理的问题上(诸如年月日节、行割礼与否等),保罗支持基督徒作“变通”的处理。参见连警斋:《圣诞感言》,载《文社月刊》,第2卷第1册,1926年11月,第71页。

⑪ 关于“福音化”与“本色化”关系的详细讨论,参见梁家麟:《中国近代教会史里的本色化与福音化讨论》,载《超前与堕后:本土释经与神学研究》,香港:建道神学院,2003年。

与关于神学思想(思想史)的论述。

首先,我们讨论相对而言概括性比较强的论述,即从大时代变迁的角度,笼而统之地叙述整部基督教史的发展都是不断本色化的过程。就此而言,金陵协和神学院的毕业生杨程所写的文章即是一例。杨程在《中国的基督教》一文中,开篇即指出他的哲学观如下:无论是"吾人心的活动"还是"吾人四围的环境",都是不断变化的;而由人与环境所构成的"世界上的一切文化"亦是不断变迁的,"宗教"也并不例外。[12] 紧接着,杨程便以"变迁"的线索(我们可以说是"本色化"的线索),勾勒出一千多年的基督教史:

> 基督教发源于犹太,当然带有希伯来民族的色彩。后来传到希腊,受了斯多亚和新伯拉图[引者按:原文如此,当为"新柏拉图"]哲学的影响,当然带有希腊的色彩。再传到罗马,受了罗马文化风俗的熏染,亦自然带有罗马的色彩。中古以降,基督教在拉丁族中变成天主教会。在日耳曼族中变成德国教会。在萨克森族中变成英美教会。在斯拉夫族中又变成俄国的东正教。这便是基督教到处适应环境改变形式的经过。吾人不能说希腊罗马教会不是基督教,亦不能说天主教东正教和英美德的教会不是基督教;然而他们所表现的基督教,却是处处有不同。[13]

"犹太—希腊—罗马—拉丁—日耳曼—萨克森—斯拉夫"这一条主线,被杨程认为贯通基督教史的发展。杨程意图证明的主张是,基督教仍然是基督教,但是它在不同的时期、不同的民族之中,却有不同的"表

---

⑫ 赵紫宸曾提出相类似的观点:"吾们的环境时常变迁,沧海桑田,无时停顿;吾们的觉悟也是时刻改换,一个感想没有与牠个感想实在相同的……我们用了这个川流不息的心,去适应那风驰电走的环境,自然不能产生永无改变的制度来,永无迁化的社会来。看历史上所载的事业、制度、风俗,没有不变的东西;再看近世纪科学思想日盛一日,把天演原则人道主义等理想,化为新血液融在人的心脑里边,自然叫世界的变化更快万倍。"参见赵紫宸:《宗教与境变》,载《青年进步》,第30册,1920年2月,第30页。

⑬ 杨程:《中国的基督教》,载《文社月刊》,第1卷第7册,1926年6月,第3页。

现";基督教的核心内容不变,但形式却不断"适应环境"而"改变"。

谢扶雅在1930年代民族危机的阴影下所撰写的《基督教对今日中国底使命》一书中,从基督教"使命"之"不变"与"变"的角度,讨论"使命"在基督教史中的本色化。谢扶雅的论述角度与杨程虽有不同,但维持"不变"与"变"的框架却十分近似。谢扶雅表示,基督教尽管对全世界有一个"总使命",⑭但是在罗马、日耳曼民族、印度与非洲等不同的地域各有其"特殊的使命"("使命的地域性"),也在初代基督教会、中古欧洲时代与现代世界等不同时代各有其"特殊的使命"("使命的时间性")。因此,对于中国而言,基督教在"根本不变的总使命"之下,不得不有其"特殊的使命"。⑮

其次,我们来看相对具体的基督教史论述。⑯ 以下讨论,分为制度史(教会实践)的论述与思想史(神学思想)的论述。其一,基督教制度史的论述。前一节曾讨论到,萧炳实毫不怀疑原本属于东方的基督教之所以能盛行于西方,原因正是在于"入乡随俗"。针对这一主张,萧炳实除了引用保罗的教导之外,亦举出他所了解之基督教史的论述为证:

> 且基督教之水礼,则因袭之于犹太教,圣餐则采择于当时之神秘教宗[引者按:原文如此,当为"宗教"],以冬至为圣诞节,以夏至为复活节,皆顺势利导之法也。至于其至一处也,即利用其处之哲学、文学、美术、科学、风俗以为之助,则又不胜枚举……基督教在西土也,亦与时俱进,而非一成不变也。然而虽经数千年之演进,基督教之为基督教,则依然,初不因其演进而失其本来面目也。⑰

---

⑭ 谢扶雅用耶稣的一句话,概括谢扶雅自己所认为的耶稣提出的总使命:"我来是要叫人得生命,并且得的更丰盛"(约10:10)。参见谢扶雅:《基督教对今日中国底使命》,上海:青年协会书局,1935年,第6页。

⑮ 同上,第7-10页。

⑯ 本节所谓"具体",只是相对前节而言;若按照如今的基督教史写作标准,本节的论述自然仍显得过于笼统。但是,也正是因为这些论述未必那么细致,以至于较为宏大的基督教史框架,更有利于基督教本色化论者将其作为基督教本色化的正当性论述。

⑰ 萧炳实:《基督教道如何适应今日中国之需求(篇三)》,第4页。

萧炳实所引用之基督教史的具体例子,主要是关于基督教的教会实践(如水礼、圣餐礼与节日)。他认定,基督教的教会实践历来都是借鉴其所置身之处境的文化或宗教(如犹太教、神秘宗教与罗马宗教等)而并未“失其本来面目”,基督教在历史上从来都处于本色化的过程中。那么,基督教在中国也理当借用近代中国的“哲学、文学、美术、科学、风俗”,“以为之助”。只要萧炳实所举之例证(用以证明“基督教史就是一部本色化的历史”这一大前提)未被反驳,那么他得出基督教在华亦应该本色化的结论,就获得了基督教史上的正当性。

在此值得留意的,是基督教本色化论者在论述中体现了基督教的“不变”与“变”的张力。我们在前一节论到高维廉清楚区分“基督教自身”与“基督教的宣传”的论述中读到这种张力,在本节杨程和谢扶雅的文章中读到这种张力,也在萧炳实相信基督教的“与时俱进”不会“失其本来面目”的论述中读到这种张力。如此看来,基督教本色化论者十分着意于维持基督教的“不变”与“变”的张力。他们对基督教本色化的正当性论述,至少在理论上都如此预设:本色化在“目的”上,不是为了将基督教的“本来面目”“化”为乌有;本色化在“实践”上,也不会改变“基督教自身”的核心(在此,且不论所谓“本来面目”与“基督教自身”为何物)。不过,我们在下一节还会看到,批判者恰恰是在这一点上,与基督教本色化论者发生了严重的分歧。

其二,中国基督徒知识分子除了从制度史论证了基督教史一直都是本色化的历史,也从思想史进行了论证。这一论调的绝佳代表人物是前文已经提到过的谢扶雅。早在民国时代,谢扶雅在文章中就体现出对基督教史的兴趣,而到了晚年,他更是花费诸多精力“研究基督教历代神学思想”。[18] 因此,谢扶雅的后期著作增添了许多基督教思想史方面的证据作为正当性论述,支持他一直不变的基督教本色化的理想。限于篇幅,本文仅举出与下一节的部分论述密切相关的例证。

谢扶雅在《西方现代神学与中国固有思想》一文中,对西方神学思

---

⑱ 谢扶雅:《中国问题与基督教——香港中文大学生福音团契:“我们基督徒对时代及文化问题之看法”之书后》,载《谢扶雅晚年文录》,第 457 页。

想史作出如下总体评价:在西方思想界,占绝对主导地位的只是柏拉图和亚里士多德的哲学;而西方拉丁教会思想史中的两大巨擘——奥古斯丁与阿奎那——分别受到"柏拉图以及新柏拉图派"与"亚里士多德的哲学"的影响。换言之,基督教进入西方之后,最影响深远的两大神学家的神学思想,都建立在"本色化"的基础上。在另一篇文章《中国问题与基督教》中,谢扶雅更明确地阐明这两点,并且将"本色化"这一基督教史论述框架扩展至对宗教改革以后的路德宗、加尔文宗与安立甘宗的判断之上:

> 对西方人来说,基督教原也是外来的洋教。可是,自从罗马帝国接受了这个洋教以后,一千五百年间,络绎产生了无可数计的基督教神学家和作家,将耶稣基督和圣经,用西方的学术思想加以解释阐明,而成了西方精神文化之重要环节。例如圣奥古斯丁,曾藉了柏拉图思想来解明基督教,而撰作了圣经各篇的多种讲解……中世纪经院哲学中如圣多玛的神学总论十数巨册,全然用了亚里士多德哲学来构造填基。路德宗满具了日耳曼民族的思想背景,加尔文神学富有法兰西文化的浓厚色彩。安立甘宗显然是大不列颠的产物。[19]

基督教从西方人的"洋教"变为西方人自己的宗教,本身就经历了神学思想上本色化的过程。西方的思想系统不断令来自东方的基督教"本色化",这是基督教史的实况,因此也成为谢扶雅笔下基督教本色化的正当性论述。既然基督教的发展与传播,从来都是不断吸收原本异质之文化的养分,而得以进入那一个文化之中,从而融合无间;那么,谢扶雅反问道:"基督教输入中土,不也可以藉孔孟思想、老庄哲学,而被解明,而被铸成'中华基督教'吗?"[20]

不过,谢扶雅对基督教思想史的判读,并非所有人都接纳。本色化

---

⑲ 同上。

⑳ 同上。

的批判者反对本色化的论点,即包括判断基督教史中奥古斯丁与加尔文二者之神学思想的性质。这也是本文接下来所要讨论的。

四、基督教本色化的批判: 以章力生《本土神学批判》为例

从学理上反对基督教本色化的论著不多见,但也非完全没有。章力生就是其中一位批判者。他专门撰写《本土神学批判》一书,批评他所谓的"本土神学"以及对基督教之"本土化"或"中国化"的追求。[21]

1. 对基督教本色化的总评

首先我们来看《本土神学批判》一书对基督教本色化的总体评价,继而再分别讨论该书如何从新约文本的使用与基督教史的诠释这两个与前文相对应的面向,批判基督教本色化。章力生对基督教本色化持全面反对的态度。[22] 在他看来,本色化论者与西方"新神学"关系密切,是中了"新神学"的毒。具体而言,"本土神学家"的问题在于为求"本土化""中国化",而本末倒置、体用不分,"以哲学为神学的基础,不以圣经为信仰的基准",以"哲学"代替"圣经",以"人的思想"代替"神的启示"。[23] 甚而至于,"本土神学"虽然在中国只有半个世纪左右的历史,[24] 但其实可追溯到"人类最初的本性",即"恶"的"本性"。[25]

以上的评判中,尤其须留意的是章力生对基督教本色化论者最核心的控告: 本末倒置与体用不分。章力生主张,基督教的"体"不可变、但"用"确实可变;这即是他所谓的"明体达用"。但是,在他看来,本色化论者将基督教的"体"也改变了,以至于"体用不分",因此与章力生认可

---

[21] 章力生: "自序",载《本土神学批判》,香港: 基道书楼,1984 年,第 iv 页。章力生将"本土"与"本色"视为同义词;接下来的行文中,两个概念可相互替换,不作区分。

[22] 据笔者的阅读,章力生所使用的"本土神学"与本文讨论的"基督教本色化"意涵相似。

[23] 章力生: "自序",载《本土神学批判》,第 iv 页。

[24] 根据章力生在此的推算,他认为"本土神学"肇始于 20 世纪 20 年代至 30 年代。

[25] 章力生:《本土神学批判》,第 33 页。在另一处,章力生认为,"本土神学的问题,从时间说,实在自古已然;从空间看,而且无间东西。"参见章力生:《本土神学批判》,第 22 页。

的"明体达用"全然不同。章力生表示并不反对"因地制宜""因时制宜";但是,可以变化的只应该是"策略"("用"),而非"圣道"("体")。㉖

章力生关于"明体达用"的主张,看起来颇为熟悉。的确,如前一节所指出的,那些基督教本色化论者——无论是高维廉、杨程、谢扶雅还是萧炳实——关于本色化的正当性论述,都为基督教的"变"与"不变"这二者的张力保留了空间:"基督教自身"不变,但是"基督教的宣传"要变(高维廉);基督教仍是其自身,但是不同文化所表现的基督教却"处处不同"(杨程);基督教的"总使命"百世而不易,但是基督教的"特殊使命"却因时、因地而异(谢扶雅);基督教要保留"本来面目",但是同时又必然需要"与时俱进"(萧炳实)。这样看来,假如章力生读到上述这些为本色化正名的论述,大概也不会反对。毕竟,二者都坚持认为基督教有"体"、有"用",且"体"不可变、而"用"却须时时变化。㉗

不过,看似类同的表述背后,可能暗含着分歧。章力生即便同意基督教本色化论者在理论上区分体、用的努力,但是他要攻击的是这些论者在实践上不仅未能区分二者,而且更将基督教的"体"也改变了。据笔者的分析,章力生所认为的"体",最基础、最核心的就是圣经本身。因此,不令人惊讶的是,章力生对胡簪云与谢扶雅的以下论断表示愤慨,认为简直是"谬妄的邪说":胡簪云曾主张"基督教未传入中国之前,我们有的是中国本旧约……基督教传入中国以后,我们也要与上帝订立中国本新约";谢扶雅亦曾主张另编"中华圣经"。㉘ 就章力生的基要主义神学立场而言,胡簪云与谢扶雅持如此主张,简直就是颠覆了基督教的"体"。㉙ 但是章力生与本文上述本色化论者就"体""用"作出区分之原则的赞同,也反映出至少在学理上,二者的区别未必有想象的那么大。

㉖ 章力生:"自序",载《本土神学批判》,第 iv 页。

㉗ 章力生在书中甚至同意"'因地制宜'(所谓 Contextualization)"的概念。参见章力生:《本土神学批判》,第 122 页。

㉘ 同上,第 5-6 页。

㉙ 在该书的结论处,章力生再一次总结自己的主张:"'用'乃'策略',可视环境,随机应变;'体'则为'圣道',乃是'安定在天直到永远'(诗一一九 89),虽可以不变应万变,却千变不离其宗,放诸四海而皆准,俟诸万世而不惑。惜本土神学论者'体用不分',为求迁就妥协,不惜'削足适履',与异教混淆,使圣道名存实亡!"参见同上,第 157 页。

在分析过章力生对本色化的评价之后，我们要继续研讨的是，当章力生面对为基督教本色化赋予正当性的新约文本与基督教史时，他对这些新约文本与基督教史的使用与分析，与本色化论者有何不同？这些不同，又如何具体地影响到双方对基督教本色化的评价？

2. 对新约文本的使用

事实上，在章力生对基督教本色化的批判中，与本色化论者针锋相对的辩论多集中于基督教史方面，而在新约文本方面则相对较少。不过，章力生提到过至少两处新约文本，与本文第二节的讨论有关。其一是章力生为批判而引证的谢扶雅的主张：后者引用《马太福音》5：17，认为耶稣来到世上是“完成律法，非来毁坏……完成云者，即注入鲜活的理性于旧律法之中，而僵死的分子自然排泄而去”。[30] 但是，章力生似乎没有意识到，谢扶雅所使用的这段经文，对于基督教本色化论者而言是强有力的正当性论述；如果章力生想要批判基督教本色化的话，其实需要从诠释学的角度反驳之。然而，章力生仅仅根据谢扶雅随后的论述将耶稣与“希腊文化”搭上关系，就批判谢扶雅是“人文主义者”（这在章力生的语境中是一个贬义词），却对应该如何回应谢扶雅所引用的福音书文本不置一词。

其二是章力生引用《哥林多前书》9：20－22——亦即第二节萧炳实所引用过的保罗表达“入乡随俗”之意的经文——为自己曾在著作中引用诸多中国古籍辩护。一些教会人士根据章力生征引这些中国古籍判断他在“倡导‘本土神学’”，而他则在著作中喊冤，认为自己恰是“反对‘本土神学’”。他指出，自己征引中国古籍的做法其实是学习保罗“向犹太人，我就作犹太人，为要得犹太人”（林前 9：20－22）的宣道策略（“策略”一词对章力生而言十分重要）：

> 我向中国人，我就作中国人，为要得着中国人；向软弱的人，例如信仰“软弱的”本土神学家，我就作“软弱人”，以致被人误会，以

---

[30] 参见章力生：《本土神学批判》，第 122 页。

为我乃提倡"本土神学";其实我乃是要从国人,尤其是本土神学家所珍视的"固有道统","民族精神遗产"……这些"软弱的"思想上,"因势利导",使他们明辨道的真伪,对于基督圣道,不致深闭固拒,从而接受信奉。[31]

同样引用保罗的这段经文,为何萧炳实可以用作基督教本色化的正当性论述,而章力生却在赞同保罗的同时,仍然反对基督教本色化?章力生上述的表达并不清晰,看上去的确容易令人"误认为"他与基督教本色化论者一样,提倡基督教与"固有道统""民族精神遗产"(也就是前文提到过的中国人的"文化""精神""风俗")之间的融合。不过,章力生十分坚持他与本色化论者的区别,指出所引中国古典术语、名词虽相同,但本色化论者是"拿来牵强比附,和他们妥协,向他们投降",而自己却是"用来'因势利导'"。[32] 不过,从章力生的行文上看,再对比前文所提及之本色化论者的论述——尤其是本色化论者同样强调"体""用"之分的原则——笔者更倾向于认为:本色化论者也会赞同章力生从保罗的教导所引申出来的"策略"一词,而章力生与那些本色化论者之间,在主张上只有"量"的差别,而无"质"的不同。章力生没有意识到"本土神学"本身也是一个有程度之分的"光谱",而他自己所反对的只是这个"光谱"中极端的主张而已。

3. 对基督教史的诠释

相比于《哥林多前书》9:20－22中保罗的教导为章力生所认同,基督教史就远没有那么"幸运"了。章力生在书中花费大量笔墨分析近两千年的基督教思想史,并且对整部基督教思想史基本上持批判的态度。他批判的总体思路是:基督教史上多数的基督徒、尤其是神学家,都寻求基督教与非基督教的文化"融合"——也就是"本色化"——而常使真道不彰。公元2世纪,基督教与诺斯底哲学妥协,具有秘传知识的诺斯

---

[31] 章力生:"自序",载《本土神学批判》,第 ii 页。

[32] 章力生:《本土神学批判》,第127页。

底哲学"猖獗一时",原因即"基督圣道希腊本土化,和希腊哲学妥协的恶果"。[33] 在初代教父中,殉道者游斯丁(Justin Martyr)意图与希腊的斯多葛哲学(Stoicism)妥协;亚历山大的革利免(Clement of Alexandria),"想用希腊哲学,组织基督教神学系统";而俄利根(Origen)与居普良(Cyprian),则"想和新柏拉图派调和(此正为今日本土神学者之做法)"。中世纪,基督教与希腊哲学的"合流妥协,益加强化",尤其是阿奎那(Thomas Aquinas)"投降亚里士多德,使神学变质,趋于希腊化,人文化"。18 世纪启蒙运动之后,神学妥协于哲学(理性主义、经验主义、自然主义)的趋势愈发明显;尤其是近代的"新神学"以启蒙运动以来的世俗学者思想为基准,"在某种意义上,他们的神学也可说已'本土化',沾染了世俗的西洋本土文化哲学的色彩"。[34]

这样看来,章力生与第三节所述的基督教本色化论者大概都同意,整部基督教史(至少是思想史)事实上就是一部本色化的历史。二者不同之处在于,对这个事实该作负面的抑或正面的价值评判。这一点对本色化论者的不利之处在于,即便他们所描述基督教史中的教会实践与神学思想之发展的确常常是本色化的过程,但是如果这一过程可以被证明是不可欲的、是不应该的(这一个"如果"当然非常重要),那么他们从基督教史上对本色化作出正当化论证就站不住脚了。简单而言,"实然"(基督教史一直都"是"本色化的)不可以推导出"应然"(基督教史就"应该是"本色化的)。

不过,尽管章力生从总体上对基督教思想史作出负面的评价,但他认为仍然有少部分神学家不屈服于"本色化"的潮流,坚决维护"基督圣道"的纯洁——比如初代教父中反对亚流(Arius)嗣子论异端的亚他那修(Athanasius)、初代教父奥古斯丁以及宗教改革家加尔文。在这里,章力生与前文所述用基督教史论证本色化之正当性的学者,对基督教史的事实本身的判断不再有一致意见。前文之中,谢扶雅曾指出"圣奥古斯丁,曾藉了柏拉图思想来解明基督教,而撰作了圣经各篇的多种讲

---

[33] 章力生:《本土神学批判》,第 16 页。

[34] 同上,第 98、17 - 19 页。

解……加尔文神学富有法兰西文化的浓厚色彩”。[35] 换言之,谢扶雅认为,即便是奥古斯丁与加尔文也不能免于基督教思想史中的本色化浪潮。但是,章力生却坚持认为,一方面,奥古斯丁只是在成为基督徒之前受新柏拉图哲学的“迷惑”而“思想中毒”,而在成为基督徒之后则坚决反对“希腊思潮”(亦即反对本色化),绝不“牵强比附”。另一方面,加尔文亦“反对传统的希腊思潮[引者注:亦即也是反对本色化],使福音的真光,重照欧陆”。[36]

在此,与本文的研究问题密切相关的是,章力生通过对基督教思想史作“截然二分”——神学思想要么是被世俗所“沾染”(本色化),要么是没有被世俗所“沾染”(非本色化)——来达到批判基督教在中国的本色化之目的。如果章力生以上的分析成立,那么基督教本色化论者就很可能失去“基督教史论述”这一个可以赋予本色化以正当性的理据。且不论章力生对基督教史的诠释在多大程度上是合理的,[37]至少这一个批判的方向抓住了本色化运动的核心。

不过问题在于,即便是本色化论者,对基督教史上过度本色化现象的担忧也与章力生相似。章力生的一个主要批判对象谢扶雅,也曾在《基督教纲要》一书中以公元2世纪为例子,认为本色化倾向可能导致基督教之“体”也被“化”为乌有。谢扶雅指出,在公元2世纪以来的欧洲,希腊文化占据主导地位,因此“基督教若想生存及发展在欧洲,势必须先行吸收希腊文化”。但是,本色化的危机在于,“一个不小心,便会叫希腊哲学吞蚀了基督教的根本生命而使之变为希腊主义”。谢扶雅举诺斯底派为例,认为后者“要把基督教完全从旧约的犹太主义截去,而同化于希腊的哲学”,而这是连谢扶雅在这篇文章中也无法赞同的。他再举俄利根为例,认为俄利根与诺斯底派根本不同:后者“融没了基督教于希

[35] 谢扶雅:《中国问题与基督教——香港中文大学生福音团契:“我们基督徒对时代及文化问题之看法”之书后》,第457页。

[36] 章力生:《本土神学批判》,第17-18页。

[37] 根据耶稣会神学家贝万斯(Stephen B. Bevans)的处境神学理论,一切神学都是处境神学。参见 Stephen B. Bevans, *Models of Contextual Theology* (Maryknoll, N. Y.: Orbis Books, 2002)。

腊哲学之中”（过度的本色化），而前者则“融没了希腊哲学于基督教之中”（合适的本色化）。[38]

从这一分析看出，与前述对新约文本的使用一样，章力生对基督教史的诠释在基础性假设上与本色化论者是相通的；章力生所批判的基督教史上某些本色化的实践（如诺斯底派），甚至也受到本色化论者的批判。本色化论者也同意，本色化不是无所限制，而是有所为、有所不为。这一点又回到第三节与本节所讨论到的问题，即在本色化论者的论述中，也存在着“不变”与“变”、“本体”与“策略”的张力。然而章力生却将所有本色化论者一棍子打死，视后者的主张为无原则的变化、不分“本体”与“策略”的变化。实际上，二者都是在同意有所不变、有所变这一原则的前提之下，争论究竟哪些是基督教的“本体”，绝不可变，而哪些是基督教的“策略”，可以变通。

五、结　语

旧派神学与新派神学关于信仰中哪些内容可变、哪些内容不可变的挣扎，当然并非“新事”。这种论争，甚至可追溯至新约文本之内。福音书中，耶稣与法利赛人之间的对话，在不少情况下都围绕着犹太教律法哪些可变（诸如如何守安息日、饭前洗手等），哪些不可变（诸如《马可福音》7：8－13耶稣指责法利赛人与文士按自己的处境，将十诫中“孝敬父母”的规定进行“本色化”）而展开的。《使徒行传》15：1－21中，保罗与以雅各为首的犹太基督徒在耶路撒冷开会，解决外邦基督徒是否应该守割礼的问题。最后得出的结论是，割礼的问题应按外邦人的处境进行本色化，即外邦基督徒不必守割礼（变），但是外邦基督徒仍然必须遵守“禁戒偶像的污秽和奸淫，并勒死的牲畜和血”（不变）。由此可见，基督教本色化议题背后所关涉的“变”与“不变”的论争，从基督教史发展的初期就一直存在。这种“变”与“不变”的吊诡，恰是基督教史令人着迷

---

[38] 谢扶雅：《基督教纲要》，载谢扶雅：《南华小住山房文集》（第三辑），香港：南天书业公司，1974年，第245－246页。

的地方。

钱钟书在讨论《周易正义》的一篇文章中,论"易"字多义,可解为"变易"(变),但亦可解为"不易"(不变),正相反而相成。他引用了宋代词人苏轼在《前赤壁赋》中之妙语,来诠释既"易"又"不易"的道理:"逝者如斯,而未尝往也;盈虚者如彼,而卒莫消长也"[39]这句词,或可概括基督教与新的处境相遇时,如何既"变"又"不变"的一系列故事。

---

[39] 钱钟书:《管锥编(一)·上卷》,北京:生活·读书·新知三联书店,2001年,第4、13-14页。

韩国的中国基督宗教史研究述论*

[韩]李在信　王德硕

【内容提要】　韩国的中国基督宗教史研究起步于20世纪70年代。在韩国,中国基督宗教史研究机构主要集中于教会大学等教会界。虽然韩国的研究成果比较多,但是研究重点都是跟韩国有关的中国基督宗教史,韩国主要是为了理解本国的基督宗教史而研究中国基督宗教史。随着在美国、中国等地留学的中国基督宗教史研究者的归国,韩国的研究方向比以前多样化,研究的水平也有所提高。中韩两国在基督宗教史研究领域可以进行更深的学术交流。

【关键词】　韩国　中国基督宗教　学术史

本文旨在梳理韩国对中国基督宗教历史的研究概况。由于日本侵略和朝鲜战争等原因,韩国的中国基督宗教史研究在时间上比北美、欧洲、日本以及中国都要晚。但是由于地缘因素,中韩两国在历史上联系非常密切,基督教的传播也不例外。韩国的天主教不是由传教士传入的,而是由丁若钟、李承熏等韩国的知识分子通过阅读燕行使传入韩国的汉语基督教文献而自行接纳的。这是天主教传教史上的特例。最早到韩国的基督教传教士一般被认为是郭实腊(Karl Friedrich Gutzlaff),而

---

* 本文是国家社科基金青年项目"中国宗教'走出去'的理论与实践研究"(项目编号:16CJZ027)的阶段性成果。

郭实腊是来华传教士,主要活动也都是在中国进行的。在中国东北地区传教的罗约翰(John Ross)等传教士对韩文圣经翻译做出了很大的贡献。可见,中国基督宗教史与韩国基督宗教史有紧密的关系。因此,爬梳韩国学术界对中国基督宗教史的研究具有学术意义。本文首先简要介绍韩国的中国基督宗教史研究机构,然后对在韩国发表或出版的有关中国基督宗教史的研究论文及著作进行述评。

一、韩国的中国基督宗教史研究机构

到目前为止,韩国并没有专门的中国基督宗教史的研究机构,但是由于中韩两国之间的基督宗教渊源,所以在研究韩国、朝鲜半岛以及亚洲的基督宗教历史时,不可避免地要涉及中国基督宗教史的内容。本文将分别按照天主教的研究机构、基督教的研究机构和历史研究机构进行介绍。

1. 天主教研究机构

(1) 韩国教会史研究所

韩国教会史研究所是隶属于韩国天主教大学的研究机构,成立于1964年8月。该所的学术活动是整理韩国天主教的历史资料。其将法国传教士闵德孝(G. C. M. Mutel)及韩国天主教徒的相关资料做成缩微胶卷。1966年,该所出版了韩国天主教资料《黄嗣永帛书》。此后又搜集影印了一批稀有古籍,如《邪学惩义》《东儒师友录》《辟卫编》《辟卫新编》等。1975年8月,该所创办了学术月刊《教会与历史》,1977年更名为《教会史研究》。1980年出版了达莱(C. C. Dallet)的《韩国天主教会史》,1985年该所编辑出版了《韩国天主教大辞典》。1989年,该所为纪念成立25周年而出版了《闵德孝主教的日记》《里德尔主教文件》《韩国天主教文化史大系》等著作。此外,该所每年举办学术研讨会,并将会议论文结集出版,命名为《韩国教会史论丛》。[①]

---

① http://history.catb.kr/(登录时间:2019年7月1日)。

（2）釜山教会史研究所

釜山教会史研究所是隶属于韩国天主教釜山教区的研究机构，成立于 1993 年 3 月 5 日。该所主要的学术活动是创办《釜山教会史报》和收集研究天主教古籍。该所关于中国基督宗教史的研究有张贞兰的《中国传来的基督教与东西文化的对立》。[②] 此外，该所还将庞迪我（Diego de Pantoja）的《七克》翻译为韩文。

（3）水原教会史研究所

水原教会史研究所成立于 2003 年 1 月。第一任所长是郑钟得（정종득）神父。[③] 目前该所有四名研究人员。关于中国基督教史的研究有郑钟得译的巴黎外方传教会来华传教士梅耶神父（Jean Martin Moÿe）的《天堂直路》。[④] 申义植翻译的《康熙年间中国宗教制度的建立》《中国的圣母圣心会传教略史》《田耕莘红衣主教传》等文章。[⑤]

（4）安东教会史研究所

安东教会史研究所是 2009 年 5 月安东教区为纪念成立 40 周年而设立的。该所出版了安东教会史研究丛书。其中关于中国天主教的研究是申大源翻译的两本著作，其中一本是中国学者张晓林的《天主实义与中国学统：文化互动与诠释》，[⑥]另一本是法国神父燕鼐思（Joseph Jennes）的《中国教理讲授史》。[⑦]

---

② ［韩］张贞兰：《中国传来的基督教与东西文化的对立》，釜山：釜山教会史研究所，1997 年。

③ http://www.casky.or.kr/（登录时间：2019 年 7 月 1 日）。

④ ［法］梅耶：《天堂直路》，郑钟得译，水原：水原教会史研究所，2006 年。

⑤ 施森道：《康熙年间中国宗教制度的建立》，［韩］申义植译，载《教会史学》第 8 号，2011 年，第 327－360 页。P. V. Rondelez：《中国的圣母圣心会传教略史》，［韩］申义植译，载《教会史学》第 9 号，2012 年，第 309－329 页。方豪：《田耕莘红衣主教传》，［韩］申义植译，载《教会史学》第 10 号，2013 年，第 31－338 页。

⑥ 张晓林：《天主实义与中国学统：文化互动与诠释》，［韩］申大源译，安东：图书出版，2012 年。

⑦ ［法］燕鼐思：《中国教理讲授史》，［韩］申大源译，大邱：天主教安东教会史研究所，2015 年。

2. 基督教研究机构

(1) 韩国基督教历史研究所

韩国基督教史研究会成立于1982年9月27日,其目的是为了更好地发掘和研究韩国基督教的历史,该会发行《韩国基督教史研究》集刊。1990年9月27日,该会更名为韩国基督教历史研究所。该所翻译、编辑出版了大量的学术资料。其中包括《韩国基督教的历史》(3辑)、学术论文集《韩国基督教与历史》(半年刊)、论文选集(1-4辑)、研究丛书(1-21辑)、翻译丛书(1-11辑)、人物丛书(1-7辑)、资料丛书(1-43辑)等。其中包含大量的中国基督教史研究论文。⑧

(2) 东北亚基督教史研究理事会

该会是中国基督教学界、日本基督教史学会、韩国教会史研究所联合设立的学术团体。其目的在于促进中日韩三国基督教史学者们之间的交流,为研究基督教史的青年学者提供交流平台,共同促进亚洲的基督教史研究。2000年10月17-19日该会举办的第一届东北亚基督教史学学术研讨会在韩国光林举行。会议的主题就是东北亚的基督教。⑨

(3) 亚洲基督教史学会

亚洲基督教史学会成立于2011年5月21日,其目的是为了研究亚洲教会的历史以及分享亚洲国家之间的神学及历史经验。该会共有金柄兑、延世大学的金相根、韩东大学的柳大荣、梨花女子大学的梁贤惠等16个发起人,首任会长是牧园大学的金兴洙教授。⑩

3. 历史研究机构

(1) 明清史学会

明清史学会的历史可以追溯到1983年11月26日由首尔大学的吴金成、梨花女大的崔韶子等5名教授组建的一个明清史研究小组。1988年,该会正式成立,当时的名称为明清史研究会。1995年学会的名称变

---

⑧ http://www.ikch.org/home.php/(登录时间:2019年7月1日)。

⑨ Back Jong-Gu, *A Brief History of the North East Asia Council of Studies of History of Christianity*,载《教会史学》,2001年第1集,第187-194页。

⑩ http://www.kidok.com/news/articleView.html? idxno=70322/(登录时间:2019年7月1日)。

为明清史学会。[11] 在该会出版的半年刊《明清史研究》上有多篇关于中国天主教史的学术论文。

（2）中国近现代史学会

该会是由两个组织合并而成的。其中之一是在 1992 年 1 月 10 日创办的中国现代史学会，以该会为主体，与 1998 年 4 月创办的中国近代史学会在 2002 年 3 月合并为中国近现代史学会。[12] 该会也对中国基督教历史多有关注。

二、韩国的中国基督教研究成果

最早关注中国基督宗教史的学者是李章植。从 1960 年开始，他在韩神大学（Hanshin University）讲授亚洲基督教史。但是，直到 1973 年他才发表关于景教的几篇论文，[13]有关中国基督教的著作更是在 1990 年才出版。[14]

就笔者搜集到的资料来看，最早涉及中国基督教史的研究著作是 1971 年出版的金光洙的《东方基督教史》。[15] 该书论述了波斯、叙利亚、阿拉伯、印度、中国等地初期亚洲基督教的初期历史。1973 年，金光洙又出版了《亚洲基督教扩张史》。[16]

从 1971 年开始至今，韩国的中国基督教史研究也积累了一定的研究成果。本文将按照中国基督教宗教通史、景教和也里可温教史、天主教史和基督教史这四个方面来对韩国的中国基督宗教史研究情况做一番爬梳。

---

⑪ http://mingqinghistory. or. kr/modules/doc/index. php? doc = intro/（登录时间：2019 年 7 月 1 日）。

⑫ http://k-modernchina. com/（登录时间：2019 年 7 月 1 日）。

⑬ ［韩］李章植：《景教思想的研究》，载《神学思想》（第 2 辑），韩国神学研究所，1973 年。

⑭ ［韩］李章植：《亚洲古代基督教史》，首尔：基督教文社，1990 年。

⑮ ［韩］金光洙：《东方基督教史》，首尔：基督教文社，1971 年。

⑯ ［韩］金光洙：《亚洲基督教扩张史》，首尔：基督教文社，1973 年。

1. 中国基督宗教通史

韩国的中国基督宗教通史著作并不多,成书也很晚。最早的一本是1995年出版的李宽淑的《中国文化与基督教的冲突与发展》。[17] 1998年,在阚学卿牧师和文庸教授的建议下,作者又在此书基础上修改成为《中国基督教史略》,以中文出版。所以这也是中国学者最为熟悉的一本韩国的中国基督宗教通史著作。[18] 李宽淑先后获得汉城檀国大学史学系文学学士、汉城成均馆大学史学硕士学位,此后又在韩国神学院本科毕业。他后来没有继续走学术道路,而是从事医疗行业。其在自序中称,自己热爱中国文化、中国教会,利用在中国工作之便,到各地进行考察,搜集原始资料,写成该书。该书论述了从多马传说时代到1937年中国基督宗教史的发展脉络。本书的主要问题意识是中国文化与基督教的关系。

1997年,金守珍出版《中国新教教会史》。该书主要叙述中国新教的历史与介绍中国教会的领导,在后半部分阐述了中国教会跟韩国教会的关系。[19] 2001年,徐良子出版《中国天主教会史》。该书叙述了从唐代的景教到近现代中国天主教的历史。[20] 2003年,金和平出版《中国教会史》。该书是一本中国基督教的通史。前面论述了中国的宗教,然后按照中国教会的形成(1807－1842)、中国教会的成长(1842－1911)、中国教会的复兴(1911－1931)、中国教会的危机(1931－1949)、中国教会的"逼迫"(1949－1978)和中国教会的重建(1978－至今)来划分中国基督教的时代变迁。[21]

2004年,曹焄出版《中国基督教史》。该书按照日本学者石原谦的五分说来划分中国基督教史,分为:第一期传教准备时代(1807－1842)、第二期传教的开创时代(1842－1860)、第三期教会建设时代(1860－1895)、第四期发展时代(1895－1925)和第五期"受难"时代(1925－

---

⑰ [韩]李宽淑:《中国文化与基督教的冲突与发展》,首尔:昆兰出版社,1995年。

⑱ [韩]李宽淑:《中国基督教史略》,北京:社会科学文献出版社,1998年。

⑲ [韩]金守珍:《中国新教教会史》,首尔:弘盛社,1997年。

⑳ [韩]徐良子:《中国天主教会史》,天主教报社,2001年。

㉑ [韩]金和平:《中国教会史》,首尔:图书出版社,2003年。

1950)。[22] 2005年,金学官出版了《中国教会史》。该书将中国基督教教会两百年的历史以"胎动和形成""成长和复兴""危机和逼迫""重建和未来"来划分并叙述,指出中国教会和神学的发展方向。[23]

2. 景教和也里可温教史

1916年,英国的历史学者伊丽莎白·戈登(Elizabeth A. Gordon)认为景教曾传入韩国。[24] 这曾引起韩国学者的关注,但是韩国学界对景教的研究却是从20世纪70年代开始的。此时,韩国学者的主要关注点在于韩国基督教的起源,主要讨论景教从中国传入韩国的可能性。1971年,金良善出版《韩国基督教史研究》,论及景教传入韩国,并提供在庆州佛国寺发现的石头十字架与玛利亚像等文物进行佐证。这引起韩国学界的强烈关注。[25] 2012年,崔相汉在《在佛国寺见面的耶稣》一书中,认为景教通过海路传入韩国。[26]

其后韩国学界对唐代景教的研究是从神学和历史两个角度切入的。20世纪70年代,李章植依据唐代景教碑及其他文献,发表了关于景教思想和一神论等关于景教教义的文章。[27] 1990年,他出版《亚洲古代基督教史》,其中对中国景教进行历史梳理。2005年,黄征旭出版《从耶路撒冷到长安》。黄征旭认为,景教起源于犹太基督教,在其著作中他批评了郑守一和李京圭的观点,然后从本色化的观点来阐述犹太-基督教通过景教传播到中国的过程与特征。[28] 除了从神学和历史切入景教研究之外,景教碑也是韩国学者的关注点。于心华、李仁植、吴世宗分别出版

㉒ [韩]曹君:《中国基督教史》,首尔:基利心山出版社,2004年。

㉓ [韩]金学官:《中国教会史》,首尔:以勒书院,2005年。

㉔ E. A. Gordon, *The Symbols of the Way* (Tokyo: Maruien & Company, Ltd., 1916).

㉕ [韩]金良善:《韩国基督教史研究》,首尔:基督教文社,1971年。

㉖ [韩]崔相汉:《在佛国寺见面的耶稣》,首尔:石头枕头出版社,2012年。

㉗ [韩]李章植:《景教思想的研究》,第147-161页。

㉘ [韩]黄征旭:《从耶路撒冷到长安》,乌山:韩神大学出版部,2005年;[韩]黄征旭:《景教〈一神论·第一上〉的神学思想研究》,载《神学思想》,2002年第116辑。

了《大秦景教流行中国碑》的碑文译注书。[29] 李章植、郑守一、李京圭也有关于景教碑的研究。[30]

韩国对景教的研究还从亚洲基督教的视角切入。1996 年,长期关注景教的李敬云出版了《景教: 东方传播的基督教》。2002 年,首尔大学的金浩东在《东方基督教与东西文明》一书中,描述丝路开通之前一千年间分散在中亚的草原和沙漠的东方基督教。2007 年,在乌兹别克斯坦的韩国传教士崔夏永出版了叙述中亚的景教教会史的《沿着丝绸之路对游牧民族出现的千年的教会史》。2009 年,郑学凤出版《亚洲基督教: 景教的故事》。2010 年,长老会神学大学徐元模教授则是从东亚文化的角度来考察唐代的景教。2012 年,具范会出版了关于唐朝、元朝的基督教的历史著作。[31]

除了本国研究之外,韩国学者还翻译了其他地区的景教研究著作。郑学凤翻译了伊丽莎白 · 戈登、杨意龙(John M. L. Young)和川口一彦等英美和日本的景教研究著作。[32] 朴炯信也翻译了魏克利(Philip L. Wickery)的一篇景教论文。[33]

㉙ [韩]于心华:《"大秦景教流行中国碑"碑文译注》,载《神学与宣教》,2004 年;[韩]李仁植:《大秦景教流行中国碑碑文译解》,首尔: 东洋宣教文化研究院,2012 年;[韩]吴世宗:《景教碑文译解》,首尔: 三必文化社,2014 年。

㉚ [韩]李章植:《大秦景教流行中国碑研究》,载《神学研究》,1982 年第 24 辑;[韩]郑守一:《大秦景教流行中国碑碑文考》,载《东亚研究论丛》,1996 年;[韩]李京圭:《关于在景教碑上出现的景教思想》,载《大邱史学》,2002 年第 67 卷。

㉛ [韩]李敬云:《景教: 东方传播的基督教》,首尔: 东西南北出版社,1996 年;[韩]金浩东:《东方基督教与东西文明》,首尔: 喜鹊出版社,2002 年;[韩]崔夏永:《沿着丝绸之路对游牧民族出现的千年的教会史》,首尔: 韩国学术信息,2007 年;[韩]郑学凤:《亚洲基督教,景教的故事》,首尔: 东西南北出版社,2009 年;[韩]徐元模:《唐代的景教与东亚文化》,载《文化神学教会》,首尔: 长老会神学大学出版部,2010 年;[韩]具范会:《耶稣迷住了唐太宗——唐元时代的基督教故事》,首尔: 共享社,2012 年。

㉜ [美]杨意龙:《东洋的基督教,京郊的历史与神学》,[韩]郑学凤译,首尔: 东西南北出版社,2004 年;[日]川口一彦:《景教,亚洲教会: 从东方来的基督教》,[韩]郑学凤译,首尔: 东西南北出版社,2010 年;[英]伊丽莎白 · 戈登:《初期亚洲教会与韩国古代宗教》,[韩]郑学凤译,首尔: 东西南北出版社,2011 年。

㉝ [美]魏克利:《纪念碑是镜子: 景教碑的解释与亚洲基督教及现代神学研究的意义》,[韩]朴炯信译,载《神学思想》,2006 年第 134 辑,第 7 - 46 页。

韩国对也里可温教的研究非常少,只有宋光训翻译了十字寺碑文,[34]李京圭从元代基督教本色化的观点来进行元代基督教石刻的形态和纹样研究。[35]

3. 天主教史

韩国天主教的起源非常特殊。它不是由传教士传入的,而是韩国人通过从中国传入的西学文献而自发皈依天主教,自发建立天主教会的。所以,要研究韩国天主教史必然要追溯中国天主教史。另外,研究韩中关系史、明清史、东西文化交流史也必然涉及中国天主教史研究。

关于韩中天主教之间的关系的研究,20 世纪 70 年代李元淳的《天主实义解题》和《明清以来西学书对韩国思想史的意义》可以视为开拓性的研究。[36] 崔韶子把韩中天主教会史从比较历史的角度来考察以及研究明清时期西学的性格与朝鲜的影响。[37]

关于天主教本色化问题的研究还有 1990 年中国主教金鲁贤在韩国教会史研究所主办的学术研讨会上发表的关于中国天主教会的本色化问题的研究。[38] 金柄兑也发表了中韩本色化神学比较研究的文章。[39]

耶稣会与利玛窦是韩国学术界的研究重点。与耶稣会的适应主义传教策略有关的论文和著作主要是从传教学的角度来研究的。黄钟烈、李圭晟、金惠敬是研究耶稣会适应主义的三位著名学者,他们发表了一

㉞《十字寺碑文》,[韩]宋光训译,载《中国教会与历史》,2001 年第 2 号。

㉟[韩]李京圭:《关于元代基督教的本色化研究——以基督教石刻的形状和图案为中心》,载《中国史研究》,2008 年第 56 卷,第 105 - 128 页。

㊱[韩]李元淳:《天主实义解题》,载《教会史研究资料》,1972 年第 45 期;[韩]李元淳:《明清以来西学书的韩国思想史的意义》,载《韩国教会史论文选集》,1976 年第 1 辑。

㊲[韩]崔韶子:《韩国和中国天主教会史的比较史的考察》,载《韩国天主教会创设 200 周年纪念韩国教会史论文集》,1984 第 1 辑;[韩]崔韶子:《东西文化交流史研究》,首尔:三英社,1987 年。

㊳金鲁贤:《中国教会的本土化与民族化问题》,载《教会史研究》,1990 年第 7 辑。

㊴[韩]金柄兑:《中韩本色化神学比较研究》,载《韩国基督教与历史》(第 29 号),2008 年。

系列著作和文章。[40] 此外,李香晚、张东震、郑仁在三人还翻译了孟德卫(David E. Mungello)的著作。[41]

以利玛窦为代表的耶稣会传教士的补儒论传教策略也成为韩国学者的关注点,崔基福对耶稣会传教士的补儒论与性理学进行批判。金基协研究了利玛窦的中国观与补儒易佛论。李正培对利玛窦与崔炳宪的补儒论进行了辩证研究。安大钰也研究了利玛窦与补儒论。[42] 梁明洙以"理"和"天主"两个概念为中心探究了《天主实义》中体现出来的阿奎那神学思想及其利玛窦的性理学。[43] 李香晚研究了利玛窦传教用语的逻辑与语义学的问题。[44]

金相根在普林斯顿神学院获得博士学位。他的博士论文研究的是利玛窦翻译上帝名称的过程及其中国人对此的反应。[45] 其后,他又出版

㊵ [韩]黄钟烈:《利玛窦适应主义传教的神学的意义与限制》,载《教会史研究》,2003年第20辑;[韩]李圭晟:《对于利玛窦的适应主义引进与发展过程神学的考察》,载《天主教神学》,2012年第21号,第165-205页;[韩]金惠敬:《16-17世纪东亚耶稣会的传教政策:适应主义的背景为中心》,载《神学与哲学》,2010年第17号,第35-68页;[韩]金惠敬:《关于利玛窦的适应主义传教与西学书中心的文件传教的相关性考察》,载《宣教神学》,2011年第27辑;[韩]金惠敬:《耶稣会的适应主义传教:历史与意义》,首尔:西江大学校出版部,2012年。

㊶ [美]孟德卫:《奇异的国度:耶稣会适应政策及汉学的起源》,[韩]李香晚、张东震、郑仁在译,坡州:我和他出版社,2009年。

㊷ [韩]崔基福:《明末清初耶稣会宣教师的补儒论与性理学批判》,载《教会史研究》,1988年第6辑;[韩]金基协:《利玛窦的中国观与补儒易佛论》,延世大学博士学位论文,1993年;[韩]李正培:《利玛窦与崔炳宪的补儒论的基督教理解与差异的界限》,载《神学思想》,2003年第122辑,第82-109页;[韩]李正培:《利玛窦与崔炳宪的补儒论的基督教理解与差异的界限》,载《神学思想》,2003年第122辑,第82-109页;[韩]安大钰:《利玛窦与补儒论》,载《东洋史学研究》,2009第106号。

㊸ [韩]梁明洙:《关于〈天主实义〉上出现的阿奎那神学和利玛窦的性理学理解批评:以理与天主的概念为中心》,载《哲学思想》,2008年28号,第161-211页;[韩]梁明洙:《〈天主实义〉的天主与性理学的理的区别——阿奎那的目的因和能动因的关系为中心》,载《哲学思想》,2009年31号,第215-248页。

㊹ [韩]李香晚:《利玛窦传教用语的逻辑与语义学的问题》,载《教会史研究》,1999年第15辑。

㊺ Kim Sangkeun, *Strange Names of God: The Missionary Translation of the Divine Name and the Chinese Responses to Matteo Ricci's "Shangti" in Late Ming China, 1583-1644* (New York: Peter Lang Pub., 2004).

了《东西文化的交流与耶稣会传教历史》和《亚洲传教的拓荒者方济·沙勿略》两部著作。㊻

申义植对中国天主教的研究是多方面的。他研究了康熙皇帝和曾国藩对天主教的认识问题，㊼也研究了清代天主教传教士之间的矛盾与冲突。㊽ 他还利用教廷档案分析了梵蒂冈与伪满洲国的关系等问题。前已述及，他还翻译了一系列中国天主教的论文。

4. 基督教史

韩国的中国基督教史研究主要包括以下几个方面：第一，关于来华传教士，对马礼逊、米怜、戴德生和韦廉臣的研究比较多。第二，关于中国对基督教的冲击方面，对收回教育权运动和非基运动研究较多。第三，关于中国基督教的区域研究，郑学凤翻译与韩国密切相关的中国东北地区的研究最多。

与中国学界一样，马礼逊作为首个来到中国大陆的传教士受到学界的重视。李炳吉出版了《中国最早的基督教传教士马礼逊》，㊾曹焄发表了一系列关于马礼逊和米怜的研究成果。㊿ 金柄兑也以马礼逊为中心

㊻ ［韩］金相根：《东西文化的交流与耶稣会传教历史》，首尔：原野出版社，2006年；［韩］金相根：《亚洲传教的拓荒者方济·沙勿略》，首尔：弘盛社，2010年。

㊼ ［韩］申义植：《曾国藩的西教认识——以太平天国和扬州、天津教案处理为中心》，载《教会史研究》，2002年第18辑，第181－201页；［韩］申义植：《康熙帝的天主教认识：以康熙年间派遣的教皇特使的关系为中心》，载《中国学论丛》，2007年第24号。

㊽ ［韩］申义植：《人文学的危机与中国教会史研究的问题》，载《釜山教会史报》，2004年第40号；［韩］申义植：《清代天主教传教士之间发生的若干的问题》，载《中国近现代史研究》，2008年第40辑。

㊾ ［韩］李炳吉：《中国最早的基督教传教士马礼逊》，首尔：韩国基督教历史研究所，1994年。

㊿ ［韩］曹焄：《马礼逊：最初的入华新教传教士》，载《总神史学》，1999年创刊号；曹焄：《中西文化交流史上的传教士的角色：马礼逊的例》，载《基督教史学研究》，1999年第6辑；曹焄：《马礼逊的著述活动》，载《韩国教会史学会志》，2002年11卷；［韩］曹焄：《马礼逊：中国的最初的新教传教士》，首尔：信望爱出版社，2003年；［韩］曹焄：《米怜的著述活动》，载《神学指南》，2006年第288号；［韩］曹焄：《米怜：通过马六甲向中国传教的开荒者》，首尔：基利心山出版社，2008年。

研究了近代基督教在中国的传教问题。[51] 韩国学者对郭实腊的研究比较多。这是因为,一般认为郭实腊是第一个到韩国传教的基督教传教士。李镇昊、申浩哲、许虎益和吴铉埼等研究郭实腊的学者都持这样的观点。[52] 但是也有不同意见认为,郭实腊只是访问韩国西部的一个岛,并没有进行传教活动。卢在轼研究了戴德生和中国内地会的传教政策确立过程。[53] 朴炯信研究了韦廉臣在中国的传教情况。[54]

收回教育权运动和非基运动的研究有李丙仁的《中国的教会学校与教育权回收运动》。[55] 姜明淑研究了 1920 年代中国的反基督教运动对韩国的社会主义运动方式的影响问题。[56] 金相根则从整体上探究了中国的反基督教运动的原因。[57]

由于地缘因素,韩国对中国东北地区的基督教研究是学术热点之一。对在中国东北地区传教的监理会和曾经翻译韩语圣经的罗约翰的研究比较多。对于日本侵略时期的伪满洲国的基督教史研究也比较多。早在 1964 年,李浩云就考证了监理会在西伯利亚和中国东北地区的历史。[58] 1997 年,吴世宗与其他人合作出版了《中国东北监理教会史》。[59] 关于罗

---

[51] [韩]金柄兑:《近代新教传教与中国传教:马礼逊为中心》,载《人文论丛》,2004 年第 21 期,第 197-210 页。

[52] [韩]李镇昊:《服务东方的郭实腊:最早来韩国的新教传教士的一生》,首尔:韩国监理教会史学会,1998 年;[韩]申浩哲:《郭实猎行传:土豆和福音传达的最早的传教士》,首尔:扬花津传教会,2009 年;[韩]许虎益:《郭实腊的生涯与朝鲜传教活动:首次来到朝鲜的新教传教士》,首尔:韩国基督教历史研究所,2009 年;[韩]吴铉埼:《早安,郭实腊:来到韩国的最早的新教传教士》,城南:韩国书会,2014 年。

[53] [韩]卢在轼:《1868 年扬州教案与中国内地会的传教政策确立》,载《韩国教会史学会志》,2004 年第 14 卷。

[54] [韩]朴炯信:《韦廉臣的中国传教:文件、解放、商业》,载《多文化与和平》,2009 年第 3 卷,第 85-114 页。

[55] [韩]李丙仁:《中国的教会学校与教育权回收运动》,载《中国史研究》,2010 年第 67 卷。

[56] [韩]姜明淑:《1920 年代中国的反基督教运动与殖民地朝鲜的社会主义运动》,载《韩国基督教与历史》,1998 年第 8 号。

[57] [韩]金相根:《关于中国反基督教运动的原因历史的考察》,载《神学论坛》,2007 年第 47 辑。

[58] [韩]李浩云:《监理会在西伯利亚和中国东北宣教小考》,载《基督教思想》,1964 年第 78 号,第 58-63 页。

[59] [韩]吴世宗:《中国东北监理教会史》,首尔:三笔文化社,1997 年。

约翰的研究方面，崔成逸研究了罗约翰的圣经翻译事工和传教事工。朴炯信研究了罗约翰和义和团的关系。金南植则翻译了罗约翰的著作。[60]

由于日据时期韩国的民族独立运动与基督教有密切的关系，而中国东北则又是韩国民族独立运动的重要基地。所以，中国东北的基督教历史与韩国民族运动密切相关。这方面的研究有黄民镐的《日本帝国主义统治下的中国东北地区韩国人的社会动向和民族运动》。[61] 金承台研究了日本帝国主义末期，中国东北地区长老会教派、监理会教派和圣教派的韩国基督徒们拒绝参拜神社的抗争。[62]

除了中国东北地区以外，与基督教有关的韩国的民族运动发生在中国各地。徐纮一连续发表了多项在北间岛地区发生的基督徒民族运动研究。[63] 曹圭泰研究了发生在北京的韩国基督教青年运动，[64]尹银子发表了关于南京的韩国留学生和团体的论文。[65]

三、韩国的中国基督宗教史研究特点

以上笔者简要梳理了韩国的中国基督宗教史的研究情况。通过分析，笔者认为韩国的中国基督宗教史的研究有以下几个特点。

---

⑥⓪ ［韩］崔成逸：《罗约翰与韩国的新教（1）》，载《基督教思想》（第397号），1992年1月；［韩］崔成逸：《罗约翰与韩国的新教（2）》，载《基督教思想》（第398号），1992年2月；［韩］朴炯信，《驻满洲传教士罗约翰的义和团运动理解》，载《满洲研究》（第11辑），满洲学会，2011，第243－277页；［美］罗约翰：《罗约翰传教办法——传教教会的设立和发展》，［韩］金南植译，首尔：圣光文化社，1981年。

⑥① ［韩］黄民镐：《日本帝国主义统治下的中国东北地区韩国人的社会动向和民族运动》，首尔：Sinseowon，2005年。

⑥② ［韩］金承台：《日本帝国主义末期，满洲地区韩国人基督教徒们的拒绝参拜神社抗争》，载《韩国民族运动史研究》，2007年。

⑥③ ［韩］徐纮一：《北间岛基督徒的民族运动研究（Ⅰ）》，载《神学思想》，1981年第32辑；［韩］徐纮一：《北间岛基督徒的民族运动研究（Ⅱ）》，载《神学思想》，1981年第34辑；［韩］徐纮一：《北间岛基督徒的民族运动研究（Ⅲ）》，载《神学思想》，1981年第35辑。

⑥④ ［韩］曺圭泰：《1920年代北京高丽基督教青年会的宗教活动与民族运动》，载《韩国基督教与历史》，2009年第31号。

⑥⑤ ［韩］尹银子：《20世纪初南京的韩人留学生与团体（1915－1925）》，载《中国近现代史研究》，2008年第39辑。

第一,从研究时间上看,相对于美国、欧洲和日本学界来说,韩国的研究起步较晚,直到20世纪70年代才开始正式的研究。韩国的中国基督宗教史研究力量比较薄弱。这主要表现在没有专门的研究机构、没有权威性的研究刊物,也没有专门的中国基督宗教史教授职位。

第二,从研究机构上看,韩国的研究机构大多具有宗教背景,都是教会大学和天主教教区的隶属机构,比如韩国天主教大学、韩神大学、延世大学等等。韩国的研究者也大都具有信仰背景。所以,韩国的中国基督宗教史研究主要集中在教会界。但我们也应该注意,到目前为止,韩国也没有专门研究中国基督宗教史的研究机构。前文述及的研究机构大多是研究韩国基督宗教史的机构和一般的历史研究机构。中国基督宗教史研究的地位在韩国还不高。

第三,从研究问题上看,韩国的研究重点都是跟韩国有关的中国基督宗教史,韩国是为了理解本国的基督宗教史而研究中国基督宗教史的。韩国研究景教是为了探讨本国基督教的起源问题,研究中国天主教史是因为韩国天主教起源于中国,研究罗约翰是因为他将圣经翻译为韩文,研究中国东北地区的基督教史是因为这里与朝鲜半岛紧密相连。葛兆光曾指出:"任何国家的学术,特别是文史之学,必然是与本国有关的领域才是主流,没有哪一个地方,研究外国文学、历史、哲学可以成为主流的,即使是研究外国的,这个'外国'也要和'本国'的问题相关,否则就是屠龙之术,是纸上谈兵,是隔靴搔痒。"[66]韩国的中国基督宗教史研究给葛兆光的这句话做了很好的注脚。

第四,韩国的中国基督宗教史研究非常注重国际学术交流。由于韩国的研究起步较晚,且韩国本土的研究力量比较分散,并未形成学术共同体。所以,韩国学者必须走向国际,融入世界的中国基督宗教研究共同体。1996年10月,复旦大学韩国研究中心曾举行"中韩基督教比较研究"学术研讨会。1997年8月13日,中国社会科学院世界宗教研究所和韩国耶稣教长老会共同主办的"基督教与中韩文化"学术研讨会在北

---

[66] 葛兆光:《思想史研究课堂讲录续编》,北京;生活、读书、新知三联书店,2012年,第99页。

京召开。[67] 1997 年 11 月 15 日,复旦大学韩国研究中心和历史系共同举办“基督教与近代中韩社会”学术研讨会。从 2000 年开始,东北亚基督教史研究理事会就举办了中日韩三国基督教史论坛。2014 年 6 月 16 日,由韩国对华基督教交流协会和中国基督教两会合办的中韩基督教交流研讨会在韩国首尔开幕。2019 年上海大学举办的“全球化视域下的近代东亚社会转型”其实讨论的也是基督宗教与近代东亚社会的关系问题。

随着中韩交流的不断深入,中韩两国关于中国基督宗教史的研究也不断加强交流。至少在中国基督宗教史研究这个领域,中国的学术水平已经超过世界其他地区,中国逐渐开始掌握学术话语权。中国宗教学术研究也要不断地“走出去”,抢占学术高地。

---

[67] 张新鹰:《“基督教与中韩文化”学术研讨会在北京召开》,载《世界宗教文化》,1997 年第 3 期,第 64 页。

1945年前朝鲜中华基督教元山教会研究

——以教会学校、暂居民为中心的考察

[韩]李惠源

【内容提要】 朝鲜中华基督教元山教会是朝鲜中华基督教创办的第二所朝鲜中华基督教会。与创建于1917年的元山教会与京城(1912年)、仁川(1917年)、平壤(1923年)、釜山(1928年)的中华教会有所不同,元山教会有着自己的特征:第一,元山中华教会是在加拿大长老会传教部的大力支持下建立并维持的教会;第二,元山中华教会与曾在元山的中华民国副领事馆及中国人一起运营了中华学校,即,这是在朝鲜设立的中华学校中唯一一所受到领事馆公开支持的教会学校;第三,元山教会是以暂居民为中心的教会。与其他地区有着相当规模的中国人定居的情况相反,元山的情况则是暂居民比定居民多出十倍以上。因此,在传道对象上也较多关注暂居民。教会通过开设学校展示出自身对在朝鲜的少数华侨所负的社会责任,这一事例也很好地体现了教会如何积极应对当时出现的大量流动人口的社会现象。

【关键词】 朝鲜中华基督教　元山教会　华侨教会　教会学校　加拿大长老会

创建于1912年的朝鲜中华基督教会是韩国历史最久的移民教会,现名为旅韩中华基督教会,是在韩国拥有七所教会(汉城、永登浦、水原、仁川、群山、大邱、釜山)的小型教团。由于经济原因,中国人从19世纪

末期开始正式迁居朝鲜,在这些移民中,有些人在中国就已经改宗基督新教,来到朝鲜之后改宗的人数更是大幅增加。在这样的情况下,中国人在朝鲜得到基督新教传教士们的积极帮助,于 1912 年在京城(今首尔)创办了第一所用汉语礼拜的中华教会。此后,在朝鲜传教士们的共同努力下,中国人聚居的其他地区也逐渐开始创办教会。截止到 1945 年前,朝鲜中华基督教会拥有京城(1912)、元山(1917)、济物浦(1917)、平壤(1923)、釜山(1928)五所教会,此外还有几处聚会点。然而,抗日战争爆发后,朝鲜的中华教会受到直接打击,教会的运营遭遇了巨大的困难。1945 年解放后,南部地区的诸教会,即首尔、济物浦(仁川)、釜山教会立刻得以重建,但北部的元山及平壤教会此后则音信全无。

目前学界关于朝鲜中华基督教会的先行研究,可以查考的有两本图书①、三篇硕士学位论文②和五篇小论文。③ 但这些研究一般都以德明夫

① 两本图书是旅韩中华基督教联合会于 2002 年和 2013 年分别出版的《旅韩中华基督教创立九十周年纪念特刊: 知恩 · 感恩 · 报恩,1912 - 2002》和《旅韩中华基督教百年纪念特刊,1912 - 2012》。这两本书虽然不是历史书,但《九十周年纪念特刊》刊载了诸多与教会有关的一手资料和记录了历代牧会者与传教士名字的简略年谱;《百年纪念特刊》刊载了两篇与教会历史有关的论文: 许庚寅:《缅怀德明夫人: 旅韩中华基督教会百年沧桑补遗》,第 18 - 27 页;姜仁圭:《旅韩中华基督教会: 百年简史》,第 28 - 50 页。其中许庚寅的论文研究了德明夫人的生涯,姜仁圭的论文则是简略介绍了旅韩中华基督教百年的历史。

② 第一篇论文是卢树珠的《旅韩华人教会史》,为亚细亚联合神学大学院硕士学位论文,1978 年,此论文以 20 页的分量概述了韩国现存的 7 间中华教会的简史。第二篇论文是王德基的《韩国华侨基督教会史研究》,首尔神学大学神学大学院硕士学位论文,2007 年,此论文前半部讨论了华侨教会史,但大部分内容直接引用了上述卢树珠的学位论文和《九十周年纪念特刊》。第三篇论文是陈文晶的《旅韩中华基督教汉城教会设立与发展研究——以德明传教士为中心》,平泽大学皮渔善神学专业大学院硕士学位论文,2018 年,论文中展望了德明传教士的事工并且加入了 1951 年以后的教会情况和会众构成等内容。

③ 第一篇论文是 Hyewon Lee, "Early History of the Chinese Church in Korea," in Chongming Liu and Xiaoxin Wu, eds., *The Forth Monograph Series on Study of Religion and Chinese Society* (Hong Kong: CUHK Press, 2010), pp. 477 - 508;此论文的焦点在于探讨教会初期设立过程中德明传教士的角色;第二篇论文是汉城教会的元老牧师刘传明所著的《韩国国内华侨基督教的历史和未来》,载《基督教思想》,2012 年 2 月刊,第 64 - 75 页,本文以回顾的形式简略论述了华侨教会的初期历史。第三篇论文是[韩]金教哲的《在韩中国人教会设立과发展에관한历史적考察》,载《福音与宣教》第 37 号,2017 年 3 月,第 13 - 52 页,本文记述了中华教会从初创期到七间教会的发展以及到 1960 年解放后的教(转下页)

人和京城、济物浦教会为中心进行论述,论及元山教会的仅有姜仁圭的《旅韩中华基督教会：百年简史》和李惠源的“History of the Chinese Christian Church of Korea from 1902 to 1937：Focusing on the Work of Foreign Missions in Korea”。其中,姜仁圭的论文只是引用了钱在天写于 1928 年的报告,[④]而李惠源的论文中提及了外国传教部的角色。因此,到目前为止没有一篇关于元山教会的设立及特征的论文。另外,对曾经在元山活动的李溜义施(Louise H. McCully)传教士的个人研究曾提及元山教会,[⑤]但因为仅以加拿大长老会的一部分报告书为依据,并没有针对朝鲜中华教会的理解,所以研究存在一定的限制。

元山教会的情况与京城、仁川、平壤、釜山中华教会有所不同,元山教会有着自己的特征,第一,元山中华教会与曾在元山的中华民国副领事馆及中国人一起运营了中华学校,这是在朝鲜设立的中华学校中唯一一所受到领事馆公开支持的教会学校;第二,元山教会是以暂居民为中心的教会。与其他地区有着相当规模的中国人定居的情况相反,元山的情况则是暂居民比定居民多出十倍以上。因此,在传道对象上也较多关注暂居民。

由于元山教会地处今朝鲜境内且并没有被保存下来,再加上以暂居

(接上页)会整体发展状况。第四篇论文是[韩]李惠源的“History of the Chinese Christian Church of Korea from 1902 to 1937：Focusing on the Work of Foreign Missions in Korea,” in *Christianity and History in Korea*, vol. 49(Sept. 2018), pp. 5 - 45;此论文整理了由长老会公议会、卫理公会共同委员会、在朝基督新教传教部公议会的三个传教部创办的‘中国人传教委员会’的组织和活动。最后一篇仍是[韩]李惠源的“Chinese Protestant Building Contractors' Influence on Korean Christian Construction in the Modern Period：With a focus on Harry Chang and K. O. Wang of Seoul,”在韩国基督教历史学会第 367 次学术发表会(2018. 5. 12)中发表的,公开了 1900 - 1910 年间,建成最多朝鲜教會建筑的浸信会信徒亨利张和 1920 - 1930 年代建成建筑最多的京城中华教会长老王公温的建筑活动和他们与中华教会的关系。

④ 钱在天：《朝鲜中华基督教会之经过与现况》,载《中华基督教会年鉴》,1928 年,第 135 - 137 页。

⑤ [韩]임영희,“Louise McCully 의宣教活动에관한研究”,首尔：监理会神学大学研究生院硕士学位论文,2008 年, 第 17 - 21 页。

民为中心的特征,一直被学界所忽略。但对元山中华教会的研究不仅有利于我们深入了解中华教会,也能作为一个很好的案例研究,帮助我们进一步认识侨居在朝鲜的华侨生活。

基于以上的问题意识,笔者将对元山中华教会展开探讨与研究。本文首先简略探讨从1912年朝鲜中华基督教会的初创到1945年的发展状况,其次探讨在朝传教士们创办的中国人事工委员会的活动,另外在介绍当时在元山的中国人人口变迁和职业现状后,具体分析元山教会的规模与特征。本论文中使用的主要史料包括朝鲜长老会传教部公议会的年会议记录和美以美会传教部朝鲜女性事工部的年例会记录、在朝基督新教传教部公议会(The Federal Council of Protestant Evangelical Missions in Korea)的中国人传教委员会每年的报告书及传教士们的个人报告书以及报纸报道,还有朝鲜总督部发行的《朝鲜国势调查报告》和《统计年报》中的华侨人口调查等。

一、朝鲜中华基督教会的设立和1945年以前的发展状况

在朝鲜中华基督教会的创立中扮演重要角色的有两位人物,一位是来自山东省海阳市的中医车道心,另外一位是美以美会的伊迪丝德明(Edith Deming)传教士。车道心在山东时曾参加汉特可伯传教士(Hunter Corbett)创立的教会,1898年来朝鲜之后加入了元杜尤(Horace G. Underwood)创办的教会,学习朝鲜语并与朝鲜女性结婚。[⑥] 作为献身的基督徒,车道心深切盼望在朝鲜有中文的礼拜。随后他的夙愿因1912年伊迪丝德明传教士来到朝鲜而得以实现。[⑦]

德明于1882年出生于浙江金华,她的父母是浸信会在中国的传教士(Mr. & Mrs. Joseph Samuel Adams)。[⑧] 德明传教士在波士顿神学院毕

⑥ Mrs. C. S. Deming, "Work among the Chinese," in *Minutes of the Korea Woman's Conference of the Methodist Episcopal Church*(以下简称*KWC*)(1913), p. 67; "Work among the Chinese in Seoul," in *The Korea Mission Field*(以下简称*KMF*)(Dec. 1913), p. 321.

⑦ "Work for Chinese in Korea," in *The Chinese Recorder*, vol. 63(Jan. 1932), p. 60.

⑧ "Biographical Data,"《九十周年纪念特刊》,第46页。

业后追随父母的脚步,于1902年受浸信会女性海外传教部的差派,[⑨]其后于1911年在于美国召开的一个传教会议上相识的德明(或称“都伊明”, Charles S. Deming)结婚。德明受美以美会海外传教部的差派,从1905年开始在朝鲜进行传教活动的传教士。他们结婚后,于1912年3月来到京城。[⑩] 虽然德明夫人必须要跟随丈夫来到朝鲜,但她却有着强烈的向中国人传教的使命感,因此,从一开始她就有向侨居此地的中国人传教的想法。

德明传教士到达京城后就立刻打听中国基督徒情况,从而听说了车道心的事迹。二人于1912年5月向坐落于钟路的YMCA会馆借了一个房间,开始了第一次的中国人主日礼拜。[⑪] 次年年初,中华教会在位于京城西小门的中国人聚居地租借了一座双层砖瓦结构的楼房,筹建了自己的礼拜堂,1913年4月受山东长老会派遣的第一任主任牧师李可风赴任。1913年4月12日,7名中国人首次在李可风牧师的主持下接受洗礼。[⑫] 教会于1919年在西小门购入土地及礼拜堂,教会出席的会友人数超过50名。

之后,朝鲜中华基督教会依次于1917年开设元山和仁川、1923年开设平壤、1928年开设釜山教会。[⑬] 中华教会大部分经费依靠基督新教传教部都加入的“在朝基督新教传教部公议会”的传教费,此外传教士在经济上受到的最大支持来自京城教会长老王公温创办的福音建筑厂。[⑭]

虽然1929年德明传教士和丈夫一起将传教地转移到中国东北地区,但中华教会在金若兰(Margaret J. Quinn, 1862－1934)[⑮]的带领下得

---

⑨ 徐庚寅:《缅怀德明夫人——旅韩中华基督教会百年沧桑补遗》,第19页。

⑩ Deming, “Work among the Chinese in Seoul,” *KMF*(1913), p. 321.

⑪ Ibid.

⑫ Ibid., p. 69.

⑬ 钱在天:《朝鲜中华基督教会之经过与现况》,第135－137页.

⑭ 李惠源,“Chinese Protestant Building Contractors,” pp. 11－12。

⑮ 金若兰传教士作为加拿大人,是宣道会(Christian & Missionary Alliance)的传教士,在中国服事32年,同时与伊迪丝德明传教士的父母也甚有交情。退休后在宣道会的认可之下来到朝鲜,一直尽心于中国人事工。参见 Mrs. C. S. Deming, “Union Chinese Church of Korea,” *KWC*(1929), p. 62; Margaret J. Quinn, “The Chinese Christian Church of Korea,” edited by D. A. MacDonald, *The Korea Missions Year Book* (Seoul: Christian Literature Society of Korea, 1932), p. 82。他最后因心脏病发在1934年去世,安葬于杨花津外国人墓地。

以继续发展。由于发生在1931年的万宝山事件和排华事件,中华教会急速衰退,1937年由于抗日战争爆发,中国人大多回国,中华教会直到战争结束为止,一直处于艰难的境况之下。⑯

1912年开始到1945年的这段期间内,五个地方的中华教会中有讲道的事工者共20余名,他们都是从中国来的。⑰ 教会得以成长发展与德明和金若兰这两位会中文的传教士的强烈影响和中国事工者的献身以及会友的热心是分不开的。

1. 传教部公议会中国人事工委员会的角色

如上所述,朝鲜中华基督教会创办于1912年。但是,在朝传教士们,特别是在朝长老会公议会(Council of Presbyterian Missions in Korea)早在1902年就开始对在朝侨居的中国人进行过人口调查,并且为了向他们传教而正式组织成立了名为"在朝日本人和中国人传教委员会"(Committee on a Mission to Japanese and Chinese in Korea)的下属委员会。与此同时,在中国的欧美传教团体则通过书信开始申请派遣中国牧会者或者能熟练使用中文的传教士。⑱ 但是由于寻找事工者并非易事,所以长老会公议会向在中国的大英圣书公会提出申请,要求购入中文圣经,所属长老会的传教士可以随身携带,当在路上遇到中国人时可以分享与劝导,⑲或者每年夏天邀请中国的卖书人去中国人聚居区贩卖圣经并且召开传道大会。⑳

在朝中国人传教事工者们所期待的会中文的传教士德明夫人正好于1912年来朝,尽管她属于美以美会,但她开始向属于长老会公议会的

---

⑯ R. C. Coen, "The Chinese Christians Carry On," *KMF* (Dec. 1938), p. 250.

⑰ 李惠源,"History of the Chinese Christian Church of Korea from 1902 to 1937," pp. 36-37。

⑱ Charles A. Clark, compiled, *Digest of the Presbyterian Church of Chosen* (Korean Religious Book and Tract Society, 1918), p. 154; *The Minutes of 11th Annual Meeting of the Council of Presbyterian Missions in Korea* (以下简称 *Presbyterian Council Minutes*) (Yokohama: The Fukuin Printing Co., 1903), pp. 6-8。

⑲ Charles A. Clark, *Digest of the Presbyterian Church of Chosen*, p. 155.

⑳ Mrs. C. S. Deming, "Work among the Chinese," *KWC*(1913), p. 67.

传教士们筹款。[21] 并且,美以美会也首先由下属的朝鲜女性传教部(Korea Woman's Conference)组织成立了"中国人事工委员会",每年支持其40圆,卫理公会公议会(美以美会及监理会)则任命德明传教士为所属京城年会的"京城中华民国教会传道事务"负责人,并且给中华教会补助100圆。[22]

到了1917年,长老会公议会与卫理公会公议会为了向中国人传教,正式组织成立了"共同委员会"(joint committee),决定从此各自分担一半的传教费。[23] 1920年,长老会和卫理公会相关委员会接受了由在朝基督新教传教部公议会(以下简称"传教部公议会")负责更为妥善的提议,从1921年开始正式将事工转交给传教部公议会。[24]

传教部公议会也于1921年组织成立了下属的"中国人事工委员会"(Committee on Chinese Work)。[25] 委员会的历任会长从1921到1928年由德明传教士担任,1929到1933年由金若兰传教士担任,1934年到公议会被日帝解散的1938年由康云林(William M. Clark)传教士负责。[26]

共同委员会及传教公议会的中国人事工委员会所扮演的角色如下:第一,经济上的支持;第二,制定教会宪法及与土地购买相关的咨询;第三,探索新的传教地及支持新教会的开拓等。

其中第三个角色,德明传教士曾多次在传教部公议会会议中呼吁"我们希望能够到达每一个有中国人生活的地方。在各传教士服事的地

㉑ Charles A. Clark, *Digest of the Presbyterian Church of Chosen*, p. 156.

㉒ *Official Minutes of the Korea Mission Conference, Methodist Episcopal Church, Seoul, Korea* (1913), p. 31; Charles A. Clark, *Digest of the Presbyterian Church of Chosen*, p. 158; Mrs. C. S. Deming, "Union Work among Chinese in Korea," *KWC* (1925), p. 81; Mrs C. S. Deming, "Work among the Chinese in Seoul," p. 324;《제7회조션예수교감리회년회일긔》, p. 25。

㉓ Charles A. Clark, *Digest of the Presbyterian Church of Chosen*, p. 159.

㉔ *Presbyterian Council Minutes* (1921), p. 8; *Minute of Annual Meeting of the Federal Council of Protestant Evangelical Missions in Korea* (以下简称 *Federal Council Minutes*) (1921), p. 14.

㉕ *Federal Council Minutes* (1921), p. 14.

㉖ 李惠源,"History of the Chinese Christian Church of Korea from 1902 to 1937," pp. 29-30。

区若有中国人的话请将他们介绍给我们,这将是对我们最大的帮助。"㉗结果,全国各地的传教士们多次在传教部公议会会议上提供中国人聚居区的信息,从而促进了新教会的开拓,如九味浦和镇南浦以及灵山矿山地区等。㉘ 在咸镜道地区活动的加拿大长老会和监理会的积极要求和帮助下,元山中华教会终于在 1917 年创立。

2. 元山地区中国人口调查

根据《朝日修好条规》,1879 年元山港开港,华侨移居元山是从 1883 年开始的,而划定元山西北部为清国租界(支那町)则是在 1888 年。㉙尽管元山位于与海参崴贸易通商的重要位置上,但在 19 世纪朝鲜初期开港的仁川、釜山、元山港口中,元山华侨人数的增加相对于其他两个区域来说是非常缓慢的,直到 1893 年为止还不足百人。㉚ 但是在 1902 年,元山开设了副领事馆,在初代副领事马永发赴任之后,元山华侨人数增加到了二百名以上,㉛特别是 1914 年连接京城和元山的京元铁道铺设以后,元山的华侨人数逐渐增加。下表是朝日合并之后,从 1910 到 1945 年的元山华侨人口状况及朝鲜华侨人口状况的参照表。

表 1　元山及朝鲜华侨人口状况(1910 - 1942 年)㉜

年度	元山华侨				朝鲜华侨总数
	男	女	户数	总数	
1910			80	338	11818

㉗ Mrs. C. S. Deming, "Report of Union Chinese Work in Korea," in *Federal Council Minutes* (1922), p. 32.

㉘ Charles A. Clark, "Report of the Work for Chinese in Chosen," in *Presbyterian Council Minutes*(1919), p. 23.

㉙ 驻元山副领事馆:《元山侨务之概要》,载石源华、李辅温编纂:《南京国民政府外交部公报(1928 年 5 月- 1949 年 6 月):大韩民国关系史料-上卷》,首尔:读书出版高句丽,1995 年,第 957 页。

㉚ 杨昭全、孙玉梅:《朝鲜华侨史》,北京:中国华侨出版公司,1991 年,第 130 页。

㉛《第二次统监府统计年报》,1907 年,第 71 页。

㉜《朝鲜总督府统计年报》,参阅 1910 - 1943 年度。

续　表

年度	元山华侨				朝鲜华侨总数
	男	女	户数	总数	
1911			85	301	11837
1912	314	14	85	328	15517
1913	456	26	116	482	16222
1914	298	22	87	320	16884
1915	537	22	107	559	15968
1916	288	40	98	328	16904
1917	379	25	91	404	17967
1918	394	29	102	423	21894
1919	382	38	99	420	18588
1920	468	112	124	580	23989
1921	466	109	125	575	24695
1922	448	119	127	567	30826
1923	548	136	166	684	33654
1924	630	127	166	757	35661
1925	640	128	176	768	46196
1926	646	128	178	774	45291
1927	658	128	182	786	50056
1928	663	128	187	791	52054
1929	674	135	196	809	56672
1930	940	246	262	1186	67794
1931	213	31	48	244	36778
1932	435	143	148	578	37732
1933	570	191	168	761	41266

续 表

年度	元山华侨				朝鲜华侨总数
	男	女	户数	总数	
1934	637	203	176	840	49334
1935	689	205	179	894	57639
1936	837	256	214	1093	63981
1937	419	192	122	611	41909
1938	454	224	137	678	48533
1939	486	245	152	731	51014
1940	555	278	160	833	63976
1941	659	354	195	1013	73274
1942	787	489	262	1276	82661
1943					75776

通过上表可知,在1931年排华暴动的影响之下,约有3/4的人口回到中国,稍有恢复之后,又因1937年抗日战争的爆发而再次减少。除了两次浩劫之外,大约有400-600名华侨定居在元山。

一方面,通过1923年朝鲜总督府的调查数据可以得知当时元山华侨的职业情况,商业及交通业占比最高达到35.9%,农业是24.9%,工业是6.9%,还有其他从业者为14%,无职业者是17.7%。[33] 另外,根据1934年的中华民国驻元山副领事馆的调查内容来看,公务员占2.1%,商业是40.9%,农业是40.0%,工业是12.8%,教员是0.2%(2名),其他职业者3.8%。[34]

除了在元山定居的400-600名华侨之外,每年大约有4万名中国人汇集到元山港。因为元山港是中国山东人去海参崴工作的两处必经地之一。因此,元山成为一个每年有数万名中国人来此暂居两、三周然

㉝ 朝鲜总督府:《朝▪に於ける支那人》,朝鲜总督府,1924年,第188-189页。

㉞ 驻元山副领事馆:《元山侨务之概要》,1934年,第959页。

后离开的独特港口城市,[35]如此众多的中国流动人口对日后元山教会的特征产生了深远的影响。

二、元山教会的创建与特征

1. 元山教会的创建与加拿大长老会的角色

最先在元山开始传教活动的是北美长老会,于 1892 年在元山开设了传教部。[36] 美以美会也于次年的 1893 年向元山派遣医疗传教士并开设传教部。但是,长老会和卫理公会在朝鲜签订了“传教地礼让协议”,根据此协议,北美长老会向加拿大长老会、美以美会则向监理会“礼让”了元山地区,因此,加拿大长老会于 1899 年从北美长老会、1900 年监理会从美以美会接手了元山各处传教部的财产并正式开始了元山传教事工。[37]

如此,自从加拿大长老会和监理会在元山开始传教起,传教士们就把“元山作为每年可以向四万名聚集于此的中国人播撒福音种子的战略地区,数年间一直祷告有中国讲道人能够来到”,[38]特别是作为监理会传教士而有着在中国活动经验的高永福(Charles T. Collyer, 1868 - 1944)[39]曾数次在传教部公议会的会议上建议开办元山的中华教会。但在 1912 年京城首次创办朝鲜中华基督教会之后,由于牧会者的缺乏,在其他地

---

[35] Milton Jack, “Mission Work Among Chinese in Korea,” *KMF*(1914), p. 88.

[36] 韩国基督教研究所编纂:《北韩教会史》,首尔:韩国基督教历史研究所,1999 年,第 95 页。

[37] R. A. Hardie, “Condensed Report of the Wonsan Circuit for the year 1901,” in *Minutes of the Annual Meetings of the Methodist Episcopal Church, South*(1901), pp. 25 - 26;韩国基督教研究所编纂:《北韩教会史》,第 95 - 96 页.

[38] Mrs. C. S. Deming, “Chinese Work,” *KWC*(1917), p. 95.

[39] 出生于英国的高永福传教士本来作为大英圣书公会的传教士在中国上海活动,与监理会史密斯(L. Smithy)传教士结婚后转会到监理会,并于 1897 年 1 月作为监理会传教士与夫人一起来朝。从 1898 年开始作为开拓传教士在松都地区活动,1907 年到 1919 年则在京城地区活动。[韩]김승태、박혜진编纂:《来韩宣教师纵览: 1884 - 1984》,首尔:韩国基督教历史研究所,1994 年,p. 211。

区开创中华教会实际上并非易事。

期间,京城中华教会的于新民牧师由于教会内部矛盾,于1917年辞职。当时,在伊迪丝德明传教士和高永福传教士的商议之下,教会最后决定派遣于新民牧师及其全家去元山。就在德明传教士、高永福传教士、于新民牧师第一次一起为元山事工开会的当天早上,正好收到了一个美国人寄来的信,与信一同寄来的还有"为中国事工而用的美金"共30.60美金,这笔钱就作为于新民牧师前两个月的工资使用了。[40] 从第三个月开始,于新民牧师的工资及教会运营费、活动费大部分都来自于元山当地传教士们每月送来的支持金。

元山中华教会在开拓期扮演发起人角色的虽然是美以美会的德明传教士和监理会的高永福传教士,但在元山直接帮助元山教会的,却是加拿大长老会的李溜义施传教士。

加拿大长老会于1917年在京城、元山、咸兴、成津、会宁以及龙井(中国)等地开设传教部,元山地区有7名传教士在此开设医院、教会、男女学校等。其中,李溜义施传教士本来是由加拿大女性海外传教会派遣到中国活动的传教士,1900年为了躲避义和团运动而来到朝鲜,就此将传教地转移到朝鲜并在元山地区展开活动。[41]

首先,加拿大长老会在1917年于元山召开的年例会议中曾邀请德明夫人及于新民牧师发表关于元山中华教会的计划。此时,德明传教士报告了如下情况:(1)根据中华民国副领事馆的调查,每年有接近四万的中国流动人口来到元山;(2)因为在元山改宗的中国流动人口一定会回到中国,所以可以借着他们向中国播撒福音的种子;(3)来元山的大部分中国人都来自长老会传教地山东,而于新民牧师也是长老会的牧师;(4)于新民牧师的夫人作为毕业于教会学校的才女,希望在自己的家中开办女子学校及女子查经会。一同参与会议的于新民牧师也披露了他有意向居住在东海岸的中国人展开传道活动的牧会计划。加拿大

㊵ Mrs. C. S. Deming, "Chinese Work," *KWC*(1917), p. 95.

㊶ William Scott:《韩国에 온 加拿大人들》,연규홍译,首尔:韩国基督教长老会出版社,2009年,p. 115。

长老会在最后讨论中决定由传教部下属的传道委员会正式向元山中华教会提供传教费用。[42]

加拿大长老会首先将属于传教部但并未使用的、位于凤水洞的小型砖瓦建筑礼拜堂及私宅借给中华教会使用。至此,初期的元山教会拥有了小礼拜堂和牧师私宅,展开了教会的事工活动。[43] 教会的位置正好处于临近中国人聚居区的地方。

于新民牧师和夫人就开始向在路上遇到的中国人传福音并将传教地划分区域,在元山开始了牧会生涯,他们走访了每一户居住在元山的华侨家庭。其中有一些人开始有兴趣并在周日造访位于凤水洞的教会,[44]在于新民牧师抵达后的5个月间,出席主日礼拜人数最多的记录达到30名。[45] 于师母则在来到元山之后,马上募集中国儿童并以教授文字为由开创了一所小的学校,他们的人数也达到了15名。[46] 圣诞节时,在加拿大长老会的帮助下为孩子们举办了小型的聚会。

于新民牧师引导下的元山教会结出的第一个果子是年轻的裁缝Mr. Chih Se Fu。[47] 特别是他在父亲的极力反对下仍然改宗的决定感动了于新民牧师及支持中华教会的传教界,于新民牧师因此深受鼓舞,每年夏天都会沿着东部海岸线向在北部形成的多数中国人暂居地巡回讲道,从此扩展了以元山为中心的活动领域。在巡回讲道旅行的过程中,他卖出了许多准备的书籍,甚至遇到了几位中国基督徒。在于新民牧师的种种努力之下,一年后的1918年,元山教会中有4人接受洗礼问答学习,12人固定出席教会礼拜。[48]

另外,加拿大长老会在1918年例会中正式决定,在两个委员会(实行委员会和特别委员会)中的特别委员会内设立"中国人事工委员会"

---

[42] *A Synopsis of Minutes of the Nineteenth Annual Meeting of the Council of the Korea Mission of the Presbyterian Church in Canada* (以下简称 *Canadian Presbyterian Minutes*), 1917, p. 12.

[43] 德明夫人:《조선경성중화인 기독교회》,载《基督申报》,1919年1月29日,第3版。

[44] "Work among the Chinese," *Canadian Presbyterian Minutes* (1919), p. 50.

[45] Mrs. C. S. Deming, "Chinese Work," *KWC* (1917), p. 96.

[46] "Work among the Chinese," *Canadian Presbyterian Minutes* (1919), p. 50.

[47] Mrs. C. S. Deming, "Chinese Work," *KWC* (1917), p. 96.

[48] Milton Jack, "Mission Work among Chinese in Korea," *KMF* (1914. 4), p. 89.

(Committee on Work among Chinese),并任命李溜义施传教士和米尔顿杰克(Milton Jack)传教士为委员。[49] 李溜义施传教士负责元山中华教会,杰克传教士则负责支援京城的中华教会。

加拿大长老会传道委员会(Evangelistic Committee)在 1918－1919 年间对在元山的中国人进行了调查,传教部以此为基础研究了能为元山中国人做的事。[50] 另外,元山当地的传教士们不同于加拿大长老会,他们每月为中华教会进行特别奉献,于牧师的工资大半来自他们的奉献。[51]

至此,在加拿大长老会和于新民牧师的努力之下,成功开拓了元山中华教会,并且具备了稳定活动的物质基础。但是于新民牧师在赴任两年后的 1919 年突然辞职,因此元山教会不得不开始探索全新方向。

2. 作为公共学校的教会学校

于新民牧师在结束了两年的元山教会牧会之后,于 1919 年 2 月回到中国芝罘。

于新民牧师决定辞去职务之后,德明传教士首先找到元山的中华民国副领事馆,对元山中华教会扮演的角色进行了面谈和讨论,当时元山的副领事,即马永发希望教会能为孩子们开设学校,[52]还建议学校教授中国古典文学和西方知识。对于此提议,传教部认为在建校后同时可以教授基督教教理并传道,所以进行了积极的讨论。并且长老会和卫理公会的中国人事工共同委员会表示,可以在德明传教士安息年休假回归之前,先从委员会寻找继任者,决定要寻找的继任者必须是能在德明传教士和京城中华教会牧会者的指示下牧养教会,同时还可以开设并运营教会学校的人。[53] 以教会学校为中心的传道活动重新确立了元山教会的方向。

之后,共同委员会向中国的众多传教部和教会发出了为元山教会寻

---

[49] *Canadian Presbyterian Minutes* (1918), p. viii.

[50] *Canadian Presbyterian Minutes* (1919), p. 9.

[51] "Work among the Chinese," in *Canadian Presbyterian Minutes* (1919), p. 51.

[52] Ibid.

[53] Charles A. Chas. Allen Clark, "Report of the Work of Chinese in Chosen," in *Presbyterian Council Minutes* (1919), p. 22.

找继任者的书信,但这件事却并不容易。这其中的理由有:首先,当时正处于三一运动之后,朝鲜社会的动荡不安增加了寻找后任者的难度;其次是朝鲜货币与中国货币之间汇率对于中国人不利。[54]

此后的1920年,在德明传教士及李溜义施传教士的努力之下,收到了满洲长老教会的Mr. McWhirter传教士发来的消息,即奉天满洲基督教大学(Manchuria Christian College in Mukden)的一位青年希望到元山,半天照管学校,半天进行传道事工。收到这个消息之后,李溜义施传教士立刻找到了元山的副领事进行商讨,副领事回复称元山的家长们不想把孩子送到教会学校,期望能开办中国人自己的学校。[55]

如此,在于新民牧师辞职后,教会在两年时间没有牧者,并且事工处于中断的状况,连教会创办学校的计划也变得扑朔迷离,就在陷入失望之际,元山的一位中国商人联络了加拿大传教部。他有五名子女,若教会在元山开办学校的话,他愿意每年支付100美金用以帮助支付基督教教师的工资。这位商人为了子女们的教育,曾经送他们到济物浦的中华小学读书。[56] 因此他特别希望能在元山开办中华学校,并表示即使是教会学校,只要学校能够成立,他就愿意给学校援助。

李溜义施传教士接受了这位商人的提议后,再次联络了满洲基督教大学的校长,并收到答复,称有一位毕业生希望能够在元山开办学校,同时向定居在元山的500名同胞展开传道的事工。此后的1921年3月,这位"青年"抵达元山,在加拿大长老会所拥有的一间房屋内带着4名学生(3名男孩、1名女孩)开始了学校的事工。学生人数也在一周之内增长到12名,以至于这个小房间人满为患。[57] 这是自1883年华侨开始移

---

[54] E. H. Miller, "Report of the Work for Chinese in Korea," in *Presbyterian Council Minutes* (1920), p. 26.

[55] Louise H. McCully, "Report of Work among Chinese," in *Canadian Presbyterian Minutes* (1920), p. 31.

[56] Louise H. McCully, "Report of the Chinese Work in Wonsan," in *Canadian Presbyterian Minutes* (1921), p. 44.

[57] Louise H. McCully, "Report of the Chinese Work in Wonsan," in *Canadian Presbyterian Minutes* (1921), p. 45; Edith M. Deming, "Report of Union Missionary Work among the Chinese in Korea," in *Federal Council Minutes* (1921), p. 44.

居元山的30年间开设的第一所华侨小学。学校的名称是“中华学校”。[58]

1921年正式赴任的新教师、传道士,在传教士文书中被称为“某青年”(a young man)或“Mr. Liao”的中国人,其姓名可以在1928年访问朝鲜的中华基督教会干事钱在天的记录中得以确认。即钱在天访问朝鲜的中华教会之后所写的报告书:

> 元山教会之概况:距韩京东北百四十一里元山,大海港也。……越二年,教会暂停一年,后某君热心兴学,年捐百元,长老会请廖国恩先生教学兼布道,月薪半系费学,半系西教士捐给,惟房租一项,京城月捐十五元。[59]

在元山中华教会的第一任牧师于新民之后,于1921年到元山中华教会赴任的第二任传教士,负责讲道和教会学校的创办人就是廖国恩。

之后,为了教会学校即中华小学的发展成立了校董会,任命了包括加拿大长老会的李溜义施传教士、监理会的泰勒(James O. J. Taylor)传教士、每年奉献100美金的中国商人、中华民国副领事马永发和一位会中文的朝籍教师等五名委员。[60] 学校的运营费用由加拿大长老会的基金和元山中国华侨捐赠的钱,以及家长交的学费充当。

校董会认为当务之急就是置办学校宅基地及建筑物。为此,以德明传教士及李溜义施传教士为中心,从1921年开始,为了能购入一块可以同时容纳学校和教会的宅基地而向传教部公议会提出了预算申请,另外咨询了元山市内的多处房产中介。[61] 为了新建学校,学生家长们也进行

---

[58] 钱在天:《朝鲜中华基督教会之经过与现况》,第135页。

[59] 同上。

[60] McCully, "Report of the Chinese Work in Wonsan," in *Canadian Presbyterian Minutes* (1921), p. 45.

[61] Edith M. Deming, "Report of Union Missionary Work among the Chinese in Korea," in *Federal Council Minutes* (1921), p. 45.

了募款。[62]

在考察了诸多宅基地之后,校董会于1924年决定将中华学校的建筑盖在李溜义施传教士做校长的马大威尔森女性圣书学院(Martha Wilson Memorial Bible Institute)附近的一块属于加拿大传教部的宅基地之上。这里地处元山的中心,并且大家一致认为这个地理位置是最适合为中国儿童建立学校的地方,在中华教会的请求下,加拿大长老会同意以相对较低的价格出售该宅基地。李溜义施传教士因为中华教会当下募捐了550日元,另外还需要1000日元而向传教社会部请求帮助。[63]

1925年,元山中华教会与加拿大长老会签订协议,以2027日元的价格购买了该宅基地,并且决定先在预算范围内盖教室。[64] 廖老师本来准备在1925年6月辞职回中国读神学,但由于学校建设的缘故推迟了几年。[65] 教会通过中国人和传教士的募捐活动,首先开始了建筑物的兴建,学校建筑可以说是"中西合力捐成"的。[66] 1926年,美国慈善家Mrs. Milton Stewart向"为了元山中华教会建立教会学校提供的基金"捐赠了700美金,所有的建筑费用得以解决。[67] 最后,在1927年,元山中华教会的学校建筑终于竣工并且献上了献堂礼拜。[68]

在兴建校舍的同时学生人数也在增长。从1921年开办学校到1923年,学生数增长到26名,学生的父母为了支持学校,每月支付25日元的

---

[62] Mrs. C. S. Deming, "Union Chinese Christian Church of Korea," in *The Christian Movement in Japan, Korea and Formosa*, D. C. Holton, ed. (Japan: Federation of Christian Missions, 1923), p. 521.

[63] Edith M. Deming, "Report of Union Work among Chinese in Korea," in *Federal Council Minutes* (1924), p. 42.

[64] Edith M. Deming, "Union Work among Chinese in Korea, Annual Report, September, 1925," in *Federal Council Minutes* (1925), p. 37.

[65] Mrs. C. S. Deming, "Union Work among Chinese in Korea," *KWC* (1925), p. 80.

[66] 钱在天:《朝鲜中华基督教会之经过与现况》,第135页。

[67] R. C. Coen, "Union Work among Chinese in Korea," in *Federal Council Minutes* (1926), p. 20.

[68] W. M. Clark, "Annual Report of Union Work Among Chinese in Korea," in *Federal Council Minutes* (1927), p. 25.

学费。[69] 在学生中间开办了少年勉励会(Junior Endeavour)。廖老师在主日再次聚集他的学生,带领他们在主日学学习圣经。结果到了 1924 年,学生中有三位毕业之后去了芝罘和奉天的教会学校留学,[70]一名女孩子在毕业后去到上海的 Oriental Mission Training School of Shanghai 进修,毕业后成为一名女性传道士并留在中国开展事工。[71] 在抗日战争爆发前的 1937 年 6 月 6 日下午,在元山举行了元山主日学联合礼拜,当时留有“新加入的教会还有圣洁教会、中华教会、日本教会”的记录。[72] 显然,参与其中的大部分主日学学生都是中华学校的学生。由此可见,基督教在学校中的影响力不可小觑。

1925 年的学生人数是 40 名,校址竣工之后的 1927 年,登录的学生有 30 名。廖老师和他的夫人在校址竣工并且学校稳定发展之后的 1928 年夏天离开,回到中国进修神学。[73] 因此,济物浦中华教会中的两位教友(讲道家 Shu 氏和其夫人)来到元山并负责学校事工。

但是到了 1929 年,元山教会学校遭遇了相当大的困难,原因是在那一年,元山的中华商会开办了免费的小学,因此元山副领事向元山中华教会提出废弃教会学校的要求。京城中华教会下属的幼儿园与小学也因同样的理由被废弃。[74] 因此,在元山出现了两个华侨小学。下表是当时元山华侨人口的年龄分布,在 1930 年,5 - 9 岁的小学适龄儿童男女仅有 23 名。因此,两所小学就略显多余,而父母们更愿意选择华侨商会开办的免费学校,更何况那学校还受到领事馆的支持,这其中的差距不言而喻。

---

[69] Edith M. Deming, "Union Work among the Chinese in Korea," in *Federal Council Minutes* (1923), p. 47.

[70] Edith M. Deming, "Report of Union Work among Chinese in Korea," in *Federal Council Minutes*(1924), p. 42.

[71] Edith M. Deming, "Committee on Work among the Chinese," in *Federal Council Minutes* (1929), p. 30.

[72] 《元山主日学校联合礼拜盛况》,载《基督申报》,1937 年 6 月 16 日,第 6 版。

[73] Mrs. C. S. Deming, "Chinese Work," *KWC*(1928), p. 61.

[74] Deming, "Committee on Work among the Chinese," in *Federal Council Minutes* (1929), p. 30.

表 2 元山华侨人口年龄分布表(1930 年、1935 年)[75]

年度	性别	0－4 岁	5－9 岁	10－14 岁	15－19 岁	20 岁	30 岁	40 岁	50 岁	60 岁以上	总数
1930	男	19	5	7	84	217	159	60	10	2	559
	女	18	18	2	10	31	22	4	3	0	108
1935	男	47	24	21	97	253	156	100	44	8	750
	女	28	47	20	18	41	28	21	5	2	210

但传教部及中华教会仍以信徒子女为中心,继续保留已有的宅基地和建筑物的小学,1931 年排华暴动席卷元山之后,反而因祸得福地获得了好机会。由于排华暴动的缘故,元山华侨人口骤减到 1/4,商会在此期间遭受巨大的损失,因此商会设立的小学于 1931 年废弃,结束了其短暂的历史。[76] 元山中华教会的建筑虽然在排华暴动当时遭到了损伤,但在传教士们的积极帮助下并没有遭受巨大的损害,[77]最终,副领事馆决定重新支持拥有建筑物和校舍的教会学校,取代已关闭的商会小学。从此,元山中华学校再次得到领事馆及家长和元山华侨社会的支持,成为唯一一所小学并得以稳定发展。对此,当时的元山中华民国副领事在 1934 年的调查报告中做出过如下记录:

> "教育设施":有中华小学校及菜园自设之私塾各一所,寅侨民携眷者甚少,故学龄儿童亦不多,中华小学校只有三十余人,私塾尚不及二十人。学费视学生家境,自行酌识,每月有二元、一元、五角、二角不等。中华小学校与教会合办,教员薪金,由中华基督教会支给,所收学费,不过聊以补充。[78]

---

[75] 《朝鲜国势调查报告:道编第 12 卷,咸镜南道》,1930 年、1935 年。

[76] 驻元山副领事馆:《元山侨务之概要》,1934 年,第 960 页。

[77] "Committee on Work among the Chinese," in *Federal Council Minutes* (1931), p. 35.

[78] 驻元山副领事馆:《元山侨务之概要》,1934 年,第 960 页。

此后，学生人数一直维持在30－40名左右，根据1935年的记录，元山学校的教师月工资40日元，每年需要480日元，为此，传教士们奉献192日元、监理会女性传教部奉献168日元以及所收学费120日元，合计筹备了480日元。[79] 一年后的1936年，传教部公议会为元山学校奉献的支出额增加到360日元。[80]

但随着战争的到来，元山学校的性质再次迎来了变化。即在1937年夏天战争爆发后，“除济物浦以外，所有的教会事工者都回去中国”，从而使得传教部无法再为元山教会及元山学校提供支持，[81]又因1941年太平洋战争爆发，所以在朝鲜的所有西方传教士都不得不回到自己的国家。

1938年，由于日本统治的缘故，传教部公议会整体解散，之后再很难找到关于元山教会特别是有关元山学校的传教会和中华教会的记录。但是驻朝鲜的中华民国总领事范汉生及元山副领事马永发于1938年分别发表了支持战后中国建立的亲日政府——中华民国临时政府的宣言，结果，回到中国的中国人反而带着家人回到朝鲜，儿童人数也得以增加，[82]亲日政府留下了与在朝华人情况有关的报告书，其中有与元山华侨小学有关的记录。

1942年，汪精卫政权写下了针对元山华侨的报告书，其内容显示，当时在元山有一所华侨小学，此学校有学生170名，教员6名，教员工资各73日元，汪政权为元山小学每月补助130日元。[83] 在同一文书中记载此学校创办年度为“1923年”，并且记载创办者为“加拿大长老会→中华

[79] R. C. Coen, “Financial Statement: Chinese Work Committee,” in *Federal Council Minutes* (1935), p. 26.

[80] R. C. Coen, “Financial Statement, Chinese Work,” in *Federal Council Minutes* (1936), p. 28.

[81] R. C. Coen, “Report of the Chinese Work Committee,” in *Federal Council Minutes* (1937), p. 61.

[82] ［韩］이은상：《抗日战争时期元山华侨의 动向과 华侨经济》，载《史丛》90，2017年1月31日，第131页。

[83] 《行政院124次会议讨论事项第1案附件》（1942年8月18日），载《汪伪政府行政院会议录》第15册：第28－29页，转引自［日］菊池一陆：《戦争と華僑：日本・国民政府公館・傀儡政権・華僑間の政治力学》，東京：汲古書院，2011年，第419页。

商会”。由此可见,报告书中提及的元山小学分明就是中华教会当初创办的教会学校。[84] 虽然元山教会创办于1921年,但20年后写成“1923年”可能是领事的笔误,也可能是教会学校得到认证的年份是1923年。但可以肯定的是,在“1923年”,作为元山华侨小学存在的学校只有教会学校一所而已,加上此学校的初创者也分明写着“加拿大长老会”。因此,一直维持到1943年的“元山小学”就是教会学校。

此报告书里元山小学的创办者从加拿大长老会改成中华商会的理由不明,但至少传教士们都已经撤离,不能再管理学校。此后,在作为敌产被日帝没收的加拿大长老会财产中,学校房产及财产有可能通过与元山中华副领事馆协商之后,转交给元山领事馆或者商会。针对这一点可以开展后续研究。

汪精卫政权对元山小学的记录持续到1943年和1944年,1943年填写了元山小学的董事长一览表,当时有董事长4名、董事6名,全部由中国人担任,[85]1944年汪政权的补助增为280日元。[86]

除了1929年和1931年这两年以外,从1921年开始到1944年,元山地区唯一的华侨小学是教会学校。元山中华教会设立的“教会学校”是到1945年之前在朝鲜半岛全境中开办的28所华侨小学(其中14所是1937年抗日战争爆发后建立的)[87]中唯一的一所教会学校,成立之后,除了两年之外,一直作为唯一一所具有公共性质的中华小学,“教会学校”

---

[84] 《侨务档案(侨民教育)》,载中《中华民国国民政府(汪政权)大使馆档案》(2-2744-37),转引自[韩]李正熙:《抗日战争과朝鲜华侨》,载《中国近现代史研究》35,2007年9月,第112页。

[85] 《元山华侨小学校董姓名一览表》,载《侨民教育》,1943年,载《中华民国国民政府(汪政权)驻日大使馆档案》(2-2744-36),1943年12月,转引自이은상:《抗日战争时期元山华侨의 动向과 华侨经济》,第131页。此处记录的董事长分别是胡清安、崔殿芳、王敬五、刘师厚四人,董事是王宝鍊、田炳焕、牟仙洲、林贞和、祝绍颜、王继贵,除了田炳焕、林贞和来自河北,其余都来自山东。

[86] 《侨务档案(侨民教育)》,载《中华民国国民政府(汪政权)大使馆档案》(2-2744-37),转引自李正熙:《抗日战争과朝鲜华侨》,载《中国近现代史研究》35,2007年9月,第112页。

[87] 李正熙:《抗日战争과朝鲜华侨》,第112页。

在华侨社会地区中扮演了重要的角色。

3. 以暂居民传教为中心的教会

正如上述分析,元山教会在于新民牧师辞职后,从廖弟兄作为传教士和教师赴任后开始,以教会学校为中心开展了传道事工。但是,元山教会还有着另外一个特征,就是以暂居民为中心。

可以说,元山教会从创立初期开始,就是为了向暂居民开展传道活动的。正如前文提到的,监理会传教士高永福在主张开拓元山教会时的一个重要理由就是,元山是中国人流动人口最多的城市。每年有将近 4 万来自山东的中国人在元山等待换乘轮船,有一、两周的时间停留在元山,第一任于新民牧师的重要任务之一,就是找到在旅馆暂居的人,向他们讲道和传福音。中国事工委员会委员之一的米尔顿杰克传教士对此有着以下的记载:

> 暂居民事工虽然不会马上看到明显的结果,但是确是相当重要的事工。虽然问题在于传道对象一直不断地变化,但也正因这一点反而使更多的人有接触福音的机会。若福音能够在每年接触的这四万人中被传递的话,这里将成为无与伦比的福音播种之地。[88]

关于元山教会的暂居民事工,德明传教士在 1919 年 1 月 29 日写给《基督申报》的报道中也曾提及,下面是德明传教士报道的内容:

> 作为连接满洲和海参崴的必经之地,每年从元山出入的中国移民有四万名之多,为了等候船期,他们常在元山留宿一周以上。在那里的传道人去他们所在的旅馆探访,划分传道地区,进行个人传道。[89]

虽然米尔顿杰克传教士的说法看起来有一些过度的乐观主义,但思

---

[88] Milton Jack, "Mission Work among Chinese in Korea," *KMF*(April 1914), p. 89.

[89] 德明夫人:《죠션경셩즁화인 긔독교회》,载《基督申报》,1919 年 1 月 29 日,第 3 版。

及当时大多数的中国人或朝鲜人对基督教本身没有任何认识,这显然也为他们打开了一个新的视角。在1919年,德明传教士介绍了当时三个地区的朝鲜中华教会,她直接指出,元山教会的特征就是向“暂居民传道”,这和以定居于此的中国人为中心展开传道事工的京城及济物浦教会不同,这表明,将暂居民作为传道对象是元山教会独有的特性。

这种以暂居民为中心的教会在建堂时也曾多方考虑。1923年在计划筹建中华学校时也同样考虑到了教会的筹建问题,当时传教士们希望在流动人口最多的路口建造一个大的“路口传道礼拜堂”(street preaching chapel)。元山教会最初虽然借用加拿大长老会的一个小礼拜堂,但他们一直希望能够再攒一些钱,然后在中国人聚居区的中心,也就是领事馆旁边建立礼拜堂。[90] 他们希望在领事馆门口往来的中国人都能够清楚地看见,并且建立一个将门朝向路口而开的礼拜堂,希望在那里长期展开传道活动。虽然因预算问题而未能购入领事馆旁边的宅基地,但可见元山教会的战略目标并不在于主日礼拜,而是在平时也能够向走在路上的中国人传福音。

这也导致了元山教会信徒人数增长缓慢。有限的牧者不仅要负责教会学校事工,也要花许多功夫向暂居民传道。更何况元山教会的牧会者还要花时间在其他的事工上,即定期沿着元山北侧海岸线形成的华人聚居区,巡回给那里的基督徒讲道。比如,作为第一任牧师的于新民在1919年回到山东,并于1928年再次回到元山负责教会。于新民牧师当时不仅要负责元山地区,还要负责咸兴和其他北部地区的中国人礼拜共同体的事工。[91] 元山教会是中国牧会者在朝鲜半岛北部地区巡回传教的据点,从元山到满洲,在加拿大传教区域内的华人聚集地,不仅有华人牧会者的身影,还有李溜义施传教士等众多传教士们坚持不懈地前往这些地区进行巡回传教。[92] 因此,元山教会的牧会者停留在元山的时间就更加地减少了。

---

[90] Edith M. Deming, "Union Work Among the Chinese in Korea," in *Federal Council Minutes* (1923), pp. 47-48.

[91] Mrs. C. S. Deming, "The Missionary and Prayer," in *KMF* (1928.6), p. 131.

[92] "K. Report of Committee for Work among Chinese," in *Federal Council Minutes*(1934), p. 29.

其结果就是,元山教会于1917年成立,虽然在次年就有第一位改宗的信徒,但直到10年后的1928年,元山教会才迎来第一批受洗的信徒。当时元山教会为4名会友施洗,至此终于有了第一批正式信徒。[93] 之后到了1930年第一次按立了长老,当时成为长老的是Mr. Hsu。[94] 此时,负责京城教会的金若兰传教士和几位信徒为了参与按手仪式而到访元山,在此停留几周的时间,开办查经会并一起礼拜。在长老会中,一定要设立长老之后才能组织堂会。因此,元山教会于1930年可以开始自己处理教会事务,考虑到传教部公议会及元山的传教部向元山教会投入预算,不得不说这是一个非常缓慢的成长过程。

1932年,在元山教会做传道士及教师的Shu氏夫妇为学习神学去北京,那一年有两位接受洗礼,7位学习洗礼问答准备参加洗礼。[95] 之后的1933年,Mr. Lai作为新的传道士和教师赴任,治理学校和教会,并且京城教会的孙来章牧师也偶尔访问元山并引导礼拜,1933年,在孙来章牧师的引导下,有1名会友接受了洗礼。[96] 因此,从1917到1937年的20年间,在元山教会接受洗礼的会友有据可查的仅有7名。

表3 1937年朝鲜中华基督教会会友统计表(1937年)[97]

	京城	济物浦	平壤	元山	釜山
受洗会友	64	33	16	6	15
中国人奉献	2620.46日元	540.85日元	399.80日元	395.56日元	350.76日元
西方人奉献	468.93日元	505.00日元	360.00日元	636.10日元	673.50日元

---

[93] Mrs. C. S. Deming, "Chinese Work," *KWC* (1928), p. 61.

[94] Margaret J. Quinn, "Report of the Committee on Work among the Chinese," in *Federal Council Minutes* (1930), p. 27.

[95] Margaret J. Quinn, "Report of the Chinese Work Committee," in *Federal Council Minutes* (1932), p. 34.

[96] Margaret J. Quinn, "G. Report of the Committee on Work among the Chinese," in *Federal Council Minutes* (1933), p. 24.

[97] F. T. Yap, "Chinese Christians in Korea," *KMF*(Jan. 1937), p. 4. 这篇文章的作者是Mr. Yap,他是京城中华民国领事馆的秘书,同时也是京城中华教会的会友。

从上表可以看出,元山教会和济物浦教会一样创建于1917年,虽然比平壤和釜山教会早几年创建,但洗礼信徒的人数却最少,这就是元山教会以暂居民为中心开办教会的结果。而且因为信徒人数少的缘故,西方传教士们在经济上的支持相对多于其他地方。

之后,1937年抗日战争爆发,到了1937年9月,朝鲜中华教会的所有事工者和大部分信徒都回中国去了。[98] 虽然有几个信徒留了下来,但由于没有牧者的缘故也不能礼拜,教会只有将全部的门都锁上了。[99] 虽然在不久之后,京城和平壤的教会得以恢复,但直到1938年12月为止,根据"元山、釜山还有济物浦地区的礼拜都没有重新开始。但是据我所知,每个教会都有一两个信徒的家庭留下来,教会的财产也没有被没收"[100]的报告可以得知,在抗日战争爆发之后,元山中华教会关上的门并没有再次打开。京城教会的情况是,当时担任主任牧师的孙来章牧师在1937年战争爆发之后回去中国,1940年再次回来负责教会工作。[101] 孙来章牧师并不仅仅担任京城教会的主任牧师一职,因为他还是整个朝鲜中华基督教会的领袖,所以在1940年再次回来之后,有可能探访了其他区域的中华教会,但史料上没有明确记载。

如此,至今未发现能够证明1938年以后元山教会情况的史料,因为有的信徒家庭留了下来,所以有可能以他们为中心献上礼拜。但是,由于教会本来信徒就非常少,并且随着太平洋战争的爆发更加强调战时体制,再加上解放后三八线以北成为朝鲜、苏联占领地的缘故,之后教会的命运就变得十分不明朗。而对战争爆发后之元山教会的研究就成了后续课题。

---

[98] R. C. Coen, "Personal Report to Seoul Station (Jan 11, 1938)," in *Korea Mission Materials of the PCUSA (1911 - 1954): Report, Field Correspondence and Board Circular Letters 24* (photo printed by the Institute for Korean Church History, 1995), p. 1398.

[99] Roscoe C. Coen, "The Chinese Christians Carry On," *KMF* (Dec. 1938), p. 250.

[100] Ibid., p. 251.

[101] 《赤誠의 記錄-感激할 獻金의 奔流》,载《每日申报》,1941年12月29日,第2页。

三、结　语

综上所述,元山教会大致有以下三个特征:第一,它是在加拿大长老会传教部的大力支持下建立并维持的教会;第二,它是以教会学校为中心的教会;第三,它是以暂居民为中心的教会。所以,我们可以更进一步地观察到,元山教会是以暂居民为中心开展传教活动的,且它的教会学校是当时朝鲜中华小学中唯一一所被华侨社会公认的教会学校。教会通过开设学校展示出自身对在朝鲜的少数华侨所负的社会责任,这一事例也很好地体现了教会如何积极应对当时出现的大量流动人口的社会现象。

元山中华教会是 1945 年前在朝鲜存在的五所中华基督教会之一,正如朝鲜中华基督教会的名字所展现出的历史特征一样,这里是中国人、朝鲜人以及在朝传教士们共同为之努力的教会共同体。在元山中华学校,由会汉语的朝鲜教师与董事通力合作,朝鲜的宣教师们也以中华教会的会友为对象展开集会活动。[102] 对于朝鲜人的帮助,担任中国人事工委员会委员的传教士几乎在每份报告书中都会提及对当地朝鲜信徒的感谢。中华教会在日帝殖民下的朝鲜历史中拥有着独特的经历。因为如果没有朝鲜人及传教士的帮助,教会在登记为宗教法人或守护教会财产的方面,不得不面临诸多的困难和制约。

朝鲜中华基督教的历史不但是朝鲜教会史的一部分,也是中国教会史的一部分,还是欧美传教历史的一部分。通过朝鲜中华教会史,我们能够理解以下几个问题:朝鲜基督教如何帮助该社会内的少数外国人;中国基督教如何跟海外基督徒同胞联结;居住在中朝两国的欧美传教士们如何通过他们的国际网络把两国的基督徒联结在一起。

通过元山中华教会的案例研究,我们得知之前在中国活动过的传教士们迁到朝鲜以后也一直关心华人,面向他们设立和维持了元山中华教

---

[102] Magaret J. Quinn, "Committee on Work among the Chinese," in *Federal Council Minutes* (1931), p. 31.

会。他们要求在华传教士在中国教会的协力下,派遣一位传道人员给元山教会。于是,我们可以看到:一方面,元山中华教会参加在元山的朝鲜教会的联合活动,另一方面,在华的中华基督教会派遣传教人员前往元山中华教会。这两点体现了元山中华基督教会既是朝鲜基督教的成员,也是中华基督教会的成员。

从这个意义上而言,元山中华教会的历史也是朝鲜华侨史的一部分。我们通过元山的事例,会更理解海外华侨在宗教和文化方面的多样性和交叉性。

作为一个社会中的少数群体,他们的生存也不得不面对诸多的差别和制约,因为朝鲜中华教会的信徒不仅在社会上是少数群体,在宗教方面也是少数群体,且元山教会又是朝鲜中华教会中最小的教会。但为了这样一所小教会,欧美传教士、朝鲜人、中国人紧密联结在一起,成为一个教会共同体,将教会和学校运营了20多年。这为当下复杂的东亚各国关系提供了一个很好的榜样。

美国国会图书馆所藏19世纪来华新教传教士中文作品探析*

乔洋敏

【内容提要】 美国国会图书馆收藏有丰富的文献资源,是中国本土以外收藏中文文献最为丰富的收藏中心。19世纪来华新教传教士收藏的部分中文作品是其特色收藏之一,这批收藏主要来自姜别利文库、顾盛藏书、柔克义收藏,以及美国的大学、基督教教会机构、政府部门、公共图书馆的捐赠、文献交换和个人捐赠。据国会图书馆亚洲部编纂的《基督教在中国:美国国会图书馆亚洲部藏十九世纪传教士中文文献解题》,亚洲部还收藏有259种中文基督教文献(包括复制品)430册,其中包括19世纪前20年早期在华传教士的中文作品;多种版本的《张远两友相论》这一畅销于19世纪中国的传教小册子;中文译本圣经;19世纪下半期出版的基督教中文小说、短篇寓言和童蒙宗教故事集也是其特色收藏。方言作品主要有上海、广东、福州、厦门、宁波等地方言及客家话的方言圣经译本,还有传教士西学译著和英汉双语读物。19世纪在华传教士在华的著述和其收藏的中文文献促进了近代中国的知识革新,在一定程度上改变了中国人固有的知识结构,进而改变了整个民族对于世界的态度,为此后长期持续的变革做了准备。这批资料也是沟通中美联

* 本文为国家社科基金重大项目“汉语基督教文献的整理与研究”(项目编号:12&ZD128)的阶段性成果。

系的媒介,为当时美国获知关于中国的知识和学习中国的道德和文化提供了重要信息,传教士中文藏书的累积表明19世纪时期中美双方不断增长的兴趣。

【关键词】 美国国会图书馆 传教士 基督教 中文作品

美国国会图书馆收藏有丰富的文献资源,是中国本土以外收藏中文文献最为丰富的海外汉籍中心,该馆亚洲部目前的中文藏书量已经超过一百万册。[①] 除了中文图书外,该馆藏还包括中国满族、蒙古族、纳西族、藏族和维吾尔族等少数民族语言的书刊。亚洲部馆藏内容全面,在人文社会科学方面尤为丰盛,包括中国古典文学、清朝和民国档案、中医、地方志,以及中国大陆和台湾的当代出版物。国会图书馆亚洲部中文文献收藏中,19世纪来华新教传教士的汉语作品是一大特色。

一、国会图书馆亚洲部所藏的19世纪来华新教传教士中文作品

国会图书馆亚洲部收藏有丰富的基督教中文资料,在亚洲部收藏中,集中保存19世纪基督教中文作品的主要是三个个人文库:姜别利文库、[②]顾盛藏书和柔克义收藏。除此之外,据国会图书馆亚洲部编纂的《美国国会图书馆亚洲部藏十九世纪传教士中文文献解题》[③]介绍,亚

① 参见美国国会图书馆网页介绍:http://www.loc.gov/rr/asian/ChineseCollection.html。

② 姜别利文库是指1858－1869年间美国北长老会传教士姜别利(William Gamble, 1830－1886)在宁波和上海负责长老会出版社时,收集的基督教主题相关的中文本和西方著作的中译本,共277种493册中文作品、120种英文和其他语言的著作,另有30多张照片。A. Hummel, "Chinese, Japanese, and Other East Asiatic Books Added to the Library of Congress, 1937－1938," in *Chinese Collections in the Library of Congress: Excerpts from the Annual Report of the Librarian of Congress, 1898－1973*, Compiled by Ping-Kuen Yu, vol. II (Washington D. C.: Center for Chinese Research Materials Association of Research Library), pp. 576, 579。转引自张先清:《姜别利及〈姜别利文库〉》,载《国际汉学》(第16辑),郑州:大象出版社,2007年,第250页。

③ Mi Chu and Man Shun Yeung, eds., *Christianity in China: Annotated Catalogue of* (转下页)

洲部还收藏有259种中文基督教文献(包括复制品)430册。这些种类多样、内容丰富的文献为观察19世纪在华的传教活动提供了有益的视角,也是研究中西交流的有益工具,下文将分类对这批汉语基督教文献展开解析。首先我们会关注美国国会图书馆中集中保存的19世纪基督教中文作品的个人文库。

姜别利是美国北长老会派往中国的传教士,1858年来到中国宁波主持华花圣经书房的出版事务。在华期间,姜别利革新汉字活字印刷技术,提高了印刷工效。1869年,姜别利应邀去日本,将他创造的技术传给了日本。1870年春末,姜别利从日本回到上海,不久就离职返美,进入谢菲尔德学院学习。1871年,耶鲁大学授予他名誉文科硕士学位,表彰他在中国和日本的服务。1886年姜别利在宾州约克郡家中逝世。

姜别利文库中的书籍,绝大部分是他在华期间(19世纪50、60年代)收集的,此时姜别利主持两个前后延续的美国长老会在华出版机构:宁波华花书局和上海美华书馆,为其个人藏书的增加提供了便利。从涉及的主题内容看,这批基督教中文出版物,主要是圣经小册子和布道书籍,也包括地理、天文、数学、生物学、医药方面的作品,还有一部分是清刻本四书五经类古籍。从出版信息上看,姜别利藏书的出版地主要为上海、福州、北京、广州、宁波、山东、香港、新加坡、马六甲、伦敦。姜别利文库中的基督教汉文书籍主要类别有:(1)科学技术类书籍,含天文、数学、生物学、医药等书籍,共16种;(2)通书、舆地、历史、条约类,共10种;(3)宗教类,如圣经、经义阐释、赞美诗、教理讲道布道小册子、教会史等,共155种。对于国会图书馆收藏丰富的中文基督教文献的姜别利文库,学术界关注不多,目前仅见到张先清的文章。[④] 该文是了解国会图书馆馆藏中文基督教类资料的重要参考。姜别利文库作为美国中文

(接上页)*the 19th Century Mission Work in Chinese at the Asian Division, The Library of Congress, U. S. A.* (Taibei: Han shi ji EHG Books, 2009).此书为亚洲部珍藏的19世纪在华基督教中文善本书籍题解,对国会图书馆四大主要中文藏书:顾盛藏书、姜别利文库、柔克义收藏和Arthur Probsthain藏书之外的传教士中文文献做了介绍。

④ 张先清:《姜别利及〈姜别利文库〉》,载《国际汉学》(第16辑),郑州:大象出版社,2007年,第243－267页。

基督教文献比较丰富和集中的收藏,有待进一步考察。

顾盛藏书是国会图书馆中文收藏的重要部分,其中的中文基督教书籍也相当可观。1842 年,顾盛(Caleb Cushing, 1800 - 1879)被美国总统约翰·泰勒[5]任命为同中国谈判的商约专使,1844 年 2 月到达中国,任美国首任驻华全权公使。在当时于澳门缔结的中美《望厦条约》中,顾盛要求加入准许外国人在华学习汉语和购买收藏中文书籍的条款,最终成为中美《望厦条约》第 18 条。从此,外国人在华学习汉语和购买收藏中文书籍有了正式的条约依据,极大便利了外国人汉语学习和购买收藏中文书籍,也为顾盛从多个渠道丰富个人藏书提供了便利。顾盛藏书在进入国会图书馆之前,已历经 35 年的积累,这批书于 1879 年捐赠给国会图书馆。顾盛藏书包括 237 种古籍(汉语和满语)、历史、文学、医学书籍,共 2547 册,顾盛藏书中约 30% 是宗教类书籍,内不乏一些珍稀版本。[6] 如第一部在中国翻译的汉译圣经——马礼逊、米怜编译的中文全译本《神天圣书》,于 1823 年在马来西亚的马六甲出版,把新旧约全书完整地介绍到中国。1834 年在波士顿克罗克和布鲁斯特(Crocker & Brewste)出版的塞缪尔·戴尔(Samuel Dyer, 1804 - 1843)[7]的《救世主坐山教训》,其封面手迹显示此书是第一本在美国以中文印刷的圣经读

---

⑤ 约翰·泰勒(John Tyler, 1790 - 1862),美国第 10 任总统,任期 1841 年 4 月 6 日 - 1845 年 3 月 4 日。

⑥ 居蜜、杨文信编:《文化桥梁:马礼逊来华二百周年纪念美国国会图书馆亚洲部展览书目解题》,台北:汉世纪数位文化股份有限公司,2007 年,第 12 页。

⑦ 塞缪尔·戴尔:《救世主坐山教训》(Boston: Crocker & Brewster, 1834),索书号:Asian Reading Room C685.42 1636。塞缪尔·戴尔是 19 世纪来华英国伦敦会传教士,戴德生外祖父。1827 年戴尔被伦敦会派往南洋传教,在马六甲负责英华书院的印刷所事务。1827 年至 1843 年往返于马六甲、香港等地之间,致力于完善中文金属活字。戴尔还发明了雕刻钢模冲制铜字模浇铸铅活字法,这种钢冲压技术使中文铅活字的研制取得突破性进展。戴尔在华人刻工帮助下刻制钢模 1845 个。此后,戴尔的工作得到了柯理(Richard Cole)的继承,于 1851 年在香港完成 4700 个字模的刻制,浇铸铅字印书,并广售铅字,闻名于时,称“香港字”,参见曲德森主编:《中国印刷法展史图鉴》(下),太原:山西教育出版社,2013 年,第 582 页。

物,[⑧]也是首次采用金属模板印刷的中文书,因属试验性质,印数很少,采用洋装的印刷形式,无序言和目录,共1册10页。另有太平天国"旨准颁行诏书总目"[⑨]中的两种:1853年印《太平天国癸好三年新历》[⑩]和太平天国《三字经》。前者封面的手迹显示此书是由裨治文(Elijah Coleman Bridgman)交给美国劝世小书会(American Tract Society)的,裨治文称太平天国为"新的朝代"。太平天国印发的《三字经》以三字一句的简易方式讲述上帝造天地万物的教义、洪秀全"奉天诛妖"、杨秀清和萧朝贵假托"天父天兄下凡"等事,鼓励拜上帝、守天条。

除了以上提及的中文基督教文献,顾盛藏书中还有许多中文基督教书刊和教外文献,这批资料是沟通中美联系的媒介,为美国人获知关于中国的知识以及学习中国的道德和文化提供重要信息。中文藏书的累积表明双方不断增长的兴趣,不仅仅是在政治和知识层面。顾盛参与签订的中美《望厦条约》持续了一百年,至1943年1月11日结束,但国会图书馆中的顾盛藏书依然在增进中美相互了解方面发挥着作用。

外交官、汉学家柔克义藏书中也包含部分中文基督教出版物。[⑪] 柔克义对汉学和藏学抱有很大兴趣,回国后把他在华历年收集的汉、满、蒙、回文书籍六千卷捐赠国会图书馆,其中亦包含部分传教士的中文作品。由于实际条件限制,很遗憾笔者未能了解柔克义藏书中中文基督教材料的具体情况。

---

⑧ 居蜜、杨文信编:《文化桥梁:马礼逊来华二百周年纪念美国国会图书馆亚洲部展览书目解题》,台北:汉世纪数位文化股份有限公司,2007年,第19页。

⑨ 太平天国"旨准颁行诏书总目"共13种:(1)《天父上帝言题皇诏》;(2)《天父下儿诏书》;(3)《天命诏旨书》;(4)《旧遗诏圣书》;(5)《天条书》;(6)《太平诏书》;(7)《太平礼制》;(8)《太平军目》;(9)《太平规条》;(10)《颁行诏书》;(11)《颁行历书》;(12)《三字经》;(13)《幼学诗》。

⑩《太平天国癸好三年新历》,1853年,索书号:Asian Reading Room. V. F273.9 T13.1853

⑪ 柔克义(William W. Rockhill, 1854 - 1914),美国外交官、汉学家,于1884年起活跃于美国外交部门;同年来华,在北京的美国驻华公使馆先后任二秘、一秘,历任美国驻朝鲜汉城代办,美国国务院秘书长,第三、第一助理国务卿;1897年任美国驻罗马尼亚大使;1905年至1909年任美国驻华大使;1909 - 1911年任美国驻俄罗斯大使;1911 - 1913年任美国驻土耳其大使。柔克义对藏学、古代中国和南洋、西洋的交通史曾做过深入的研究。

除上述来自个人文库的中文基督教资源之外,国会图书馆亚洲部还藏有另一批汉语基督教文献,共259种文献(包括复制品)430册,其中约有206种有藏书印、标签或显示有曾经收藏地的标记。[12] 它们多为书籍和小册子,经由多种途径最终保藏在国会图书馆。依收藏来源看,这批汉语基督教藏书主要来自于美国的大学、基督教教会机构、政府部门、公共图书馆的捐赠、文献交换和个人捐赠,其中还有一批来自中国金陵神学院。就出版地而言,这259种传教士作品在中国或中国境外的主要城市出版,如厦门、广州、芝罘、烟台、福州、香港、九江、澳门、宁波、北京、上海、汕头、登州、天津、曼谷、巴塞尔、马六甲、新加坡、波士顿、纽约、伦敦。在这批汉语基督教文献中,约97%的作品是新教传教士的作品,只有3%的是天主教作品。从主题和内容看,这些中文文献中,75%是基督徒传记、圣经、教义和灵修类宗教文献,也包括以中文编著译述的字典、词汇书、儿童书籍、报纸、期刊,以及关于中国人名、汉字、书法、政治、历史、经济、社会、天文、地理、道德培养、医药、生物学的中文译著。总之,国会图书馆亚洲部收藏的这批19世纪传教士中文文献包含丰富的主题。经笔者统计,其中基督教文学类有16种;传教士方言作品,涉及上海、广东、福州、厦门、宁波地方方言及客家话的出版物,从类别上看,除方言圣经译本,还有方言经课、方言童蒙读物、方言宣教小册子;自然和人文科学译著及英汉双语出版物;19世纪传教士介绍西学的译著有27种,涉及地理、历史、天文、历法、医药学、数学、物理、化学、经济学等学科。

二、亚洲部所藏19世纪来华新教传教士基督教中文作品

下面将对上述国会图书馆亚洲部收藏的19世纪来华新教传教士中文作品分类概述和分析,包括对特色中文基督教出版物的举例和分析,

---

[12] 具体信息,参见 Mi Chu and Man Shun Yeung, eds., *Christianity in China: Annotated Catalogue of the 19th Century Mission Work in Chinese at the Asian Division, The Library of Congress, U. S. A.* (Taibei: Han shiji EHG Books, 2009), Preface。

国会图书馆亚洲部收藏的圣经中译本、中文基督教文学作品、传教士方言作品、近代西学类译著、英汉对照双语出版物等方面。

1. 特色中文基督教出版物举例及分析

在这批收藏中,出版时间最早的作品是米怜(William Milne, 1785 - 1822)的《祈祷真法注解》(1818 年),其他的早期作品包括麦都思(William H. Medhurst, 1796 - 1857)的《东西史记和合》和江沙维(Joaquim A. Gonçlves)的《汉字文法》,这两本书都是 1829 年出版的。1831 年出版的米怜的《张远两友相论》也是来华传教士早期的重要出版物。

在这批文献中,一些是国内少见的珍稀资料以及在近代中西交流中的代表性作品,值得特别关注。1890 年京都灯市口美华书馆印发了《颂主新诗》,根据洛杉矶华人联合卫理教会牧师陈翰勋[13]在 1883 年作的序言,[14]这本赞美诗集曾供在美国的美以美会华人教徒使用。此书的编译出版和传播表明在中国出版的中文赞美诗如何不断吸收"西诗文辞及腔调",不断丰富,在海外华人基督徒中传播的过程。1834 年波士顿克罗克和布鲁斯特(Crocker & Brewste)出版的《救世主坐山教训》[15]封面手迹显示它是第一本在美国印刷的中文圣经读物,也是首次采用金属模板印刷的中文书,因属试验性质,印数很少。[16] 此书无序言目录,共 1 册 10 页,内容讲救世主坐在山上宣讲救世之道。另一本值得特别注意的是 1856 年上海墨海书馆印的新约全书,[17]此书有一个和里面主题不相关的封面,写着"Confucio Dos Quatro Livros Da China",这种反常的现象可能

---

⑬ 陈翰勋年轻时在基顺的指导下研究神学,1894 年被立为洛杉矶华人联合卫理教会牧师,1900 至 1909 年任奥克兰华人社区卫斯理教会牧师。

⑭ 陈翰勋:《〈颂主新诗〉序》,京都(北京):灯市口美华书局,1890 年。

⑮ 塞缪尔·戴尔:《救世主坐山教训》,1834 年在波士顿克罗克和布鲁斯特(Crocker & Brewste)出版,索书号:Asian Reading Room C 685. 42 1636。

⑯ 居蜜、杨文信编:《文化桥梁:马礼逊来华二百周年纪念美国国会图书馆亚洲部展览书目解题》,第 19 页。

⑰《新约全书》,1856 年上海墨海书馆印,共 154 页,收藏于美国国会图书馆亚洲部,索书号:Asian Reading Room. J725/M71/1856。

反映了传教士在中国传播基督教时的谨慎心态。[18]

国会图书馆收藏有部分卷期的近代传教士中文报刊,如《小孩月报》《万国公报》《教会新报》等,是了解基督教在华的重要参考资料。值得注意的是,国会图书馆收藏了美长老会在广东格致书院创制并印发的1888年《中国布道》第1期第2卷(*The Chinese Evangelist*)以及《美以美教会月报》第1卷第1号。《中国布道》内含中英文文章,中文文章以广东话写成,书后有设在美国纽约的公司广告。《美以美教会月报》于1864年11月福州美华书局印,由基顺(Otis Gibson, 1826-1889)、保灵(Stephen L. Baldwin, 1835-1902)等编辑。[19] 根据基顺在《美以美教会月报》所作序言,该刊内容包括"凡在中华各府县先后传道者其著述遭逢不敢稍略一二,而他会之同聚一方亦与及焉,至于中外之新闻杂记,则视月报中幅有宽余,略述一二",[20]还鼓励号召教友投稿。

另有一些传教士作品封面上的题词、捐献记录等告诉了我们传教士手稿作品的来源和收藏历史,如其中有一份名为《英汉词典》的手写本,在每一汉字后缀英文释义,共597页,莱恩赐(David Nelson Lyon, 1842-1904)编。这份手稿由莱恩赐的女儿阿比·莱恩·沙曼(Abbie Lyon Sharman)于1951年5月23日捐赠给国会图书馆,封面上有恒慕义机打的备注:

> 《英汉词典》莱恩赐(David Nelson Lyon, 1842-1904)编,此稿本由其女儿Abbie Lyon Sharman (Mrs. Henry Burton Sharman)即《孙中山先生的一生及其意义》(1934年纽约出版)的作者捐赠。莱恩

---

⑱ Mi Chu and Man Shun Yeung, eds., *Christianity in China: Annotated Catalogue of the 19th Century Mission Work in Chinese at the Asian Division, The Library of Congress, U. S. A.*, p. 109.

⑲ 保灵曾任福州美华印书馆监督(1863-1866),在他负责期间,1864年美以美教会月报创刊。基顺被美以美会派遣到中国传教,他1855年到达香港,然后到福州,此后在福州传教多年。

⑳ 基顺:《美以美教会月报序》,载《美以美教会月报》,1864年11月第1卷第1号,福州美华书局。

> 赐牧师受美国长老会布道团的派遣,1870年1月8日到达中国,余后半生一直在杭州工作。H. B. Sharman女士编著的Youth and the China Journey in 1869, Hangchow Journal of 1870(1951年8月3日)对他的一生的详情有所记述。[21]

这批材料也扩充了我们对传教士文字出版原貌的进一步认识,其中一个例子是这些中文基督教资料补充了伟烈亚力的书中未统计到的传教士书刊,为研究者熟知的伟烈亚力的《基督教新教传教士在华名录》一书是中国近代基督教史重要的资料性文献,内收录338名来华传教的基督教新教传教士的生平事迹,整理了他们在华期间翻译、出版的中外文书刊,是一部研究中西文化交流史和海外汉学发展史的重要工具书。经过对照,笔者发现,仅仅和国会图书馆收藏的19世纪来华传教士的中文基督教作品对照,就存在一些是“1867年之前出版的新教传教士中文的作品,但伟烈亚力的书中未收录的”。经对照统计,目前发现有以下四种:

> (1) 米怜《灵魂篇》1847年,1册66页,记米怜在乡村中的讲道以及一些讨论灵魂的内容。伟烈亚力的书中列出有《灵魂篇大全》,1824年在马六甲出版,但和这本《灵魂篇》不是同一本。
>
> (2) 1848年宁波华花圣经书房出版的米怜《乡训五十二则》(索书号Asian Reading Room. J23/CM7),此书有前言、目录,还附有一篇“善书名义”的短文,正文55页。伟烈亚力没有提到这版。
>
> (3) 高德(Josiah Goddard)编订的《圣经旧遗诏出麦西传》(索书号Asian Reading Room. J722.12/G54)1851年宁城(宁波)西门内真神堂刊印,1册53页。
>
> (4) 卢公明(Justus Doolittle)《西洋中华杂记》,1859年福州南台保福山藏版,1册33页,内容涉及地理、天文、科学、宗教,历史、

㉑ Mi Chu and Man Shun Yeung, eds., *Christianity in China: Annotated Catalogue of the 19th Century Mission Work in Chinese at the Asian Division, The Library of Congress, U.S.A.* p.98.

外交、中西关系,有地图和图画。从印刷风格和主要内容判断,此书可能是卢公明《西洋中华通书》(1858 年出版)的续本。

另一个引人注目的案例是《张远两友相论》。《张远两友相论》是近代基督教在华传播过程中很畅销的宗教小册子,多次再版,发行量巨大。此书由伦敦会传教士米怜创作,它第一次以章回体的形式阐释基督教教义,也是第一部有故事情节、叙事背景的传教小册子。最初于 1817 年在《察世俗每月统计传》第三卷连载,共十二回。1819 年初版于马六甲,第二版经由米怜的儿子美魏茶(William C. Milne)修订后出版。之后经多个传教士的改订,《张远两友相论》有多种版本,并多次修订再版。[22] 据 1833 年 10 月裨治文的报告,当时此书的单行本发行数已达 5 万册,遍及中国沿海、蒙古、朝鲜、琉球。[23] 1861 年时,已有 13 种版本,至 20 世纪初,估计此书印行已多达数 10 万至 200 万册,成为历来最畅销的传教小册子。[24] 在当时的传教士和中国读者中广为流传。学者宋莉华曾撰文专门分析了此书中西文化交融的特征,考察其流传和众多版本及此书中西读者的接受和影响,她寻访海内外图书馆,搜集整理得此书不同版本,计 34 种之多。[25] 而姜别利藏书中至少有 5 个不同的版本:1848 年、1851 年、1852 年、1861 年、1864 年版,[26]为宋莉华统计的 34 种之中所未见,姜别利藏书中的这几版《张远两友相论》补充了此书更多的版本信息:[27]

㉒ 谭树林:《传教士与中西文化交流》,北京:生活·读书·新知三联书店,2013 年,第 60 页。

㉓ "Literary Notices: Dialogue between two friends," in *Chinese Repository*. vol. 2, no. 6 (Oct. 1833), p. 283.

㉔ Alexander Wylie, *Memorials of Protestant Missionaries to the Chinese: Giving a List of Their Publications, and Obituary Notices of the Deceased, With Copious Index* (Shanghai: American Presbyterian Mission Press), pp. 16 - 17, 145.

㉕ 宋莉华:《第一部传教中文小说的流传与影响——米怜〈张远两友相论〉论略》,载《文学遗产》,2005 年第 2 期,第 116 - 126 页。

㉖ 居蜜、杨文信编:《文化桥梁:马礼逊来华二百周年纪念美国国会图书馆亚洲部展览书目解题》,第 36 页。

㉗ 以下五种书目信息参考张先清:《姜别利及〈姜别利文库〉》,第 257 - 258 页。居蜜、杨文信编:《文化桥梁:马礼逊来华二百周年纪念美国国会图书馆亚洲部展览书目解题》,第 37 页。

(1)《张远两友相论》,米怜撰,道光二十八年(1848)福建南堂中洲铺刻本,41页。

(2)《张远两友相论》,米怜撰,咸丰二年(1852)宁波华花圣经书房版,33页。

(3)《长远两友相论》,米怜撰、美魏茶修订,咸丰五年(1855)香港圣保罗书院刻本,32页。

(4)《张远相论》,米怜撰,咸丰七年(1857)浦东周凤翔刻本,27页。

(5)《张远两友相论》,米怜撰,咸丰十一年(1861)上海美华书馆重印,45页。

经过多次修订、改写,《张远两友相论》的书名有所变化,有称张远,或称长远、或称甲乙。如上面列出的1855年香港圣保罗书院刻本,题名为《长远两友相论》,1857年浦东周凤翔刻本简化为《张远相论》。

除了姜别利文库中几个版本的《张远两友相论》,国会图书馆还藏有:香港英华书院于1831年出版的《张远两友相论》;白汉理以官话改编成的《两友相论》;一出版信息不详的版本;专为盲人阅读的《两友相论》(1899年版,索书号0127 E1/24 S 45)。其中盲文版《两友相论》共30页,由苏格兰圣经公会传教士威廉·穆瑞(William Hill Murray)[28]创制。在诸多版本的《张远两友相论》中,盲文版《两友相论》因其是专为盲文阅读的文字形态而显特殊。而此书被选中,被编译成供盲人阅读的文字,又反过来说明了《张远两友相论》作为长期流行的书册,在宣扬基督教教义之著作中的代表性。

㉘ 1870年穆瑞受苏格兰圣经公会的派遣来到中国,随后驻留北京。在派发圣书的过程中穆瑞接触到不少残疾人,深感他们接受教育的不易,穆瑞决定从事帮助盲人的事业。穆瑞将布莱尔氏的盲人点字加以改造,设计出一套适用于中国北方官话的点字,以便当地盲人使用。由穆瑞初创的中国历史上第一套中文盲字系统——"康熙盲字",又称"瞽目通文"(The Murray Numetal System)是中国最早使用的盲文。1874年,穆瑞借用长老会在北京甘雨胡同的房舍,创办"瞽叟通文馆",中国近代第一所形态比较完备的特殊学校——盲人学校——由此起步。瞽叟通文馆也成为了近代中国早期特殊教育的重要人才培训基地。

2. 国会图书馆亚洲部收藏的圣经中译本

国会图书馆亚洲部藏有多种中文译本圣经,包括马礼逊译本、高德译本、委办译本、郭实猎译本圣经、北京官话译本以及多种方言译本圣经。以下仅以国会图书馆亚洲部收藏的两三种圣经中译本为例展开考察。

1807 年 9 月 7 日,首位来华的新教传教士英国伦敦会马礼逊抵达广州,开始翻译中文本圣经。1813 年新约圣经全部译成,次年在广州出版。接着马礼逊和米怜合作翻译旧约,1819 年译成。1823 年在马六甲出版了 21 卷的线装中文圣经全译本,取名《神天圣书》,史称“马礼逊译本”。马礼逊译本被其后来华的各教派传教士参考采用,影响很大。国会图书馆亚洲部藏有 20 卷的 1832 年马六甲英华书院的《神天圣书》(索书号 Asian Reading Room. J720/M23/1827 copy 2),尽管其题名页显示“道光七年孟夏重镌”(1827),但其目录页内的信息则表明此书付印于 1832 年。此书多卷封面上有手写“马老二”“11/18/48”字样,最后一卷有笔记注释:“故此弃诸污行,绝诸惨恶,虚心奉道,其植在心,可求尔灵矣。惟鉴全法自主之理,惟察弭羁之恤孤悯寡哀其理,茕独而不染于流浴(注,应为“俗”)者,是乃请彳屯敬畏天父上帝,喜鉴精彳屯无瑕矣,是乃天父上帝喜鉴之敬畏。”㉙内还有其他手写的中文批注。

国会图书馆亚洲部收藏的 1847 年出版的郭实腊 (K. F. August Gützlaff)《救世主耶稣新遗诏书》(索书号 Asian Reading Room. J727/G98/1847),封面标“据实希腊原本翻译”,164 页。1840 年马礼逊的儿子马儒翰(John Robert Morrison)、麦都思、裨治文和郭实腊合作修订“马礼逊译本”。其中,新约大部分由麦都思翻译,于 1835 年完成。1836 年麦都思作了最后订正,1837 年在巴达维亚(今雅加达)出版,名为《新遗诏书》共 325 页,为石印本。在以后十多年中,它一直是圣经的主要译

㉙ 马礼逊:《神天圣书》,米怜译,马六甲英华书院,1832 年,转引自 Mi Chu and Man Shun Yeung, eds., *Christianity in China: Annotated Catalogue of the 19th Century Mission Work in Chinese at the Asian Division, The Library of Congress, U. S. A.* p. 185.

本,并多次重印。[30] 旧约大部分为郭实腊所译,后来郭实腊将麦都思译的新约修改出版,于1840年在香港出版,此汉文译本称"郭实腊译本"。这部新约曾经被太平天国采用,并作了许多删改,在太平军辖区流传。

马礼逊将Baptism翻译为"洗",为大部分传教士接受;马士曼则译为"蘸",为浸礼会采用。浸礼会传教士不赞成将Baptism译为"洗",工作刚开始不久就退出了翻译委员会,长时间延用马士曼译本。1848年浸礼会请来美国浸礼会真神堂传教士高德(Josiah Goddard),准备对马士曼译本进行修订。高德从新约开始翻译,1853年在宁波由美国浸礼会真神堂出版《圣经新遗诏全书》,计251页。[31] 国会图书馆亚洲部收藏有此版高德译本,封面注有"宁波真神堂敬送",並含英文"For the American and Foreign Bible Society. By J. Goddard. 1853",内有《圣经新遗诏全书引言》及一张地图。新约全书发行多次,旧约由高德、罗梯尔和怜为仁(William Dean)翻译,1866年在香港出版,1868年出版《圣经新旧遗诏全书》。后世认为高德译本文笔优美,比"委办译本"更贴近原文。

中国是个多方言国家,圣经方言译本乃应运而生。国会图书馆所藏方言本圣经中有1863年福州美华书局出版的福州方言版《圣经新约全书》以及1887年出版的客家土白译本《客语新约》[32]的一部分——《马太福音》。前者的主要内容从《马太福音》一直到使徒约翰的《默示录》,共27集。游汝杰指出此书由弼来满(P. Lyman)、麦利合(Robert Samuel Maclay)[33]合著。[34] 根据伟烈亚力记述,弼来满于1853年曾翻译出版一些中文福音书,并于1856年在福州出版了新约。[35] 除以上所举几种圣经译本,在国会图书馆亚洲部基督教中文收藏中还包括其他许多圣经选

---

[30] 傅敬民:《〈圣经〉汉译与文化资本》,《上海大学学报(社会科学版)》,2005年第3期,第100页。

[31] 同上。

[32] 《客语新约》,1887年,Basel: C. Schultze (L. Reinhardt) for the British and Foreign Bible。索书号:Asian Reading Room. C 685.31。

[33] 弼来满为美国公理会传教士,1846年到达广州,之后搬到厦门和福州。麦利合,美国卫理公会传教士,1848年来华。

[34] 游汝杰:《西洋传教士汉语方言学著作书目考述》,哈尔滨:黑龙江教育出版社,2002年,第112页。

[35] 伟烈亚力:《基督新教传教士在华名录》,赵康英译,天津:天津人民出版社,2013年,第142页。

本、经文释义、教义问答、教会史和教理讲道小册子。

国会图书馆亚洲部所藏的19世纪中文基督教作品,除了以上提到的以外,还包含丰富的主题,以下按基督教文学、传教士方言作品、西学类中文译著、汉英双语出版物等主题,分类介绍。有的文献兼涉几个方面,按作者拙见,择较接近者归类。

3. 中文基督教文学作品

国会图书馆亚洲部收藏的来华传教士19世纪中文出版物中的基督教文学读物,主要是19世纪下半期出版的基督教中文小说、短篇寓言和童蒙宗教故事集,共16种。

表1 国会图书馆亚洲部收藏的传教士19世纪中文基督教文学作品

序号	题名	责任人	出版时间	出版地	备注
1	百年一觉	爱德华·贝拉米(Edward Bellamy)著;李提摩太(Timothy Richard)译	光绪二十四年(1898)	上海广学会印	共1册23页,分为28章。此书选译改编自美国爱德华·贝拉米的小说《回头看》,书内设想美国百年后变化诸事。此书在甲午中日战争时期广泛流传,影响了梁启超的第一部小说《新中国未来记》。
2	画经比喻讲	叔未士(J. Lewis Shuck)编		上海上洋圣会堂藏板	共1册11页,此书是有关基督教的短篇寓言,内有木版插图,卷后标"花旗国京堂"。索书号 Asian Reading Room. J788/S91。
3	天路历程(官话)	约翰·班扬著;宾惠廉(William C. Burns)译	同治四—五年(1865-1866)	不详	共2册,《天路历程》的核心思想是基督徒蒙受上帝恩选的信念。宾惠廉把《天路历程》译成简单的中文,于1865年出版,之后又翻译了第二部分(续编)。索书号 Asian Reading Room. C685.58。

续 表

序号	题名	责任人	出版时间	出版地	备注
4	《天路历程》(广州土话)	约翰班扬著;俾士(George Piercy)译	同治十年(1871)	羊城(广东)惠师礼堂镌刻	《天路历程》广州土话,共1册,112页,内有30幅图,每幅图下都有白色小纸条上标记的英文名称。译者俾士是英国牧师,香港循道公会创始者之一。1851年元月俾士以宣教士身份自费抵港,同年底北上广州传道。翌年获准组成广州教区。
5	安乐家	威尔通夫人(Amy Catherine Walton)著;傅美瑞(Mary H. Porte)译	光绪二十二年(1896)	京都(北京)灯市口美华书院印	共1册34页。英国威尔通夫人原著。《安乐家》是维多利亚时代经典儿童读物,讲述孤儿克里斯蒂照顾贫穷、衰老又疾病缠身的流浪艺人柴扉,两人一起寻找上帝之爱的故事。傅美瑞(1846-1929)将其译成官话,1875年由上海的中国圣教书会出版,傅美瑞是美国公理会女传教士。
6	归那传	傅美瑞译	光绪二十四年(1898)	华北书会印发	共1册35页,内有13章,此书记述了范归那的生平事迹,讲述她如何皈依基督教,采用第一人称叙事,以“范归那说:我家住在威利思国的北边,住的是小土房,在海边”开头,可能是1882年在上海中国圣教书会出版的傅美瑞《闺娜传》的重译本。

续　表

序号	题名	责任人	出版时间	出版地	备注
7	喻道要旨	李提摩太编译	光绪二十年(1894)	上海美华书馆印发	共1册41页,有译者序,中英文目录。16幅插图,共36页,李提摩太从德国作家戈睦克(Friedrich Adolf Krummacher)所著《喻道琐言》的英译本选择了71篇合成一帙,1894年由上海美华书馆出版。全书主要由圣经人物故事以及宣扬教理的故事构成。
8	正道启蒙	莫蒂母(Favell. L. Mortimer)著;宾为霖(William C. Burns)译	光绪二十五年(1899)	上海广学会	共45页。英国女作家莫蒂母所著幼儿宗教启蒙故事集《将明篇》(*Peep of Day*, 1836),由英国长老会宾为霖译出。
9	引家当道	杨格非(John Griffith)著;沈子星译	光绪二十五年(1899)	华北书会印发,京都灯市口美华书局活字板	共1册6章,21页。此书1882年汉口圣教书局初版,杨格非著,沈子星译。讲述了一个普通的底层人物被浪荡子弟引入迷途,钱财荡尽,亲情疏远,生活难以维系,最终悔罪回归耶稣圣教获得新生,并感化家人和四邻的故事。
10	瞽牧劝捐	富善(Chauncey Goodrich)著	光绪元年(1875)	京都灯市口美华书院	共1册15页,前有富善序,此书正文为《马拉记》3章8节,记述一盲人约翰在土耳其劝人皈依基督教的故事,口语记述,间或有文言虚词。

续 表

序号	题名	责任人	出版时间	出版地	备注
11	长远两友相论	米怜著	不详	不详	共1册28页,有残缺,11章。此版的内容和1854年福建鹭门花旗馆刊印的相似,尽管这两个版本的印刷风格不同。它们都是1851年香港圣保罗书院版(姜别利藏书中G/J780.7/M64M64)的修订版。一个明显的例子是“尊驾曾受耶稣道理”,在之前版本里的“远理”改成了“道理”。
12	张远两友相论	米怜著	道光十一年孟春(1831)	马六甲英华书院藏板,香港英华书院重镌	共1册42页,香港英华书院于1831年重镌,正文前无目录序言。主要内容分为十二回,通过张、远两人的交谈,进而劝诫人们信靠上帝,获得救赎。此书是第一部基督教汉文小说。
13	两友相论	米怜著;白汉理(Henry Blodget)改编	光绪元年(1875)	京都灯市口美华书院刷印	共13章63页,官话。白汉理改编。
14	两友相论	米怜著;威廉·穆瑞编	光绪二十五年(1899)	不详	共1册30页,残损。有12章,为盲人阅读而作。由威廉·穆瑞编制。
15	神道指正	噜但(Richard Newton)著;哪师奶(Frances R. Havergal)译	光绪十二年(1886)	广东出版	广东话,木刻本,139页。正文部分以“我系耶和华你嘅神我之外你唔好有别个神”开始,噜但是美国传教士。哪师奶即哈维格,她出生在英格兰伍斯特郡,是一位虔诚的基督徒作家,女诗人,圣诗作家和

续 表

序号	题名	责任人	出版时间	出版地	备注
					音乐家。索书号 Asian Reading Room. J712/N48。
16	安睡枕头	哪师奶著	光绪十二年(1886)	广东出版	广东出版,共1册31页,有前言,广东话,译者不详,1880年英文版出版,首页标“羊城俗话”。这本小书适合儿童每晚临睡前阅读,内分30章,故事主题多是从圣经中选出,以“耶稣叫人亲就佢”开始。
17	训儿真言	花撒勑(Mrs. S. Holmes)口译;周文渊笔述	同治四年(1865)	上海美华书馆藏版	共1册59页,官话版,附有9幅插图。译自 Favell L. Mortimer 的书。此书对儿童进行基督教教育,包括讲神造人的身体、讲娘爱小孩儿、讲老子养小孩、讲灵魂、讲天上的天使、讲魔鬼等篇章。此书封面有恒慕义手写“Mrs. Holmes 译”。索书号 Asian Reading Room. (2 copies). Copy 1: J702.27/H73, Copy 2: P275.1。

注:上表信息参考 Mi Chu and Man Shun Yeung, eds., *Christianity in China: Annotated Catalogue of the 19th Century Mission Work in Chinese at the Asian Division, The Library of Congress, U. S. A.* (Taibei: Han shi ji EHG Books, 2009);伟烈亚力:《基督新教传教士在华名录》,赵康英译,天津:天津人民出版社,2013年;汉语基督教文献书目录数据库,参见 http://sd.bbtdb.com/index.aspx;宋莉华:《西方来华传教士汉文小说书目简编》,载《文学遗产》,参见 http://wxyc.literature.org.cn/journals_article.aspx?id=2052。

这些基督教文学作品不仅使基督教教义教理以简明易懂的方式接近受众,还对近代小说的发展贡献了新的力量。李提摩太和蔡尔康节译的《百年一觉》就为“小说界革命”倡导者提供了“政治小说”的思想来源。[36] 1891年12月至1892年4月,《万国公报》连载美国作家爱德华·贝拉米的《回顾2000－1887》(*Looking Backward*, 2000－1887),中文译文题名《回头看纪略》。该文描绘内容梗概是:一个美国人在他30岁(1887年)的一天因病难以入睡,被医生使用一种奇妙的“入蛰”之法昏然睡去,醒来却到了公元2000年,世界发生了很大的变化,变成了高度文明发达的“大同社会”,实现了政治经济和社会生活各方面完全平等的空想社会主义。经过李提摩太和蔡尔康节译,此书以《百年一觉》为名,于1894年由广学会出版。国会图书馆藏本为1898年广学会印本。《百年一觉》对未来理想的设计,与中国大同之说有相通之处,此书在甲午中日战争时期广泛流传,对中国知识界影响颇巨。康有为的《大同书》和梁启超的小说《新中国未来记》都借鉴这种以未来与现实强烈对比的形式表述自己的政见。

李提摩太编译的《喻道要旨》是出刊的第一本笔记体寓言小说。李提摩太选择易于领悟以及与中国笔记相似的篇章,表明他遵循了新教传教士本土化的一贯策略。国会图书馆收藏的1898年供儿童阅读的小说读本《归那传》,开篇是女主人公归那讲述自己的身世,以“范归那说,‘我家在威利思国的北边,是建在海滩上的小土房’”开头,记述了范归那的生平事迹,讲述她如何皈依基督,采用当时中国小说中尚不多见的第一人称叙事。

4. 传教士方言作品

国会图书馆这批基督教文献中,有相当一部分是方言文本。鸦片战争以后来华的传教士,为了便于在中国平民百姓中传教,一般都要先学当地的方言,学习方言口语后,他们还创作了许多方言作品。国会图书馆藏19世纪来华传教士文献中方言作品主要是上海、广东、福州、厦门、宁波等地方言及客家话的资料。从类别上看,除了方言圣经译本外,还有方言经课、方言童蒙读物、宣教小册子。一些基督教小说以方言的形

---

[36] 郭延礼:《中国近代翻译文学概论》,武汉:湖北教育出版社,2001年,第128－135页。

式呈现,如前一分类中的《神道指正》和供幼童阅读的圣经启蒙故事书《安睡枕头》,以广州土话写成,另还有广州土话本《天路历程》。除了方言宗教文学作品,多数方言读物是方言识字课本、方言本圣经、经课、灵修及宣教类小册子。其中厦门、宁波方言和客家话作品多以罗马字拼音,而上海、广东、福州话方言作品多为汉字本。《美国国会图书馆亚洲部藏十九世纪传教士中文文献解题》中列出的罗马字宁波方言作品有6种。还有以罗马拼音编写的厦门方言教会学校中小学课本,内容主要是识字、简明基督教要义、自然科学和史地知识,如《字母》《新约问答》《中国史记》《小儿杂录》《埃及纲鉴》《天文》《活动物简要》《身体理》等。[37]帮助理解圣经的读物《圣经史记》、上海土白《耶稣言行传》。[38] 还有柯为良(Dauphin W. Osgood)翻译的福州话单张《上帝十诫翻译》,1863年福州美华书局印,内含27集共377页。夏察理(Charles Hartwell, 1825-1905)编榕腔《真理三字经》,1878年,福州美华书局印,里面以三字一句的形式讲基督教要理。国会图书馆亚洲部保存有客家话新约的一部分《马太福音》,1887年柏林巴色会出版,共1册101页。依据卷前信息判断,《客语新约》由巴色差会的传教士黎力基(Rudolph Lechler)、[39]毕安(Philippe Charles Piton)、史鄂图(Otto Schultze)编译。[40]

传教士方言作品在地方方言文化与基督教碰撞的背景下产生,为传教士学习方言和民众理解圣经提供了方便。这种文字简单易学,虽然随着普通民众受教育水平的提高和基督教发展的受阻而由盛转衰,但在近现代历史上,它对在下层民众中传播基督教,对教徒理解教义乃至于促进基督教本土化起到了重要作用。游汝杰先生评价西洋传教士的方言著作"是研究19世纪后半期至20世纪初期的汉语方言自然口语的最有

---

[37] Mi Chu and Man Shun Yeung, eds., *Christianity in China: Annotated Catalogue of the 19th Century Mission Work in Chinese at the Asian Division, The Library of Congress, U. S. A.*, p. 179.

[38] 《圣经史记》,1886-1890年上海美华印书馆印,索书号 Asian Reading Room. J709/A11;上海土白《耶稣言行传》,1886年出版,索书号 Asian Reading Room. J712.9/A11。

[39] 黎力基是德国巴色教会早期派遣来华的传教士。黎力基和毕安分别于1847年、1864年来到香港,黎力基在客话区传教几十年后,于1899年返国。

[40] Mi Chu and Man Shun Yeung, eds., *Christianity in China: Annotated Catalogue of the 19th Century Mission Work in Chinese at the Asian Division, The Library of Congress, U. S. A.*, p. 221.

价值的资料”,“它们提供的自然口语的准确度是同时代的其他文献资料不可比拟的”。[41] 国会图书馆亚洲部收藏的传教士方言著作为近代汉语方言的研究提供了重要的资料。

5. 近代西学类译著

国会图书馆亚洲部收藏的19世纪传教士介绍西学的译著有27种,涉及地理、历史、天文、历法、医药学、数学、物理、化学、经济学等学科。

表2 国会图书馆亚洲部收藏的传教士19世纪西学中文译著

序号	题名	责任人	出版时间	出版地	备注
1	八星之一总论	李提摩太著;蔡尔康译	光绪二十三年(1897)	上海广学会印发,上海美华书馆铅版	共1册16页,前有总论,分为21章,此书“杂采地志之书而成,以地球为八行星之一,故以为名”,内讲述关于地球的地理学知识以及五大洲和五大洋概况、人种分布、宗教分布等。
2	平安通书	麦嘉缔(Divie Bethune McCartee)	咸丰三年(1853)	宁波华花圣经书房重刊(第四刻)	共1册34页。内讲地球、日月食、四时节气、西方历法、海洋潮汛、医学、基督教知识等。书中附有大量图表。索书号Asian Reading Room. F273.9/1853A。
3	地球图说	卫理哲(Richard Quarterman Way)	道光二十八年(1848)	华花圣经书房	共1册53页。1848年宁波出版。世界地理书,介绍世界五大洲概况,主要国家和地区的位置、人口物产、风俗、宗教等资料,图文结合。索书号Asian Reading Room. B686/W36。

---

[41] 游汝杰:《汉语方言学导论》,上海:上海教育出版社,2000年,第254-255页。

续 表

序号	题名	责任人	出版时间	出版地	备注
4	航海金针	玛高温(Daniel Macgowan)译	咸丰三年正月(1853)	宁波爱华堂藏版	共3卷,讲气象知识及西方航海技术。索书号 Asian Reading Room.(3 copies). C148.31 copy2, D339/M17 copy 1 and copy 3。
5	奇症略述	嘉约翰(John G. Kerr)	光绪十二年(1886)	广州省城谷埠仁济大街博济医局订	共1册26页。
6	眼科证治	William F. Norris、Charles A. Oliver著;聂会东(James B. Neal)译	光绪二十一年(1895)	上海美华书馆摆印本	共1册110页,介绍眼科的各种知识,有图。索书号 Asian Reading Room. C93.53。
7	圆锥曲线说	艾约瑟(Josep Edkins)口述、李善兰笔述	同治五年(1866)	不详	共1册46页。主要内容分为三章,有圆锥图形。索书号 Asian Reading Room. E122。
8	重学	胡威立(William Whewell)著;艾约瑟口译;李善兰笔述	同治六年(1867)	上海美华书馆活字版	共2册242页。介绍牛顿经典力学。
9	声学揭要	赫士(Watson Mcmillen Hayes)译述	光绪二十四年(1898)	益智书会校订,上海美华书馆印	共1册41页,前有赫氏序言。
10	光学揭要	赫士口述;朱葆琛笔述;周文源校阅	光绪二十四年(1898)	益智书会校订藏版,上海美华书馆印	共1册92页。分7章介绍光学知识,每章后有杂问。在附录中,X射线被译为"然根光"。

续 表

序号	题名	责任人	出版时间	出版地	备注
11	天文揭要	赫士译;周文源校阅	光绪二十四年(1898)	益智书会校订藏版,上海美华书馆铅版	只存上卷,106页,此书为第五版。主要内容分为17部分,以"论地"开始,"论恒星"结束,内容有论天文器、论蒙气查、论日、论月等。
12	化学辨质	Frank Clowes著;聂会东口译;尚宝臣笔述	光绪二十四年(1898)	上海美华书馆印	共1册239页,分7章,介绍化学物质。
13	电学纪要	李提摩太口述;葭深居士(程湝)笔译	光绪二十五年(1899)	上海广学会校刊	共1册46页,初版。内含2篇介绍电的文字和30个关于电的原理及各种电机电器的用法。有机电设备的图片。
14	新学汇编	李提摩太编	光绪二十四年(1898)	上海广学会刊	内含10册,包括《与华新义》《印度隶英十二益说》《辨忠篇》《中西互论》《麻笛论道探源》等。
15	列国变通兴盛记	李提摩太	光绪二十四年(1898)	上海广学会印,上海美华书馆藏版	共1册4卷,53页。讲俄、日、印、缅甸与安南等国的变法改革。
16	大英国志	Thomas Milner著;慕维廉(William Muirhead)、蒋敦复译	光绪七年(1881)	上海益智书会藏版	按时间顺序编成的英国专史。此书共8卷,国会图书馆只存留一卷(第1章到第4章),133页。
17	天下五洲各大国志要	李提摩太著;铸铁生述	光绪二十三年(1897)	上海广学会印	共1册34页。又名《三十一国志要》,内勾勒了当时主要国家(共31个)的地理、政治和经济状况。

续 表

序号	题名	责任人	出版时间	出版地	备注
18	七国新学备要	李提摩太著	光绪二十四年(1898)	上海广学会藏版,商务印书馆承印	共1册14页,讲德、日、俄、英、法、美的教育以及中国如何效法。
19	亚墨理格合众国志略	裨治文	道光二十四年(1844)	香港藏版	共1册72页,内系统介绍美国史地、社会状况。索书号 Asian Reading Room. B851.1/B76。
20	教化阶梯衍义	李思(J. Lambert Rees)口译;蔡尔康笔述	光绪二十二年(1896)	上海广学会著译本,上海美华书馆铅版	共1册40页,包括100节,介绍西方近代科学的发展。
21	英国议事章程	Reginald F. D. Palgrave 著;李提摩太口译;葭苍室主笔述	光绪二十五年(1899)	上海广学会校刊	共1册28页,记英国议会程序和运作机制。
22	东西史记和合	麦都思纂	道光九年(1829)	巴达维亚出版,英华书院藏版	不完整,只存有卷一,40页。这是一本东西方历史比较对照的小书,1829年初版于巴达维亚。
23	足民策	马林(William E. Macklin)、李玉书译	光绪二十五年(1899)	上海广学会校刊	共1册33页,初版。
24	富民策	马林、李玉书译	光绪二十五年(1899)	上海广学会校刊,(申报馆)图书集成局铸版	共1册62页。内为政治经济学理论。据美国经济学家亨利乔治《进步与贫困》摘编,李玉书译成中文。

续 表

序号	题名	责任人	出版时间	出版地	备注
25	欧洲八大帝王传	李提摩太	光绪二十五年(1899)	上海广学会印二版	共1册24页,包括八个欧洲古今帝王事迹,也包含重要战争、教育措施、政治改革以及文明的进程的记述。
26	古史探源	葛劳德(Edward Clodd)著;李提摩太译;任廷旭译述	光绪二十五年(1899)	上海广学会藏版,上海美华书馆印发	共1册66页。此书以简明的语言叙述人类发展的进程。分上下两卷,上卷为器物发展的进程,下卷描述宗教信仰由低级到高级不同的发展方式。
27	救华扈言	李提摩太著	光绪二十五年(1899)	上海广学会藏版,上海美华书馆铅版	共1册16页,残缺,初版于1897年。分为两部分:第一部分讨论拿破仑战争后的国际政治形势。第二部分分六个主题讲如何改善中国的处境:政治改革、教育以及文明交流、对西方文明的认知和学习、外国的支持、与英国的合作,建立新机构促进民众进步。

注:表中单独不著明收藏信息者即表明该书藏在国会图书馆亚洲阅览室 Asian Reading Room,上表信息参考 Mi Chu and Man Shun Yeung, eds., *Christianity in China: Annotated Catalogue of the 19th Century Mission Work in Chinese at the Asian Division, The Library of Congress, U. S. A.* (Taibei: Han shi ji EHG Books, 2009);伟烈亚力:《基督新教传教士在华名录》,赵康英译,天津:天津人民出版社,2013年;汉语基督教文献书目录数据库,参见 http://sd.bbtdb.com/index.aspx。

这批西学译著涉及地理、历史、天文、历法、医药学、数学、物理、化学、经济学等多种学科门类,大致可以分为三大类:其一是宁波华花圣经书房19世纪40、50年代出版的西学著作,如《平安通书》(1853年)、《地理图说》(1848年)、《航海金针》(1853年)。其二是上海美华书馆出版的介绍西方自然科学类译著,如《重学》《声学揭要》《天文揭要》等自然学科入门读物，这些科学书籍多由美国北长老会士赫士[42]口译，中国助手笔述润饰成文。基督教传教士的科技类译著，在近代中国催生了自然科学与技术科学的各个学科门类，一定程度上改变了传统中国知识体系的基本格局。虽然他们撰写和翻译的科技书籍有很多只是指导门径的入门读物，但其影响不容低估。第三类是 19 世纪 80、90 年代由广学会出版，李提摩太译著的一批关于社会改革主题的书籍。当时的中国社会正处于重要的转型时期，社会变革的酝酿迫切需要从西方吸取新知，寻求变通之法以改良中国社会。在此背景下，在华传教士译著了一批西方政治经济学等社会科学作品，成为中国社会改革的参考。此时适逢李提摩太任广学会总干事(1891－1916 年)，他目睹中国贫穷落后和政治腐败的现实，希望中国能够效行西法，进行改革，因此翻译编著了一批社会改革的书籍。国会图书馆亚洲部藏《救华卮言》《英国议事章程》《列国变通兴盛记》《欧洲八大帝王传》《七国新学备要》《富民策》和《足民策》等正是这批书中的几种。

历史地理方面的书籍，麦都思的《东西史记和合》和裨治文《亚墨理格合众国志略》是传教士编著的史地类著作的代表。这两书开阔了国人视界，在当时影响较大。1829 年巴达维亚刊印的《东西史记和合》是最早使用石印术印刷的中文书之一，也是来华传教士编著最早的比较历史编年体著作，它把中国史、圣经记载的欧洲历史分列两栏，对照记事，喻示中国历史只是世界历史的一部分。国会图书馆藏有 1844 年版《亚墨理格合众国志略》。此书 1838 年在新加坡初版，名“美理哥合省国志略”，署名“高理文”，即裨治文。此书是鸦片战争之前最早系统介绍美

---

[42] 赫士(Watson Mcmillen Hayes, 1857－1944)是北美长老会传教士，1882 年受派遣来到中国，在山东传教；1883－1895 年任教与山东登州文会馆，将西洋学术与中国文化相结合，开设中国历史、四书五经、数学、物理学、心理学、伦理学、基督教教义等课程；1891 年后任上海广学会书记、会长；1896－1901 年任登州文会馆校长；1901 年任山东高等学堂总教习。同时创办《山东时报》；1904 年任齐鲁大学神学院教授，1917 年兼任院长；1919 年辞职，到潍县创办华北神学院；太平洋战争爆发后被日军拘禁，1944 年病逝于潍县集中营。

国史地的中文著作,书成之后不断修订再版。裨治文作此书旨在传播美国文明,破除中国人"华夷"观念。他在序言中说道:"从来以天下为一家,中国为一人。是则宇宙之士[土],肢骸肤体,莫不皆同也。故凡天下者,亦如一人,各国分据一方,亦如人身一窍。古之邻邦通好,易地皆然。故有邂逅相逢异客,萍水忽作知交。"㊸该书为晚清的中国人提供了一幅在西方文明熏陶下成长起来的新兴国家的画面,成为中国人了解美国情况的主要来源。鸦片战争失败后,部分中国人开始主动寻求关于外国特别是关于西方强国的知识,在缺乏更好的资料来源的情况下,传教士编撰的书籍成为他们"开眼看世界"的主要途径,成为他们撰著其传世之作的依据。魏源《海国图志》、梁廷枏《合省国说》主要依据此书,徐继畬作《瀛寰志略》,此书也是重要参考。

19世纪中叶外国科技、史地研究和有关著作的刊刻,促进了近代中国知识革新,在一定程度上改变了中国人固有的知识结构,进而改变了整个民族对于世界的态度,为此后长期持续的变革作了准备。基督教传教士的相关作品则为此提供了基本的素材。

6. 汉英双语出版物

在国会图书馆亚洲部收藏的19世纪传教士中文出版物中,汉英双语出版物是特殊的组成部分,多为中英辞典以及中英文经义对照。

《华英文字合璧》是从《英华字典》中摘取的300条格言。《广东话对白》里的对话采用广东话和英语。《汉字文法》是第一部葡萄牙文的汉语语法教材,葡萄牙遣使会传教士江沙维㊹编,它分8个章节,从汉字笔画结构、词语、句子、文法、文章等层面全面介绍汉语白话文和文言文,是一部内容丰富的实用汉语语法书,有对应的葡萄牙文释

㊸ 高理文(裨治文):《美理哥合省国志略序》,载《美理哥合省国志略》,新加坡坚夏书院藏版,道光十八年(1838)刊,第1页。

㊹ 江沙维:《汉字文法》,1829年澳门出版,索书号 Asian Reading Room. PL1111/G6。江沙维是葡萄牙遣使会传教士,1814年抵达澳门,后来一直在澳门生活了30多年。他致力于汉语学习和研究,不仅编纂汉外对照字典,而且编写汉语语法论著,1829年在澳门出版《汉字文法》一书。

义，书中列举了很多短句、俗语和范文等，为西方汉语初学者提供了大量的汉语知识。1858 年合信（Benjamin Hobson，1816－1873）根据他所翻译的西医书籍编纂了《医学英华字释》（1858 年上海仁济医馆出版，索书号 Asian Reading Room. C78. 30）。该书是用中文创制西医术语的首次尝试。在当时的中国，西方解剖学、生理学、外科手术、西药等西医领域中一些术语在中文里是不存在的，合信因此创造了一批医学新词。另有姜别利对"姜别利铅字"的描述，它依据汉字在圣经和中国古代经典中的使用频率把汉字分类；中英文对照的《马太福音书》，马礼逊编《英华字典》的部分——《五车韵府》，具体信息见下表。

表 3　国会图书馆亚洲部收藏的来华传教士 19 世纪汉英双语出版物

序号	题名	责任人	出版时间	出版地	收藏地和索书号	提要
1	汉字文法	江沙维（Joaquim. A. Gonçalves）	道光九年（1829）	澳门	Asian Reading Room. PL1111/G6	汉语语法书，《汉字文法》含 9 个部分，讲汉语习语、语法、句法、文法、历史和传说，是澳门圣若瑟修院汉语教学的重要教材。
2	医学英华字释	合信	咸丰八年（1858）	上海仁济医馆	Asian Reading Room. C78. 30	此书是已知最早的汉英医学词汇专书，也是近代创立中文医学术语的首次尝试。此书 1858 年版，分为 29 部分，正文 75 页。

续 表

序号	题名	责任人	出版时间	出版地	收藏地和索书号	提要
3	华英合文马太福音	不详	不详	不详	Asian Reading Room. C685. 32	共1册76页，中英文对照，内标注“马太传福音书”，正文以“亚伯拉罕之裔大卫之裔耶稣基督族谱”开始。
4	Two Lists of Selected Characters Containing All in the Bible and Seventy	姜别利	同治四年(1865)	上海美华书馆重印		共1册50页，中英文，初版于1861年，内为姜别利对“姜别利铅字”的描述，它依据汉字在圣经和中国古代经典中的使用频率把汉字分类。
5	英汉词典	David N. Lyon编	不详		Asian Reading Room.	手稿本，A Chinese Dictionary，共597页。
6	华英文字合璧	不详	光绪五年(1879)	上海点石斋	Asian Reading Room. A619/T441	共1册84页，内容是从英华字典中摘取的300条格言。
7	五车韵府	马礼逊	同治四年(1865)	上海墨海书馆	Asian Reading Room. PL1455. M8/V. 2 Copy2	不完整，只存卷二第二部分，781页。
8	五车韵府	马礼逊	同治四年(1865)	上海墨海书馆	Asian Reading Room. PL1455/M7	不完整，存卷一第二部分，832页。

续 表

序号	题名	责任人	出版时间	出版地	收藏地和索书号	提要
9	广东话对白	合信	道光三十年(1850)	广州		共48页,此书采用中文书籍的样式用宣纸石板印刷,对话为汉字和英文对照,内容非常丰富,包括宗教、语言、教育、中国政府、中国婚姻和丧葬礼仪、中医。

注：上表信息参考 Mi Chu and Man Shun Yeung, eds., *Christianity in China: Annotated Catalogue of the 19th Century Mission Work in Chinese at the Asian Division, The Library of Congress, U.S.A.* (Taibei: Han shi ji EHG Books, 2009);伟烈亚力:《基督新教传教士在华名录》,赵康英译,天津:天津人民出版社,2013年;汉语基督教文献书目录数据库,参见 http://sd.bbtdb.com/index.aspx。

三、结 语

以上主要对国会图书馆收藏的中文基督教出版物中有特色的部分做了简析,国会图书馆中文基督教文献集中收藏在亚洲部。除了以上所述,其他一些传教士中文出版物藏在国会图书馆其他分馆,如最早的粤方言字典《广东省土话字汇》收藏在国会图书馆珍本和特藏室。1844年《中国丛报》编印处出版的卫三畏《英华韵府历阶》则收藏在国会图书馆主阅览室。国会图书馆收藏的中文基督教文献还包括基督教中文报刊以及档案中的中文资料,当然还有海量的外文资料,详细查究国会图书馆馆藏的中文基督教文献的全貌,还需要进一步的实地考察。

19世纪在华传教士编著或翻译的中文文献,促进了近代中国的知识革新,在一定程度上改变了中国人固有的知识结构,进而改变了整个民族对于世界的态度，为此后长期持续的变革做了准备。这些传教士活动的中文记录是研究中西交流的有益工具，反映了传教士的个人兴趣和工作要点，以及他们所属的教会机构在不同地区的发展情况，为观察19世纪在华的传教活动提供了有益的视角。它们保存了传教士异域旁观者的视角，详细描述了他们有关近代中国的社会活动。它们反映了来华传教士跨越语言界限，如何用中文在中国文化的语境中解释和传播基督教，以及他们是怎样理解中国社会的。另一方面，这批文献也是沟通中美联系的媒介，它们为美国人获知关于中国的实用知识以及学习中国道德和文化提供了重要信息。对其整理和利用，可以拓展中国基督教史研究的视域和史料范围，方便观察传教士在华活动、中西交往的冲突和融汇，对今人认识历史上基督教与中国社会文化的关系，有着独特而重要的价值。异域保存的文献有助于我们更全面地观察历史，这批资料有待进一步关注和探究。

著(译)者简介

胡翠娥	南开大学外国语学院教授
侯林梅	河南师范大学外国语学院教授
徐以骅	复旦大学国际关系与公共事务学院、上海高校智库复旦大学宗教与中国国家安全研究中心教授
张德明	中国社会科学院历史理论研究所副研究员
姚达兑	中山大学中文系副教授
王志希	汕头大学文学院比较文学与世界文学副教授
莫铮宜	浙江越秀外国语学院英语学院副教授
侯春林	河南大学文学院副教授
李　丹	东莞理工学院马克思主义学院副教授
王　皓	上海大学历史系讲师
王德硕	山东师范大学历史文化学院讲师
范大明	湘南学院副教授
李文英	信阳师范学院传媒学院副教授
俞　航	广西师范大学文学院讲师
刘　云	上海外国语大学文学研究院助理研究员
乔洋敏	上海立信会计金融学院马克思主义学院讲师
穆　澜	中山大学哲学系博士后
车向前	西北工业大学外国语学院助理教授
张　乐	北京师范大学历史学院博士后
张晓宇	山东大学历史文化学院博士后

张　娓　　复旦大学历史学系博士研究生
[韩]李在信　　复旦大学哲学学院博士研究生
[韩]李惠源　　复旦大学历史学系博士研究生

图书在版编目(CIP)数据

基督教学术(第二十三辑)/徐以骅,张庆熊主编.—上海:上海三联书店,2020.11
ISBN 978-7-5426-7199-8

Ⅰ.①基… Ⅱ.①徐…②张… Ⅲ.①基督教—研究
Ⅳ.①B978

中国版本图书馆 CIP 数据核字(2020)第 179087 号

基督教学术(第二十三辑)

主　　编 / 徐以骅　张庆熊

特约编辑 / 张康诞
责任编辑 / 邱　红　陈泠珅
装帧设计 / 徐　徐
监　　制 / 姚　军
责任校对 / 张大伟　王凌霄

出版发行 / 上海三联书店
(200030)中国上海市漕溪北路 331 号 A 座 6 楼
邮购电话 / 021-22895540
印　　刷 / 上海惠敦印务科技有限公司

版　　次 / 2020 年 11 月第 1 版
印　　次 / 2020 年 11 月第 1 次印刷
开　　本 / 890×1240　1/32
字　　数 / 380 千字
印　　张 / 12.25
书　　号 / ISBN 978-7-5426-7199-8/B·704
定　　价 / 68.00 元

敬启读者,如发现本书有印装质量问题,请与印刷厂联系 021-63779028